München

Andrea Dippel · Christine Hamel

Gratis-Download: Updates & aktuelle Extratipps

Unsere Autoren recherchieren auch nach Redaktionsschluss für Sie weiter. Auf unserer Homepage finden Sie Updates und persönliche Zusatztipps zu diesem Reiseführer.

Zum Ausdrucken und Mitnehmen oder als kostenloser Download für Smartphone, Tablet und E-Reader.
Besuchen Sie uns jetzt!
www.dumontreise.de/muenchen

short.travel/ugx12

DUMONT
Reise-Taschenbuch

München persönlich 6

Lieblingsorte 12

Schnellüberblick 14

Reiseinfos, Adressen, Websites

Informationsquellen 18
Wetter und Reisezeit 20
Anreise und Verkehrsmittel 23
Übernachten 27
Essen und Trinken 33
Einkaufen 41
Ausgehen – Abends und Nachts 45
Feste und Festivals 52
Aktiv sein, Sport und Wellness 54
Museen und Galerien 57
Reiseinfos von A bis Z 62

Panorama – Daten, Essays, Hintergründe

Steckbrief München 68
Geschichte im Überblick 70

Die Isar – Freuden am Fluss 76
Unberechenbar – der Föhn 80
Bei Gott, so nah! – der bayerische Katholizismus 82
»Ich, ich der König, bin die Kunst von München« – König Ludwig I. 84
Ludwig II. und seine virtuellen Welten 86
München, ›Hauptstadt der Bewegung‹ 88
Die Wiesn – Fest für Devisen 92
Münchens Schickeria 96
Singles – eine Lebensform der Zukunft? 98

Die schöne Münchnerin –
Tracht in der Millionenstadt 100
Ein Besuch im Augustiner –
kleine Bier- und Speisenkunde 103
SZ – die Zeitung der Stadt,
deutschlandweit, weltweit 106
Architektur – die spektakulären Neubauten
des letzten Jahrzehnts 108

Unterwegs in München

Historisches Zentrum 114
Marienplatz, Frauenkirche und
Kaufinger Straße 116
Rund um den Marienplatz 116
Am Platzl 121
Im Tal 123
Vom Marienplatz zum Karlstor 124
Am Karlsplatz (Stachus) 130

Angerviertel 134
Viktualienmarkt, Jakobsplatz und
Sendlinger Straße 136
Rund um den Viktualienmarkt 136
St.-Jakobs-Platz 139
Sendlinger Straße 143
Im Hackenviertel 144

Nördliche Altstadt 148
Residenz, Maximilianstraße, Odeons- und
Promenadeplatz 150
Rund um den Max-Joseph-Platz 150
Residenz 151
Maximilianstraße 157
Rund um den Odeonsplatz 160
Im Hofgarten 162
Entlang der Ludwigstraße 163
Vom Odeonsplatz ins Kreuzviertel 166
Rund um den Promenadeplatz 169
Lenbachplatz 170
Salvatorplatz 171

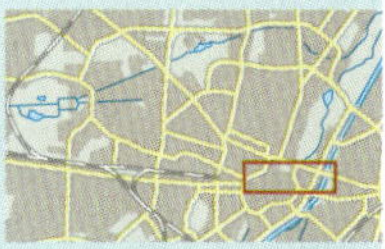

Isarvorstadt und Museumsinsel 174
Isar- und Ludwigsvorstadt, Museumsinsel 176
Museumsinsel 177
Gärtnerplatzviertel 177
Glockenbachviertel 188
Unterwegs zur Theresienhöhe 188
Westend 190

Maxvorstadt 192
Karolinenplatz, Kunstareal, Univiertel und Englischer Garten 194
Rund um den Karolinenplatz 195
Kunstareal München 198
Univiertel 205
Englischer Garten 207

Schwabing und Olympiagelände 216
Wedekindplatz, Hohenzollernstraße, Olympiapark und Arena 218
Am Wedekindplatz 219
Leopoldstraße und Münchner Freiheit 223
Hohenzollernstraße & Co., Luitpoldpark 227
Olympiapark 228
BMW-Gelände, Allianz Arena 233

Lehel 236
Prinzregentenstraße, Museumsquartett, Lehel, Maximilianeum 238
Entlang der Prinzregentenstraße 238
Im Lehel 239
Altstadtring bis Maximilianeum 241

Bogenhausen und Haidhausen 246
Am Isarhochufer 248
Bogenhausen 248
Haidhausen 254
Radtour rechts der Isar 258
Praterinsel 258

Neuhausen und Nymphenburg 262
Rotkreuzplatz und Nymphenburger Schlossanlage 264
Rotkreuzplatz und Umgebung 264
Schloss Nymphenburg 265
Spaziergang zum Schloss Nymphenburg 267
Sehenswertes im und um den Schlosspark 268

Ausflüge nach Oberbayern und ins Allgäu 272
Unter weiß-blauem Himmel:
das bayerisches Voralpenland 274
Rund um den Starnberger See 274
Ammersee 278
Murnau 280
Kunstspaziergang Murnau 280
Ammergauer Alpen 282
Im Allgäu 283
Chiemsee 285
Radtour rund um den Chiemsee 286
Dachau 287
Schleißheim 288

Register 292
Autorinnen/Abbildungsnachweis/Impressum 296

Auf Entdeckungstour

Das Neue Rathaus – wo München verwaltet wird 118
Auf königlichem Wege – Saalparade in der Residenz 152
Ein Paradies für Technikfreaks – das Deutsche Museum 178
Am Puls der Zeit – Trendsuche im Glockenbachviertel 184
System und Widerstand – Münchens NS-Vergangenheit 208
Auf den Spuren der Münchner Bohème 220
Eine Sportstätte von Weltruf 230
Das Wohnzimmer des Lehel, der St.-Anna-Platz 242
Mit der 16er- und 19er-Tram durch die Stadt 252
Bavaria-Filmstadt – wo Fiktion Realität wird 290

Karten und Pläne

s. hintere Umschlagklappe

▸■■■■■ Diese Symbole im Buch verweisen auf die Extra-Reisekarte München

Liebe Leserin, lieber Leser,

auf dem Weg vom Eisbach, Münchens coolstem Ort, wo die Surfer Tag und Nacht auf einer Welle reiten, vorbei am Haus der Kunst, wo man in der Goldenen Bar mit Blick auf den Englischen Garten noch einen Drink nehmen kann, durch den Hofgarten mit seinen taktgebenden Arkaden, die den Schritt beschwingt federn lassen, bis zur ausladend-barocken Pracht der Theatinerkirche, wird Ihnen ein leises »Wow!« mehrmals über die Lippen kommen. München lebt mit all seinen gehorteten Schönheiten. Die Stadt hat etwas Üppiges, Dekoriertes, wie eine Bühne. Sie lehrt ihre Besucher das Wandeln zwischen all den architektonischen Herrlichkeiten.

München ist eine einladende, sinnenfreudige Stadt – überall Cafés und Biergärten. Man sitzt unter weiß-blauem Himmel draußen in der Sonne, auf der Mauer an der Akademie der Künste oder auf den Treppenstufen vor der Glyptothek und blinzelt sorgenfrei in den Tag. Im Hofgarten wird Boule gespielt, an der Isar taucht man die Füße ins glasklare Wasser und auf dem Viktualienmarkt muss man sich zwischen Fischsuppe und Falafel entscheiden. München ist ein großer Salon, in dem man sich lässig zurücklehnen darf.

Die Stadt ist bodenständig und aufregend zugleich – eine Mischung, die es in sich hat. Von überkandidelt bis volkstümlich reicht auch das Angebot an Restaurants, Bars, Hotels und Läden. Die Münchner selbst haben viel von dieser Elastizität, man pflegt den lockeren Umgang, aber auch Tradition, man sucht nach dem Grellen und Schillernden und mag es doch auch gediegen und verlässlich.

Dieses Buch führt Sie zu geschichtsträchtigen Orten und gegenwärtigen Highlights, es soll Einblick gewähren in das Innenleben der Stadt, mit all seinen Facetten, und Ausblick eröffnen auf die unglaublichen Kunstsammlungen, die hier zu entdecken sind. München ist eine Welt: Herzlich Willkommen!

Wir wünschen Ihnen einen erlebnisreichen Aufenthalt und freuen uns auf Ihre Rückmeldung!

Ihre

Andrea Stippel Christine Hamel

München: Tradition trifft auf Moderne

Leser fragen, Autoren antworten

München persönlich – unsere Tipps

Wohin als Erstes?

Zum **Marienplatz!** Ausgehend vom Marienplatz mit dem imposanten hoch aufragenden **Neuen Rathaus** liegen innerhalb eines leicht abzulaufenden Areals mehrere Wahrzeichen der bayerischen Metropole: die eng umbaute **Frauenkirche** mit ihren markanten Zwiebeltürmen, der **Viktualienmarkt** mit seinen charakteristischen Marktständen voller kulinarischer Genüsse und das **Hofbräuhaus,** das wohl bekannteste Gasthaus der Welt.

Nur ein Tag zum Kennenlernen?

Der Tag könnte mit einem Frühstück in der Schmalznudel (Café Frischhut) beginnen, von der aus man das Treiben auf dem **Viktualienmarkt** beobachten kann. Gut gestärkt führt der erste Weg über den **Marienplatz** zur **Frauenkirche**. Nach diesen historischen Sehenswürdigkeiten laden die spektakulären **Fünf Höfe** oder Münchens jüngstes Passagensystem, die **Hofstatt,** zum Einkaufsbummel und zum Lifestyle-Schnuppern ein. Über den italienisch anmutenden **Odeonsplatz** mit seinen theresiengelben Fassaden kommt man entlang der Ludwigstraße nach **Schwabing.** Einen Abstecher wert ist immer das Kunstareal mit seinen drei **Pinakotheken** und dem bunt funkelnden

Sehenswürdigkeiten

Neues Rathaus

Museum Brandhorst auf der einen und dem **Englischen Garten** auf der anderen Seite. Im Biergarten am Chinesischen Turm lässt man den Tag mit einer bayerisch-deftigen Brotzeit ausklingen, am Wochenende mit Blasmusik.

München von oben

Für einen unvergleichlichen Blick über die Altstadt bis hin zu den Alpen sorgt die Aussichtsplattform auf dem **Alten Peter**, für die man zwar rund 300 Stufen überwinden muss, dafür aber bei gutem Wetter wahrlich belohnt wird. Noch höher hinaus geht es auf dem **Olympiaturm** mit Ausblick auf München und das Umland aus 190 m Höhe.

Kommt man gut mit öffentlichen Verkehrsmitteln zurecht?

München hat mit U-, S- und Trambahnen sowie Bussen ein exzellent ausgebautes öffentliches Verkehrsnetz, das bis 1 Uhr nachts im 10-Minutentakt befahren wird. Da Parkplätze im Zentrum Mangelware sind, lohnt es sich nicht nur für den Geldbeutel, sondern auch für die Nerven, öffentlich zu fahren. Ausnahmen sind alle Ziele außerhalb des Mittleren Rings, für die mehrfaches Umsteigen notwendig wird, und Fahrten nach 1 Uhr, für die man auf die nur noch stündlich (am Wochenende halbstündlich) verkehrenden Nacht-Busse N40–N45 und -Trambahnen N16, N19, N20 und N27 angewiesen ist.

Grünes München – Parks und Gärten

Der **Englische Garten,** eines der Wahrzeichen Münchens und die grüne Lunge der Stadt, hat viele Gesichter – je weiter gen Norden, umso ursprünglicher. Zudem hat nahezu jeder Stadtteil seine eigene, manchmal auch versteckte Ruheoase. Mal herrschaftlich auf Rabatte getrimmt wie der **Nymphenburger Schlosspark**, mal natürlich, fast verwildert, wie die **Maximiliansanlagen** am Isarhang gegenüber dem Stadtkern. Aufgrund seiner unnachahmlichen Stimmung ist der **Alte Südfriedhof** einen Besuch wert, während der **Alte Nordfriedhof** durch seine Weiträumigkeit zum Joggen einlädt.

Eignet sich die Stadt gut zum Radfahren?

München hat in den letzten Jahren sein Radwegenetz auf stolze 1200 km ausgebaut und nennt sich inzwischen Radlhauptstadt.

Was ist ›typisch München‹?

Was ›typisch München‹ ist, erfährt man in der Theorie im **Stadtmuseum,** das die Geschichte der Stadt aufblättert und dem Typischen gleich eine ganze Abteilung gewidmet hat. In der Praxis ist es das Nebeneinander, sind es die scheinbar unvereinbaren Gegensätze, welchen man am ehesten in einem der Biergärten der Stadt nachspürt: Hier trifft das züchtig bezopfte Mädchen in Tracht auf die Life-Style-Lady im Gabriele-Blachnik-Kostüm, der bayerische Grantler in Lederhose auf den Geschäftsmann im Business-Outfit.

Museen

Welche Museen darf man nicht verpassen?

Dürer in der **Alten Pinakothek,** die Impressionisten in der **Neuen Pinakothek**, die Größen des Kunstmarkts in der **Pinakothek der Moderne** – die Wahl fällt schwer. Nicht verpassen: Eine Begegnung mit dem Werk der Künstlergruppe Blauer Reiter um Wassily Kandinsky und Gabriele Münter im 2013 neu eröffneten **Lenbachhaus**. Nicht zuletzt waren es ihre Werke, die das pittoreske bayerische Voralpenland in aller Welt bekannt machten. Ein Muss ist weiterhin das **Deutsche Museum,** das einerseits von der Technikverliebtheit des beginnenden letzten Jahrhunderts zeugt, mit seinen modernisierten Abteilungen jedoch den Anschluss an die Gegenwart nicht außer Acht lässt.

In welchen Stadtvierteln wohnt man nett?

Man lernt München am besten kennen, wenn man eine zentral gelegene Unterkunft wählt. Mitten im Geschehen befindet man sich z. B. im **Lehel,** einem quirligen Stadtteil mit dem idyllischen Sankt-Anna-Platz im Zentrum. In Reichweite liegen das Haus der Kunst und der Englische Garten, ebenso die Innenstadt. Studentenkneipen prägen die **Maxvorstadt;** sie ist der ideale Ausgangspunkt für die Erkundung des Kunstareals mit seinen zahlreichen Museen. Ruhiger wohnt man in **Neuhausen,** wo der Nymphenburger Park zu jeder Jahreszeit zu ausgedehnten Spaziergängen einlädt.

Einkaufsbummel – aber wo?

Das **Glockenbachviertel** bietet Individualisten ein reichhaltiges Angebot mit kleinen, sympathischen Läden, in denen man gut stöbern kann. Rund um den **Gärtnerplatz,** in der Müllerstraße, der Reichenbachstraße und der Hans-Sachs-Straße reicht die Palette von feinster Schokolade über nette Papiersachen bis hin zu angesagten Klamotten. Die **Sendlinger Straße** bietet neben großen Marken exklusive Läden für Bekleidung. In den **Fünf**

Einkaufen

Ausgehen

Höfen, der **Theatiner-** und der **Maximilianstraße** zeigt sich das edle, elegante München mit Boutiquen und Trend-Stores für den betuchten Teil der Menschheit. Die beste und vor allem schönste Auswahl an Lebensmitteln eröffnet der **Viktualienmarkt**;

Im Olympiapark

sehr beliebt ist auch die **Schrannenhalle**. In Schwabing findet man einige schöne Läden in der **Belgradstraße** und rund um den **Hohenzollernplatz.**

Was gibt es Neues in der Kunstszene?

München gilt – zumindest in der Kunstszene – immer wieder als aufregend. Das liegt sicher an dem erstklassigen Programm, das das **Haus der Kunst** bietet. Auch das **Lenbachhaus** ist umgestaltet worden und setzt Akzente mit einer größeren Sammlung zeitgenössischer Kunst. Im **Ägyptischen Museum** indes, das in neue Räume in der Münchner Filmhochschule umgezogen ist, finden jeden ersten Dienstag des Monats Klanginstallationen statt – eine akustische Erweiterung und Entgrenzung der Exponate.

Wohin am Abend als München-Neuling?

Solange es die Temperaturen erlauben, beginnt der Abend in München unter freiem Himmel. Sehr beliebt ist der **Gärtnerplatz** mit zwei, drei Cafés und einem Rasenrondell, auf dem sich die Jugend niederlässt. Das **Glockenbachviertel** ist reich mit Restaurants, Bars und Diskotheken gesegnet. Zwei der schönsten Bars Münchens sind über einen Spaziergang durch den Hofgarten miteinander verbunden. Die im Haus der Kunst untergebrachte **Goldene Bar** ist ein Highlight in der Szene, im Sommer sitzt man auf der Terrasse am grünen Saum des Englischen Gartens. Das **Schumann's** ist das Stammhaus legendärer Drinks und der Münchner Society. Nicht weit davon liegt das lebendige **Univiertel**, wo es sich dank unzähliger Bars und Kneipen besonders gut in der **Türkenstraße** feiern lässt. Und auf der **Praterinsel** in der Isar treffen sich alle in der Strandbar.

Ungezwungener Treffpunkt: Café Zeitgeist in der Türkenstraße

Kultur am Abend

Ein Besuch der Münchner Kammerspiele ist ein Muss für Theaterliebhaber. Das Theater verfügt über drei Spielstätten: die **Kammerspiele** an der Maximilianstraße (Kammer 1), die **Spielhalle** (Kammer 2, Falckenbergstr. 2) und der **Werkraum** (Kammer 3, Hildegardstr. 2). Lesungen finden im schönen Münchener **Literaturhaus** statt, während im **Salon Luitpold** in der Briennerstraße die drängenden Fragen der Zeit unter Palmen diskutiert werden – ein Blick in den Veranstaltungskalender lohnt (www.cafe-luitpold.de). Berauschend, erfüllend und unvergesslich ist natürlich ein Abend in der Münchner **Oper** oder bei einem klassischen Konzert im **Herkulessaal.**

Welche Ausflüge lohnen sich?

Das Alpenpanorama sollte man sich auf keinen Fall entgehen lassen. Entweder durch einen Ausflug an einen der Seen wie **Starnberger See**, **Ammersee** oder **Chiemsee** – oder durch den Besuch des kleinen Marktflecken **Murnau,** zu Beginn des 20. Jh. die Sommerfrische des Künstlerpaares Münter-Kandinsky.

Ein besonderer Tipp zum Schluss

Sicherlich: Am Bahnhof starten Doppeldeckerbusse, die sternförmig die Highlights der Stadt anfahren. Spannender (und auch günstiger) ist eine Fahrt mit den öffentlichen **Trambahnen 16 und 19** (s. S. 252), die auf ihren Strecken ebenfalls viele Höhepunkte ansteuern und zudem eine individuelle Planung mit Zwischenstopps, z.B. im sympathischen Lehel oder am idyllischen Wiener Platz in Haidhausen, erlauben. Mit dem **Museumslinienbus 100** fahren Sie im 10-Minuten-Takt vom Odeonsplatz aus allein 23 Museen und andere Sehenswürdigkeiten an.

NOCH FRAGEN?

Die können Sie gern per E-Mail stellen, wenn Sie die von Ihnen gesuchten Infos im Buch nicht finden:

dippel-hamel@dumontreise.de
info@dumontreise.de

Auch über eine Lesermail von Ihnen nach der Reise mit Hinweisen, was Ihnen gefallen hat oder welche Korrekturen Sie anbringen möchten, würden wir uns freuen.

Erholung zwischen zwei Highlights: Pause auf dem St.-Jakobs-Platz, S. 140

Der Hofgarten ist ein stimmungsvoller Ruheort, S. 164

Lieblingsorte!

Seidl-Villa: Kulturzentrum mit Gartenidyll, S. 226

Das Ruffini: Mischung aus Café, italienischer Cantina und Kulturtreff, S. 266

Badespaß am Flaucher, dem ›Münchner Lido‹, S. 187

Bier und Blasmusik gibt's im Biergarten am Chinesischen Turm, S. 213

München ist auch für ›Zugroaste‹ eine Stadt mit Wohlfühlfaktor, eine Stadt für Flaneure. Egal, ob bei einer Brotzeit im trubeligen Biergarten am Chinesischen Turm oder bei einer Verschnaufpause im Hofgarten: Historische Gebäude sind die Folie des Stadtlebens. Wir genießen die Weiträumigkeit der betriebsamen Prachtstraßen genauso wie die versteckten Winkel, in denen sich das Leben noch beschaulich darstellt. Neben der kulturellen Vielfalt Münchens lieben wir die Umgebung mit ihren traumhaften Seen, erhabenen Schlössern und urtümlichen Ausflugslokalen.

Purismus nach der Bilderfülle: Café 48/8 in der Pinakothek der Moderne, S. 202

Idylle unter Kastanien: Restaurant Fischmeister in Ambach, S. 279

Schnellüberblick

Neuhausen und Nymphenburg
Ein altes Arbeiterviertel, umgeben vom weitläufigen Nymphenburger Park mit hochherrschaftlichem gleichnamigen Schloss.
S. 262

Schwabing und Olympiagelände
Schwabing steht für Bohème, für Maler, Schriftsteller, Lebenskünstler – noch heute gibt es davon viele. Ein Stadtviertel, das fast ohne den Rest von München auskommen würde. Der Olympiapark gibt sich auch architektonisch sportlich und versammelt einige wichtige Sehenswürdigkeiten. S. 216

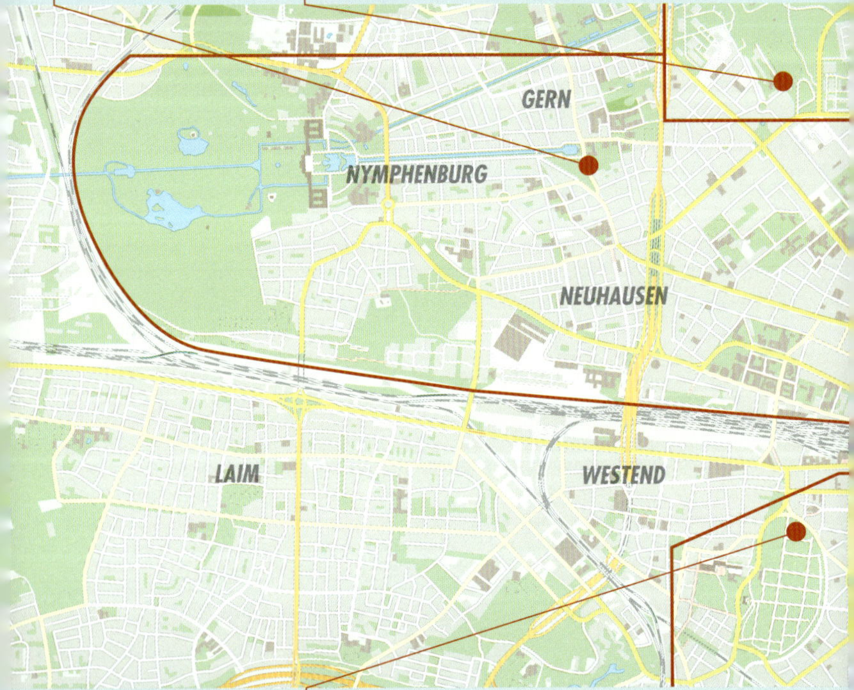

Ausflüge
Oberbayern und Schwaben sind bekannt für ihre Bilderbuchlandschaft. Die Ausläufer der Alpen sind Kulisse für traumhafte Seen, historische Kirchen, Klöster und Schlösser.
S. 272

Isarvorstadt und Museumsinsel
Auf dem Reißbrett geplant, ist die Isarvorstadt vom Gärtnerplatz ausgehend sternförmig angelegt. Das Gärtnerplatztheater ist der kulturelle Mittelpunkt, die Ladengeschäfte der imposanten Gründerzeithäuser beherbergen Cafés und spezialisierte Einzelhandelsgeschäfte, häufig unter der Regenbogenfahne.
S. 174

Maxvorstadt
Univiertel mit vielen Studenten und jungen Leuten, entsprechenden Läden, Cafés, Bars und kleinen Restaurants. Höhepunkt des Viertels ist der Englische Garten! S. 192

Nördliche Altstadt
Rund um den Odeonsplatz gibt sich München mit Theatinerkirche und Feldherrnhalle italienisch. In den Hofgartenarkaden gibt es Galerien, Läden und legendäre Lokale. S. 148

Lehel
Großbürgerliches schmuckes Wohnviertel mit Annenkirchen und zugehörigem quirligen Platz. Dazu immer wieder schönste Ein- und Ausblicke in den Münchner Alltag. S. 236

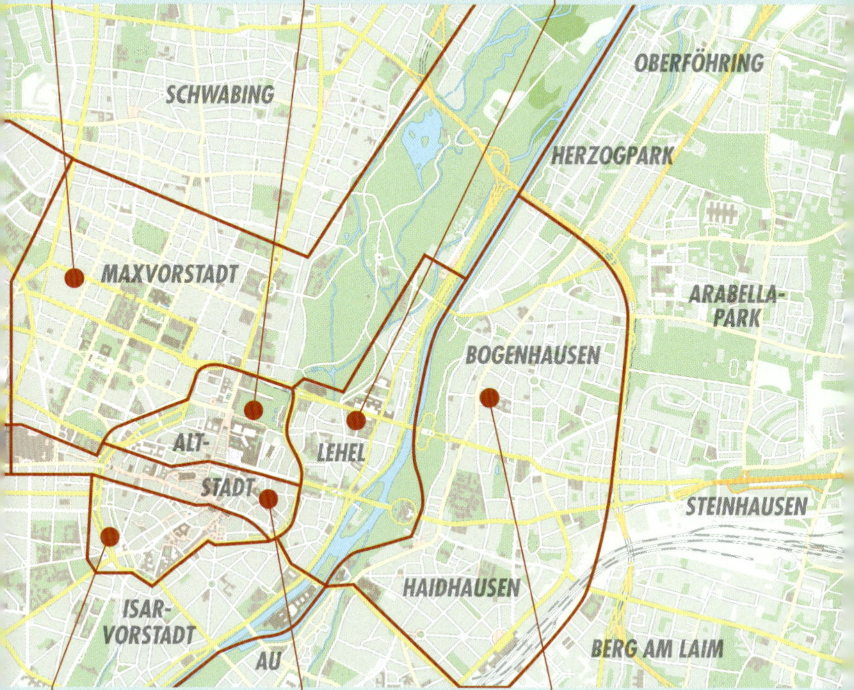

Angerviertel
Zum Zentrum gehört auch das Angerviertel, das sich im Südwesten des Marienplatzes anschließt und bis zum Sendlinger Tor reicht. Auch hier findet man gute Einkaufsmöglichkeiten. S. 134

Historisches Zentrum
Münchens historisches Zentrum liegt zwischen Marienplatz und Kaufingerstraße, in deren Geschäftigkeit Rathaus, Alter Peter, Frauenkirche und Michaelskirche mitunter unterzugehen drohen. S. 114

Bogenhausen und Haidhausen
Kontrastprogramm am Isarhochufer. Münchner Villenkultur in Bogenhausen, Terrain für Flaneure mit Cafés, Läden und schönen Plätzen in Haidhausen. S. 246

Reiseinfos, Adressen, Websites

Früh übt sich: Viel Spaß auf dem Oktoberfest!

Informationsquellen

Infos im Internet

www.muenchen.de
Die offizielle Website der Stadt München, informativ und übersichtlich gestaltet, bietet einem Ortsfremden erste Orientierung. Sie enthält grundlegende Auskünfte zum Stadtleben, gibt praktische Tipps sowie Veranstaltungshinweise und enthält einen Shoppingguide. Ferner Angaben zu Hotels (Online-Buchungen möglich) und Restaurants. Mit interaktivem Stadtplan.

www.in-muenchen.de
Detaillierte Veranstaltungshinweise und Besprechungen der neuesten Filme, Theaterstücke, Konzerte, Ausstellungen sowie Ausgehtipps.

www.ganz-muenchen.de
Eine bunte Infowebsite mit Tipps für das Wochenende, den Museumsbesuch und aktuelle Veranstaltungen. Ferner Ausflugstipps und praktische Besucherinformationen.

www.sueddeutsche.de/ muenchen
Die München-Website der »Süddeutschen Zeitung« informiert über alle wichtigen Themen, die die Stadt bewegen. Aktuelle Tipps fürs Wochenende, Szenetratsch und Münchengeplänkel. Für alle, die gleich mitreden wollen.

Fremdenverkehrsämter

Deutsche Zentrale für Tourismus e.V. (DZT) in Österreich
Mariahilfer Str. 54, A-1070 Wien, Tel. 01 513 27 92, www.deutschland-tourismus.de.

Deutsche Zentrale für Tourismus in der Schweiz
Freischützgasse 3, CH-8004 Zürich, Tel. 044 213 22 00, www.deutschland-tourismus.ch.

Infostellen vor Ort

Tourismusamt München
Sendlinger Str. 1, 80331 München, Tel. 089 23 39 65 00, www.muenchen.de/tourismus.

Tourist Call Center
Tel. 089 23 39 65 00 (Mo–Fr 9–18, Sa 9–17 Uhr).

Tourist Information am Hauptbahnhof
Bahnhofplatz 2, 80335 München, Mo–Fr 9.30–19.30, Sa 9–16, So, Fei, 24. Dez. und 31. Dez. 10–14 Uhr, 25. Dez., 26. Dez. und 1. Jan. geschl.

Tourist Information im Neuen Rathaus
Marienplatz 8, 80331 München, Tel. 089 23 39 65 00, Mo–Fr 9.30–19.30, Sa 9–16, So 10–14 Uhr.

Telefonische Hotelreservierung
Tel. 089 23 39 65 00, tourismus.gs@muenchen.de, Mo–Fr 9–18, Sa 9–17 Uhr.

Lesetipps

Lothar Altmann: Streifzüge durch Münchens Kunstgeschichte. Von der Romanik bis zur Gegenwart, Regensburg 2008. Sachkundige, reich bebilderte Publikation, die anhand von 32 Essays Einzelaspekte der Kunstgeschichte Münchens vorstellt.

Elisabeth Angermann: München im 19. Jahrhundert, Frühe Fotografien 1850–1914, München 2013. Auf mehr als 200 Tafeln in Schwarzweiß und Duoton zeigt der Bildband, wie sich die Stadt optisch verändert hat, und dokumentiert zugleich ihren sozialen Wandel.

Josef H. Biller, Hans-Peter Rasp: München, Kunst & Kultur, München 2005. Ein Stadtführer und Handbuch, wie ein Lexikon alphabetisch nach Straßen sortiert mit zahlreichen Abbildungen und Plänen.

Lydia L. Dewiel: Oberbayern. Kunst und Landschaft zwischen Altmühltal und Alpen. Mit Rundgängen durch die Landeshauptstadt München, Ostfildern 2011. Reich illustriertes Standardwerk zu Kultur und Geschichte Oberbayerns und Münchens mit großem Serviceteil.

Fritz Fenzl: Münchner Kraftorte. Ein magischer Spaziergang, Rosenheim 2011. Legenden um München und München herum.

Thomas Grasberger: Gebrauchsanweisung für München, München 2012. Amüsante Stadtbeschreibung eines Altöttingers, für den München die schönste Stadt der Welt ist.

Peter Claus Hartmann: Münchens Weg in die Gegenwart. Von Heinrich dem Löwen bis zur Weltstadt, Regensburg 2008. Kompakt und kenntnisreich, bebildert mit historischen wie aktuellen Aufnahmen, wird die Geschichte Münchens verfolgt.

Dirk Heißerer: Wo die Geister wandern. Eine Topographie der Schwabinger Bohème um 1900, München 2008. Eine Hommage an die Kunst- und Literaturstadt München.

Irma Hildebrandt: Berühmte Münchnerinnen, München 2007. Einfühlsame, lebendige Porträts von 18 Frauen, die in München Geschichte machten, von Maria Ward über Franziska von Reventlow und Lisl Karlstadt bis Sophie Scholl und Doris Dörrie.

Norbert Huse: Kleine Kunstgeschichte Münchens, München 2009. Präzis gefasste Beschreibung der kunsthistorischen Entwicklung Münchens, beginnend vom Mittelalter bis in die Neuzeit.

Kind in München, Hamburg 2014. Der Klassiker unter den Familienreiseführern zählt auch für München bekanntere und unbekanntere Adressen auf, die der ganzen Familie Spaß machen.

Wolfgang Koeppen: Muss man München nicht lieben?, Frankfurt 2002. Essayistische Beobachtungen eines Zugereisten, der über ein halbes Jahrhundert in München lebte.

Miroslav Sasek: München, München 2012. Liebevoll gestaltete Faksimile-Ausgabe des Originals von 1961, im Anhang ergänzt um aktualisierte Informationen.

Stimmen Bayerns, München 2011. Auf der noch nicht abgeschlossenen Serie von CDs findet sich ein wahrer Schatz aus Texten und Musik, die das Lebensgefühl zwischen Alpen, Föhn und CSU einfangen.

Duncan J. D. Smith: Nur in München. Ein Reiseführer zu sonderbaren Orten, geheimen Plätzen und versteckten Sehenswürdigkeiten, Wien 2012. Ins Deutsche übersetzte Recherche eines Engländers mit Schwerpunkt auf dem Nationalsozialismus.

Wolfgang Till, Thomas Weidner: Typisch, München! Das Jubiläumsbuch des Münchner Stadtmuseums, München 2008. Zum 850. Stadtgeburtstag erschienenes reichhaltiges Katalogbuch, das die Geschichte der Stadt anhand der Exponate des Stadtmuseums aufblättert.

Rainer Viertlböck: München. München 2015. München, wie man es noch nie gesehen hat: ein mithilfe von Flugdrohnen fotografierter Band.

Wetter und Reisezeit

München liegt an der Grenze zwischen maritimem westeuropäischem und kontinentalem osteuropäischem Klima. Das beschert der Stadt tückisches Wetter, das schnell umschlagen kann. Den plötzlichen Wechsel zwischen Sonne und Regen begünstigen ferner die nahen Alpen. Besonders im Sommer, wenn sich die Quecksilbersäule zwischen 25 und 30 °C bewegt und charakteristische Schwüle auftritt, entlädt sich der Druck oftmals mit krachenden Gewittern, wobei es zu Hagel kommen kann. Stabile Hochdrucklagen bringen hingegen oft Herbst und Winter. **Reisezeit** ist für München aber das ganze Jahr über. Wer im September kommt, muss wegen des Oktoberfestes rechtzeitig eine Unterkunft buchen.

Im Sommer sollte man Badehose und Sonnenschutz nicht vergessen, im Winter gehört warme Kleidung in den Koffer, denn es kann recht kalt werden, bis –25° C. Ein Regenschirm ist zu allen Jahreszeiten von Nutzen. Für den Biergarten zieht man sich eher lässig an, ein Opernbesuch macht mit festlicher Garderobe besonderen Spaß.

Klimadiagramm München

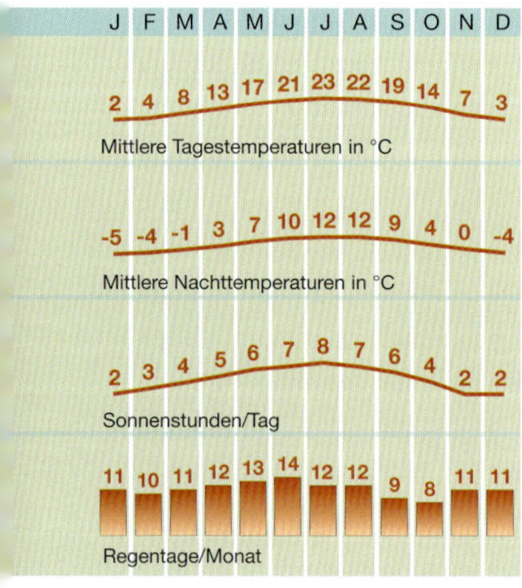

Was ist los …

… im Frühling

Die nahen Alpen bringen München im Frühling einen schnellen Wechsel zwischen Sonne und Regen. Das Frühjahr gibt sich launisch und unberechenbar, doch meist überwiegt die Sonne. Die Temperaturen sind jedoch noch frisch. In den Straßencafés liegen daher Decken aus und in den Biergärten sitzt man zur Not auch im Daunenmantel. Die Durchschnittstemperaturen liegen bei 13 bis 15 °C.

Das neue Jahr wird am 1. Januar um 12 Uhr mit dem **Neujahrsanblasen** auf dem Alten Peter begrüßt. Den **Fasching** feiert München auf zahlreichen Bällen. Erst am Faschingsdienstag dringt das närrische Treiben auf die Straße. Richtig hoch her geht es danach noch einmal beim **Starkbieranstich** im Paulaner am Nockherberg, vier Wochen vor Ostern. Anfang Juni begeht München das Datum seiner **Stadtgründung** mit einem bunten Fest mit Veranstaltungen und Ständen.

… im Sommer

Im Sommer läuft das Stadtleben auf Hochtouren. Cafés, Parks, Biergärten – überall trifft man sich, um die schönste Jahreszeit zu genießen. Dabei kann es heiß und drückend werden. Doch abendliche Sommergewitter sorgen meist prompt für Ent-

Zu jeder Jahreszeit locken die Fünf Höfe mit Kunst und Kommerz in Bestlage

ladung. Seit einigen Jahren besuchen zahlreiche Araber die Stadt während des Sommerschlussverkaufs, der Mitte Juli beginnt. Im August leert sich die Stadt, die großen Ferien bringen angenehme Ruhe und Gelassenheit, die den München-Besuchern zugutekommt.

Gut zu wissen

Wetter aktuell für München und Umland: unter www.donnerwetter.de.
Aktuelle Events: unter www.munichx.de, www.in-muenchen.de, www.ganz-muenchen.de und www.prinz.de.
Ermäßigungen: s. S. 26, 59, 63.

Die Monate Juli und August sind geprägt von Veranstaltungen unter freiem Himmel, sofern das Wetter es zulässt. Ein breit gefächertes Programm bietet für jeden Geschmack das Passende, ob klassische Musik in stimmungsvollem Ambiente beim **Brunnenhof Openair** in der Residenz oder die Reihe **Kino Open Air** am Königsplatz, das die erfolgreichsten Filme des Jahres auf einer Großleinwand präsentiert. Einen festen Platz im Kulturkalender nehmen die **Opern-Festspiele** im Nationaltheater ein, die ebenfalls im Juli beginnen und zu der sich die Gesellschaft in festlichen Roben trifft. Als Kontrastprogramm findet im **Theatron** des Olympiaparks den gesamten August über das längste Open-Air-Konzert der Welt statt.

... im Herbst

Im Herbst steht München ganz im Zeichen des Oktoberfests. Ein Besuch Ende September will von langer Hand geplant sein, denn während der beiden Oktoberfestwochen quillt die Stadt über und die Hotelpreise schnellen in die Höhe. Der Frühherbst beschert München meist eine stabile Hochdrucklage, die Nächte können aber trotz angenehmer Tagestemperaturen schon frisch werden. Eine herrliche Jahreszeit, wenn die Bäume sich bunt färben und das Licht weich und warm wird. Der Spätherbst kündigt sich Anfang November meist mit Regen und nasskaltem Wetter an.

Im September freuen sich die aus dem Urlaub zurückgekehrten Münchner auf die Festivitäten rund um das **Oktoberfest.** Am ersten Samstag der Wiesn ziehen die Festwirte auf geschmückten Wagen feierlich zur Theresienwiese, bevor der Oberbürgermeister im Schottenhamel-Zelt das erste Fass anschlägt und damit das weltweit größte Volksfest eröffnet. Am ersten Festsonntag präsentieren rund 5000 Beteiligte einheimische und ausländische Trachten auf dem **Trachtenumzug.**

... im Winter

Im Winter macht München seiner geografischen Lage als Alpenvorstadt alle Ehre: Es kann durchaus kalt werden und nicht selten schneit es bereits im November. Schmuddelwetter indes kommt selten vor, sehr oft drängt sich eine starke Wintersonne durch die Wolken und München gibt sich selbst bei Minusgraden mediterran: Eingehüllt in dicke Wolldecken sitzt man beim Glühwein im Korbsessel vor der Tür.

Die vielen **Weihnachtsmärkte** der Stadt ziehen vor allem italienische Touristen an, daher empfiehlt sich eine rechtzeitige Zimmerbuchung. Der bekannteste findet auf dem Marienplatz statt. An der Münchner Freiheit liegt der Schwerpunkt auf internationalen Spezialitäten und Kunsthandwerk aus aller Welt.

Zweimal im Jahr schlägt das Kulturfestival **Tollwood** für knapp vier Wochen seine Zelte auf, Mitte Juni bis Mitte Juli im Olympiapark und im Dezember auf der Theresienwiese. Ein Großteil der Veranstaltungen ist gratis, an den vielen Ständen internationaler Küche lässt man sein Geld gern.

Anreise und Verkehrsmittel

Einreisebestimmungen

Österreicher und Schweizer können sich mit einem gültigen Reisepass/Personalausweis bis zu drei Monate in Deutschland aufhalten, ohne sich anzumelden.

Zoll

Zollkontrollen werden bei Einreise aus einem EU-Land gemäß dem Schengener Abkommen nicht mehr durchgeführt. Stichproben sind allerdings jederzeit möglich.

Anreise

... mit dem Flugzeug

Vom **Franz-Josef-Strauß-Flughafen** im Erdinger Moos besteht mehrmals täglich Verbindung mit allen deutschen und österreichischen Großstädten sowie mit Zürich (telefonische Flugauskunft 089 975-00, Infos: www.munich-airport.de).

Der Flughafen liegt etwa 50 km außerhalb des Stadtzentrums, man erreicht ihn mit den **Flughafenlinien** S8 oder S1. Ferner verkehrt der **Lufthansa Express Bus** (ab Arnulfstraße) zwischen Hauptbahnhof und Flughafen (10,50 € einfache Fahrt, 5,50 € für Kinder von sechs bis 14 Jahren, 17 € Hin- und Rückfahrt). Die **Taxifahrt** zum Flughafen kostet um die 63 €.

... mit der Bahn

Von München bestehen viele Bahnverbindungen in alle großen deutschen Städte sowie nach Österreich, in die Schweiz und nach Italien. Achten Sie auf Sparpreis-Angebote, die häufig zeitlich begrenzt sind und preislich stark differieren können, z. B. **Europa-Spezial.** Der **Münchner Hauptbahnhof** liegt zentral in der Nähe des Karlsplatzes (Stachus). Reiseauskunft Deutsche Bahn AG, Servicenummer für alle Angebote der Deutschen Bahn: Tel. 01805 99 66 33 (Fahrplan- und Tarifauskunft, Reservierung, Buchung, Fahrscheinbestellung).

... mit dem Bus

Von München aus gibt es viele Busverbindungen zu den Städten im bayerischen Umland sowie in alle größeren Städte der Bundesrepublik und mit Eurolines (www.touring.de) nach Wien und Linz. Der zentrale Omnibusbahnhof ZOB (Tel. 089 45 20 98 90, www.muenchen-zob.de) liegt an der Hackerbrücke in der Nähe des Hauptbahnhofs.

... mit dem Auto

Von Norden kommend, erreicht man München über die A 9 (Richtung Nürnberg/Würzburg), aus Stuttgart über die A 8, von Lindau über die A 96, von Garmisch-Partenkirchen über die A 95 und aus Richtung Österreich über die A 8.

Öffentliche Verkehrsmittel

S-Bahn, U-Bahn, Tram und Busse

Der öffentliche Nahverkehr (U-Bahn, S-Bahn, Tram und Bus) steht unter der Leitung des MVV (Tel. 089 41 42 43 44, Mo–Do 7–17, Fr 7–15 Uhr besetzt, außerhalb der Bürozeiten Sprachcomputer; gebührenfreie Hotline 0800 344 22 66 00, Mo–Fr 8– 20 Uhr, www.mvv-muenchen.de – dort ist auch eine MVV-App herunterladbar).

Das MVV-Kundencenter befindet sich im Untergeschoss des Marienplatzes, am Hauptbahnhof gibt es einen weiteren Infostand (Mo–Fr 8–20, Sa 9–16 Uhr).

Sightseeing mit Perspektive: Blick von der Prinzregentenstraße zum Friedensengel

In U-Bahn, S-Bahn, Tram und Bus sind dieselben Fahrscheine gültig. Der Verkehrsraum ist in zwei **Zonen** unterteilt: in Zentrum (weiß) und in den Außenraum mit drei Zonen. Automaten verkaufen Einzelfahrkarten, Streifenkarten, die günstiger sind als Einzelfahrscheine, und Tageskarten.

Ein- und Drei-Tages-Karten bekommt man an S-Bahn-Schaltern und MVV-Verkaufsstellen, in vielen Münchner Hotels sowie bei der Infostelle des Fremdenverkehrsamts am Hauptbahnhof.

Tarife: Einzelkarte Kurzstrecke 1,40 €, Einzelkarte Innenraum 2,70 € und Tageskarte Innenraum ab 6,40 €.

Taxis

Taxiruf: Tel. 089 216 10 oder 089 194 10 (auch für Vorbestellungen), www.taxi-muenchen.de.

Leihwagen und -räder

Autoverleih

Leihwagenfirmen sind am Flughafen und am Hauptbahnhof vertreten.

Fahrradverleih

Call a bike der Deutschen Bahn AG: Tel. 069 42 72 77 22, www.callabike-interaktiv.de.

Radius Tours & Bike Rental: Arnulfstr. 3, im Hauptbahnhof, Tel. 089 54 34 87 77 30, www.radiustours.com.

Spurwechsel: Ohlmüllerstr. 5, Tel. 089 692 46 99, www.spurwechsel-muenchen.de.

Leihfahrräder kosten ca. 14–20 € pro Tag.

Mit dem Auto

Für den Stadtbesuch ist es ratsam, das Auto außerhalb an einem **P & R-Platz**

abzustellen (1,50 €/Tag; sie ziehen sich, kurz vor dem Mittleren Ring gelegen, rund um die Stadt, z. B. Olympiazentrum im Norden, Innsbrucker Ring im Osten, Großhadern im Süden, Heimeranplatz im Westen). In der Innenstadt gelten strenge **Parkbeschränkungen.** In der Altstadt sind die auf zwei Stunden begrenzten Parkflächen mit einer blauen Linie gekennzeichnet. Im Durchschnitt zahlt man in der Innenstadt 3 €/Std. **Zentrale Parkhäuser** sind der Elisenhof in der Nähe des Hauptbahnhofs, Oberpollinger, die Schranne und die Tiefgarage vor der Oper.

Autos dürfen nur mit **Feinstaubplakette** innerhalb des Mittleren Rings (= Umweltzone) fahren. Für alle in Deutschland zugelassenen Fahrzeuge können Plaketten bei der Zulassungsstelle des Landratsamtes München, Bretonischer Ring 1, 85630 Grasbrunn-Neukeferloh erworben werden (Mo, Di, Do 7.30–12, 13.30–15, Mi, Fr 7.30–12 Uhr, 5 € pro Plakette).

Stadtführungen und -rundfahrten

Der Veranstalter **Spurwechsel** bietet Touren durch München zu Fuß, mit dem Fahrrad oder der Tram an (Tel. 089 692 46 99, www.spurwechsel-muenchen.de).

In die Hinterhöfe der Geschichte schaut man mit **Stattreisen,** deren Führungen dem Alltagsleben früher und heute gelten. Auch Rundgänge für Kinder von 5–12 J. Führungen mit und ohne Voranmeldung, Tel. 089 54 40 42 30, www.stattreisen-muenchen.de).

Auf Tages- und Halbtagesprogramme ist **Kunst-Tour** spezialisiert. Häufig werden Stadtrundgang und Museumsbesuch verknüpft (Tel. 08143 366 93 16, www.kunst-tour.de).

Auch der Veranstalter **Weis(s)er Stadtvogel** bietet ein breit gefächertes Programm, u. a. mit Themenführungen von Schauspielern (Tel. 089 203 24 53 60, www.weisser-stadtvogel.de).

Das private **Institut Bavaricum** lädt zu historischen Spezialführungen, z. B. zu Münchner Jugendstilfassaden. Das Programm ist unter Tel. 08142 603 82 oder zuber@bavaricum.de, im Internet unter www.bavaricum.de oder bei der Stadtinformation im Rathaus erhältlich.

Beim **Tourismusamt München** (Tel. 089 233 30-234/-204, www.muenchen.de/tourismus) kann man individuelle Stadtführungen in 25 Sprachen und Gebärdensprache bei einem der ›offiziellen Gästeführer‹ der Stadt buchen.

Ebenso individuell, aber anekdotenreicher ist die Buchung eines

CityTourCard
Mit dieser Ermäßigungskarte kann man an einem oder an bis zu drei Tagen den Innenraum (Innenstadtbereich) oder das Gesamtnetz befahren und erhält zusätzlich Vergünstigungen bei verschiedenen Einrichtungen. Einzelpreis für 1 Tag/3 Tage im Innenraum/3 Tage im Gesamtnetz: 10,90 €/21,90 €/33,90 €, für Partner, Familien und Kleingruppen (bis zu 5 Erw.) 18,90 €/31,90 €/55,90 €. Erhältlich u. a. an Fahrkartenautomaten der U- und S-Bahnen, Kundenzentren der Verkehrsbetriebe, DB-Verkaufsstellen, DER-Reisebüros; Infos: www.citytourcard-muenchen.com.

persönlichen **Taxi Guides,** die Fahrt durch München mit einem Taxifahrer (24-Std.-Service, Tel. 0175 481 28 48, www.taxi-guide-muenchen.de).

Ebenso wetterunabhängig ist eine Bustour. Am Bahnhofplatz vor dem Kaufhaus Karstadt starten die **Münchner Stadtrundfahrten** zu den Höhepunkten der Metropole (tgl. alle 20 Min. 9–17.30 Uhr, Tel. 089 54 90 75 60, www.stadtrundfahrten-muenchen.de); weitere Angebote umfassen das Olympiagelände ebenso wie Schloss Nymphenburg.

Mit einem Original-Doppeldeckerbus fährt man bei **Stadtrundfahrten München** (Dauer 1 Std., tgl. alle 30 Min. 10–16, vom 1. April–31. Okt. 10–17 Uhr, Abfahrt: Elisenhof am Bahnhofplatz, www.citysightseeing-muenchen.de).

Mit Rad, Roller und Co. unterwegs

Organisierte Fahrradtouren macht man mit **Mike's Bike Tours** (E, D), Tel. 089 25 54 39 88/87, www.mikesbiketours.com), **Cityhopper Touren** (Tel. 089 272 11 31, Fahrrad inkl.) und **Radius Tours & Bike Rental** (Arnulfstr. 3 im Hauptbahnhof, Tel. Ausleihe 089 54 34 87 77 30, Tel. Touren 089 54 34 87 77 20, www.radiustours.com).

Dem neuesten Rollertrend folgt man mit **Segway Tour Munich** (Tel. 089 24 20 34 01, www.seg-tour-munich.de, Dauer etwa 3 Std.). Für die bis zu dreimal täglich stattfindenden Fahrten durch München auf gestellten Segways benötigt man einen Führerschein und ein Körpergewicht zwischen 45 und 117 kg.

Wer das Außergewöhnliche sucht, kann auf weitere Transportmittel umsteigen. Ob bei einer nostalgischen **Kutschfahrt** durch den Englischen Garten (ab mittags Standplatz am Chinesischen Turm, Kutscherei Holzmann, Schwere-Reiter-Str. 22, Tel. 089 18 06 08, www.kutschen-muenchen.de) oder einer fast ebenso schaukelnden Fahrt mit dem **Rikscha-Mobil** (Standort: Marienplatz am Fischbrunnen, kann auch angefordert werden, Tel. 089 24 21 68 80 oder mobil 0176 24 27 10 89, www.pedalhelden.de) – München ist aus jeder Perspektive sehenswert.

Tagestouren ins Umland

Von München aus lassen sich viele Ziele des Voralpenlandes in kurzer Zeit erreichen (s. S. 272): der Starnberger See mit dem atemberaubenden Bau des Buchheim Museums, der Staffelsee mit den Werken des Blauen Reiters im Murnauer Schlossmuseum, die Barockkirchen Wessobrunn, Steingaden und Wieskirche oder die Schlösser von Ludwig II. in Herrenchiemsee, Linderhof und Neuschwanstein.

Ausflüge ins Umland organisiert **SIGHTseeing Gray Line** (Tel. 089 54 90 75 60, www.stadtrundfahrten-muenchen.de).

Übernachten

München bietet Übernachtungsmöglichkeiten auf jedem Preisniveau und für jeden Geschmack: für den designverliebten Single genauso wie für praktisch orientierte Familien mit Kindern. In den vergangenen Jahren wurde mit großen Hotelanlagen vor allem im mittleren bis hohen Preissegment aufgestockt. Viele liegen zentral in der Nähe des Bahnhofs. Doch auch die Jugendunterkünfte legten ihr Schmuddelimage ab und präsentieren sich inzwischen als professionelle Anbieter.

Allgemein gilt, dass vorab reserviert werden sollte. Ca. 14 Millionen Übernachtungsgäste hat München pro Jahr – zu Messezeiten und zum Oktoberfest kann es knapp werden und man muss ggf. in das Umland ausweichen. Immer sinnvoll ist es, sich nach Pauschalen und Sondertarifen zu erkundigen, da viele Hotels zum Teil erstaunliche Preisspannen einräumen. Einzelzimmer (EZ) sind im Allgemeinen teurer als Doppelzimmer (DZ). Drei- oder Mehrbettzimmer sind häufig vorhanden. Außerhalb des Stadtzentrums findet man in der Regel günstigere Unterkünfte.

Die angegebenen Preise gelten – sofern nicht anders vermerkt – inklusive Frühstück. Der durchschnittliche Zimmerpreis liegt in München bei ca. 100 €, zum Oktoberfest verdoppelt er sich.

Edel und teuer

Hip – **Mandarin Oriental:** ■ Karte 2, S13, Neuturmstr. 1, 80331 München, Tel. 089 29 09 80, www.mandarinoriental.com, H Isartor, 73 Zi, EZ 525–905 €, DZ 525–1025 €, Suiten ab 1325 €. Stilvolles Nobelhotel in bester Innenstadtlage, im Sommer finden Sonderveranstaltungen auf der Dachterrasse statt, von der man einen fantastischen Blick über die Innenstadt hat. Mit Fitnessraum und beheiztem Swimmingpool auf der Dachterrasse (s. Foto S. 28).

Stilvoll – **Hotel Bayerischer Hof:** ■ Karte 2, R12/13, Promenadeplatz 2–6, 80333 München, Tel. 089 212 00, www.bayerischerhof.de, H Theatinerstraße, 350 Zi, EZ 270–390 €, DZ 380–650 €, Suiten bis 3900 €. Inhabergeführtes Traditionshaus mit fünf Sternen im Zentrum: Wo früher der Adel logierte, steigt heute internationale Prominenz ab. 340 unterschiedlich eingerichtete Zimmer und Suiten, alle mit modernster Technik und Internetanschluss. Mit Wellnessoase Blue Spa (s. S. 56 , 170).

Luxus pur – **Kempinski Hotel Vier Jahreszeiten:** ■ Karte 2, S13, Maximilianstr. 17, 80539 München, Tel. 089 212 50, www.kempinski.com/munich, H Kammerspiele, 297 Zi, EZ 297–632 €, DZ 414–1249 €, Suiten ab 750 €. Erste Adresse für einen mit fünf Sternen geadelten luxuriösen München-Aufenthalt. Mit Spa im 6. OG (schöner Blick auf die Türme der Frauenkirche und die Dächer der Münchener Innenstadt).

Kostenlos buchen

Der kostenlose Hotelbuchungsservice der Stadt München vermittelt kompetent Unterkünfte jeder Art (Sendlinger Str. 1, 80331 München, Tel. 089 23 39 65 55, tourismus.gs@muenchen.de, Mo–Fr 9–17 Uhr).

Schwimmen mit Blick auf die Frauenkirche im Hotel Mandarin Oriental

Stilvoll und stylisch

Traditionsreich – **Torbräu:** ■ Karte 2, S13, Tal 41, 80331 München, Tel. 089 24 23 40, www.torbraeu.de, H Isartor, 90 Zi, EZ 165–255 €, DZ 219–350 €. Ältestes Hotel Münchens, direkt am Isartor, inzwischen mit vier Sternen geadelt. Individuell gestaltete Zimmer, rustikal, aber mit modernster Technik. Im Haus das Restaurant Schapeau mit gehobener bayerischer Küche.

Sportlich – **Platzl Hotel:** ■ Karte 2, S13, Sparkassenstr. 10, 80331 München, Tel. 089 23 70 30, www.platzl.de, H Marienplatz, 167 Zi, EZ 145–325 €, DZ 215–395 €, 4-Sterne-Hotel in zentraler Lage zwischen Marienplatz, Hofbräuhaus und Staatsoper, umfangreiches Fitnessangebot (Sauna,

Dampfbad, Whirlpool, Sportgeräte) und einzigartiger Erholungsbereich.

Rechts der Isar – **Hotel Preysing:** ■ U14, Preysingstr. 1, 81667 München, Tel. 089 45 84 50, www.hotel-prey sing.de, H Gasteig, 62 Zi, EZ 140–280 €, DZ 186–335 €. Gediegenes Hotel mit Tradition, gegenüber von Gasteig und Müllerschem Volksbad gelegen – ein Tor nach Haidhausen ebenso wie in die Innenstadt.

Cool – **Anna Hotel:** ■ Karte 2, Q13, Schützenstr. 1, 80335 München, Tel. 089 59 99 40, www.annahotel.de, H Karlsplatz (Stachus), 75 Zi, EZ 170–355 €, DZ 180–380 €. Stylishes Designhotel direkt am Stachus, Internetzugang und Minibar im Preis enthalten, trendige Bar mit Coffeeshop im Foyerbereich.

Pur – **H'Otello B'01:** ■ Karte 2, S14, Baaderstr. 1, 80469 München, Tel. 089 45 83 12 00, www.hotello.de, H Zweibrückenstr., 56 Zi, EZ 145–285 €, DZ 180–315 €. Hinter einer unscheinbaren Fassade verbirgt sich das erste Designhotel der Stadt. Trotz der Nähe zum Isartorplatz sehr ruhig. Vom verglasten Frühstückssaal genießt man den Blick auf die Flaneure des Glockenbachviertels.

Gediegen – **Excelsior:** ■ Karte 2, Q13, Schützenstr. 11, 80335 München, Tel. 089 55 13 70, www.excelsior-hotel.de, H Hauptbahnhof, 118 Zi, EZ 135–385 €, DZ 175–440 €, Hotel in Sichtweite des Hauptbahnhofs, dabei relativ ruhig. Zimmer in gehobener Ausstattung: Eleganz in Cremeweiß, Kirschholz, Messing und Glas. Weinliebhaber lockt die dem Hotel angeschlossene Geisel's Vinothek.

Klein, aber fein – **Opera:** ■ Karte 2, T13, St.-Anna-Str. 10, 80538 München, Tel. 089 210 49 40, www.hotel-opera.de, H Lehel, Maxmonument, 25 Zi, EZ 150–290 €, DZ 170–310 €. Schön gelegenes Hotel in einem auffällig sgraffito-verzierten Stadtpalais. Jedes Zimmer mit individueller, gediegen antiquarischer Einrichtung und mit Marmorbädern ausgestattet.

Boutique-Hotel – **La Maison:** ■ T8, Occamstr. 24, 80802 München, Tel. 089 33 03 55 50, www.hotel-la-maison.com, 31 Zi., EZ ab 130 €, DZ ab 169€. Hinter der unscheinbaren Fassade verbirgt sich ein Design-Boutique-Hotel mitten in Schwabing und in unmittelbarer Nähe zum Englischen Garten. Sehr schön ausgestattete Zimmer.

Trendy – **Hotel Cortiina:** ■ Karte 2, S13, Ledererstr. 8, 80331 München, Tel. 089 242 24 90, www.cortiina.com, H Marienplatz/Isartor, 75 Zi, EZ ab 139 €, DZ ab 159 €. Zentral gelegenes Trendhotel in zeitlosem Design, in dem edle Hölzer und Natursteine zusammenspielen. Die Bar ist abends ein beliebter Münchner Treffpunkt.

Klassisch – **Dollmann im Lehel:** ■ Karte 2, T13, Thierschstr. 49, 80553 München, Tel. 089 23 80 80, www.hotel-splendid-dollmann.de, H Lehel, 36 Zi, EZ 110–300 €, DZ 155–380 €. Hinter der schmucken Gründerzeitfassade verbirgt sich ein exquisites Hotel garni. Komfortable Ein- bis Vier-Bettzimmer mit Dusche/Bad, WC.

Komfortabel

Gutbürgerlich – **Biederstein Garni:** ■ U8, Keferstr. 18, 80802 München, Tel. 089 33 02 93 90, www.hotel-biederstein.de, H Osterwaldstraße, 34 Zi, EZ 115–199 €, DZ 165–299 €, Apt. 189–299 €. Ruhig gelegenes Hotel in direkter Nähe zu Münchner Freiheit und Englischem Garten. Im funktionalen Außenbau pragmatisch eingerichtete Zimmer, die jüngst renoviert und mit neuester Technik ausgestattet wurden.

Museumsnah – **Carlton Astoria:** ■ S11, Fürstenstr. 12, 80333 München, Tel. 089 383 96 30, www.carlton-astoria. de, H Odeonsplatz, 49 Zi, EZ 100–190 €, DZ 155–240 €. Privat geführtes Traditionshotel mit geräumigen, hellen Zimmern im Münchner Universitäts- und Museumsviertel.

Versteckt – **Am Viktualienmarkt Garni :** ■ Karte 2, R14, Utzschneiderstr. 12–14, 80469 München, Tel. 089 231 10 90, www.hotel-am-viktualienmarkt.de, H Reichenbachplatz, 26 Zi, EZ 59–145 €, DZ 139–189 €. Familiär geführtes Hotel in einem verwinkelten, denkmalgeschützten Haus. Zimmer komfortabel im bayerischen Landhausstil.

Sympathisch – **Adria Garni:** ■ Karte 2, T12, Liebigstr. 8a, 80538 München, Tel. 089 242 11 70, www.adria-muenchen.de, H Lehel, 44 Zi, EZ 87–400 €, DZ 107–450 €. Komfortables Hotel im quirligen Lehel, in direkter Nähe zum Haus der Kunst, zum Bayerischen Nationalmuseum und zur Residenz. Zimmer in mediterranen Farben, hell und warm, dabei ohne Schnörkel. Familienzimmer.

Einfach

Für Lebenskünstler – **Deutsche Eiche:** ■ Karte 2, R14, Reichenbachstr. 13, 80469 München, Tel. 089 231 16 60, www.deutsche-eiche.com, H Reichenbachplatz, 36 Zi, EZ 99–199 €, DZ 159–259 €. Das Haus ist die Unterkunft für Künstler, Schwule und Lesben; außen rustikal, innen modern. Spezialarrangements für Hochzeitsnächte. Großer Saunabereich.

Altmünchner Gemütlichkeit – **Hotel Blauer Bock:** ■ Karte 2, R14, Sebastiansplatz 9, 80331 München, Tel. 089 23 17 80, www.hotelblauerbock.de, H Teamtheater, 69 Zi, EZ 79–235 €, DZ 135–310 €, auch Familienzimmer. Renoviertes, dabei preiswertes Hotel in einem denkmalgeschützten, über 400 Jahre alten Haus mit hauseigenem Restaurant (Mo–Sa 12–14.30, 18.30–1 Uhr) und Bar in direkter Nähe zum Viktualienmarkt.

Im Herzen Schwabings – **Occam Garni:** ■ T8, Occamstr. 7, 80802 München, Tel. 089 33 25 11, www.hotel-occam.de, H Münchner Freiheit, 15 Zi, EZ 109–235 €, DZ 125–250 €. Die einfachen, aber gepflegten Zimmer sind nach Künstlern benannt – eine Reminiszenz an die Schwabinger Bohème – und entsprechend dekoriert. Vor der Tür beginnt die Schwabinger Szenemeile. Ruhiger sind die Zimmer zum Hof.

Auf den Spuren berühmter Persönlichkeiten – **Marienbad Garni:** ■ Q12, Barer Str. 11, 80333 München, Tel. 089 59 55 85, www.hotelmarienbad.de, H Ottostraße, 29 Zi, EZ 85–115 €, DZ 120–160 €, Apt. 160–195 €. Leicht zurückversetzt, bietet das ehemalige Künstlerhotel, in dem u. a. Clara Schumann, Sigmund Freud, Rainer Maria Rilke und Giacomo Puccini nächtigten, ein ruhiges und citynahes Domizil zwischen Karolinenplatz und Karlsplatz (Stachus). Zimmer im Landhausstil, teils mit WC/Dusche auf dem Flur.

Funktional – **Antares Hotel Garni:** ■ R11, Amalienstr. 20, 80333 München, Tel. 089 280 02 00, www.antares-muenchen.de, H Von-der-Tann-Str., 50 Zi, EZ 80–105 €, DZ 100–110 €,

Mehrbettzimmer 120–140 €. Einfache Unterkunft hinter 1950er-Jahre-Fassade in der Maxvorstadt, funktional eingerichtete Zimmer, teils mit Etagendusche.

An der Oktoberfestwiese – **Hotel Seibel:** ■ O13, Theresienhöhe 9, 80339 München, Tel. 089 540 14 20, www.seibel-hotels-munich.de, H Theresienwiese, 50 Zi, EZ 69–199 €, DZ 89–229 €. Bayerischer Landhausstil mit Einflüssen von 1970er-Neo-Rokoko, Oktoberfest-Anschluss obligatorisch – ausgerichtet auf ein internationales Publikum.

Für Existenzialisten – **Mariandl:** ■ P14, Goethestr. 51, 80336 München, Tel. 089 552 91 00, www.mariandl.com, H Beethovenplatz, 28 Zi, EZ 69–118 €, DZ 78–175 €. Dem Hotel sind gleichermaßen Intellektuelle wie die Jeunesse Dorée treu, unter Stuckdecken schläft man in altertümlicher Ausstattung, abends Live-Klaviermusik im angeschlossenen Konzertcafé am Beethovenplatz. Zimmer teilweise mit Etagendusche.

Günstig

Im Glockenbachviertel – **Am Gärtnerplatz Pension Garni:** ■ Karte 2, R14, Klenzestr. 45, 80469 München, Tel. 089 202 51 70, www.pensiongaertnerplatz.de, H Fraunhoferstraße, 10 Zi, EZ 82–140 €, DZ 120–240 €. Familiär wirkende Pension am trendigen Gärtnerplatz mit individuell eingerichteten Zimmern. Ruhigere Zimmer liegen zum Hof.

Wie eine Wohngemeinschaft – **Carolin Garni:** ■ S10, Kaulbachstr. 42, 80539 München, Tel. 089 34 57 57, www.pension-carolin.com, H Universität, 6 Zi, EZ 85–130 €, DZ 110–180 €. Winzige, von der Inhaberin mit großem Enthusiasmus geführte Pension nahe am Englischen Garten, Dusche und WC teils auf der Etage. Mehrere Studentenkneipen gleich um die Ecke.

Mitwohnzentralen
Eine gute Alternative zum Hotel sind die Zimmer, Wohnungen etc., die die Mitwohnzentralen anbieten, egal ob für ein paar Tage oder für Wochen und Monate.
www.mrlodge.de, Tel. 089 340 82 30
www.muenchen.homecompany.de, Tel. 089 194 45

Apartments

Es plätschert die Mühle – **Gästehaus am Englischen Garten:** ■ U8, Liebergesellstr. 8, 80802 München, Tel. 089 383 94 10, www.hotelenglischergarten.de, H Münchner Freiheit, 31 Zi, EZ 88–225 €, DZ 100–225 €, Apt. 103–207 €. Familiär geführte Pension in historischem Mühlengebäude direkt am Englischen Garten gegenüber der Gaststätte Osterwaldgarten. Auch die Gäste der zugehörigen, 50 m entfernten, funktional eingerichteten Apartments treffen sich hier zum reichhaltigen Frühstücksbuffet (9,50 €).

Jugendunterkünfte

Für Globetrotter – **Jugendherberge München-Park in Thalkirchen:** ■ Karte 3, N20, Miesingstr. 4, 81379 München, Tel. 089 78 57 67 70, www.muenchen-park.jugendherberge.de, H Thalkirchen, 370 Betten, EZ 39–69 €, DZ 59–99 €, im Mehrbettzimmer 17–34 €. Nur mit gültigem Jugendherbergsausweis. Komplett renovierte und modernisierte Jugendherberge

Bed & Breakfast
Eine ebenfalls praktische Alternative zu Hotels und Pensionen können die Bed & Breakfast-Unterkünfte in München sein. Eine gute Adresse ist die **Privatzimmervermittlung Bed & Breakfast München** (Tel. 08142 410 46 40, www.bed-and-breakfast.de).

im Münchner Süden in der Nähe von Isarauen und Tierpark.

Zentral – **Euro Youth Hotel:** ■ Karte 2, P13, Senefelder Str. 5, 80336 München, Tel. 089 599 08 80, www.euro-youth-hotel.de, H Hauptbahnhof, 194 Betten, EZ 40–150 €, DZ 48–250 €, im Mehrbettzimmer 12–90 € pro Person. Direkt am Hauptbahnhof gelegene Unterkunft in einem denkmalgeschützten Haus, ohne Altersbegrenzung. Das Hostel ist rund um die Uhr geöffnet. Alle Zimmer mit WLAN-Anschluss. Internationales Publikum.

Budget Hotel und Youth Hostel unter einem Dach – **A & O City Hostel und Hotel Hackerbrücke:** ■ N11, Arnulfstr. 102, 80636 München, Tel. 089 45 23 59 58 00, zentrale Reservierung Tel. 030 80 94 75 110, www.aohostels.com, H Arnulfstraße oder Hauptbahnhof, 204 Zi, EZ 49–192 €, DZ 34–106 €, im Mehrbettzimmer 21–52 € pro Person. Europaweit operierende Hostel- und Hotelkette, die in München neben dem Hostel/Hotel an der Hackerbrücke noch ein Hotel am Hauptbahnhof (Bayerstr. 75, 80335 München, Tel. 089 45 23 57 57 00) betreibt. Hotelzimmer mit Dusche/WC. Hier gibt es auch Familienzimmer.

Behindertengerecht – **4 you München Hostel & Hotel:** ■ P12, Hirtenstr. 18, 80335 München, Tel. 089 552 16 60, www.the4you.de, H Hauptbahnhof, 60 Zi, EZ 49–179 €, DZ 32–89 €, Mehrbettzimmer 13–59 € pro Person. Ältestes Jugendgästehaus Münchens, ohne Altersbegrenzung, behindertengerecht eingerichtet, 24 Std. am Tag geöffnet.

Für Junggebliebene – **Haus International Jugendgästehaus:** ■ P8, Elisabethstr. 87, 80797 München, Tel. 089 12 00 60, www.haus-international.de, H Hohenzollernplatz, 630 Betten, EZ 29–110 €, DZ 23–130 €, im Mehrbettzimmer 21–60 Euro pro Person. Im Herzen Schwabings in der Nähe des sympathischen Elisabethplatzes gelegen, für Gruppenreisen geeignet.

International – **Jugendherberge München-City:** ■ L10, Wendl-Dietrich-Str. 20, 80634 München, Tel. 089 20 24 44 90, www.muenchen-neuhausen.jugendherberge.de, H Rotkreuzplatz, 335 Betten, Übernachtung mit Frühstück 27–61 €; nur mit gültigem Jugendherbergsausweis. In der Nähe des quirligen Rotkreuzplatzes gelegen, herrscht in der ältesten Großstadt-Jugendherberge der Welt von April bis zum Ende des Oktoberfestes Hochbetrieb.

Camping

Naturnah – **Campingplatz Thalkirchen:** ■ Karte 3, N22, Zentralländstr. 49, 81379 München, Tel. 089 723 17 07, www.campingmuenchen.de, H Thalkirchen (Campingplatz; Bus 57), 650 Stellplätze auf 4,5 ha großem Gelände, 15. März–31. Okt., 6–10 € pro Person und Tag, 5–6 € für das Zelt, 5,50–6 € für den Pkw, 14–15 € für Wohnwagen pro Tag. Direkt an den Isarauen in der Nähe des Tierparks in einem Landschaftsschutzgebiet gelegen, vereint dieser Campingplatz Stadtnähe mit Ländlichkeit. Mit Lädchen, Schnellimbiss und Kinderspielplatz.

Essen und Trinken

Wie Sie das richtige Restaurant finden ...

... mit diesem Buch

Auf den folgenden Seiten finden Sie eine Auswahl derjenigen Restaurants, die zu den besten der Stadt zählen, die traditionelle bayerische Küche bieten oder die gerade angesagt und in aller Munde sind. Dazu kommen alteingesessene Lokale mit meist deftiger, gutbürgerlicher Küche, Restaurants mit internationaler Küche, veganische oder vegetarische Restauranttipps sowie Cafés und kleine Speiselokale. Es handelt sich dabei um Adressen, für die sich der mitunter etwas längere Weg kreuz und quer durch die Stadt lohnt.

Weitere Adressen, darunter auch gute und günstige Stadtteilrestaurants finden Sie bei der Beschreibung der einzelnen Viertel.

Hier können Sie sich selbst umsehen ...

Im **Univiertel** zwischen Amalien-, Schelling- und Türkenstraße reihen sich Restaurants, Cafés und Kneipen aneinander – eine lockere, ungezwungene Atmosphäre, in der man Salate, Sandwiches, aber auch warme Speisen und vielfältige Pastagerichte serviert bekommt.

Rund um den **Viktualienmarkt** dreht sich auch alles ums Essen – vom bayerischen Traditionshaus bis zum Retro-Thai-Gourmettempel findet man in

Restaurants in den Münchner Stadtvierteln

Historisches Zentrum
- Stadtviertelkarte S. 122
- Restaurantbeschreibung S. 131

Angerviertel
- Stadtviertelkarte S. 138
- Restaurantbeschreibung S. 146

Nördliche Altstadt
- Stadtviertelkarte S. 157
- Restaurantbeschreibung S. 171

Isarvorstadt und Museumsinsel
- Stadtviertelkarte S. 182
- Restaurantbeschreibung S. 190

Maxvorstadt
- Stadtviertelkarte S. 196
- Restaurantbeschreibung S. 212

Schwabing und Olympiagelände
- Stadtviertelkarte S. 224 und S. 229
- Restaurantbeschreibung S. 233

Lehel
- Stadtviertelkarte S. 240
- Restaurantbeschreibung S. 245

Bogenhausen und Haidhausen
- Stadtviertelkarte S. 250 und S. 256
- Restaurantbeschreibung S. 259

Neuhausen und Nymphenburg
- Stadtviertelkarte S. 269
- Restaurantbeschreibung S. 270

den kleinen umliegenden Straßen die vielfältigsten kulinarischen Einkehrmöglichkeiten.

Im **Glockenbachviertel** stößt man in der Hans-Sachs-Straße und in den Straßen der Umgebung auf zahlreiche Restaurants und Kneipen, die einen Besuch lohnen.

Internet und Szenemagazine

Infos für erste Tipps zur Münchner Restaurantszene gibt es inzwischen vor allem im Netz u. a. unter www.muenchen.de, www.ganz-muenchen.de, www.muenchen.prinz.de, www.munich-info.de und www.munichx.de. Im Printbereich konnte sich das Spezialheft DelikatEssen (8,60 €) halten, das die wichtigsten Informationen rund um das Thema Essen und Restaurants aufführt. Neue Magazine wie curt (www.curt.de/muenchen) erscheinen in verschiedenen deutschen Städten und widmen sich ortsbezogen dem Lifestyle und der kreativen Szene.

Die Gastronomie in der Stadt

Die Münchner Restaurantszene wird immer vielfältiger und bunter. An die 5000 Lokale soll es geben. Ob deftige Schweinshaxe oder ein französisches Fünf-Gänge-Menü, ob ganz auf die Sinne konzentriertes Essen im Dunkeln oder caesarisch auf römischen Liegen, ob kreolisch oder äthiopisch, vegan oder vegetarisch, ob crossover oder pur – man würde Wochen beschäftigt sein, wollte man das breite Restaurantangebot ganz auskosten.

Angesichts der Touristenströme, die München anzieht, ist das gastronomische Niveau ausgesprochen gut. Selbst in den häufig mehrere 100 Gäste fassenden Bierpalästen der Großbrauereien spürt man kaum etwas von der dahinter stehenden Logistik in Küche und Service. Ausrutscher nach unten gibt es immer dann, wenn ein unerwarteter Andrang auf eine dünne Personaldecke trifft.

Besuch im Biergarten

Der Besuch eines Biergartens gehört zu München wie die Stippvisite in einem Pub zu London. Und er ist etwas ganz Besonderes. Laut der Bayerischen Biergartenverordnung ist das Mitbringen einer Brotzeit zur Maß Bier hier ausdrücklich erlaubt. Und das tun eifrige Biergartennutzer auch nach wie vor, wenngleich viele der Biergärten leckeres Essen wie knusprige Entenhälften, Spareribs oder eben Schweinshaxn servieren. Zur zünftigen Brotzeit kommen u. a. Radi (weißer Rettich), Leberkäse, Romadur (Weichkäse aus Kuhmilch) oder anderer regionaler Käse, Wurst- oder Kartoffelsalat, Schwarzbrot, Brezn, Obatzda (pikante Käsecreme mit reichlich Zwiebeln, Butter und Gewürzen), Griebenschmalz und Radieschen auf den Tisch. Zur bayerischen Küche s. auch S. 103.

Spitzenrestaurants

Poppiger Siebziger-Spirit – **Tantris:** ■ T7, Johann-Fichte-Str. 7, Tel. 089 361 95 90, www.tantris.de, H Dietlindenstraße, Di–Sa 12–15 und 18.30–1 Uhr, So, Mo, Fei geschlossen, Menüs 95–270 €. Das einzige Münchner Lokal, das seit über 40 Jahren durch mindestens zwei Michelin-Sterne geadelt ist. In den 1980er-Jahren Vorreiter der Nouvelle Cuisine, heute mit dem österreichischen Starkoch Hans Haas und einem zweiköpfigen Team für die Weinverkostung immer noch uneinholbare Spitzenklasse. In einem inzwischen unter Denkmalschutz stehenden Gebäude von 1971.

Ruhe vor dem Sturm: Das Tantris ist meist mehr als einen Monat im Voraus ausgebucht

Käfer eben – **Käfer Schänke:** ■ V12, Prinzregentenstr. 73, Tel. 089 416 82 47, www.feinkost-kaefer.de, H Friedensengel, Mo–Sa 11.30–23 Uhr, Gerichte 19–43 €. Eine Münchner Institution mit solider Küche, die gefällt, aber nicht entzückt.

Bürgerlich-gediegen – **Bogenhauser Hof:** ■ V11, Ismaninger Str. 85, Tel. 089 98 55 86, www.bogenhauser-hof.de, H Sternwartstraße, Mo–Sa 12–16 Uhr, 18–1 Uhr, warme Küche bis 14.30 bzw. 22.30 Uhr, Gerichte 17,50–42 €. Vor 20 Jahren entstand aus einer heruntergekommenen Vorstadtwirtschaft in einem alten Jagdhaus dieses Lokal, das mit seiner rustikalen Inneneinrichtung noch das Ambiente vergangener Zeiten ausstrahlt. Die gediegene gehobene Küche kommt gut bei Promis an.

Kunstvoll – **Pageou:** ■ Karte 2, R12, Kardinal-Faulhaber-Str. 10, Tel. 089 24 23 13 10, www.pageou.de, H Stachus, Marienplatz, Di–Fr 12–14.30, 18.30–22, Sa 12–15, 18.30–22 Uhr, Gerichte 21–39 €. Gourmet-Etage im HypoBank-Palast. Benannt nach der Geburtsstadt des sternegekrönten Kochs Ali Güngörmüş, der Biozutaten mit dem Geschmack von 1001 Nacht zu veredeln weiß. Reservierung angeraten.

Bestbürgerlich – **Grüne Gans:** ■ Karte 2, R14, Am Einlaß 4, Tel. 089 26 62 28, www.gruene-gans.de, H Marienplatz, Mo–Sa 19–1 Uhr, Gerichte 20–28 €. Ein heimeliges, von viel Romantik inspiriertes Lokal, das hohe Kochkunst pflegt. Fotos an den Wänden zeigen stolz die prominenten Stammgäste, die die verfeinerte, abwechslungsreiche Küche zu schätzen wissen.

Kleines Bier-Einmaleins

Die Hauptsorten des Münchner Biers sind bei einem Alkoholgehalt von 4,5 bis 7,5 % – **Helles:** süffig und hellgelb, mild gehopft; **Export Dunkel:** vollmundig mit dominantem Malzgehalt; **Pils:** feinherb mit einer Hopfennote; **Kristallweizen:** spritzig, dabei klar, typisch obergärig; **helles Hefeweizen:** spritzig, dabei naturtrüb, typisch obergärig; **dunkles Hefeweizen:** vollmundig, naturtrüb, malzig; **Märzenbier:** vollmundig, mild bis malzaromatisch; **Bockbier:** hochvergoren, feinherb, teilweise würzig; **Doppelbock:** gehaltvoll, stark, kräftig gewürzt; **Oktoberfestbier:** hell, gold-, bernsteinfarben oder dunkel, vollmundig, kräftiger, ins Süße tendierender Geschmack.

Traditionsküche

Volkstümlich-bayerisch – **Gasthaus beim Sedlmayr:** ■ Karte 2, S14, Westenriederstr. 14, Tel. 089 22 62 19, www.beim-sedlmayr.de, H Marienplatz, Isartor, Mo–Sa 9–23 Uhr, So, Fei geschlossen, Gerichte 9–25 €. Nur ein Jahr vor seinem Tod vom 1990 verstorbenen Volksschauspieler Walter Sedlmayr übernommene Traditionsgaststätte. Spezialitäten wie gebackene Kälberfüße und Briesmilzwurst stehen auf der Karte.

Bayerisch-global – **Hofbräuhaus:** ■ Karte 2, S13, s. S. 121.

Bodenständig – **Hofbräukeller:** ■ U14, Innere Wiener Str. 19, Tel. 089 45 99 250, www.hofbraeukeller.de, H Wiener Platz, tgl. 10–24 Uhr, Gerichte 9,50–16,90 €. Charakteristische Münchner Wirtschaft, in der man noch auf Originale trifft. Im Sommer ist's herrlich draußen. Sehr kommunikative Atmosphäre.

Fröhlich-laut – **Löwenbräukeller:** ■ P11, Nymphenburger Str. 2, Tel. 089 56 60 21, www.loewenbraeukeller.com, H Stiglmaierplatz, tgl. 10–24 Uhr, Gerichte 7–21 €. 1833 als eine der vornehmsten Bier-Kultstätten eröffnet, bietet das Brauhaus heute noch echte Münchner Küche in unverfälschtem Ambiente.

Eine Institution – **Schneider Bräuhaus:** ■ Karte 2, S13, s. S. 132.

Jung-dynamisch – **Wirtshaus in der Au:** ■ T15, Lilienstr. 51, Tel. 089 448 14 00, www.wirtshausinderau.de, H Deutsches Museum, Mo–Fr 17–1, Sa, So 10–1 Uhr, Gerichte 9–18 €. Jüngeres Publikum sorgt für Stimmung wie auf der Wiesn, meist sehr voll.

Aus aller Welt

Jüdische Tradition – **Schmock:** ■ Q11, Augustenstr. 52, Tel. 089 52 35 05 35, www.schmock-muenchen.de, Mo–Sa 18–1 Uhr, Gerichte 18–36,50 €. Feines jüdisches Restaurant mit koscherer Küche. Man sitzt unter Stuckdecken im gediegenen Ambiente, das über die nicht selten provokanten Aktionen des Lokals hinwegtäuscht.

Weltstädtisch – **Theresa Grill:** ■ R11, Theresienstr. 29, Tel. 089 28 80 33 01, www.theresa-restaurant.com, H Universität. Mo–Fr 11–15 und 18–1 Uhr, Sa 12–1 Uhr, So 10–1 Uhr, Gerichte 18–30 €. Fleisch und Fisch, das auf dem Buchenholzkohlegrill zubereitet wird. Durchgestylte Räume, trendiges Publikum.

Exotische Üppigkeit – **Rüen Thai:** ■ M13/14, Kazmairstr. 58, Tel. 089 50 32 39, www.rueen-thai.de, H Schwanthalerhöhe, Mo–Mi 12–14.30, 18–24, Do–So, Fei 18–24 Uhr, Gerichte 18–25 €. High-End-Thailänder im Westend, der im opulenten Raum köstlichste asiatische Gerichte anbietet. Hier muss man unbedingt reservieren!

Cool Fusion – **Yum:** ■ Karte 2, R14, Utzschneiderstr. 6, Tel. 089 23 23 06 60, www.yum-thai.de, H Marienplatz, tgl. 18–1 Uhr, Gerichte 18–22 €. Thai Kitchen and Bar in geschmackvoll gestyltem Ambiente. Sehr feine asiatische Küche. Ohne Reservierung ist hier nichts zu machen!

Chic – **Le Faubourg:** ■ V14, Kirchenstr. 5, Tel. 089 47 55 33, www.le-faubourg.de, H Max-Weber-Platz, Mo–Sa 11–14, 18–1 Uhr, Gerichte 15–30 €. Winziges französisches Lokal für das Dinner zu zweit, man sitzt jedoch nahe am Nachbarn. Für Frankophile.

Orientalisch-in – **Lemar:** ■ Karte 2, R13, Brunnstr. 4, Tel. 089 26 94 94 54, www.lemar-restaurant.de, H Marienplatz, 17–1 Uhr, Gerichte 14–20 €. Afghanische Küche in einem orientalisch gestylten Ambiente. Die Küche ist ein Feuerwerk an Gewürzen. Besonders köstlich sind die Vorspeisen, zu denen Naan gereicht wird, ein im Steinofen gebackenes Fladenbrot. Immer gut besucht, daher unbedingt reservieren.

Weltoffen – **Mangostin Asia:** ■ Karte 3, N/O20, Maria-Einsiedel-Str. 2, Tel. 089 723 20 31, www.mangostin.de, H Thalkirchen, Mo–Sa 11.30–14.30, 18–24, So 11–24 Uhr, Gerichte 15–32 €. Schickes gesamtasiatisches Konzeptrestaurant, das puristisch auftritt etwa in der japanischen Ecke, verspielt bei der Thai-Küche oder kolonial rund um die vietnamesischen Spezialitäten.

Indien in Rosarot – **Ganga:** ■ Karte 2, S14, Baaderstr. 11, Tel. 089 201 64 65, www.gangarestaurant.com, H Isartor, Mo–Fr 11.30–15, 17.30–24, Sa, So 17.30– 24 Uhr, Gerichte 11–17 €. Feine, aufmerksam zubereitete indische Küche in landestypischem Ambiente. Gemischtes, kommunikatives Publikum.

En vogue – **Makassar:** ■ P16, Dreimühlenstr. 25, Tel. 089 77 69 59, www.makassar.de, H Poccistraße, Mo–Sa 18–1 Uhr, Gerichte 9,50–21 €. Kolonial-französische kreolische Speisen inmitten reicher Pflanzendeko, nette Bedienungen servieren hübsch dekorierte Speisen.

Der Pate – **Il Padrino:** ■ V14, Kirchenstr. 44, Tel. 089 447 11 84, www.ilpadrino.de, H Max-Weber-Platz, 11.30–14.30, 17.30–23.30 Uhr, Gerichte 8,90–18,90 €. Von der Holzofenpizza über die Antipasti bis zu den Nudelspezialitäten: hier genießt man das Essen wie in Italien!

Biergärten

Eine Brotzeit darf meist mitgebracht werden (s. S. 34), Getränke werden gekauft.

Kastanienidylle – **Zum Aumeister:** ■ nördl. von V5, Sondermeierstr. 1, Tel. 089 32 52 24, www.aumeister.de, H Freimann, Mo–So 11–23 Uhr, Gerichte 8,90–28,50 €. Im Sommer ist der Biergarten Treffpunkt von Radlern und Spaziergängern, von Familien mit Kind und Kegel.

Global – **Biergarten am Chinesischen Turm:** ■ T/U10, Englischer Garten 2,

Wo gibt es die besten Weißwürste?
Die meisten Brauhäuser und Gastronomiebetriebe unterhalten eigene Metzgereien. Bei der jährlichen Weißwurst-Qualitätsprüfung erlangt die Metzgerei der Kuffler GmbH immer wieder die goldene Auszeichnung. Das Kuffler-Imperium betreibt u. a. das Spatenhaus (s. S. 172), den Haxnbauer (Sparkassenstraße) und als Flaggschiff das Kuffler Restaurant Bar Grill (Palais an der Oper) in der Innenstadt, das Seehaus am Kleinhesseloher See (s. S. 214) und das Mangostin in Thalkirchen.

Tel. 089 383 87 30, www.chinaturm.de, H Englischer Garten oder Tivolistraße, bei schönem Wetter tgl. ab 10 Uhr, Gerichte 5–14 €. Volkstümliches Gedränge, am Sonntag spielt die Musi auf. Vor allem bei Touristen beliebt.

Schick-relaxed – **St. Emmeramsmühle:** ■ nordöstl. von Y6, Oberföhring, St. Emmeram 41, Tel. 089 95 39 71, www.emmeramsmuehle.de, H Arabellapark, Mo–Sa 11–1, So 10–1 Uhr, Gerichte 10–17 €. Idyllisch in den Isarauen gelegen, einer der kleineren Biergärten in der Umgebung Münchens, beliebt bei Bogenhausens Hautevolee, aber nicht versnobt.

Volkstümlich-bunt – **Königlicher Hirschgarten:** ■ J11, Hirschgarten 1, Tel. 089 17 99 91 19, www.hirschgarten.de, H Steubenplatz oder Romanplatz, tgl. 11.30–24 Uhr, Gerichte 7–15 €. Münchens größter Biergarten, sage und schreibe 8000 Plätze, trotzdem nette Atmosphäre unter alten Bäumen. Brotzeit bei Vogelgezwitscher, besser kann es nicht schmecken.

Idyllisch – **Osterwaldgarten:** ■ U8, Keferstr. 12, Tel. 089 38 40 50 40, www.osterwaldgarten.de, H Münchner Freiheit, tgl. 10–1 Uhr, Gerichte 4,90–21,50 €. Unter alten Kastanien treffen sich vor allem Anwohner und alte Bekannte unter bunten Lichterketten.

Bunt-belebt – **Biergarten am Viktualienmarkt:** ■ Karte 2, R13, Viktualienmarkt 6, Tel. 089 29 75 45, www.biergarten-viktualienmarkt.de, H Marienplatz, Mo–Sa 9–22 Uhr, Gerichte 7–14 €. Ein buntes Völkchen trifft sich in der Ruheoase inmitten der Stadt: Münchner, Marktleute, Touristen aus aller Welt – und das Treiben auf dem Markt gibt es gratis dazu.

Weinlokale

Kurios – **Pfälzer Weinstuben:** ■ Karte 2, S12, Residenzstr. 1, Tel. 089 22 56 28, www.bayernpfalz.de, H Odeonsplatz, tgl. 10.30–0.30 Uhr, Gerichte 4,70–16,80 €. Seit 1950 einer der Treffpunkte für Weinliebhaber, laut und voll wie das Hofbräuhaus, im Sommer kann man aber schön draußen sitzen und mit der Theatinerkirchen-Fassade liebäugeln.

Italo-urban – **Walter & Benjamin:** ■ Karte 2, R14, Rumfordstr. 1, Tel. 089 26 02 41 74, www.walterundbenjamin.de, H Reichenbachplatz, Küche Di–Sa 18–23, Sa auch 12–14.30 Uhr, Gerichte 9–22 €. Weine, kleine Speisen, Bücher – hier kommen alle Sinne auf ihre Kosten! Ein Kleinod im Gärtnerplatzviertel.

Stilvoll – **Weinhaus Neuner:** ■ Karte 2, Q13, Herzogspitalstr. 8, Tel. 089 260 39 54, www.weinhaus-neuner.de, H Stachus, Mo–Sa 12–15, 18–24 Uhr, Gerichte 13–19 €. Im Renaissancegewölbe werden feinste Weine ausgeschenkt, dazu gibt es kleine Speisen.

Kneipenrestaurants und Bistros

Alla moda – **Bar Centrale:** ■ Karte 2, S13, Ledererstr. 23, Tel. 089 22 37 62, www.bar-centrale.com, H Marienplatz, Mo–Sa 7.30–1, So 9–24 Uhr, tgl. wechselnde Pastagerichte 6–9 €. Tagsüber ein Café für die Pause beim Einkaufsbummel, abends sehr gut besuchte Szene-Bar mit Pariser Chic, aber italienischer Speisekarte.

Zeitgenössisch zeitlos – **Ruffini:** ■ M9, Orffstr. 22–24/Ecke Ruffinistr., Tel. 089 16 11 60, www.ruffini.de, H Rotkreuzplatz, Di–So 10–24 Uhr, Gerichte 15 €. Eine Institution in München; die angeschlossene Bäckerei versorgt die Neuhausener mit leckerem Kuchen. Am Abend oft Lesungen und andere Veranstaltungen; s. auch Lieblingsort S. 266.

Charmant-stilvoll – **Tafel und Schwafel:** ■ Q10/11, Augustenstr. 80, Tel. 089 45 22 95 22, H Theresienstraße, Mo–Fr 9–22, Sa 9–18, So, Fei 10–18 Uhr, Gerichte 7–14 €. Selbstverständliche Eleganz auf kleinstem Raum, sorgfältig zubereitete kleine Gerichte, gute Weine und nette Atmosphäre sorgen für einen runden Abend.

Vegetarisch

Großartig – **Prinz Myshkin:** ■ Karte 2, R13, Hackenstr. 2, Tel. 089 26 55 96, www.prinzmyshkin.com, H Sendlinger Tor, tgl. 11–1 Uhr, Gerichte 13–22 €. Schönes Ambiente, aber wegen der hohen Decken abends sehr laut, erstklassige vegetarische Gerichte mit italienisch-asiatischem Touch.

Romantisch – **Vegelangelo:** ■ Karte 2, S13, Thomas-Wimmer-Ring 16, Tel. 089 28 80 68 36, www.vegelangelo.de, H Marienplatz, Di–Do 12–14, Mo–Sa 18 Uhr bis zum letzten Gast, Gerichte 10,80–18,80 €. Das Vegelangelo setzt auf Kerzenlicht, verspielte Dekorationen und altes Silberbesteck. Der Küchenchef kreiert jahreszeitentypische Menüs nach südlichen Rezepten – alles rein vegetarisch.

Cafés

Lebendige Geschichte – **Café Altschwabing:** ■ R10, Schellingstr. 56, Tel. 089 273 10 22, www.altschwabing.com, H Universität, tgl. 8–2 Uhr, Gerichte 8–15 €. Lenin trank hier Tee, Kandinsky traf sich mit Klee, Thomas Mann kam auf ein Glas Wein – Geschichte und Geschichten werden im K.u.K.-Flair greifbar.

Etabliert – **Café Arzmiller:** ■ Karte 2, R12, Theatinerhof am Odeonsplatz, Salvatorstr. 2, Tel. 089 29 42 73, www.cafe-arzmiller.de, H Odeonsplatz, Mo–Sa 8.30–18.30, So, Fei 10–18 Uhr, Gerichte 8–15 €. Klassisches Kaffeehaus mit Außenfläche im idyllischen Innenhof der Theatinerkirche. Auslage voller Hüftgold!

Bayerisch-gediegen – **Café Frischhut (Schmalznudel):** ■ Karte 2, R13/14, Prälat-Zistl-Str. 8, Tel. 089 26 82 37, H Marienplatz, Mo–Fr 7–18, Sa 5–17 Uhr, Gerichte 3–5 €. Klassiker für Leute, die nach einer durchgemachten Nacht Lust auf Fettiges (Schmalznudeln) haben oder das letzte/erste Weißbier des Tages trinken wollen – während vor dem Fenster der Viktualienmarkt zum Leben erwacht.

Espresso mit Aussicht – **Café Glockenspiel:** ■ Karte 2, R13, Marienplatz 28, Tel. 089 26 42 56, www.cafe-glocken spiel.de, H Marienplatz, Mo–So 9–24, Fr, Sa 9–1, So, Fei 10–19 Uhr, Gerichte 8–15 €. Besonders begehrt, weil man

Das Café im Literaturhaus erinnert an den Schriftsteller Oskar Maria Graf

vom Café aus einen einzigartigen Blick auf das Neue Rathaus und die Frauenkirche genießen kann. Trendig gestaltete Räume, die vorwiegend von jüngerem Publikum belegt sind.

Sinnengenuss – **Götterspeise:** ■ Karte 1, R15, Jahnstr. 30, Tel. 089 23 88 73 74, www.goetterspeise.info, H Frauenhoferstraße oder Klenzestraße, Mo–Fr 8–19, Sa bis 18 Uhr, Kuchen 3–6 €. Täglich frischer Kuchen, erlesene Torten und Pralinen. Dazu Verkauf von kandierten Veilchen und Rosenblättern und Naschwerk aus aller Welt – kurz: eine süße Verführung.

Feinsinnig – **Brasserie Oskar Maria im Literaturhaus:** ■ Karte 2, R12, Salvatorplatz 1, Tel. 089 29 19 60 29, www.oskarmaria.com, H Odeonsplatz, Mo–Sa 10–0, So 10–19 Uhr, Gerichte 12–24 €. Hoher Raum mit Galerie, von dem sich trefflich das Leben auf der Straße beobachten lässt, abends viel Lesungspublikum. Gute Küche.

Einkaufen

Handgefertigte Schuhe? Perlenbestickte Täschchen, seidene Morgenmäntel, Handtücher mit Spitze? Oder kristallbesetzte Hundeleinen, Brillenetuis aus rosa Schlangenleder und Teegläser aus Murano? München steht für exklusives Shoppen. Und dessen luxuriöses Herz schlägt in der **Maximilianstraße,** in der sich die Modeimperien aller internationalen Designer aneinanderreihen und Begehrlichkeiten wecken. Von Preisen ist da selbstverständlich nicht die Rede. Eleganz liegt auch über **Residenz-** und **Theatinerstraße** sowie den **Fünf Höfen.** Designerläden wechseln hier mit alteingesessenen, gediegenen Traditionsgeschäften ab.

In der **Neuhauser Straße** indes dominieren internationale Ketten und Billiganbieter.

Ein skurriles Warenangebot findet man rund um den **Viktualienmarkt,** wo es neben Fleisch und Lebensmitteln auch bayerisches Kunsthandwerk oder etwa Bürsten zu kaufen gibt.

In **Schwabing** kommen Modeindividualisten in den Boutiquen der Franz-Joseph-Straße auf ihre Kosten; die parallele Hohenzollernstraße und der Kurfürstenplatz sowie die Belgradstraße sind auch beliebtes Einkaufsterrain für Liebhaber des Besonderen.

Rund um den **Gärtnerplatz** im Glockenbachviertel haben sich viele Münchner Designer angesiedelt; hier lässt sich herrlich bummeln und stöbern zwischen Mode, Wohnaccessoires und feinen Kulinaria (s. S. 184).

Antiquitäten

Antiquitätenläden findet man vor allem in der Adalbert- und Kurfürstenstraße in Schwabing und rund um den Wiener Platz in Haidhausen.

Bücher

Fundgrube – **Antiquariat J. Kitzinger:** ■ R/S11, Schellingstr. 25, www.antiquariat-kitzinger.de, H Universität. Große Auswahl antiquarischer Bücher hinter hübscher Ladenfront.

Sachlich-charmant – **Autorenbuchhandlung:** ■ S8, Wilhelmstr. 41, www.autorenbuchhandlung.de, H Münchner Freiheit. Mo–Fr 9–19, Sa 10–15 Uhr. Umfangreiches Belletristikangebot, viele Stammkunden, nette Atmosphäre.

Stöberparadies – **Buch und Töne:** ■ S11, Amalienstraße 46, www.buchundtoene.com, H Universität, Mo–Fr 10–20, Sa 10–19 Uhr. Als modernes Antiquariat eines der letzten im Viertel.

Standorttreu – **Hugendubel:** ■ Karte 2, R13, Marienplatz, www.hugendubel.de, H Marienplatz. 1979 als erstes Buchkaufhaus eröffnet, seit 2017 stark verkleinert wieder am Traditionsstandort mit erweitertem Sortiment für neue Medien.

Saturday's Must – **Lehmkuhl:** ■ T9, Leopoldstr. 45, www.lehmkuhl.net, H Münchner Freiheit, Mo–Fr 10–19.30, Sa 10–19 Uhr. Schwabinger Traditionsbuchhandlung mit literarischem Schwerpunkt. Großes Sortiment auf relativ kleinem Raum, stets kompetente Beratung.

Jüdische Autoren – **Literaturhandlung:** ■ Karte 2, R14, St.-Jakobs-Platz 16, im Foyer des Jüdischen Museums (s. S. 143) www.literaturhandlung.de, H Sendlinger Tor, Marienplatz. Spezialbuchhandlung mit Literatur zum Judentum. Gut sortiertes Programm.

Originell – **Literatur Moths:** ■ Karte 2, S14, Rumfordstr. 48, www.li-mo.com, H Isartor. Erlesene Buchauswahl von gerade einmal 2000 vorrätigen Titeln, wertvolle, gebundene Bücher sind das Markenzeichen, zu genießen in ästhetischer Ladeneinrichtung.

CDs und Schallplatten

Nur Vinyl – **Best Records:** ■ R11, Theresienstr. 46, www.bestvinyl.de, H Universität. Seit 1989 der Laden für den An- und Verkauf der schwarzen Scheiben.

Weltmusik – **Kaufhaus Ludwig Beck:** ■ Karte 2, R13, Marienplatz 11, www.kaufhaus.ludwigbeck.de, H Marienplatz, Mo–Sa 9.30–20 Uhr. Gute Auswahl an Weltmusik, Klassik, Jazz, Rock & Pop. Fachkundige Beratung.

Reicher Fundus – **Schallplattenzentrale:** ■ R15, Fraunhoferstr. 26, www.schallplattenzentrale.de, H Fraunhoferstraße, Di–Fr 15–19, Sa 12–16 Uhr. Secondhand-Schallplatten und -CDs von Klassik bis Techno.

Kult – **Optimal:** ■ Karte 2, R14, Kolosseumstr. 6, H Fraunhoferstraße. Beste Plattenauswahl, gute Beratung und stilechter Laden.

Delikatessen

Eine Institution – **Dallmayr:** ■ Karte 2, R/S13, Dienerstr. 14–15, www.dallmayr.de, H Marienplatz. Große Auswahl an Kulinaria, eigene Marke.

Münchnerisch – **Feinkost Käfer:** ■ V12, Prinzregentenstr. 73, www.feinkost-kaefer.de, H Prinzregentenplatz. Delikatessen aus aller Welt im verzweigten Gourmettempel. Es existiert eine Zweigstelle an der Leopoldstr. 57 nahe der Münchner Freiheit.

Ladenpassagen

Kunst oder Genuss – **Fünf Höfe:** ■ Karte 2, R12, zwischen Theatiner- und Kardinal-Faulhaber-Str., H Odeonsplatz, www.fuenfhoefe.de. Circa 40 Shops, darunter Armani, Hugendubel, Alessi, Max Mara, Muji und Marc O'Polo, befinden sich in dem Komplex, der auch die Hypo-Kunsthalle beherbergt.

Elegant – **Kaufinger Tor:** ■ Karte 2, R13, zwischen Kaufinger- und Fürstenfelder Str., H Karlsplatz/Stachus oder Marienplatz. Bekleidung, Süßwaren, Schmuck und Schuhe.

Edel – **Maximilianhöfe:** ■ Karte 2, S13, Maximilianstr. 13/15, www.maximilianhoefe.de, H Marienplatz. Renommierte Luxuslabel und Restaurants bespielen den historistisch erbauten Bürkleinbau, darunter Versace, Dolce & Gabbana und Etro.

Roter Backstein – **Schäfflerhof:** ■ Karte 2, R13, zwischen Theatiner-, Maffei- und Schäfflerstr., www.schaefflerhof.de, H Marienplatz, Odeonsplatz. Ob Schmuck von Charlotte, Accessoires von Liebeskind oder exquisite Kinderkleidung von Moritz Home Collection: Der Schäfflerhof steht zu Unrecht im Schatten jüngerer Passagensysteme.

Märkte und Flohmärkte

Buntes Sortiment – **Trabrennbahn Daglfing:** ■ östl. von Y13, H S8, Daglfing, Bus 90 Trabrennbahn, Fr 8–15, Sa 6–16 Uhr. Vor allem Privatanbieter, früh morgens gibt's die besten Schnäppchen.

Profi-Markt – **Zenith-Halle:** ■ nördl. von V6, Lilienthalallee, Freimann, H Freimann, Do–Sa 6–18 Uhr. Der legendäre Flohmarkt des Kunstparks Ost in Freimann; skurrile Angebote von brauchbarem Secondhand bis Kitsch.

Ein Highlight – **Viktualienmarkt:** ■ Karte 2, R13/14, s. S. 137.

Mode und Accessoires

Eigene Kreationen – **Gabriele Blachnik:** ■ Karte 2, S13, Marstallstr. 8, www.gabriele-blachnik.de, H Nationaltheater. Die Mode der seit Langem in München wirkenden Designerin, die u. a. von Anke Engelke und Veronica Ferres getragen wird, ist von zeitloser Eleganz, manchmal originell, meist klassisch.

Avantgarde – **Theresa:** ■ Karte 2, R13, Maffeistr. 3, www.theresa.de, H Marienplatz, Odeonsplatz. Große Auswahl an Designer-Outlooks, ein Paradies für Modebewusste auf drei Etagen.

Hutwerkstatt – **Eisenblätter & Triska:** ■ R15, Hans-Sachs-Str. 13, www.eisenblaetter-triska.de, H Sendlinger Tor. Die Designerinnen Katrin Eisenblätter und Astrid Triska haben sich auf ausgefallene Hutkreationen spezialisiert.

Gediegen – **Loden Frey:** ■ Karte 2, R13, Maffeistr. 7, www.lodenfrey.de, H Odeonsplatz. Altbewährtes aus Loden, gemischt mit den neuesten Modetrends, riesige Auswahl.

Trendsetter – **Off & Co:** ■ Karte 2, R13, Promenadeplatz 1, www.offandco. com, H Theatinerstraße. Die große Designerriege von Prada bis Miu Miu ist sowohl für Sie als auch für Ihn vertreten.

Schmuck

Ausgefallen – **Ortrud Müller-Heffter:** ■ R10, Zieblandstr. 19, H Josephsplatz. Fantasievolle Schmuck-Unikate aus erlesenen Materialien.

Ziseliert – **Kleina:** ■ Karte 2, T13, St.-Anna-Str. 14, www.kleina-muenchen.de, H Lehel. 2013 gegründetes Schmucklabel, das durch seine handwerkliche Verarbeitung neuester Trends besticht.

Bollywood meets Marilyn – **Fourth Dimension:** ■ Karte 2, R13, Frauenplatz 14, Eingang Löwengrube, www.fourthdimension.de, H Marienplatz. Große Auswahl an Modeschmuck, mit viel Gespür für neue Trends und Styles.

Schuhe

Maßgeschneidert – **Ed. Meier:** ■ Karte 2, R12, Brienner Str. 10, www.edmeier. de, H Odeonsplatz. Seit 1596 bestehender Schuhfabrikant, der vormals Hoflieferant war.

Individuell – **Schuh Hiegl:** ■ R8, Belgradstr. 10, www.schuh-hiegl.de, H Münchner Freiheit. Alteingesessener Familienbetrieb, der sich auf handgefertigtes Schuhwerk nach Maß versteht.

All'Italiana – **Morgantini:** ■ Karte 2, R14, Reichenbachstr. 16, www.morgantini.de, H Reichenbachstraße. Große Auswahl an italienischen Schuhen und Taschen für Sie und Ihn.

Souvenirs

Manufactum für Bavarica – **Obacht', Laden für Heimatgefühl:** ■ Karte 2, S13, Ledererstr. 17, www.obacht-shop. de, H Marienplatz, Mo–Sa 10–19 Uhr. Nach alter Handwerks- und Kulturtechnik werden eigens für München

Weißes Gold

Seit 260 Jahren fertigt die **Porzellan-Manufaktur Nymphenburg** in aufwendiger Handarbeit feinstes Porzellan. In den Räumlichkeiten des Nördlichen Schlossrondells können Sie in historischen wie modernen Services schwelgen oder über die variationsreichen, von Franz Anton Bustelli 1754–1763 komponierten Figuren staunen – der Kauf bleibt oft eine Frage des Preises ... (Porzellan-Manufaktur Nymphenburg, ■ H/J9, Nördliches Schlossrondell 8, www.nymphenburg.com, H Schloss Nymphenburg, Mo–Fr 10–17 Uhr; Verkauf auch im Nymphenburger Porzellan-Store, ■ Karte 2, S12, Odeonsplatz 1, H Odeonsplatz).

entworfene Souvenirs, z. B. Münchner Kindl in Form einer russischen Matrjoschka, produziert und verkauft.

Zünftig – **Herrmann Geschenke:** ■ Karte 2, R13, Neuhauser Str. 2, H Marienplatz. 450 verschiedene Bierkrüge stehen hier zur Auswahl.

Alte Zeiten – **Münchner Geschenke Stuben:** ■ Karte 2, R13, Petersplatz 8, H Marienplatz. Hier gibt's alles, was das Herz des Andenkenjägers erwärmt.

Skurril – **servus.heimat:** ■ Karte 2, Q13, Brunnstr. 3 oder ■ Karte 2, R14, Stadtmuseum, St.-Jakobs-Platz 1, www.servusheimat.com, H Sendlinger Tor, Marienplatz. Bayerische Mitbringsel mal anders als der Maßkrug: Stoiber als Hampelmann oder Trachten-Barbies.

Spezialisten

Exotisches – **Japanalia:** ■ T8, Herzogstr. 7, www.japanalia.de, H Münchner Freiheit. Alles, um Japan in Wohnen, Leben und Essen nahezukommen.

Schlicht und schön – **Papierladen:** ■ R10, Schellingstr. 71, H Universität. Feines Papeterie-Geschäft für schöne Geschenke.

Wohnkultur

Süße Träume – **Bettenrid:** ■ Karte 2, R13, Theatinerstr. 47, www.bettenrid.de, H Odeonsplatz. Im 1916 begründeten Traditionsgeschäft findet man alles für den ungestörten Schlaf, auch exquisite Nachtwäsche und Kindersachen.

Zeitgenössisches – **Magazin:** ■ Karte 2, R12, Fünf Höfe (s. S. 42, 166), www.magazin.com, H Odeonsplatz. Designermöbel, Porzellan, Gläser und Lampen – alles puristisch und funktional.

Made in Italy – **Minotti:** ■ R12, Oskar-von-Miller-Ring 1, www.minotti.com, H Odeonsplatz. Traditionelle Bearbeitung trifft auf luxuriöse Strenge. Möbel und Accessoires.

Ausgehen – Abends und Nachts

Das Angebot an Bars und Klubs ist groß. Eines der klassischen Ausgehviertel ist das **Glockenbachviertel** mit zahlreichen Szenelokalen und In-Treffs, die sich in den vergangenen Jahren zunehmend dem Diktat verweigern, alles müsse megachic gestylt sein. Vielmehr glänzen die neuen Lokale mit originellen Konzepten, mit selbstgezimmerten Wanddekos und einer Atmosphäre, die sich oft nicht wesentlich von der des eigenen Wohnzimmers unterscheidet.

Aber natürlich bietet München auch **exklusive Bars** mit einem schicken, elegant-urbanen Publikum.

Theater und Kabarett werden in München großgeschrieben. Die **Theaterszene** ist innovativ, meist erstklassig und vielfältig. Das **Kabarett** findet in Bayern traditionell viel Stoff – die Szene ist entsprechend lebendig und bringt viele der besten Kabarettisten hervor wie Gerhard Polt, Dieter Hildebrandt oder die Biermösl Blosn.

Bars und Szenelokale

Very trendy – **Brenner:** ■ Karte 2, S13, Maximilianstr. 15, Tel. 089 452 28 80, www.brennergrill.de, H Nationaltheater, Marienplatz, Mo–Do 8.30–1, Fr, Sa bis 2, So, Fei 9.30–1 Uhr, Gerichte 15–20 €. Angesagte Location mit riesigem Grillrestaurant und Bar. Münchner Publikum, viel Bewegung – großstädtisch eben.

Bar at its Best – **Gabanyi:** ■ P14, Beethovenplatz 2, Tel. 089 51 70 18 05, www.bar-gabanyi.de, H Goetheplatz, Fr, Sa 20–5 Uhr, Mi, Do 18–3 Uhr und So 20–4 Uhr, Drinks 7,50–10,50 €. Gute Auswahl an Drinks, teils im Haus kreiiert, lässige Bar-Atmosphäre, gepflegter Service, nette Leute, Weltstadtklasse.

Skurril – **Maria Passagne:** ■ U14, Steinstr. 42, Tel. 089 48 61 67, www.maria-passagne.de, H Rosenheimer Platz, Wörthstraße, Mo–Sa 19–1 Uhr. Schräge Bar im Stil eines 1960er-Jahre-Wohnzimmers – man trifft sich hier wegen des einzigartigen Flairs. Viel Kitsch, auch bei den Gästen gibt es immer etwas zum Gucken.

Weltoffen – **Meschugge:** ■ P11, Brienner Str. 50, www.meschugge-muenchen.de, Tel. 089 57 87 78 59, H Stiglmaierplatz, Mo–Fr 11.30–1, Sa, So 17.30–1 Uhr. Ableger des jüdischen Lokals Schmock. Restaurant und Gartenbetrieb.

Freundlich – **Negroni:** ■ U15, Sedanstr. 9, Tel. 089 48 95 01 54, www.negronibar.de, H Wörthstraße, Mo–Do 18–1, Fr, Sa 18–3 Uhr, Gerichte 12–18 €. Schwarz-weiße Bar in Haidhausen mit einer gut sortierten Auswahl an Cocktails. Lockere, kommunikative Atmosphäre.

Eine Institution – **Schumann's:** ■ S12, Odeonsplatz 6–7, Tel. 089 22 90 60, www.schumanns.de, H Odeonsplatz, Mo–Fr 8–3, Sa, So 18–3 Uhr, Gerichte 15–25 €. Munich at its best. Die berühmteste Bar der Isarmetropole, illustres Publikum, das hier seine Bühne findet.

Cool – **The Spice Bazaar:** ■ Karte 2, S12, Marstallplatz 3, Tel. 089 25 54 77 77, www.thespicebazaar.de, H Nationaltheater, Mo–Fr 11.30–15 und 18–1 Uhr, Sa 11.30–1 Uhr, So 11.30–22 Uhr, Gerichte 15–30 €. In-Lokal zwischen den gläsernen Fassaden des Max-Planck-Instituts, wo man abgeschirmt vom Rest der Stadt vom Frühstück bis zum Cocktail den ganzen Tag mediterran-orientalisch inspirierte Küche genießen kann.

Metropolitisch – **Tabacco:** ■ Karte 2, R13, Hartmannstr. 8, Tel. 089 22 72 16, www.bartabacco.de, H Marienplatz, Mo–Sa 17–3 Uhr, Gerichte 12–40 €. American Bar im holzgetäfelten Ambiente in der Innenstadt, gute Drinks von schwarz gekleideten Barmännern. Großstädtisch elegante Atmosphäre.

Jazz

Münchens bester Jazzklub – **Unterfahrt:** ■ V13, Einsteinstr. 42, Tel. 089 448 27 94, www.unterfahrt.de, H Max-Weber-Platz, tgl. 19.30–1 Uhr. Wechselnde Ensembles. Das Ambiente im Keller eines Kulturzentrums lässt viele Wünsche offen, die Musik keine.

Klubs und Discos

Angesagt – **Backstage:** ■ K11, Reitknechtstraße 6, Tel. 089 126 61 00, www.backstage.eu, H Wilhelm-Hale-Straße, nur zu Veranstaltungen geöffnet: Mo–Di 19–2, Mi 21–2, Do 21–3, Fr, Sa 21–5 Uhr. Reggae, Hip-Hop und Punk treiben das junge, sehr gemischte Publikum auf die Tanzfläche. Biergarten, Restaurant. Am Wochenende gibt es oft Livekonzerte.

Dracula und Cinderella – **Call me Drella:** ■ Karte 2, R12, Maximiliansplatz 5, Tel. 0174 611 99 99, www.callmedrella.de, H Karlsplatz/Stachus, Do–Sa 21–6 Uhr. Exzentrisch wie Andy Warhol, der sich Drella nannte, gibt sich dieser 2012 eröffnete Club.

Viel Nightlife-Appeal – **The Flushing Meadows:** ■ R15, Fraunhoferstr. 32, Tel. 089 55 27 91 70, www.flushingmeadowshotel.com, H Fraunhoferstr., tgl. 7–2 Uhr, Terrasse bis 22 Uhr. Großartige Bar über den Dächern von München, gute Drinks, hippes Publi-

Immer wieder freitags: Tango im Hofgarten

kum. In Sommernächten sehr beliebt wegen der Terrasse, die immer überfüllt ist.

Lässig – **Harry Klein:** ■ Karte 2, Q13, Sonnenstr. 8, Tel. 089 40 28 74 00, www.harrykleinclub.de, H Sendlinger Tor., Do–Sa 23–6 Uhr. Cooler Club, der internationale DJs einlädt, Lightshows, Lesungen und Performances organisiert. Angesagte Location *in town*.

Traditionell – **Muffathalle:** ■ Karte 2, T14, Zellstr. 4, Tel. 089 45 87 50 80, www.muffathalle.de, H Deutsches Museum, So–Mi 19–1, Do–Sa 19–4 Uhr bei Veranstaltungen. Abtanzen für mittlere Semester zu Jazz, Hip-Hop und Reggae in einer der schönsten Hallen der Stadt. Im Sommer mit Biergarten.

Gediegen – **Night Club Bar Bayerischer Hof:** ■ Karte 2, R12/13, Promenadeplatz 2–6, Tel. 089 212 09 94, www.bayerischerhof.de, H Odeonsplatz, tgl. 22–3 Uhr. Elegant, swinging, Mischung aus Rock, Soul, Funk und Salsa. Treffpunkt der Münchner Jazzszene. Live-Konzerte.

Dauerbrenner – **Park-Café:** ■ Karte 2, Q12, Sophienstr. 7, Tel. 089 51 61 79 80, www.parkcafe089.de, H Hauptbahnhof, Mo–Do 11–1, Fr 11–2, Sa 10–2, So 10–24 Uhr. Seit Jahrzehnten angesagte Disco der Münchner Szene. Allein schon die Location mit Säulen-Entrée am Alten Botanischen Garten lohnt einen Besuch. Im Sommer lockt der Biergarten mit Live-Übertragungen.

Königin der Discos – **P1:** ■ Karte 2, T12, Prinzregentenstr. 1 (im Haus der Kunst), Infos, Öffnungszeiten unter Tel. 089 29 42 52 und www.p1-club.de, H Odeonsplatz, Bus 53 Haus der Kunst. Hervorgegangen aus dem 1954 eröffneten Officer's Club für Amerikanische Militärs, ›P1‹ als Abkürzung für Prinzregentenstraße 1. Heute die Promi-Disco, deren unerbittlich harte Eintrittspolitik legendär ist. Einlass für VIPs und Beautys aus aller Welt, in den 1980er-Jahren Spielplatz u. a. für die Bands Queen und Frankie goes to Hollywood.

Elektronische Subkultur – **Rote Sonne:** ■ Karte 2, R12, Maximiliansplatz 5, Tel. 089 55 26 33 30, www.rote-sonne.com. Angesagter Club mit wechselndem Musikprogramm, internationale DJs und Musik zwischen Acid Trance bis Nu Rave. Viele Livekonzerte und Shows.

Volkstümlich – **Schlachthof:** ■ P16, Zenettistr. 9, Tel. 089 76 54 48, www.im-schlachthof.de, H Poccistraße, Mo, Mi–Sa ab 17 Uhr, Di nur bei Veranstaltungen, So ab 18 Uhr geöffnet. Kneipe im Alten Schlachthof, bekannt durch die gleichnamige Fernseh-Talkshow. Zahlreiche Veranstaltungen; der Normalbetrieb ist eher gemächlich-bayerisch.

Lesben und Schwule

Rundum glücklich – **Café Glück:** ■ Q15, Palmstr. 4, Tel. 089 20 11 673, www.cafe-glueck.com, H Fraunhoferstraße, Di–Fr 18–1, Sa, So, Fei 10–1 Uhr. Das schwule Südseeparadies in München: Man sitzt zwischen Palmen, auf denen sich bunte Holzpapageien tummeln und kann sich bei gutem selbst gebackenen Kuchen und kleinen Gerichten ein paar Tausend Kilometer gen Süden träumen.

Bayerisches Imperium – **Deutsche Eiche:** ■ Karte 2, R14, Reichenbachstr. 13, Tel. 089 231 16 61, www.deutsche-eiche.de, H Fraunhoferstr., tgl. 7–1 Uhr. Bayerisch deftig geht es in Münchens Kult-Kneipe für Schwule zu. Regisseur Rainer Werner Fassbinder war hier Stammgast, viele andere sind es heute.

Launig – **Melcher's:** ■ Karte 2, S14, Buttermelcherstr. 21, Tel. 089 24 24 37 05, www.das-melchers.de, H Isartor, Mo–Do 11–15 und 17–23, Fr, Sa 11–15 und 17–1 Uhr. Nette Café-Bar, die vor allem von Frauen geschätzt wird. Man kommt hier schnell in Kontakt mit seinen Nachbarinnen, denn der ganze Laden ist nicht viel größer als ein Wohnzimmer.

Infozentrum und Club – **SUB:** ■ Karte 2, Q14, Müllerstr. 14, Tel. 089 26 03 056, www.subonline.org, H Müllerstraße, Sendlinger Tor, So–Do 19–23, Fr 19–24, Sa 15–1 Uhr. Im rosaroten Gärtnerplatzviertel ist das SUB nicht nur Beratungsstelle für Schwule – man findet hier auch einen der angesagtesten Klubs mit wechselndem Programm.

Literatur

Autorenlesungen – **Literaturhaus:** ■ Karte 2, R12, Salvatorplatz 1, Tel. 089 291 93 40, www.literaturhaus-muenchen.de, H Odeonsplatz. Autorenlesungen, Diskussionen, Ausstellungen und Vorträge. Mit Restaurant; s. S. 171.

Theater und Kabarett

Spannung – **Blutenburg-Theater:** ■ N11, Blutenburgstr. 35, Tel. 089 123 43 00, www.blutenburg-theater.de, H Maillingerstraße. Münchens Krimibühne.

Volkstümlich – **Chiemgauer Volkstheater:** Das Theater hat keine feste Spielstätte, Termine und Spielorte sind unter www.chiemgauervolkstheater.de zu erfahren. Infos und Tickets unter Tel. 0180 54 81 81 81 oder www.muenchenticket.de. Volkstümliche Schwänke des beliebten Fernsehtheaters.

Hohe Kunst – **Cuvilliés-Theater (Altes Residenztheater):** ■ Karte 2, S12, Residenzstr. 1, Tel. 089 21 85 19 40, www.bayerische.staatsoper.de, H Odeonsplatz, Theaterkasse Mo–Fr 10–18, Sa 10–13 Uhr, So und Fei geschl. Renommierte Theaterbühne; s. S. 151.

Ticketvorverkauf

Tickets erhält man bei München Ticket mit Verkaufsstellen im Neuen Rathaus, im Gasteig und im Olympiapark, Tel. 0180 54 81 81 81, www.muenchenticket.de sowie beim Kartenvorverkauf in den Untergeschossen der U-Bahn-Stationen Marienplatz und Stachus, Tel. 089 29 25 40 bzw. 089 54 50 60 60, www.zkv-muenchen.de.

Bunt – **Deutsches Theater:** ■ Karte 2, Q13, Schwanthalerstr. 13, Ticket-Hotline 089 55 23 44 44, www.deutsches-theater.de, H Hauptbahnhof, Sendlinger Tor, Tickets telefonisch Mo–Fr 9–20, Sa 9–16, So, Fei 10–16 Uhr; Abendkasse: 1 Std. vor Vorstellungsbeginn. Nach fünf Jahren Renovierung neu gestaltetes Gastspieltheater, das sich auf internationale Musicalproduktionen und Kabarett konzentriert.

Leichte Muse – **GOP. Varieté-Theater:** ■ Karte 2, T13, Maximillianstr. 47, Tel. 089 210 28 84 44, www.variete. de, H Maxmonument, Lehel. Münchens Boulevard-Theater.

Zum Schmunzeln – **Komödie im Bayerischen Hof:** ■ Karte 2, R12, Promenadeplatz 6, Tel. 089 29 16 16 33, www.komoedie-muenchen.de, H Karlsplatz, Marienplatz, Odeonsplatz, Kasse: Mo–Sa 11–14, 15–19, So 15–19 Uhr. Lustspiele aller Art.

Theaterlegende – **Münchner Kammerspiele:** ■ Karte 2, S13, Maximilianstr. 26, Tel. 089 23 33 70 00, telefonische Ansage 089 23 33 69 99, www.

muenchner-kammerspiele.de, H Nationaltheater, Kasse Mo–Fr 10–18, Sa 10–13 Uhr, Abendkasse jeweils 1 Std. vor Vorstellungsbeginn (es empfiehlt sich online vorzubestellen). Münchens beste Bühne, legendäre Inszenierungen mit einem Starensemble. Der Spielplan setzt vor allem auf neu interpretierte Klassiker; s. S. 159.

Bissig – **Münchner Lach- und Schießgesellschaft:** ■ T8, Ursulastr. 9, Tel. 089 39 19 97, www.lachundschiess.de, H Münchner Freiheit, Vorbestellung: Mo–Sa 14–18.30 Uhr. Kabarett in Schwabing, einst mitbegründet von dem 2013 verstorbenen Dieter Hildebrandt.

Vergnüglich – **Münchner Lustspielhaus:** ■ T8, Occamstr. 8, Tel. 089 34 49 74, www.lustspielhaus.de, H Münchner Freiheit. ›Hauskomödianten‹ sind Bruno Jonas, Willy Astor und Michael Mittermeier.

Puppentanz – **Münchner Marionettentheater:** ■ Karte 2, R14, Blumenstr. 32, Tel. 089 26 57 12, www.muenchner-marionettentheater.de, H Sendlinger Tor, Kartenbestellung Di–So 10–12 Uhr. Hervorragendes Puppentheater – nicht nur für die Kleinen.

Vielfältig – **Münchner Volkstheater:** ■ P11, Brienner Str. 50, Tel. 089 523 46 55, www.muenchner-volkstheater.de, H Stiglmaierplatz, Vorverkauf: Mo–Fr 11–18, Sa 11–14 Uhr, Abendkasse 1 Std. vor Vorstellungsbeginn. Buntes Programm, vom Klassiker über den bayerischen Schwank bis zum avantgardistischen Ein-Personen-Stück. Im Jahr 2013 feierte das Theater sein 30-jähriges Bestehen – die Machbarkeit einer Erweiterung wird derzeit untersucht.

Renommiert – **Residenztheater:** ■ Karte 2, S13, Max-Joseph-Platz 1, Tel. 089 21 85 19 40, www.residenztheater.de, H Marienplatz, Nationaltheater, Mo–Fr 10–18, Sa 10–13 Uhr. Renommiertes Haus mit Starensemble. Das »Junge Resi« spricht v. a. Kinder, Jugendliche und Familien an; s. S. 156.

Jung-dynamisch – **SchauBurg (Theater der Jugend):** ■ R9, Franz-Joseph-Str. 7, Tel. 089 23 33 71 55 80, www.schauburg.net, H Josephsplatz. Theater für Kinder und Jugendliche in einem ehemaligen Lichtspielhaus, ohne pädagogische Umarmungen, dafür lehrreich, anspruchsvoll und zugleich poetisch.

Innovativ – **TamS (Theater am Sozialamt):** ■ T8, Haimhauserstr. 13a, Tel. 089 34 58 90, www.tamstheater.de, H Münchner Freiheit. Kleine Bühne in Schwabing, die mit innovativen Inszenierungen von sich reden macht. Aufgeführt werden modern interpretierte Klassiker.

Musik

Philharmonie – **Gasteig (Münchner Philharmonie):** ■ Karte 2, T14, Rosenheimer Str. 5, Tel. 089 48 09 80, www.gasteig.de, H Rosenheimer Platz, Am Gasteig, Mo–Fr 10–20, Sa 10–16 Uhr, tel. Kartenbestellung über München Ticket, Tel. 0180 54 81 81 81, Mo–Fr 9–20, Sa 9–16 Uhr, Abendkasse jeweils 1 Std. vor Veranstaltungsbeginn. Philharmonie, Vorträge, Lesungen und Tanz – vor dem Hintergrund der Konzerthaus-Debatte wird die Zukunft des Gasteig derzeit umstritten diskutiert; s. S. 255.

Herrschaftlich – **Prinzregententheater:** ■ V13, Prinzregentenplatz

12, Tel. 089 21 85 19 70, www.prinzregententheater.de, H Prinzregentenplatz, Mo–Fr 10–13, 14–18, Sa 10–13 Uhr. Richard-Wagner-Opern, Sprechtheater und Konzerte.

Eins a – **Nationaltheater (Bayerische Staatsoper):** ■ Karte 2, S13, Max-Joseph-Platz 2, Tel. 089 21 85 19 20, www.bayerische.staatsoper.de, H Odeonsplatz, Kasse: Mo–Sa 10–19 Uhr. Münchens prächtiges Opernhaus, aufgeführt werden klassische Oper und modernes Musiktheater sowie Ballett; s. S. 155.

Ernste Qualität – **Hochschule für Musik und Theater:** ■ Q11, Arcisstr. 12, www.musikhochschule-muenchen.mhn.de, H Pinakothek. Hervorragende Konzerte von Studenten der Musikhochschule, meist gratis.

Fein – **Staatstheater am Gärtner platz:** ■ Karte 2, R14, Gärtnerplatz 3, Tel. 089 21 85 19 60, www.staatstheater-am-gaertnerplatz.de, H Fraunhoferstraße, Gärtnerplatz, Kasse: Mo–Fr 10–18, Sa 10–13 Uhr. Sprech- und Musiktheater auf hohem Niveau. Bis 2017 wird das historische Gebäude aufwendig renoviert. Bis dahin finden sämtliche Aufführungen an anderen Orten statt.

Veranstaltungsorte

Rock und Pop – **Circus Krone:** ■ O11, Marsstr. 43, Tel. 089 55 81 66, www.circus-krone.de, H Hackerbrücke. Veranstaltungen.

Großkonzerte – **Olympiahalle:** ■ O6, Spiridon-Louis-Ring, Tel. 089 306 70, www.olympiapark.de, H Olympiazentrum, s. auch Entdeckungstour S. 230. Konzerte, Musical- und Opernaufführungen.

Kinos

Filmgeschichte – **Filmmuseum im Stadtmuseum:** ■ Karte 2, R13, St.-Jakobs-Platz 1, Tel. 089 23 32 41 50, www.muenchner-stadtmuseum.de, H Sendlinger Tor, Marienplatz. Kultkino mit Werkschauen aller großen Regisseure, tgl. wechselndes Programm. In-Café nebenan, im Sommer schönster Ort zum Draußensitzen im Hof des Stadtmuseums.

Junger Treffpunkt – **Mathäser Multiplex:** ■ Karte 2, Q13, Bayerstr. 1, Tel. 089 51 56 51, www.mathaeser.de, H Hauptbahnhof. Mega-Palast mit 14 Sälen. Statt der branchenüblichen Konzentration auf Kassenschlager setzt man hier auf ein gemischtes Programm.

Autorenfilme – **Museum-Lichtspiele:** ■ Karte 2, T14, Lilienstr. 2, Tel. 089 48 24 03, www.museum-lichtspiele.de, H Deutsches Museum. Vor allem englische Filme im Original, sonntags Matineen.

50er-Jahre – **Theatiner Filmkunst:** ■ Karte 2, R12, Theatinerstr. 32, Tel. 089 22 31 83, www.theatiner-film.de, H Odeonsplatz. Intellektuellenkino der 1950er-Jahre. Hier laufen anspruchsvolle Filme meist in Originalfassung mit deutschen Untertiteln.

Legendär – **Bavaria Filmstadt, BavariaFilmTour:** ■ südl. von Q18, Bavariafilmplatz 7, Geiselgasteig, Tel. 089 64 99 20 00, www.filmstadt.de, H Bavariafilmplatz, Ostern–Okt. 9–18, Nov.–Ostern 10–17 Uhr. Spannende Unterhaltung bieten die Führungen durch die Filmstadt mit den Kulissen von »Das Boot«, »Tatort«, »Marienhof« und »Die unendliche Geschichte«; s. Entdeckungstour S. 290.

Feste und Festivals

Stadtgründungsfest

Am 14. Juni 1158 gewährte ein kaiserlicher Schiedsspruch dem Freisinger Bischof Anteile aus den Einkünften des Marktes und der in München ansässigen herzoglichen Münze als Entschädigung für die Zerstörung der Freisinger Isarbrücke durch den Welfen Heinrich den Löwen. Die Brücke verlegte Heinrich der Löwe isaraufwärts an die unter seiner Macht stehende Marktsiedlung Munichen. Der Name verweist auf eine mönchische Ursiedlung, wohl in Abhängigkeit zum nahe gelegenen Kloster Schäftlarn. Das Datum gilt als Geburtstag von München und wird jedes Jahr Anfang Juni mit einem großen Fest in der Innenstadt gefeiert.

Marktort München

Dreimal im Jahr findet die **Auer Dult** auf dem Mariahilfplatz im Stadtteil Au statt. Im Ursprung zurückgehend auf ein Kirchenfest zu Ehren des Heiligen Jakob, das 1310 erstmals erwähnt und auf dem St.-Jakobs-Platz abgehalten wurde, entwickelte sich die Dult mehr und mehr zu einem bei allen Bevölkerungsschichten beliebten Markt. In einer einzigartigen Mischung aus Volksfest und Jahrmarkt werden an den unterhalb der stattlichen Mariahilfkirche aufgebauten Ständen vor allem Töpferwaren, Kleidung, Trödel und Antiquitäten feilgeboten. Daneben locken zahlreiche Speiseangebote und Fahrgeschäfte Groß und Klein.

Fest- und Festivalkalender

Januar

Neujahrsanblasen auf dem Alten Peter: 1. Januar.

Februar/März

Fasching: Weiße Feste: Faschingsbälle ganz in Weiß, www.weisse-feste. de.
Tanz der Marktweiber auf dem Viktualienmarkt: Straßenfasching am Faschingsdienstag.
Starkbieranstich: Im Paulaner am Nockherberg wird die Starkbierzeit eingeläutet; vier Wochen vor Ostern, www.nockherberg.com.

April/Mai

Frühlingsfest auf der Theresienwiese: 14 Tage ab dem Samstag nach Ostern.
Maidult: Mariahilfplatz, Markt.
Lange Nacht der Musik: Musikspektakel mit mehr als 400 Live-Konzerten an gut 100 Spielorten; ab Anfang Mai.

Juni/Juli

Stadtgründungsfest: buntes Fest mit Veranstaltungen und Ständen; Anfang Juni.
Fronleichnamsprozession: in der Münchner Innenstadt.
Tollwood-Kulturfestival im Olympiapark: großes Sommerfest mit Spitzenproduktionen in den Sparten Theater, Tanz und Musik; vier Wochen im Juni/Juli, www.tollwood.de.
Münchner Filmfest: s. o.
Klassik Open Air am Odeonsplatz: Klassik-Freiluftkonzerte; zwei Tage im Juni.
Jakobidult: Mariahilfplatz, Markt.

Filmstadt München

Mit den Bavaria Filmstudios, der Hochschule für Fernsehen und Film und dem Filmverlag der Autoren verfügt München über ein großes Potenzial an Filmschaffenden. Ihren jährlichen Auftritt haben sie im Juni beim **Münchner Filmfest.** Trotz hohem Promi-Faktor weitaus weniger glamourös als die Filmfestspiele in Berlin und Cannes, feiert sich die Szene mit zahlreichen Partys und Events.

Das umfangreiche Filmprogramm des neuntägigen Spektakels ist für jedermann zugänglich und konzentriert sich auf Aufführungsorte entlang einer vom Filmmuseum über den Gasteig bis zum Rio-Kino am Rosenheimer Platz verlaufenden Meile (www.filmfest-muenchen.de). Mit Kinderfilmfestival.

Sportmetropole München

Lange profitierte München vom Ruhm der Olympiade 1972. Heute stärkt vor allem König Fußball mit FC Bayern und TSV 1860 München Münchens Namen als Sportmetropole. Weiterhin haben Veranstaltungen in unterschiedlichen Disziplinen überregionales Renommee erlangt. Die Internationalen Tennismeisterschaften von Bayern, besser bekannt als **BMW Open,** ziehen jährlich im April/Mai ein hochkarätiges Teilnehmerfeld an (www.bmwopen.de). Der **München Marathon,** einer der größten Lauf-Events im süddeutschen Raum, findet am zweiten Oktoberwochenende statt (www.muenchenmarthon.de).

Infos zu Festivals

www.sueddeutsche.de/festivals

Kocherlball: im Biergarten am Chinesischen Turm; Tausende Tanzwütige feiern und tanzen in Trachten an einem Sonntag im Juli; Volksfestcharakter.

Opern-Festspiele: klassische Opern, aber auch moderne Kompositionen im Nationaltheater, Juni/Juli, www.bayerische.staatsoper.de.

August

MusikSommer im Olympiapark: Den ganzen Monat über finden kostenlose Rock-, Pop-, Jazz-, Ethno-, Liedermacher- und klassische Konzerte statt. Zu Beginn und gegen Ende großes Feuerwerk; www.theatron.de.

September/Oktober

Oktoberfest: riesengroßes Volksfest ab Mitte September; s. auch S. 93.

Trachtenumzug: am ersten Wiesn-Sonntag.

Open art: Kunstwochenende der Münchner Galerien Mitte September; www.openart.biz.

Kirchweihdult: Mariahilfplatz, Markt.

München Marathon: mit Zieleinlauf ins Olympiastadion; www.muenchenmarathon.de, s. o.

November/Dezember

Bücherschau im Gasteig: Buchausstellungen, Lesungen; www.muenchner-buecherschau.de.

Christkindlmärkte: u. a. auf dem Marienplatz, Münchner Freiheit, Weißenburger Platz.

Tollwood-Kulturfestival auf der Theresienwiese: s. Juni/Juli www.tollwood.de.

Aktiv sein, Sport und Wellness

Inlineskaten

Immer wieder montags düsen im Sommer ab 20.30 Uhr Tausende von Inlineskatern auf wechselnden Routen durch die Stadt. Die **Blade-Nights** finden nur bei schönem Wetter statt. Aktuelle Informationen zu Streckenführung und Schwierigkeitsgrad unter www.bladenightmuenchen.de oder Tel. 089 890 66 80. Außerdem treffen sich die Skater ganzjährig in der **Hirschau** im Norden des Englischen Gartens und in der Messestadt auf dem ehemaligen BUGA-Gelände. Inline-Hockey wird auf der asphaltierten Theresienwiese gespielt – mit Ausnahme der Oktoberfestzeiten.

Joggen und Radfahren

Der **Englische Garten** ist ein Eldorado für Freizeitsportler, das vor allem von Joggern und Radfahrern ausgiebig genutzt wird. Innerstädtisch sind die Wege in den **Isarauen** zum Joggen besonders geeignet. Eine **abwechslungsreiche Fahrradroute** ist die Strecke entlang der Isar bis Freising im Norden und bis Kloster Schäftlarn und Wolfratshausen im Süden (an den Endpunkten Rückfahrt mit S-Bahn möglich).

Ein 700 km langes **Radwegenetz** verlockt dazu, München mit dem Rad zu erkunden. Das Streckennetz (mit Routenplanung) ist abrufbar unter www.muenchen.de (Stichwort »Radlstadtplan«). Eine Fahrradtageskarte des MVV erlaubt die Mitnahme des Fahrrads bei beliebig vielen U- und S-Bahnfahrten an einem Tag. Die von der Deutschen Bahn unterhaltenen **Call-Bikes** stehen an vielen Stellen Münchens, insbesondere an größeren Plätzen (eingeschränkter Betrieb Dez.–März). Die Registrierung erfolgt unter der freien Servicenummer 0700 05 22

Das Müllersche Volksbad gilt als eines der schönsten Badehäuser Europas

55 22 oder im Internet unter www.callabike-interaktiv.de. Ein weiterer Fahrradverleih ist **Radius-Tours** im Hauptbahnhof, der auch organisierte Touren anbietet (Arnulfstr. 3, ▶ Karte 2, P12, Tel. 089 54 34 87 77 30, www.radiustours.com).

Klettern

High End – **High-east Kletterhalle:** ■ Karte 4, E2, Sonnenallee 2, Kirchheim/Heimstetten, Tel. 089 92 79 47 96, www.high-east.de, H Heimstetten, Mo– Mi, Fr–So 10–23, Do 8–23 Uhr, Kinder ab 14 Jahren 11 €, Erw. 15 €. In einer der höchsten Kletterhallen Deutschlands bieten 2100 m² Kletter- und 350 m² Boulderfläche Kletterspaß für Anfänger und ambitionierte Sportkletterer gleichermaßen.

Schwimmen

Dem Badespaß sind keine Grenzen gesetzt. Ob man sich im Cosimawellenbad in die ›Brandung‹ werfen oder mitten im kalten Winter im Dantebad ins Freie schwimmen möchte – die Münchner Bäder bieten Fitness und Vergnügen (allgemeine Infos unter Tel. 089 23 61 50 50 und www.swm.de).

Hauptattraktion des **Freibads Maria Einsiedel** in Thalkirchen ist der Isarkanal, der auf 390 m das Gelände durchzieht. Weniger Mutige bevorzugen die geheizten Becken (Zentralländstr. 28, ■ Karte 3, N21, H Bad Maria Einsiedel, Bus 57, Mai–Sept. tgl. 9–18, an heißen Tagen bis 20 Uhr).

Münchens schönstes Hallenbad ist das 100 Jahre alte **Müllersche Volksbad.** Im Jugendstil-Ambiente seine Bahnen zu ziehen, das ist Sport verbunden mit Kunstgenuss. Daneben gibt es Wannen- und Brausebäder für die Körperpflege, Massage-Angebote sowie ein römisch-irisches Schwitzbad (Rosenheimerstr. 1, ■ Karte 2, T14, H Isartor, Deutsches Museum, tgl. 7.30–23, Mo große Halle nur bis 17, Schwitzbad/Sauna tgl. 9–23 Uhr).

Der **Feringasee** im Nordosten ist der beliebteste Badesee Münchens. Am baumbestandenen Seeufer tummeln sich an schönen Tagen die Münchner und spielen Gardasee (■ Karte 4, D2, H Unterföhring S 8, dann 1 km zu Fuß Richtung Osten, ausgeschildert, oder mit dem Auto über den Föhringer Ring, Parkplatz kostenpflichtig).

Wasservielfalt – **Therme Erding:** ■ Karte 4, nordöstl. von E1, Thermenallee 1–4, Erding, Tel. 08 12 22 27 01 00, www.therme-erding.de, H Altenerding, dann Bus 550, 560, Sa, So, Fei Bus 570, Mo–Fr 10–23, Sa, So, Fei 9–23 Uhr, 2 Std. 17 €, 4 Std. 23 €, Tageskarte 31 €, MVV-Thermenwelt-Ticket 32 € (Hin- und Rückfahrt, 4 Std. Badespaß). Wassergenuss in allen Variationen, ob Sauna, Dampfbad, Kneippparcours, Kristallsalzstube, Wasserrutsche, Whirlpool – Europas größte Thermenanlage ist ein Spa-Paradies.

Sprung in die Brandung – **Cosimawellenbad:** ■ östl. von Y 10, Cosimastr. 5, H Arabellapark, tgl. 7.30–23, Wellenbetrieb Mo–Do 13–18, Fr 13–20, Sa, So, Fei 10–20 Uhr.

Drinnen und draußen – **Dante Warmfreibad:** ■ L7, Postillonstr. 17, H Westfriedhof, Di, Do–So 7.30–23, Mo, Mi 7–23 Uhr (ca. Sept.–Mai, mit Wellnessbecken von 34 °C und großer Saunalandschaft, im Sommer Freibad).

Wellness

Salzig – **Münchener Salzgrotte:** ■ P10, Theresienstr. 91, Anmeldung unter Tel. 089 57 95 73 42, www.muenchener-salzgrotte.de, H Theresienstraße,

Di, Mi, Fr, Sa 9.45–19, Do 10.45–19, So 10.45–15 Uhr, Familien nach Terminvereinbarung. Asthma, Rheuma oder Neurodermitis: Für viele Beschwerden gilt die Luft in einer Salzgrotte als besonders wohltuend. Eingewickelt in eine Decke, zurückgelehnt im Liegestuhl wähnt man sich fast am Meer.

Heiß – **Hamam:** ■ Karte 2, Q14, Mathildenstr. 5, Tel. 089 55 45 73, www.hamam.de, H Sendlinger Tor, Reservierung erforderlich. Wenn die Füße von den vielen Besichtigungsrundgängen schmerzen und der Himmel ohnehin grau ist, wirkt ein Besuch in Münchens einzigem türkischen Hamam Wunder. Unterstützt durch unterschiedlichste Massagen mit ausschließlich naturreinen Produkten bringt das Schwitzbad alle Kräfte zurück.

Relaxing – **Blue Spa im Bayerischen Hof:** ■ Karte 2, R12/13, Promenadeplatz 2–6, Tel. 089 212 09 92, H Promenadeplatz, Karlsplatz/Stachus, tgl. 7–22.30 Uhr, Reservierung erforderlich. Auf dem Hoteldach findet sich ein exklusives Spa, in dem man beim Panoramablick über München zu Ruhe und neuer Kraft kommt.

Zuschauersport

Die beiden großen Münchner Fußballvereine, FC Bayern und TSV 1860 München, haben mit dem Stadion in Fröttmaning seit 2005 eine neue Spielstätte. In der nach dem Hauptsponsor benannten **Allianz Arena** fand das Auftaktspiel der Fußball-WM 2006 statt.

Die Bayern in den Vereinsfarben Rot-Weiß trainieren auf dem FC-Gelände Säbener Straße 51 und die ›Sechzger‹ in Blau in ihrem Stadion an der Grünwalder Straße 114 (Trainingszeiten unter www.fcbayern.de und www.tsv1860.de).

Der Olympiapark – ein Paradies für Aktive

Der Olympiapark ist mit seinen zahlreichen Anlagen zugleich Schauplatz von Sportveranstaltungen und vielseitige Sportstätte. Seit der Olympiade 1972 fanden nicht weniger als 31 Weltmeisterschaften in verschiedenen Disziplinen auf dem 850 km² umfassenden Gelände statt. Hier wurden zahlreiche Rekorde gebrochen. Legendär sind die im Stadion ausgetragenen Fußball-Derbys zwischen dem FC Bayern und 1860 München, aber auch die Bundesliga-, Pokal- und Länderspiele, mit denen nicht selten Fußballgeschichte geschrieben wurde (Olympiapark München, Spiridon-Louis-Ring 21, 80809 München, Tel. 089 306 70, www.olympiapark.de). Leichtathleten kommen in der Werner-von-Linde-Halle auf ihre Kosten. Im Olympia-Eisstadion trägt der EHC München seine Eishockeyspiele aus. Im **Eislaufzelt** kann man sich im Winter selbst auf die Kufen schwingen. Fußball bei jedem Wetter und für jedes Alter bietet die **SoccArena** auf fünf Spielfeldern im Innenraum (Tel. 089 30 67 21 37, Mo–Fr 14–22.30, Sa, So, Fei 12–21 Uhr, 32–55 €/Stunde). Direkt neben dem Zeltdach des Stadions befindet sich eine öffentliche **Tennisanlage** mit 14 Sandplätzen (Buchung unter Tel. 089 30 67 26 90). In der **Olympia-Schwimmhalle** erschwamm 1972 der Amerikaner Mark Spitz sieben Goldmedaillen – heute sind die fünf Becken, denen eine **Sauna** angeschlossen ist, für Leistungs- und Freizeitsportler geöffnet (Tel. 0180 179 62 23, tgl. 7–23 Uhr, s. S. 231, 235).

Museen und Galerien

Seit jeher konkurriert München mit Berlin um den Titel ›Kulturhauptstadt‹, entsprechend dicht ist die Museumslandschaft, von den herrschaftlichen königlichen Gründungen unter Ludwig I. bis hin zu kleineren volkstümlichen Institutionen wie dem Bier- und Oktoberfestmuseum. Neue Glanzlichter hinsichtlich der Präsentation zeitgenössischer Kunst setzen die Pinakothek der Moderne und die Sammlung Brandhorst im **Kunstareal** in der Maxvorstadt nördlich des Hauptbahnhofs. Das Kunstareal vereint auf dichtestem Raum Kunst und Kultur von der Antike bis zur Gegenwart und ist gut zu Fuß zu erkunden (www.kunstareal.de).

Die meisten Museen in München (www.museen-in-muenchen.de) bleiben montags geschlossen, zudem am Faschingsdienstag, am Heiligen Abend und an Silvester (wird nicht extra aufgeführt). Sonntags gewähren die staatlichen Museen, darunter die drei Pinakotheken, die Sammlung Brandhorst sowie die Staatlichen Antikensammlungen und Glyptothek, Eintritt zu einem Sonderpreis von 1 €. **Ermäßigungen** für einige Museen gewährt auch die CityTourCard (s. S. 26). Siehe zu Ermäßigungen auch S. 59.

Infopoint der Museen und Schlösser in Bayern

In diesem Infopoint für nichtstaatliche Museen finden sich an zentraler Stelle in Münchens Altstadt aktuelle und umfassende Informationen zu den Museen und Schlössern in ganz Bayern (▶ Karte 2, S13, Alter Hof 1, 80331 München, Tel. 089 21 01 40 50, www.infopoint-museen-bayern.de, H Marienplatz, Mo–Sa 10–18 Uhr).

Kunstmuseen

Alte Meister – **Alte Pinakothek:** ▶ R11, Barer Str. 27, Tel. 089 23 80 52 16, www.pinakothek.de, H Pinakotheken, Di–So 10–18, Di bis 20 Uhr, derzeit 4 €. Meisterwerke der Malerei von Brueghel, Dürer, Raffael, Rubens, Tizian, Rembrandt und anderen bedeutenden Malern vom 14. bis zum 18. Jh. S. 199

Brand new – **Sammlung Brandhorst:** ▶ R11, Theresienstr. 35 a, Tel. 089 238 05 22 86, www.museumbrandhorst.de, H Pinakotheken, Di–So 10– 18, Do 10–20 Uhr, 7 €. Über 700 Werke der bedeutendsten Künstler des 20. und 21. Jh., darunter der »Lepanto-Zyklus« von Cy Twombly, Werke von Andy Warhol, Sigmar Polke u. a. S. 204

Isar-Athen I – **Glyptothek:** ▶ Q11, Königsplatz 3, Tel. 089 28 61 00, www.antike-am-koenigsplatz.mwn.de, H Königsplatz, Di–So 10–17, Do 10–20 Uhr, 6 € einschließlich Antikensammlungen. Griechische und römische Skulpturen, u. a. Meisterwerke wie der »Barberini-Faun« sowie Porträts griechischer Philosophen und römischer Kaiser. S. 198

Isar-Athen II – **Staatliche Antikensammlungen:** Q12, Königsplatz 1, Tel. 089 59 98 88 30, www.antike-am-koenigsplatz.mwn.de, H Königsplatz, Di–So 10–17, Mi 10–20 Uhr, 6 € einschl. Glyptothek. Etruskischer Schmuck, griechische Keramik und römische Bronzen – hier locken Schätze antiken Kunstschaffens. S. 198

Überraschend – **Haus der Kunst:** ▶ Karte 2, T12, Prinzregentenstr. 1, Tel.

089 21 12 71 13, www.hausderkunst.de, H Lehel, Mo–So 10–20, Do bis 22 Uhr, Tagesticket 12 €, Jugendliche 5 €, Kinder unter zwölf Jahren frei. Bunt gemischte publikumswirksame Wechselausstellungen alter und zeitgenössischer Kunst, darunter thematische Aufarbeitungen und Retrospektiven. S. 238

Unterirdisch – **Kunstbau Lenbachhaus:** ▶ Q11, Königsplatz, Tel. 089 23 33 20 12, www.lenbachhaus.de, H Königsplatz, Di 10–20, Mi–So 10–18 Uhr, 10 €, Kinder und Jugendliche unter 18 J. frei. Themenbezogene Ausstellungen aktueller Kunst sowie Werkschauen in einem unter der Erde gelegenen Seitenschacht des U-Bahnhofs. S. 199

Populär – **Kunsthalle der Hypo-Kulturstiftung:** ▶ Karte 2, R13, Theatinerstr. 8, Tel. 089 22 44 12, www.kunsthalle-muc.de, H Odeonsplatz, tgl. 10–20 Uhr, jeder 3. Mi im Monat bis 22 Uhr, ca. 11 €. S. 167

Flippig – **Kunstverein München:** ▶ S12, Galeriestr. 4, Tel. 089 22 11 52, www.kunstverein-muenchen.de, H Odeonsplatz, Di–So 11–18 Uhr, 5 €. S. 162

Aufbruch zur Moderne – **Neue Pinakothek:** ▶ R11, Barer Str. 29, Tel. 089 23 80 51 95, www.pinakothek.de, H Theresienstraße, Mi 10–20, Do–Mo 10–18 Uhr, 7 €. Europäische Malerei und Skulptur des 18./19. Jh., u. a. Hauptwerke von Caspar David Friedrich, Böcklin, Hans von Mayrées, Feuerbach, Liebermann u. a. Die französische Malerei des Impressionismus ist durch Cézanne, Renoir, van Gogh, Manet und Monet vertreten. S. 200

Galerienszene

Die Münchner Kunstgalerien geben ein zweimonatig erscheinendes Faltblatt heraus, das in vielen kulturellen Einrichtungen ausliegt. Die Informationen zu aktuellen Ausstellungen finden sich außerdem auf der Homepage www.muenchner-galerien.de.

Vier in eins – **Pinakothek der Moderne** (Bayerische Staatsgemäldesammlungen, Staatliche Grafische Sammlungen, Architekturmuseum der TU München, Die Neue Sammlung): ▶ R11, Barer Str. 40, Tel. 089 23 80 53 60, www.pinakothek.de, H Pinakotheken, Odeonsplatz, Di–So 10–18, Do 10–20 Uhr, 10 €. Vier bedeutende Sammlungen aus den Gebieten Kunst, Architektur, Grafik und Design (50 000 Objekte) unter einem Dach. Hauptwerke der klassischen Moderne, darunter Arbeiten von Beckmann, Magritte und Picasso. Die aktuelle Kunst vertreten u. a. Pipilotti Rist oder Bruce Nauman. S. 201

Futuristisch – **Sammlung Goetz:** ▶ Y7, Oberföhringer Str. 103, Tel. 089 95 93 96 90, Do, Fr 14–18, Sa 11–16 Uhr, Besichtigung nur nach telefonischer Voranmeldung, www.sammlung-goetz.de, H Bürgerpark Oberföhring, Eintritt frei. In dem kubischen Bau des Schweizer Architektenduos Herzog & de Meuron stellt die Privatsammlerin und ehemalige Galeristin Ingvild Goetz seit über 20 Jahren einen Teil ihrer Schätze aus. Ein Schwerpunkt liegt auf englischer und amerikanischer Kunst seit den 1980er-Jahren, daneben Werke von Andreas Gursky, Rosemarie Trockel und Thomas Schütte. S. 254

Preußisch – **Sammlung Schack:** ▶ U12, Prinzregentenstr. 9, Tel. 089 23 80 52 24, www.pinakothek.de, H Lehel, Mi–So 10–18 Uhr, jeden 1. und 3. Mi im Monat bis 20 Uhr, 4 €. Deutsche Malerei des 19. Jh. aus der Sammlung des Grafen Schack in der ehemaligen Preußischen Gesandtschaft. Werke von Böcklin, Feuerbach, Lenbach, Schwind und Spitzweg. S. 239

Münchner Malerei – **Städtische Galerie im Lenbachhaus:** ▶ Q11, Luisenstr. 33, Tel. 089 23 33 20 00, www.lenbachhaus.de, H Königsplatz, Di 10–20, Mi–So 10–18 Uhr, 10 €, Kinder und Jugendliche unter 18 J. frei. Nach umfassender Sanierung und um einen Anbau des renommierten Architekturbüros Foster + Partners ergänzt, wurde das Lenbachhaus mit 2800 m² Ausstellungsfläche 2013 wiedereröffnet. Die von dem Malerfürsten Franz von Lenbach an prominenter Stelle erbaute repräsentative Villa bildet den historischen Kern einer Sammlungspräsentation, die nicht nur Werke des ehemaligen Bauherrn, sondern die reichen Bestände des »Blauen Reiters« und der Münchner Malerschule umfasst und zunehmend auch die Gegenwartskunst mit einbezieht. S. 199

Faszinierend – **Staatliches Museum für Ägyptische Kunst:** ▶ Q/R 11, Gabelsberger Str. 35, Tel. 089 28 92 76 30, www.smaek.org, H Königsplatz. Mi–So 10–18, Di bis 20 Uhr, 7 €, ermäßigt 5€, Kinder bis 18 Jahre frei. Der von den Kölner Architekten Gottfried und Peter Böhm entworfene Neubau vereint das Ägyptische Museum mit der Hochschule für Fernsehen und Film. Auf 1 800 m² werden alle Highlights der Sammlung aus 5000 Jahren präsentiert, die thematisch geordnet das Leben der alten Ägypter und ihre Hoffnung auf Unsterblichkeit anschaulich und durchwegs barrierefrei zur Geltung bringen. S. 204

Fin de Siècle – **Villa Stuck:** ▶ U12, Prinzregentenstr. 60, Tel. 089 455 55 10, www.villastuck.de, H Max-Weber-Platz, Di–So 11–18 Uhr, 9 € (gesamtes Haus), 4 € (historische Räume). Villa des Künstlerfürsten Franz von Stuck mit Original-Inneneinrichtung und Jugendstilmuseum mit sehenswerten Sonderausstellungen auch zeitgenössischer Kunst. S. 249

Weniger Geld für viel Kultur – Ermäßigungen in den Museen

Kombikarte der Städtischen Museen: Der Erwerb einer Eintrittskarte im Stadtmuseum, in der Villa Stuck, in der städtischen Galerie im Lenbachhaus und im Kunstbau oder im Jüdischen Museum berechtigt zu 50 % Ermäßigung auf die aktuellen Eintrittspreise der übrigen städtischen Museen. Dieses Angebot gilt am Tag des Kartenkaufs und an den zwei darauffolgenden Öffnungstagen. Es gilt nicht für das Kino im Stadtmuseum und bereits ermäßigte Preise.

Kombikarte der Bayerischen Staatsgemäldesammlungen: Mit dem Fünfer-Ticket für 29 € lassen sich die drei Pinakotheken, das Museum Brandhorst und die Sammlung Schack an beliebig vielen Tagen besichtigen, das Tagesticket für 12 € berechtigt zum Besuch der fünf Einrichtungen an einem Tag.

Historische Museen

Prähistorisch – **Archäologische Staatssammlung:** ▶ T12, Lerchenfeldstr. 2, Tel. 089 211 24 02, www.archaeologie-bayern.de, H Nationalmuseum, Lehel, aufgrund einer Generalsanierung bleibt das Museum bis mindestens 2020 geschlossen. S. 239

Altbairisch – **Bayerisches Nationalmuseum:** ▶ Karte 2, T12, Prinzregentenstr. 3, Tel. 089 211 24 01, www.

Im Außenraum Großskulpturen der Moderne – innen Alte Meister: die Alte Pinakothek

bayerisches-nationalmuseum.de, H Nationalmuseum, Lehel, Di–So 10–17, Do 10–20 Uhr, 5 € (gesamtes Haus), 7 € (mit Sonderausstellungen). Großes kunst- und kulturgeschichtliches Museum mit Plastik, Malerei und Kunsthandwerk vom Mittelalter bis zum 19. Jh. und Ausstellung der Sammlung Bollert mit sakralen Plastiken (Do–So 10–17 Uhr). S. 239

In der Mitte der Stadt– **Jüdisches Museum München:** ▶ Karte 2, R14, St.-Jakobs-Platz 16, Tel. 089 23 39 60 96, www.juedisches-museum-muenchen.de, H Marienplatz, Sendlinger Tor, Di–So 10–18 Uhr, 6 €. S. 143

Altmünchnerisch – **Münchner Stadtmuseum:** ▶ Karte 2, R13/14, St.-Jakobs-Platz 1, Tel. 089 23 32 23 70, www.muenchner-stadtmuseum.de, H Marienplatz, Di–So 10–18 Uhr, 7 € (mit Sonderausstellungen). S. 139

Königlich – **Residenz München:** ▶ Karte 2, S12/13, Eingang Max-Joseph-Platz 3, Tel. 089 29 06 71, www.schloesser.bayern.de, H Marienplatz, Odeonsplatz, 1. April–15. Okt. tgl. 9–18, Einlass bis 17 Uhr, 16. Okt.–31. März tgl. 10–17, Einlass bis 16 Uhr, 13 € (gesamt), 7 € (Residenz), 11 € (Residenzmuseum, Schatzkammer). S. 152

Herrschaftlich – **Schloss Nymphenburg:** ▶ H9, Tel. 089 17 90 80, www.schloesser.bayern.de, H Romanplatz, Schloss Nymphenburg, April–15. Okt. tgl. 9–18, 16. Okt.–März tgl. 10–16 Uhr, 6 € (Schloss), 11,50 € (Gesamtanlage mit Parkburgen u. Marstallmuseum). S. 265

Erinnerungsort – **NS-Dokumentationszentrum:** ▶ Q11, Brienner Str. 34, Tel. 089 23 36 70 00, www.ns-dokuzentrum-muenchen.de, H Königsplatz, Hauptbahnhof, Di–So 10–19 Uhr, 5 €, freier Eintritt für Jugendliche unter 18 J. S. 91, S. 211.

Spezialmuseen

Für Bergsteiger – **Alpines Museum:** ▶ Karte 2, T13, Praterinsel 5, Tel. 089 211 22 40, www.alpines-museum.de, H Lehel, Di–Fr 10–18 Uhr, 4,50 €, DAV-Mitglieder 3 €. Das vom Deutschen Alpenverein unterhaltene Museum zeigt im Moment Sonderausstellungen zum Thema Berge weltweit. S. 259

Kultisch – **Bier- und Oktoberfestmuseum:** ▶ Karte 2, S13, Sterneckerstr. 2, Tel. 089 24 23 16 07, www.bier-und-oktoberfestmuseum.de, Di–Sa 13–17, Gruppen bis 19 Uhr (nach Voranmeldung), Museumsstüberl: Di–Sa 18–24 Uhr, 4 €. S. 124

Vorhang auf – **Deutsches Theatermuseum:** ▶ Karte 2, S12, Galeriestr. 4 a (Hofgartenarkaden), Tel. 089 21 06 91 28, www.deutschestheatermuseum.de, H Odeonsplatz, Di–So 10–16 Uhr, nur zu Sonderausstellungen geöffnet, 4 €. S. 162

Interaktiv – **Kinder- und Jugendmuseum:** ▶ Karte 2, P12, Arnulfstr. 3 (im nördl. Flügel des Hbf.), Tel. 089 54 54 08 80, www.kindermuseum-muenchen.de, H Hauptbahnhof, Di–Fr 14–17, Sa, So, Fei und in den Ferien außer Mo 10–17 Uhr, 5,50 € (ab vier Jahren), Mitmachmuseum, wechselnde Ausstellungen zu Seifenblasen, Mathematik oder Papier, zu allen Themen, die Kinder interessieren.

Verspielt – **Spielzeugmuseum im Alten Rathausturm:** ▶ Karte 2, S13, Marienplatz 15, Tel. 089 29 40 01, www.toymuseum.de, H Marienplatz, tgl. 10–17.30 Uhr, Kinder 1 €, Erw. 4 €. S. 117

Aus aller Welt – **Museum Fünf Kontinente:** ▶ Karte 2, T13, Maximilianstr. 42, Tel. 089 210 13 61 00, www.museum-fuenf-kontinente.de, H Lehel, Di–So 9.30–17.30 Uhr, 5 € (Dauerausstellung). S. 241

Musäal – **ValentinKarlstadtMusäum:** ▶ Karte 2, S13/14, Im Tal 50 (Isartorturm), Tel. 089 22 32 66, www.valentin-musaeum.de, H Isartor, Mo, Di, Do, 11.01–17.29, Fr, Sa 11.01–17.59, So 10.01–17.59 Uhr, Kinder, Schüler, Studenten 1,99 €, Erw. 2,99 €, Kinder unter sechs Jahren und 99-Jährige in Begleitung ihrer Eltern haben freien Eintritt. S. 124

Naturwissenschaftliche/ Technische Museen

Markentempel – **BMW Museum:** ▶ P5, Am Olympiapark 2, Tel. 0180 211 88 22, www.bmw-museum.de, H Olympiapark, Di–So, Fei 10–18 Uhr, 10 €. S. 233

Tierisch – **Deutsches Jagd- und Fischereimuseum:** ▶ Karte 2, R13, Neuhauser Str. 2, Tel. 089 22 05 22, www.jagd-fischerei-museum.de, H Marienplatz, Karlsplatz, Fr–Mi 9.30–17, Do 9.30–21 Uhr, 6 €. Umgestaltete und modernisierte Sammlung präparierter Tiere auf einem der Natur nachgeahmten Waldpfad, darunter der sagenumwobene Wolpertinger, der sich zwei Wochen vor dem nächsten Gewitter sehen lässt, außerdem Jagdausrüstungen und -zubehör. Mit Hilfe eines Chips auf den Eintrittskarten kann sich jeder Besucher einen virtuellen Begleiter für den Rundgang aussuchen, darunter einen Förster oder einen Rehbock. S. 127

Einzigartig – **Deutsches Museum:** ▶ Karte 2, T14, Museumsinsel 1,

Tel. 089 217 91, telef. Ansage 089 217 94 33, www.deutsches-museum.de, H Isartor, Deutsches Museum, tgl. 9–17, Kinderreich für 3–8-Jährige 9–16.45 Uhr, Kinder/Studenten 4 €, Erw. 11 €. Wegen der noch bis 2025 laufenden Generalsanierung können Abteilungen kurzfristig geschlossen sein. S. 178

Viele Knöpfe zum Drücken – **Museum Mensch und Natur: ▶** H9, Schloss Nymphenburg, Nordflügel, Tel. 089 179 58 90, www.musmn.de, H Schloss Nymphenburg, Di–Fr 9–17, Do bis 20, Sa, So 10–18 Uhr, 3 €, für Kinder und Jugendliche unter 18 Jahren freier Eintritt. Die Geschichte der Erde und des Lebens – anschaulich präsentiert für Groß und Klein. Der nach Bayern eingewanderte und erschossene ›Problembär‹ Bruno ist auch ausgestellt. Bis 2021 soll ein Neu- und Ausbau als Life Science- und Naturkundmuseum nach einem Entwurf des Berliner Architekten Volker Staab entstehen.

Glitzernd – **Museum Reich der Kristalle: ▶** R11, Theresienstr. 41, Tel. 089 21 80 43 12, www.mineralogische-staatssammlung.de, H Pinakotheken, Di–So 13–17 Uhr, 1,50 €, Sonderausstellungen 5 €. Ausstellung über die Entstehung von Mineralien und Kristallen.

Dinos hautnah – **Paläontologisches Museum: ▶** Q11, Richard-Wagner-Str. 10, Tel. 089 21 80 66 30, www.palmuc.de/bspg, H Königsplatz, Mo–Do 8–16, Fr 8–14 Uhr, jeden ersten Sonntag im Monat 10–16, mit Führungen durch Wissenschaftler 11.30 und 14.30 Uhr, Eintritt frei. Saurier und Säugetiere der Urzeit sind hier zu bewundern.

Für kleine Prinzen – **Volkssternwarte München: ▶** V16, Rosenheimer Str. 145 h, Tel. 089 40 62 39, www.sternwarte-muenchen.de, Sept.–März Mo–Fr 20–22, April–Aug. Mo–Fr 21–23 Uhr, während der Sommerferien auch Sa geöffnet, Fr Kindervorstellungen 17, Mi 14 Uhr (nur Aug.) mit Planetariumsvorstellung, Führung durch die Sternwarte und bei gutem Wetter Fernrohrbeobachtung, Abendführungen Sept.–März Mo–Fr 20, April–Aug. Mo–Fr 21 Uhr, 5 €. Am künstlichen Sternenhimmel der 4,5 m hohen Kuppel lässt sich unser Planetensystem eindrucksvoll erleben. Mit dem Fernrohr kann man die internationale Raumstation ISS und andere Großsatelliten im Weltall beobachten.

Reiseinfos von A bis Z

Apotheken

Die dienstbereiten Apotheken sind in den Tageszeitungen verzeichnet, ihre Adressen sind zudem an jeder Apotheke angeschlagen.

Die aktuellen Notdienste der Apotheken in München sind auf einer Website zu finden: **www.arzt-muenchen.net**.

Ärztliche Versorgung

Die ärztliche Versorgung ist in München flächendeckend garantiert.

Ärztenotdienst Elisenhof: Tel. 01805 19 12 12

Zahnärztlicher Notfalldienst: Tel. 089 723 30 93

24 Stunden Münchner Heilpraktiker: Tel. 089 55 55 40

Klinikum der Universität München, Großhadern: Tel. 089 709 50

Diplomatische Vertretungen

Österreichisches Generalkonsulat
Ismaninger Str. 136, 81675 München
Tel. 089 99 81 50
www.bmeia.gv.at
Mo–Fr 9–12, 13–15 Uhr

Schweizerisches Generalkonsulat
Prinzregentenstr. 20, 80538 München
Tel. 089 286 62 00
www.eda.admin.ch/muenchen
Mo–Fr 9–12 Uhr

Feiertage

Bayern hat bundesweit die meisten gesetzlichen Feiertage:
1. Januar: Neujahr
6. Januar: Heiligedreikönigstag
Karfreitag
Ostersonntag/Ostermontag
1. Mai: Tag der Arbeit
Christi Himmelfahrt
Pfingstsonntag/Pfingstmontag
Fronleichnam
15. August: Mariä Himmelfahrt
3. Oktober: Tag der Deutschen Einheit
1. November: Allerheiligen
Weihnachten: 25. und 26. Dezember

Am Faschingsdienstag sowie am 24. und 31. Dezember schließen die meisten Geschäfte mittags.

Fundbüros

Fundbüro der Stadtverwaltung: Oetztaler Str. 19, Tel. 089 23 39 60 45
Fundstelle der Deutschen Bahn: Hauptbahnhof, Bahnhofplatz 2, Tel. 0900 199 05 99
Fundstelle für die U-, S- und Straßenbahnen: Elsenheimerstraße 61, 1. Stock, Mo, Mi, Fr. 7.30–12, Di, Do 8.30–12 und 14–18 Uhr.

Geld

Im gesamten Stadtgebiet gibt es Geldautomaten. Über die normalen Banköffnungszeiten (s. Öffnungszeiten S. 64) hinaus wird an den Spätschaltern am Hauptbahnhof, Ostbahnhof und Flughafen gearbeitet.

Internetzugang

Die Stadt baut derzeit ihr Angebot, an ausgewählten Plätzen das kostenlose **M-WLAN** zu nutzen, beständig aus. Derzeit befinden sich Hotspots an folgenden, alphabetisch aufgeführten Orten: Coubertinplatz (Olympiapark), Deutsches Museum, Harras, Hauptbahnhof, Hohenzollernplatz, Königsplatz, Kolumbusplatz, Lehel, Mangfallplatz, Marienhof, Marienplatz, Münchner Freiheit, Odeonsplatz, Orleansplatz, Sendlinger Tor, Karlsplatz (Stachus), Neuperlach Zentrum, Rotkreuzplatz, Viktualienmarkt, Wettersteinplatz, Willy-Brand-Platz (Messestadt West).

Reisekasse und Spartipps
München ist als eine der lebenswertesten zugleich eine der teuersten Städte Deutschlands, weltweit jedoch ›nur‹ an 108. Stelle im Kostenvergleich, was ein schwacher Trost bleibt, wenn man für einen Milchkaffee im Durchschnitt um die 4 € und für ein Hauptgericht im Durchschnitt 15 € zahlen muss.
Die Eintrittspreise der Museen reichen von 4–12 € – mit Kombitickets (s. S. 59) kann man Ermäßigungen erzielen, ebenso mit der CityTourCard, an der über 30 touristische Attraktionen beteiligt sind (www.citytourcard-muenchen.com, s. S. 26).

Kinder

München ist eine kinderfreundliche Großstadt, Ideen für die Beschäftigung von Kindern wie Jugendlichen gehen einem so schnell nicht aus.

Websites zum Thema Kinder

www.pomki.de
www.muenchen.de
www.ganz-muenchen.de

Ein paar Tipps

Training des FC Bayern München: Vereinsgelände Säbenerstr. (Tel. 089 69 93 11 11, www.fcbayern.de).
Englischer Garten: Platz für Aktivitäten wie Radfahren, Skaten oder Tretbootfahren auf dem Kleinhesseloher See, dazu ein Spielplatz am Chinesischen Turm mit einem historischen Karussell (www.schloesser.bayern.de).
Tierpark Hellabrunn: nach Kontinenten geordnete Tierwelt (www.hellabrunn.de).
Deutsches Museum: ein Kinderreich – nicht nur – für Regentage (www.deutsches-museum.de, s. auch S. 61).
Museum Mensch und Natur: drückt man den richtigen Knopf, kommt die richtige Antwort (www.musmn.de, s. auch S. 62).
Kinder- und Jugendmuseum: Mitmachmuseum (www.kindermuseum-muenchen.de, s. auch S. 61).
Theater für Kinder: Dachauer Str. 46, Karten-Tel. 089 59 54 54, www.mfk.de. Schon für Kinder ab 4 J.: Zu sehen sind Märchen der Brüder Grimm, Geschichten von Janosch oder Otfried Preußler, Musicals u. v. m.

Messetermine

Über Messen und Kongresse informieren die **Websites:**
www.messe-muenchen.de
www.icm-muenchen.de

Wichtige internationale Messen:

Februar: ispo, Sportartikel und Sportbekleidung; F.re.e Messe, Freizeit- und Reisemesse; inhorgenta europe, Fachmesse für Uhren und Schmuck; Garten München, Ausstellung für Gartenkultur
März: I.H.M. Handwerksmesse
Oktober: Mineralientage München; Kunstmesse München; Expo Real
November: Forum Vini, Weinmesse

Notruf

Polizei: 110
Notarzt, Feuerwehr: 112
Ärztlicher Bereitschaftsdienst: 116 117 (bei dringenden medizinischen Problemen in der Nacht, am Wochenende oder an Feiertagen)
Apothekennotdienst: www.arzt-muenchen.net
Pannenhilfe: ADAC Tel. 01802 22 22 22
Sperrung von Handys, Bank- und Kreditkarten: 116 116

Öffnungszeiten

Geschäfte: In der Innenstadt sind die Läden meist Mo–Fr 10–20, Sa 10–16, teilweise 18/20 Uhr geöffnet, außerhalb des Zentrums schließen viele Läden bereits um 18.30, manche auch um 18 Uhr. Die Versorgung außerhalb der Ladenöffnungszeiten ist in München recht schwierig, da es so gut wie keine Kioske gibt. Nur am Haupt- und Ostbahnhof sowie an Tankstellen kann man dann etwas kaufen.
Banken: Mo–Fr 9–13, 13.30/14–16, Do bis 18 Uhr. Nahezu alle Banken haben Geldautomaten, die rund um die Uhr zugänglich sind (s. auch Geld S. 63).

Post

Hauptpost: Bahnhofplatz 1, Tel. 01802 33 33, Mo–Fr 8–19, Sa 9–15 Uhr, So und Fei geschl.

Rauchen

Das Nichtrauchergesetz in Bayern ist strikt. Das Rauchverbot betrifft alle öffentlichen Innenräume, einschließlich Kneipen und Restaurants. Raucherecken wurden vor den Lokalen eingerichtet, was die Raucher auf die Straße treibt und die Anwohner häufig stört.

Reisen mit Handicap

Die Stadt bemüht sich seit vielen Jahren, behinderten Besuchern München so angenehm wie möglich zu gestalten. Einen Prospekt über **behindertengerechte Unterkünfte** kann man über das Fremdenverkehrsamt sowie an allen Infostellen beziehen (Tel. 089 23 39 65 00, www.muenchen.de/tourismus).

Eine **Beratungsstelle** bietet ferner der VdK Bayern (Schellingstr. 31, Tel. 089 211 70, www.vdk.de).

Sicherheit

München ist eine der sichersten Großstädte weltweit. Vorsicht sollte man dennoch rund um Haupt- und Ostbahnhof walten lassen sowie nachts im mäßig beleuchteten Englischen Garten.

Menschenansammlungen wie zum täglichen Glockenspiel am Neuen Rathaus oder auf dem Weihnachtsmarkt am Marienplatz, auf dem Tollwood-Festival und anderen Festivitäten verleiten Taschendiebe zum Zugriff.

Souvenirs

Klassische München-Souvenirs gibt es in den Läden rund um die Ledererund Orlandostraße: Bierseidel und -krüge, Seppelhüte aus Filz, Dirndl und Janker, FC-Bayern-Accessoires.

Telefonieren

Die Vorwahl von München lautet 089. Bei Anrufen aus dem Ausland entfällt nach der 0049 als Landesvorwahl für Deutschland die Null der Ortsvorwahl.

Vorwahl nach Österreich: 00 43
Vorwahl in die Schweiz: 00 41
Inlandsauskunft (für deutsche Teilnehmer): 118 33
Auslandsauskunft (für deutsche Teilnehmer): 118 34

Trinkgeld

Als Trinkgeld angemessen sind 5–10 % der Rechnungssumme.

Zeitungen und Zeitschriften

Münchens wichtigste Tageszeitung ist die auch überregional erscheinende renommierte **Süddeutsche Zeitung** mit täglichen Veranstaltungshinweisen. Die zweite große Tageszeitung ist der konservativ ausgerichtete **Münchner Merkur.** Ferner erscheinen die Boulevardblätter AZ, tz und die München-Ausgabe der Bild-Zeitung.

Über Events und Ausstellungen etc. informieren monatlich die Magazine »München-In« (gratis) sowie »Applaus«.

Im Stadt-Magazin »Prinz«, das es nur noch online gibt, werden Neuigkeiten über die Stadt, Nachtleben mit Bars und Clubs, Kultur, Restaurants, Shopping, Sport und Freizeit besprochen und Listen der Top-Locations erstellt (www.prinz.de/muenchen).

Regionale Nachrichten senden die Programme des Bayerischen Rundfunks sowie zahlreiche Privatsender.

Panorama – Daten, Essays, Hintergründe

Panoramablick auf die Stadt von der Aussichtsgalerie am Kirchturm von St. Peter

Steckbrief München

Daten und Fakten

Name: München
Fläche: 310,71 km², die größte Ost-West-Ausdehnung liegt bei 26,9 km, die größte Nord-Süd-Ausdehnung bei 20,7 km.
Einwohnerzahl: 1,5 Mio.
Bevölkerungsdichte: 4926 Einw./km²
Lage: 48° 09'N 11° 35' O
Stadtvorwahl: 089
Währung: Euro

Ortsname: Im 10./11. Jh. am Isarufer entstandene, von Mönchen bewirtschaftete Höfe werden nach ihren Bewohnern ›apud Munichen‹, ›bei den Mönchen‹ genannt.

Stadtwappen: Das Münchner Stadtwappen zeigt zentral einen Mönch in einer schwarzen Kutte mit goldenen Bordüren, dazu trägt er rote Schuhe. In der linken Hand hält er ein rotes Buch, das mal als Evangelium, mal als Stadtrecht gedeutet wird. Die rechte Hand ist zum Segen erhoben. Der Mönch als einzige, heraldische Figur geht auf eine Tradition aus dem beginnenden 14. Jh. zurück. Da der Mönch einen etwas kindlichen Gesichtsausdruck trägt und ohnehin einer Figur aus dem Bilderbuch ähnelt, nennen die Münchner ihn liebevoll ›Münchner Kindl‹.

Lage und Größe

München liegt in einer Ebene des oberbayerischen Alpenvorlandes, im Süden greifen einige Stadtviertel in die hügelige Moränenlandschaft hinein. Im Norden schließen sich Feuchtgebiete wie das Erdinger und Dachauer Moos an. Durch das Stadtgebiet fließt von Südwest nach Nordost die Isar, die bei Plattling in die Donau mündet.

Geschichte

Die Geschichte Münchens beginnt 1158, als die Stadt erstmals erwähnt wird. 100 Jahre später wird aus dem Marktflecken die Residenz eines bayerischen Teilherzogtums. Als sich die Teilherzogtümer zu Beginn des 16. Jh. zum Herzogtum Bayern vereinigen, steigt München zur Hauptstadt auf. Hof, Staatsverwaltung und Kirche, alle wollen sich gebührend in der Architektur repräsentiert sehen. München erlebt einen einzigartigen Bauboom, in dem sich der bayerische Barock als dominierender Stil entwickelt. Eine weitere städtebauliche Blütezeit bringt das 19. Jh. unter den Königen Ludwig I. und Max II. Die Monarchie endet 1918 mit der Ausrufung der Räterepublik, ein politisches Experiment, das nach wenigen Wochen brutal durch Reichswehr und Freikorps niedergeschlagen wird. Das gesellschaftliche Klima der Reaktion begünstigt Hitlers Aufstieg. Nach der Machtergreifung entsteht 1933 nahe München das Konzentrationslager Dachau. Nach dem Zweiten Weltkrieg entwickelt sich München zu einem wichtigen Wirtschaftsstandort und zur Hauptstadt der Filmindustrie. Die Olympischen Spiele 1972 enden tragisch mit der Geiselnahme israelischer Sportler durch palästinensische Terroristen, 2006 sorgt die Fußballweltmeisterschaft wochenlang für Partystimmung in der Stadt.

Stadtverwaltung und Politik

Das Stadtgebiet ist in 25 Bezirke unterteilt. Dem Münchner Stadtrat gehören 80 Mitglieder an, an der Spitze stehen der Oberbürgermeister (OB) sowie zwei weitere Bürgermeister. Der OB wird direkt, die beiden Bürgermeister werden vom Stadtrat gewählt. Ihre Amtszeit beträgt sechs Jahre. Da München Hauptstadt des Freistaates Bayern ist, tritt hier auch der Bayerische Landtag zusammen. In Bayern regiert seit Ende des Zweiten Weltkriegs fast ohne Unterbrechung die CSU, in München stellen seit Jahrzehnten die Sozialdemokraten den Oberbürgermeister.

Wirtschaft und Tourismus

München ist das Zentrum der deutschen High-Tech-Industrie und europaweit eine der führenden Regionen für Informations- und Kommunikationstechnologien mit Firmen wie z. B. Apple, Compaq, IBM, Siemens, Sun, Lotus, Intel, Microsoft. Ferner sind die Biowissenschaften bzw. Biotechnologie stark vertreten. Dem Ruf als Medienstadt wird München nach wie vor gerecht: Nach New York ist die Isarmetropole die bedeutendste Buchverlagsstadt der Welt. Ein gesuchter Standort ist München auch für Versicherungen, über 80 Gesellschaften sind hier ansässig, das sind 12 % aller deutschen Versicherungsunternehmen. Nach Frankfurt am Main ist München Deutschlands wichtigster Bankenstandort. Auch der Tourismus ist für Münchens Wirtschaft bedeutsam, die Besucherzahlen bewegen sich dank des Oktoberfestes zwischen 13 und 14 Mio. Ferner kommen im Jahr noch um die 50 Mio. Tagesausflügler in die Isarmetropole. Der Tourismus sichert über 70 000 Arbeitsplätze.

Verkehr

München verfügt über ein gut ausgebautes Netz öffentlicher Verkehrsmittel aus U-Bahn, Bussen und Straßenbahnen. Die S-Bahnen verbinden das Umland mit München; Wochenendausflüglern und Pendlern steht zudem eine große Auswahl an Regionalzügen zur Verfügung. Nichtsdestotrotz gibt es vor allem zu den Stoßzeiten morgens und am frühen Abend auf dem Mittleren Ring sowie auf vielen Zufahrtsstraßen zum Zentrum kaum noch ein Durchkommen. Parkplätze in der Innenstadt sind teuer – viele Münchner weichen den Gebühren aus, indem sie das Fahrrad oder die U-Bahn benutzen. Fahrräder sind in München seit einigen Jahren zu einem der wichtigsten Verkehrsmittel geworden, was von der Stadt mit dem Ausbau des Radlnetzes nachhaltig gefördert wird.

Bevölkerung und Religion

München, die drittgrößte Stadt Deutschlands, ist seit 1957 Millionenstadt und zählt heute rund 1,5 Mio. Einwohner, darunter ca. 393 000 Ausländer, vor allem Menschen aus dem ehemaligen Jugoslawien, Türken, Österreicher, Italiener und Griechen. Ein Charakteristikum der Bevölkerungsstruktur sind die zahlreichen Single-Haushalte, sie machen etwa 55 % aus. 33,1 % der Bevölkerung sind katholisch (2015), 11,9 % evangelisch, 0,3 % jüdisch, und 54,7 % gehören anderen Konfessionen an oder sind konfessionslos.

Geschichte im Überblick

Die Anfänge

10./11. Jh. Benediktinermönche aus den Klöstern Tegernsee und Schäftlarn gründen am Ufer der Isar ein paar Wirtschaftshöfe, die sich nach ihren Bewohnern Munichen, ›bei den Mönchen‹, nennen.

1158 Herzog Heinrich der Löwe lässt eine Brücke und den Markt Oberföhring zerstören. Er verlegt die lukrative Mautstelle nach Munichen und gerät so in Konflikt mit dem Freisinger Bischof Otto. Kaiser Friedrich I. Barbarossa greift ein: Unter der Bedingung, dass der Herzog ein Drittel der Zolleinnahmen an das Freisinger Bistum abführt, bestätigt er die Stadtgründung per Urkunde, Münchens offizielle Geburtsstunde.

1170 München erhält die erste Befestigungsanlage, die vier Stadtteile um den heutigen Marienplatz mit St. Peter als Pfarrkirche umschließt.

1180 Kaiser Friedrich I. Barbarossa belehnt Otto von Wittelsbach mit dem Herzogtum Bayern, nachdem er es Heinrich dem Löwen entzogen hatte, der ihm militärische Unterstützung versagt hatte.

1255 München wird unter Herzog Ludwig II. Residenz der Wittelsbacher. Im Zuge bedeutender Stadterweiterungen in den folgenden Jahren erhält München 1271 mit Liebfrauen eine zweite Pfarrkirche und wird Ende des 13. Jh. mit einer zweiten Mauer umgeben.

Hauptstadt München

1314 Herzog Ludwig IV., der Bayer, wird zum König gekrönt, 1328 zum Kaiser. Seine Residenz ist München, das damit zur Reichshauptstadt aufsteigt. Mitte des 14. Jh. zählt München über 10 000 Einwohner.

1397 Die wirtschaftlich stark gewordenen Zünfte opponieren in München gegen die starre Gesellschaftsordnung, die sie von allen politischen Prozessen ausschließt. Der Aufstand gegen die Patrizier und Adeligen zieht sich über sechs Jahre hin, in denen sich die Zünfte jedoch eine in Bayern einzigartige Beteiligung an der Stadtregierung erkämpfen.

1429 Einem Stadtbrand fallen drei Viertel der Bausubstanz zum Opfer.

1487 Herzog Albrecht IV., der Weise, erlässt das erste Reinheitsgebot für Münchner Bier, das seither nur aus Malz, Hopfen und Wasser gebraut werden darf.

1508 München wird Hauptstadt der vereinigten Länder Bayerns. Ein neues Erbrecht überträgt die Thronfolge jeweils nur auf den Erstgeborenen, eine Regelung, die die Einheit Bayerns garantieren soll.

1517 In München wütet die Pest, der etwa ein Viertel der damals 13 500 Einwohner zum Opfer fällt.

ab 1550 Herzog Albrecht V. legt große Kunstsammlungen an (Antiquarium, Münzkabinett, Kunstkammer, Bibliothek) und holt Orlando di Lasso, einen der bedeutendsten Musiker der Zeit, an den Hof.

ab 1579 Unter der Herrschaft Wilhelms V. verwandelt sich München in eine Bastion gegen die Reformation. Wortführer werden die Jesuiten.

1632 Im Dreißigjährigen Krieg besetzt Schwedenkönig Gustav Adolf die Stadt.

1634 Spanische Truppen fallen in München ein und bringen der Stadt die Pest. 7000 Menschen fallen der Epidemie zum Opfer.

1683 Kurfürst Max Emanuel beteiligt sich an der Befreiung Wiens von den Türken und erobert 1688 Belgrad. Bei seiner Rückkehr nach München bringt er Hunderte von türkischen Gefangenen mit, die als Arbeitskräfte in den Ausbau der Stadt eingespannt werden.

ab 1704 Im Spanischen Erbfolgekrieg besetzen habsburgische Truppen München sowie ganz Bayern. 1705 formiert sich offener Widerstand gegen die Fremdherrschaft, doch die Anführer der Bauernrebellion werden verraten und in der Weihnachtsnacht hingerichtet. Das Ende des Aufstands unter der Führung des Schmieds von Kochel geht als ›Sendlinger Mordweihnacht‹ in die Geschichte ein.

1714 Der Frieden von Rastatt ermöglicht Max Emanuel die Rückkehr nach München. Durch gezielte Heiratspolitik zwischen den Wittelsbachern und den Habsburgern entspannt sich das Verhältnis der beiden Häuser.

1742 Kurfürst Karl Albrecht lässt sich in Frankfurt zum Römischen Kaiser und Deutschen König krönen. Der unmissverständliche Machtanspruch provoziert erneut eine Okkupation Münchens durch die Habsburger.

ab 1745 Während der Herrschaft des Kurfürsten Maximilian III. Joseph treten unter dem Eindruck der Aufklärung Reformen in Kraft, u. a. ein humaneres Strafrecht sowie allgemeine Schulpflicht.

1759 Kurfürst Maximilian III. Joseph gründet die Bayerische Akademie der Wissenschaften.

1777 Mit dem Tod des Kurfürsten Maximilian III. Joseph endet die bayeri-

Herrenchiemsee, das Schloss Ludwigs II., sollte alles in den Schatten stellen

sche Wittelsbacher-Dynastie. 1778 wird Karl Theodor, ein Wittelsbacher aus der Pfälzer Linie, Kurfürst.

1800 Französische Truppen besetzen München und halten die Stadt knapp zwölf Monate unter Kontrolle. Erstmals dürfen sich nun auch Protestanten in Bayern niederlassen.

1802/03 Im Zuge der Säkularisation werden zahlreiche Klöster aufgelöst und ihr Besitz verstaatlicht.

1805 Napoleon zieht am 24. Oktober als gefeierter Verbündeter Bayerns in die Hauptstadt ein.

Das Königreich Bayern

1806 Napoleon erhebt Bayern zum Königreich; Maximilian I. Joseph (seit 1799 Max IV. Joseph) besteigt als erster bayerischer König den Thron. Sein Reich erstreckt sich im Süden bis Tirol und Vorarlberg, im Norden reichen die Grenzen bis nach Franken. Die Einwohnerzahl überschreitet die 50 000er-Marke. Nach Schleifung der Befestigungsanlage (1795) entstehen neue Stadtviertel rund um den Siedlungskern.

1808 Gründung der Akademie der Künste, die die Entwicklung der deutschen Malerei im 19. Jh. wesentlich mitbestimmt.

1810 Als Kronprinz Ludwig die sächsische Prinzessin Therese am 12. Oktober heiratet, wird auf der ›Wiesn‹ ein Pferderennen vor 30 000 Menschen veranstaltet.

1815 Bayern tritt dem Deutschen Bund bei.

1818 Bayern erhält eine Verfassung, deren Inkrafttreten jedoch am Veto des Kronprinzen Ludwig scheitert.

1821 München wird Sitz eines Erzbistums.

ab 1825 Unter König Ludwig I. erlebt München einen einzigartigen Bauboom.

1826 Gründung der Münchner Universität.

1848 König Ludwig I. muss nach der bürgerlichen Revolution abdanken. Zu seinem Sturz trägt auch seine Affäre mit der Tänzerin Lola Montez bei. Ludwigs Sohn Maximilian II. tritt die Nachfolge an. Die Einwohnerzahl nähert sich der 100 000er-Marke.

1864 Ludwig II. besteigt den Thron.

1886 Am 13. Juni ertrinkt Ludwig II. unter mysteriösen Umständen im Starnberger See. Anstelle seines geisteskranken Bruders Otto übernimmt sein Onkel, Prinzregent Luitpold, die Regierung.

1900 Die Industrialisierung in der zweiten Hälfte des 19. Jh. löst einen massiven Zuzug in die Städte aus. Mit 499 982 Einwohnern ist München nach Berlin und Hamburg die größte Stadt in Deutschland.

1912 Prinzregent Luitpold stirbt im Alter von 91 Jahren.

1913 Ludwig III. besteigt – fast 70-jährig – den bayerischen Thron. Jedes zehnte auf der Welt getrunkene Glas Bier stammt aus Bayern.

1914 Eintritt in den Ersten Weltkrieg, die Münchner jubeln vor der Feldherrnhalle.

1918 Kriegsende: 12 943 Soldaten aus München sind gefallen. In München gründet sich die antisemitische und völkisch-okkulte Thule-Gesellschaft, zu der spätere nationalsozialistische Prominenz gehört.

Revolutionäre Unruhen

7.11.1918 Der Führer der bayerischen Unabhängigen Sozialdemokraten, Kurt Eisner, ruft zur Bildung einer Republik auf. Als erstem deutschen Land gelingt Bayern die Revolution und der Sturz der Monarchie. König Ludwig III. flieht nach Salzburg. Am 8. November erklärt Kurt Eisner Bayern zum Freistaat.

21.2.1919 Kurt Eisner wird von Graf Arco-Valley erschossen. Wenige Stunden später dringt der Metzger Alois Lindner vom Revolutionären Arbeiterrat in den Landtag ein und erschießt Innenminister Erhard Auer, um das Attentat auf Eisner zu rächen.

7.4.1919 Die Schriftsteller Erich Mühsam, Ernst Toller und Gustav Landauer rufen die »Baierische Räterepublik« aus. Eine Woche später wird sie niedergeschlagen. Die Kommunisten rufen die zweite Räterepublik aus, die Anfang Mai 1919 äußerst blutig endet.

1921 Der strikt antisozialistische Rechtskurs der Bayerischen Regierung lockt völkisch-antisemitische und nationalistische Gruppierungen in die ›Ordnungszelle Bayern‹. Adolf Hitler wird Vorsitzender der NSDAP.

1923 Am 8. November ruft Hitler im Bürgerbräukeller die ›Nationale Revolution‹ aus, einen Tag später wird der Marsch der Putschisten auf die Feldherrnhalle von der Polizei mit Waffengewalt gestoppt. Hitler wird verhaftet und zu kurzer Haft verurteilt. Die NSDAP wird verboten.

1925 Eröffnung des Deutschen Museums.

1931 Der ›Königliche Glaspalast‹ wird ein Raub der Flammen. Mit dem Gebäude verbrennen 3000 Bilder und Skulpturen.

›Hauptstadt der Bewegung‹

1932 Bei den Landtagswahlen erreicht die NSDAP 32,5 %. Die Arbeitslosigkeit in Bayern ist mit 544 000 Erwerbslosen auf einem Höchststand.

1933 Bei den Reichstagswahlen kommt die NSDAP auf 43,1 %. Alle Länderparlamente werden aufgelöst – damit ist die ›Machtergreifung‹ abgeschlossen. Zwei Wochen nach den Wahlen wird in Dachau das erste Konzentrationslager eingerichtet.

1940 München ist im Zweiten Weltkrieg Ziel von Luftangriffen der Alliierten, die erste Bombe schlägt im Englischen Garten ein.

1943 Die Mitglieder der Widerstandsgruppe Weiße Rose werden verhaftet und hingerichtet.

1945 Am 30. April rückt die 7. US-Armee in München ein: Ende des Krieges.

Hauptstadt der Bayern

1957 Münchens Einwohnerzahl überschreitet die Millionengrenze. Am Stadtrand entstehen Satellitenstädte wie Neuperlach.

1972	Während der XX. Olympischen Sommerspiele in München dringen arabische Terroristen in die Unterkunft der israelischen Mannschaft ein und nehmen mehrere Geiseln. Das Attentat fordert 15 Opfer.
1980	Ein Mitglied der rechtsextremen Wehrsportgruppe Hoffmann verübt am 26. September einen Bombenanschlag auf dem Oktoberfest, bei dem 13 Menschen getötet und mehr als 200 schwer verletzt werden.
1988	Staatstrauer in München um den bayerischen Ministerpräsidenten Franz Josef Strauß. Max Streibl wird sein Nachfolger.
1992	Der Flughafen Franz Josef Strauß wird im Erdinger Moos eröffnet; Kosten: 8,5 Mrd. DM.
2002	Eröffnung der Pinakothek der Moderne, Münchens dritter Pinakothek.
2004	Ein Bürgerentscheid legt fest, dass im gesamten Stadtgebiet kein Haus mehr höher als die 99 m hohen Türme der Frauenkirche werden darf.
2006	Die Architekten Herzog & de Meuron errichten für die Fußballweltmeisterschaft die Allianz Arena, wo das Turnier eröffnet wird.
2008	München feiert den 850. Stadtgeburtstag.
2009	Eröffnung des Museums Brandhorst in einem Bau von Louisa Hutton und Matthias Sauerbruch.
2010	Das Oktoberfest feiert sein 200-jähriges Bestehen. Der 2. Ökumenische Kirchentag findet in München statt.
2011	München scheitert mit seiner Bewerbung um die Olympischen Winterspiele 2018.
2013	Die Bürger votieren per Bürgerentscheid gegen Münchens Bewerbung um die Olympischen Spiele 2022. Für Schlagzeilen sorgen beim Kunstsammler Cornelius Gurlitt entdeckte Kunstwerke, u. a. Raubkunst und von den Nationalsozialisten als ›entartet‹ beschlagnahmte Werke.
2014	Dieter Reiter (SPD) wird von den Münchnern zum Oberbürgermeister und damit zum Nachfolger von Christian Ude gewählt.
2016	Am Olympia-Einkaufszentrum tötet ein Amokläufer neun Passanten und sich selbst, was die Diskussion um die öffentliche Sicherheit weiter anfacht.

Die Isar – Freuden am Fluss

Über 14 km hinweg erstreckt sich die Liaison München-Isar. Eine sehr diskrete Verbindung. Die Isar ist kein Fluss, der sich ins Rampenlicht rückt. Nicht zu vergleichen mit der Elbe oder dem Rhein. Oder mit der Donau, in die die Isar mündet, um gemeinsam mit ihr ins Schwarze Meer zu fließen. Man kann Stunden durch München streifen, ohne der Isar ein einziges Mal zu begegnen. Der Fluss führt ein Eigenleben, das es in sich hat und die Münchner zu Tausenden anlockt.

Stadt und Natur am Fluss

Dennoch prägt der Fluss die Stadt. Er bündelt das Lebensgefühl in München und rhythmisiert den Gang aller Dinge. Die Stadt hält sich in respektvollem Abstand von der Isar, bedrängt sie weder mit Bauten noch mit Schnellstraßen, lässt dem Fluss am rechten Ufer sogar einen beachtlichen Streifen Aulandschaft – mitunter könnte man meinen, es mit einer unberührten Flusslandschaft zu tun zu haben. An der Großhesseloher Brücke beispielsweise ragen aus dem seichten Wasser kleine Inseln, Kiesbänke wechseln mit sandigen Ausbuchtungen ab und hinter dem Saum aus Kieselgeröll wachsen Feldblumen und Gräser. Vor ein paar Jahren hatten der Freistaat Bayern und die Stadt München das ehrgeizige Projekt der Renaturierung in Angriff genommen, für das 27 Mio. € zur Verfügung standen. Ziel war es, wieder das natürliche Flussbett herzustellen und der Isar ihre Freiheit zurück zu geben. Die neu gestaltete Flusslandschaft sorgte sogar für internationales Aufsehen. »Isar goes Hollywood«, lautet das Motto, unter dem Experten aus München in Los Angeles zeigten, wie man den Los Angeles River aus seiner Betonwanne befreien kann.

Am Isarufer in Thalkirchen – hier trifft man sich zum Füßekühlen, Sonnenbaden, Picknicken, Grillen …

Unser Tipp

Floßfahrt auf der Isar
Immer empfehlenswert ist eine Floßfahrt auf der Isar: Über 30 km legt das aus groben Holzstämmen zusammengebundene 20-Tonnen-Floß auf seiner Fahrt von Wolfratshausen nach Thalkirchen zurück – eine feucht-fröhliche Wasserpartie, die begleitet wird von einer zweiköpfigen Floßbesatzung (Buchung über IPS München, Gautingerstr. 49, 82061 Neuried, Tel. 089 871 23 99, www.ipsmuenchen.de).

Flussbilder

Der beliebteste Platz an der Isar ist der Flaucher in der Nähe des Tierparks, eine Auenlandschaft, in der sich die Isar in zahlreiche Nebenärmchen verzweigt und wo sich hier und dort Wasserbecken zwischen Kiesinseln bilden. Im Sommer, wenn ganz München hierher zum Grillen ausrückt, steigen über der Gegend würstchenduftgeschwängerte Rauchwolken auf, weithin sicht- und riechbar.

An der Maximiliansbrücke bringt sich die Isar hingegen in Erinnerung als das, was sie einmal war: ein kraftstrotzender Gebirgsfluss, der noch den Römern Angst und Schrecken einjagte. Und wenn die Isar mit einigem Getöse hinter der Praterinsel über mehrere Stufen ein paar Meter in die Tiefe fällt, dann kann man sich das ursprüngliche Wildwasser schon vorstellen. Der Name Isar leitet sich denn auch von dem keltischen Begriff für ›reißend‹ ab. Aber wenig später an der Tivolibrücke kommt sie ja schon wieder zur Ruhe. Hier mag sie dem Dichter Eugen Roth die Verse eingeflößt haben: »Drunten über weißen

Es muss nicht immer Isar sein

Die schönsten Badestellen in München – und sei es nur für ein Fußbad:

Eisbach – Münchens Surfer brachten es sogar in alle internationalen Gazetten. Mit 21 m^3 pro Sekunde führt der kleine Eisbach mehr Wasser als die Isar am Flaucher bei Niedrigstand. An der Prinzregentenstraße fließen Fabrikbach und Stadtsägmühlbach zusammen und treten als Eisbach an die Oberfläche. Eine Steinstufe erzeugt dort eine etwa halbmeterhohe Welle – Stadtsurfer nutzen sie als Übungsterrain, Schwimmer lassen sich im Eisbach durch den Englischen Garten treiben. Höchste Vorsicht ist dabei geboten!

Glockenbach – Er gibt zwar einem ganzen Viertel den Namen, zeigt sich aber nur 500 m an der Oberfläche. Ein kleines Innenstadtbiotop an der Pestalozzistraße.

Oberst-Jägermeisterbach im Englischen Garten – Ein durch nichts aus der Ruhe zu bringender Flusslauf, an dem auch im Hochsommer im Englischen Garten eine frische Brise herrscht. An Wochenenden muss man früh sein Handtuch auslegen. Wer will, kann sich im Bach auch kurz abkühlen.

Kieseln, silbern Wasseradern rieseln, grün an Quadern hingestaut.« Bei ihrem Lauf durch München umschließt die Isar zwei Inseln. Die erste nimmt in nahezu voller Ausdehnung das Deutsche Museum ein und auf der Praterinsel hat das Alpine Museum seinen Sitz, neben einigen Künstlerateliers.

Wozu ans Meer?

Das Bad in der Isar ist in der Regel wieder ein unbeschwerter Genuss. Das bayerische Umweltministerium hat mehrere UV-Bestrahlungsanlagen in Betrieb genommen, die die Keime der eingeleiteten Abwässer reduzieren und die Wasserqualität verbessern. »Baden in einem Fluss mitten in einer Millionenstadt«, verspricht München denn auch auf Werbeanzeigen und im Internet. Meiden sollte man die Gewässer allein nach starken Regenfällen. Zu den beliebtesten Badeplätzen zählen der Flaucher und die zahlreichen Kiesinseln an der Wittelsbacher Brücke beim Müllerschen Volksbad. Wozu braucht man hier noch das Meer? Die Münchner kommen an die Ufer der Isar zum Joggen, zum Radeln, zum Spazierengehen, oder sie liegen – bei niedrigem Wasserstand – auf dem weißen Kies des Flussbettes in der Sonne. *Panta rhei* ... Münchens Stadtstrände werden im Sommer natürlich auch bevorzugt an der Isar eingerichtet – die Orte wechseln und erobern inzwischen sogar den Stadtraum.

Surfer im Stau am Eisbach: Gefordert sind Mut zum Risiko – und Geduld

Unberechenbar – der Föhn

Wie der Nebel zu London oder der Nieselregen zu Hamburg, so gehört der Föhn zu München. Jedoch ist der Föhn im Gegensatz zu andernorts vorkommenden meteorologischen Besonderheiten ein weitaus schwieriger zu fassendes Phänomen. Der Begriff leitet sich von lateinisch ›favonius‹ ab, was so viel wie ›lauer Westwind‹ bedeutet, und der ist in vielen gebirgsnahen Regionen rund um den Globus anzutreffen.

In München kommt der Föhn über die Alpen, die bekanntlich im Süden liegen. Im Alpenvorland bildet sich Föhn, wenn Luftströmungen an der Südseite der Alpen Feuchtigkeit abgeben und sich – nachdem sie den Gebirgskamm passiert haben – beim Absteigen stärker erwärmen, als sie sich beim Aufstieg abgekühlt haben. Das spürbare Ergebnis ist ein Temperaturanstieg bei zugleich stark verminderter Luftfeuchtigkeit. Erstmals in Friedrich Schillers

Wetterlage mit großer Wirkung: Bei Föhn erscheinen die Alpen zum Greifen nah

»Wilhelm Tell« in der Weltliteratur erwähnt, 2008 vom Sprachartisten Willy Astor in »München ist föhn ...« als Lebensgefühl besungen, werden der Fallwind und seine Auswirkungen auf den menschlichen Organismus inzwischen wissenschaftlich untersucht.

Geheimnisvoller Wind

Mit Ausnahme der vor allem im Herbst auftretenden Föhnstürme ist der Föhn als Wind kaum zu bemerken, was sein meist plötzliches Auftreten umso geheimnisvoller und unergründlicher macht. Genauso rätselhaft ist die Frage, wie oft er auftritt – im Grunde ist er ja fast immer präsent. Die Wissenschaft unterscheidet bei den Wetterfühligen dennoch unter ›Vorföhnern‹, ›Hauptföhnern‹ und ›Nachföhnern‹ – scheinbar kann sich fast niemand dem Phänomen entziehen. Unzählig sind die ihm zugeschriebenen Wirkungen, im guten wie im schlechten Sinne. Zu den negativen Seiten gehören Schlaflosigkeit, Kopfschmerzen, Kreislaufprobleme und Reizbarkeit. Es ist statistisch erwiesen, dass Selbstmorde, Gewaltverbrechen und Verkehrsunfälle unter Föhneinfluss zunehmen.

Wetterumschwung

Die positiven Seiten eines Föhntags bestehen in seiner Fähigkeit, einen grauen Himmel aufzureißen und ihn in den bayerischen Landesfarben weißblau einzufärben. Die 90 km entfernt liegenden Berge als Verursacher des ganzen Spektakels rücken bedenklich nahe an die Stadt heran. Außerdem: Bei sinkender Luftfeuchtigkeit steigt angeblich der Durst. Waghalsige Interpreten versuchten daher bereits, die große Anzahl an Biergärten in München mit dem Phänomen Föhn zu erklären. Sicher ist, dass die plötzliche Wetterbesserung mit einem Temperaturanstieg bis auf 25 °C zu einem erhöhten Lebensgenuss führt, was den Münchnern sehr entgegenkommt. Sofort sitzen die Menschen im Freien, und sei es Mitte November. Andere Charakteristika der Münchner, etwa die notorische Langsamkeit ihrer Fortbewegung zu Fuß, die sich – sobald sie in einem Auto sitzen – in ein drängendes Vorwärtskommenwollen verwandelt, sind dagegen nicht nur bei Föhn zu beobachten.

Der Münchner Föhn

Obgleich der Föhn im Alpenvorland und in anderen Regionen der Erde weitaus stärker zu spüren ist, so sind es doch die Münchner, die ›ihren‹ Föhn zum einzig Wahren erklärt haben. Ihr Glaube an die umfassende Wirkungsmächtigkeit der Natur selbst in der Großstadt verortet die Münchner, die den Gefahren anderer Großstädte kaum ausgesetzt sind, in ihrem bäuerlichen Umland. An Föhntagen scheint München ein Millionendorf am Fuße der Alpen. Die Fernsicht ist phänomenal und sollte von einem erhöhten Aussichtspunkt wie dem Turm von St. Peter, dem Rathausturm oder dem Olympiaturm aus genossen werden.

An der Fähigkeit, den Föhn vorherzusagen und zu bestimmen, werden die Münchner und die ›Zugereisten‹ unterschieden. Als Tagesgespräch, als Entschuldigung für schlechte Laune und Fehlentscheidungen, aber auch als Ausrede für einen Ausflug in den Biergarten – der Föhn muss für Vieles herhalten. Letztlich ergründen kann man ihn nicht.

Bei Gott, so nah! – der bayerische Katholizismus

Das volkskirchliche Modell, ganz selbstverständlich in die Glaubensgemeinschaft hineinzuwachsen, hat heutzutage natürlich nicht mehr die bindende Kraft. Dennoch spielt der sonntägliche Kirchenbesuch vor allem in ländlichen Gebieten bis heute eine große Rolle. Nirgendwo sonst wird der Glaube so heiß empfunden wie im Süden der Republik.

Glaube und Gewissheit

Der Süden Deutschlands ist eine Gegend, in der manche Dinge immerwährend gleich bleiben, auch wenn sich die ganze Welt dramatisch verändert. Immer gnädig blickt beispielsweise die machtvolle Jungfrau aus ihrem Strahlenkranz auf die Gläubigen herab. Und der Glaube an Jesus Christus ist in Bayern nicht für die Theologen da, die ihn analysieren und immer neu untersuchen, sondern für das Kirchenvolk, das Hilfe, Trost und Leitung im Leben sucht. Der bayerische Katholizismus zweifelt und fragt auch nicht so viel, er spendet vielmehr Sicherheit und pocht auf die Bewahrung der Werte des traditionellen christlichen Lebens.

Bei den Fronleichnamsprozessionen in München fühlt man sich geradezu in die Prinzregentenzeiten zurückversetzt: Klerikale und politische Prominenz schart sich um den tragbaren Baldachin, unter dem der Kardinal die Monstranz durch die Straßen trägt. Das Kirchenvolk säumt den Zug in freudig-festlicher Stimmung. Kaum zu glauben, dass trotz dieser gelebten Religiosität eine anhaltende Erosion der Gemeinden zu beklagen ist. Während die katholische Kirche immer mehr Mitglieder verliert, verzeichnen konfessionell gebundene Schulen einen enormen Zulauf.

Bavaria Sancta – heiliges Bayern

Terra benedictina, benediktinisches Land, nennt sich Bayern wegen des führenden Einflusses des Benediktinerordens. Dem Orden verdankt der Freistaat Kultur und die »Sphäre des Südens«, wie der Historiker Benno Hubensteiner schreibt, eine Sphäre, die »erwärmend, beruhigend, lösend« wirkt. Auch München ist so eine beruhigende, erwärmende Gründung der Benediktinermönche und hat sich deshalb aus Dankbarkeit den Mönch ins Stadtwappen gestellt. Dieser Schatz an Atmosphäre wurde bestens gehütet und gegen Widersacher viele Jahrhunderte hinweg entschlossen verteidigt. So durften sich Protestanten in München erst niederlassen, nachdem die Soldaten der Grande Armée Napoleons das Regiment in der Stadt im Jahre 1800 übernommen hatten.

Glaube in schwierigen Zeiten: der bayerische Katholizismus

Per Du mit dem Herrn

Man ist in München dem Überirdischen recht zugeneigt und bespricht sich nicht selten mit dem Schöpfer beim Durchwursteln in irdischen Angelegenheiten. Glaube hat in dieser Weltgegend eine äußerst bodenständige Dimension, man ist per Du mit dem Herrn und alles Metaphysische und Transzendente bekommt Form, am liebsten eine barocke. Der Glaube hierzulande ist skeptisch gegenüber allen weltlichen Heilsversprechen, gegenüber der Ökonomisierung aller menschlichen Bereiche – selbst postmoderne Katholiken halten fest am verkaufsfreien Sonntag. Eine knarzige, streitfreudige, erfrischende Unmodernität, die der Welt manchmal recht guttut.

Das Kreuz mit dem Kruzifix

Wie viel religiöse Energie in Bayern steckt, sieht man an den vielen Kruzifixen, die gleich Segensspendern und Wegbereitern an vielen Straßen, Häuserwänden und an lauschigen Plätzchen überall in Bayern zu finden sind. 1995 kam es zu einer Kruzifixdebatte, die bis vor das Bundesverfassungsgericht reichte. Thema der aufgebrachten Diskussion war das Kreuz im Klassenzimmer, das die bayerische Schulordnung vorschreibt. In Karlsruhe entschieden die Richter aber, dass es keine Kruzifix-Verpflichtung zu geben habe. Das Kruzifix hängt weiterhin in nahezu jedem Klassenzimmer.

Doch auch in der säkularen Gesellschaft steht außer Frage, dass das Kulturgut christlich-kirchlicher Provenienz wesentlich zu einer bayerischen Identität beisteuert. Zahlreiche Interessenverbände wünschen und fordern daher, dass sie sich zusammen mit der Kirche den Herausforderungen der Zukunft stellen und gemeinsam Strategien entwickeln, wie die vielen globalen Krisen zu überwinden und die eigenen Werte zu bewahren sind.

»Ich, ich der König, bin die Kunst von München« – König Ludwig I.

Der bayerische König Ludwig I. (1786–1868) ging gleichermaßen als Kunst- wie als Frauenliebhaber in die Geschichte ein. Legendär sind seine amourösen Abenteuer und sein Interesse an der holden Weiblichkeit, für das die bei dem Maler Joseph Stieler in Auftrag gegebene Galerie Münchner Schönheiten in Schloss Nymphenburg das beste Zeugnis ablegt. Ähnlich begeisterungsfähig, aber auch wankelmütig zeigte sich Ludwig I. gegenüber den schönen Künsten.

Ludwigs ambitioniertes Kunstprogramm

Früh formulierte Ludwig sein Ziel, München zu einer Kunststadt auszubauen: »Ich will aus München eine Stadt machen, die Teutschland so zur Ehre gereichen soll, dass keiner Teutschland kennt, wenn er nicht München gesehen hat.« Ludwig I. wurde zum bauwütigsten aller Wittelsbacher Regenten. Sein Bauprogramm verschlang fast 10 % aller bayerischen Staatseinnahmen. Er schreckte selbst vor dem Missbrauch anderweitig bestimmter Staatsgelder nicht zurück, wenn es darum ging, seine Kunstschätze zu mehren und seinen Sammlungen ein repräsentatives Zuhause zu schaffen. München, das zuvor kaum über Bauten monumentalen Ausmaßes verfügte, erhielt unter der Herrschaft Ludwigs I. (1825–48) ein großstädtisches Gesicht. Hinter dieser Fassade ging es indes häufig noch dörflich zu.

Ein König auf Bildungsreise

Als Kronprinz war Ludwig, wie viele seiner Zeitgenossen, zu einer Bildungsreise aufgebrochen, die ihn an die Schauplätze der griechischen und römischen Antike führte. In Rom gefiel er sich in romantischer Pose im Kreise dort tätiger Künstler, die er als Mäzen unterstützte. Bald entwickelte Ludwig jedoch ein ambitioniertes kulturpolitisches Programm für seine Residenzstadt. München sollte sich mit den Metropolen der Großmächte Österreich und Preußen messen lassen können. Das noch junge Königtum Bayern (seit 1806) sollte auf kulturellem Gebiet die Vorrangstellung erlangen, die ihm politisch versagt war. Ludwig wurde zum Auftraggeber städtebaulicher Großprojekte. In dem nahezu gleichaltrigen Leo von Klenze (1784–1864) fand Ludwig früh einen Architekten, der zum »Fürstendiener« bereit war. Von 1816, beginnend mit dem Bau der Glyptothek, bis 1827 erhielt Klenze fast alle Bauaufträge Ludwigs. Die städtebauliche Neugestaltung betraf vor allem die Maxvorstadt mit der Platzfolge von Odeons-, Karolinen- und Königsplatz und die prachtvolle Ludwigstraße. Daneben stand die Vollendung der Residenz im Mittelpunkt. Ab 1825 schuf Klenze mit der Alten Pinakothek einen frühen Höhepunkt der Museumsarchitektur. Die meisten der von Klenze gestalteten Innenräume (Glyptothek, Alte Pinakothek) sind nach den Zerstörungen des Zweiten Weltkriegs nur mehr vereinfacht aufgebaut worden. Im öffentlichen Raum ließen dagegen viele der antikisierenden oder von der Renaissance beeinflussten Gebäude München zu einer Stadt werden, die vielerorts an anderswo erinnert.

Eine lesenswerte Biografie
Zwischen Herrscherpflichten und persönlicher Freiheit zerrissen und somit als Romantiker zeichnet Golo Mann den König in seiner Biografie »Ludwig I. von Bayern« (Fischer Taschenbuch, 2006).

Isar-Athen

Seit Ludwig I. und Klenze spricht man von München als ›Isar-Athen‹. Der Klassizismus als Rückbezug auf die antike Bautradition verbriefte in Bayern wie andernorts die Ewigkeit nationaler Größe und die Dauerhaftigkeit der Monarchie. Klenze verdankte seiner Anpassungsfähigkeit an die Vorstellungen des Königs eine rasante Karriere. Er bekleidete nicht nur die höchsten Bauämter Bayerns, er wurde aufgrund seiner Verdienste 1833 geadelt und zum Kammerherrn des Königs ernannt.

Erst in seinen Erinnerungen rechnete Klenze mit seinem langjährigen Auftraggeber ab. In dem Empfinden, Ludwig I. habe ihn »stets unterdrückt und in die falsche Bahn gezwungen«, schwingt die Enttäuschung Klenzes über sein nicht erreichtes Ideal einer Wiedergeburt der griechischen Architektur der Antike mit.

Seine Abhängigkeit verglich Klenze gerne mit der einer königlichen Mätresse. Eine Mätresse war es schließlich, die Ludwig I. zur Abdankung zwang. Die Tänzerin Lola Montez verdrehte dem alternden König dermaßen den Kopf, dass er für sie seine Krone aufs Spiel setzte und letztlich verlor. Anders als in der Kunst behielt Ludwig in der Liebe nicht die Oberhand. Er musste 1848 abdanken.

Isar-Athen am Königsplatz

Ludwig II. und seine virtuellen Welten

Auf Bayerisch heißt König ›Kini‹, doch das Wort bezeichnet im Grunde nur einen Herrscher: Ludwig II. Dem Märchenkönig bewahren nahezu 50 Vereine, organisiert im eingetragenen »Verband der Königstreuen in Bayern«, ein Andenken und in vielen Wirtsstuben hängt sein Bild. Nicht zuletzt ist sein Konterfei auf Biergläsern, Medaillons, T-Shirts, Telefonkarten und etlichen Souvenirs verewigt.

Zu Lebzeiten war Ludwig II. dagegen bei seinen Untertanen wenig beliebt. 1845 in Schloss Nymphenburg geboren, wurde Ludwig 1864 nach dem plötzlichen Tod seines Vaters mit gerade 18 Jahren König der Bayern. Groß gewachsen, mit 1,91 m für die damalige Zeit ein Riese, mit ebenmäßigen Gesichtszügen und dunklen Locken, flogen ihm zunächst die Herzen zu. Doch Ludwig zeigte sich bald von den an ihn gestellten Ansprüchen überfordert. München konnte er wenig abgewinnen. Nur zwei Jahre verbrachte Ludwig in der Residenz. Sein zunehmender Rückzug von den Regierungsgeschäften ging einher mit einer Flucht in Traumwelten. Er nahm große Bauvorhaben in Angriff, um seinen Träumen Raum zu schaffen.

Große Bauvorhaben

Von den drei begonnenen Königsschlössern wurde nur das kleinste, das Neorokokoschloss Linderhof, zu Ludwigs Lebzeiten fertiggestellt und von ihm bewohnt. Mit Schloss Herrenchiemsee wollte er Versailles übertrumpfen, doch der größte Teil blieb Rohbau und Ludwig verbrachte nicht mehr als zehn Tage dort. Eine eigenständige Schöpfung des Königs ist Neuschwanstein, das deutsche Märchenschloss schlechthin. Erhaben auf einem Bergrücken thronend, erbaut aus Träumen vom Rittertum, ist hier ein idealisiertes Mittelalter verewigt. Die farbenfrohen Nachahmungen seiner Burg in Walt Disneys Themenparks hätte Ludwig indes wenig goutiert. Am liebsten hätte er »seine Bauten, seine Hauptlebensfreude« nach seinem Tod zerstört gesehen. Getreu seinem Motto »Ein König muss niemals etwas« zog sich Ludwig zunehmend aus der Öffentlichkeit zurück. Die Preußen spöttelten über die Bayern: »Euer Herrscher wird vermisst und ist verschwunden, in diversen Schlössern hat man ihn gesucht und nicht gefunden!«. Die Verlobung mit Sophie von Bayern, einer Schwester der österreichischen Kaiserin Sisi, hatte Ludwig 1867 nach zehn Monaten gelöst. Er blieb unverheiratet. Seine selbst gewählte Einsamkeit wurde nur von Schauspielern und Musikern unterbrochen, die seine Illusionen leibhaftig werden ließen.

Ein mysteriöses Ende

Der Musenfreund auf dem Thron opferte für seinen Lebenstraum sogar die Souveränität Bayerns. Bismarck brachte Ludwig II. mit dem berühmten Kaiserbrief dazu, dass Bayern dem Deutschen Reich beitrat. Die Gegenleistung von 750 000 Goldmark benötigte Ludwig dringend für den Bau seiner Schlösser. Doch das Geld aus Preußen sollte ihn nicht glücklich machen. Über Ludwigs Ende gibt es viele Versionen. Fest steht, dass er am 12.6.1886 auf Schloss Neuschwanstein mit der Begründung festgenommen wurde, er sei wie sein Bruder Otto irrsinnig geworden. Entmündigt und unter Hausarrest gestellt, ertrank Ludwig am Tag darauf zusammen mit seinem Leibarzt Gudden unter noch immer ungeklärten Umständen im Starnberger See.

Bereits die Aufbahrung der einbalsamierten Leiche des Königs erregte großes Interesse der Bevölkerung. Die Beerdigung fand mit allem Pomp statt – ein König der Herzen war geboren. Ludwigs Wahlspruch »Ein Rätsel will ich bleiben, mir und den anderen«, wurde zum zugkräftigen Slogan für den Bayerischen Tourismus umgedeutet. Nur sechs Wochen nach seinem Tod öffnete die bayerische Regierung Ludwigs Schlösser der Öffentlichkeit. Seither besichtigen jährlich Millionen von Menschen Neuschwanstein, Linderhof und Herrenchiemsee. Dass die von den Bayern so wenig geliebten Preußen dem Monarchen einst die Märchenschlösser finanziert haben, das ist eine andere Geschichte.

München, ›Hauptstadt der Bewegung‹

Adolf Hitler hält am 8. November 1937 eine Rede in einem Münchner Brauhaus

Den Titel ›Hauptstadt der Bewegung‹ vergab Hitler 1935 an München, das zu den sogenannten fünf ›Führerstädten‹ zählte und zur Idealstadt des Nationalsozialismus umgestaltet werden sollte. Am Königsplatz, in der Nachbarschaft der NSDAP-Parteizentrale, dem ›Braunen Haus‹, entstand ein gigantomanisches Parteiviertel.

Die Anfänge

Zur ›Hauptstadt der Bewegung‹ wurde München erklärt, weil die Isarmetropole die Entwicklung der NSDAP begünstigt hatte. Hier waren entscheidende Weichen gestellt worden. Ferner war die Atmosphäre der Bierkeller ein guter Nährboden für die Hetztiraden des erfolglosen Malers Adolf Hitler, der am Prinzregentenplatz seine Privatwohnung hatte. Als er 1913 in der Stadt ankam, war Hitler ein Niemand – mittellos, kontaktlos, einflusslos, perspektivlos. Doch anders als in Wien blieb er in München nicht lange ein Außenseiter. Seine Karriere begann im September 1919 mit dem Eintritt in die Deutsche Arbeiterpartei, eine völlig unbedeutende Gruppierung in einem breiten völkisch-nationalen Spektrum. Mit seiner Republikfeindlichkeit, seinen hasserfüllten Reden gegen Juden und ›Bolschewiken‹ sowie seinen Ergüssen zur ›arischen Rasse‹ avancierte Hitler schnell zum Starredner der Partei. Und seine Reden kamen an.

Sie trafen den Nerv einer Stadt, die verunsichert war von zwei blutig niedergeschlagenen Revolutionen und

die ein ausgesprochen fortschrittsfeindliches Klima herausgebildet hatte. Der Schock der Niederlage im Ersten Weltkrieg und der Hass auf das ›Schanddiktat‹ von Versailles hatte den reaktionären Kräften enormen Auftrieb verschafft.

Den Zugang zu Münchens besserer Gesellschaft verschafften dem Agitator, dessen Anhänger gerne Schlägereien provozierten, schließlich vor allem Elsa Bruckmann, Verlegersgattin, und Helene Bechstein, Klavierproduzentengattin. Beide Frauen waren begeistert, gar entzückt von Hitlers Erscheinung und seinem außergewöhnlichen Redetalent. In den Salons der beiden Damen traf Hitler auf Förderer und Wegbereiter, darunter Ernst Hanfstaengl, der sich der Partei, die sich seit 1920 Nationalsozialistische Deutsche Arbeiterpartei (NSDAP) nannte, als großzügiger Gönner erwies.

Der Putschversuch und die Folgen

Ab März 1920 regierte in Bayern Gustav Ritter von Kahr, ein verbohrter, konservativer Ministerpräsident. Der Antiparlamentarier versprach, aus dem Freistaat eine ›Ordnungszelle des Deutschen Reiches‹ zu machen, eine politische Aussicht, die magisch wirken musste auf alle Antirepublikaner, die nach dem gescheiterten Kapp-Putsch 1920 in Berlin gleich scharenweise nach Bayern zogen. München wurde zum Sammelbecken der Reaktion. Am 9. November 1923 versuchte Hitler die Macht gewaltsam an sich zu reißen; am Putsch beteiligt waren

Hermann Göring, Ernst Röhm, Heinrich Himmler und Rudolf Heß. Vor der Feldherrnhalle stoppte die Polizei Hitlers Umsturzversuch. In dem anschließenden Prozess – mehr eine Farce als ein ordentliches Gerichtsverfahren – zeigte sich auch die bayerische Justiz mehr als wohlwollend gegenüber Hitler und wandelte seine ohnehin kurze Festungshaftstrafe vorzeitig in eine Bewährungsstrafe um.

Die NSDAP wurde zwar verboten, doch ihre Ersatzparteien fuhren 1924 bei den Landtagswahlen 35 % der Stimmen ein, bei der Reichstagswahl stimmten in Bayern 28,5 % für sie, während im Reich insgesamt nur 6,5 % der Deutschen für den NSDAP-Ersatz votierten. München war zweifellos für Hitlers Propaganda zu haben. Künstlern wurde es zunehmend zu ungemütlich an der Isar, Bertolt Brecht, Lion Feuchtwanger und Heinrich Mann zogen um nach Berlin. Thomas Mann klagte 1926, dass München in aller Welt als Hort der Reaktion, als Sitz der Verstocktheit und rückwärtsgewandter Widerspenstigkeit verschrien war und er es miterleben müsse, dass sich die Kunststadt in eine dumme Stadt gewandelt habe. Allerdings gewann die NSDAP bereits bei den Wahlen 1932/33 in anderen Großstädten des Reiches deutlich mehr Stimmen als in München, wo das katholisch geprägte Milieu die Bayerische Volkspartei zu wählen pflegte.

München im Faschismus

Zwei Jahre nach der ›Machtergreifung‹ erklärte Hitler München zur ›Hauptstadt der Bewegung‹. Mit rund 50 Verwaltungs- und Repräsentationsbauten war es neben Berlin die Machtzentrale des NS-Staates, der Feldherrnhalle und Königsplatz als Kultort einer bombastischen Selbstinszenierung nutzte.

Eingangsgitter zum ehemaligen Konzentrationslager Dachau

Moderne Kunst wurde als ›entartet‹ diffamiert, faschistische dagegen im 1937 gebauten ›Haus der Deutschen Kunst‹ gefeiert. Juden werden entrechtet, enteignet, deportiert und in Konzentrationslagern ermordet. Etwa 3000 Münchner Juden kamen in den Lagern zu Tode. Im Juni 1938 wurde die Synagoge am Lenbachplatz abgerissen. In der Pogromnacht vom 9. zum 10. November 1938 starben in München über 20 Menschen.

Am 29. September 1938 unterzeichneten Hitler, Mussolini, Graf Ciano, Chamberlain und Daladier das Münchner Abkommen, das die sudetendeutschen Grenzgebiete der Tschechoslowakei dem Deutschen Reich zuschlug; am 1. Oktober folgte der Einmarsch. Ein Jahr später, am 8. November 1939, verübte der schwäbische Schreiner Georg Elser im Münchner Bürgerbräukeller ein Attentat auf Hitler, das allerdings fehlschlug, wie alle anderen Attentate auch. Elser wurde sofort festgenommen und 1945 in Dachau ermordet.

Die Weiße Rose

»Wir schweigen nicht. Wir sind Euer Gewissen. Die Weiße Rose lässt Euch keine Ruhe.« Diese verstörenden Sätze konnten die Münchner im Herbst 1942 auf einem Flugblatt lesen – eine ungewohnte Ruhestörung. Zu dieser Zeit war die ›Hauptstadt der Bewegung‹ nachts verdunkelt, die Bomber der Alliierten hatten damit begonnen, deutsche Städte in Schutt und Asche zu legen, die Zeit der deutschen Blitzsiege war vorbei. Bei einigen Münchner Studenten war auch die Zeit passiver Duldsamkeit vorbei. »Wir werden keine Antwort haben, wenn man uns fragt, was habt ihr getan«, schrieb Hans Scholl, Medizinstudent und Sanitätsfeldwebel der Deutschen Wehrmacht. Nachts streuten die Studenten Flugblätter in der Münchner Innenstadt aus, die zum Sturz Hitlers aufriefen, zur Beendigung des blutigen Krieges, Flugblätter, die an das Gewissen appellierten und zur Einsicht in die Schuld mahnten. Die Gestapo hatte trotz intensiver Fahndung lange im Dunkeln getappt. Sie glaubte es mit einer weitverzweigten Verschwörung zu tun zu haben. Bis zu dem Tag, an dem der Hausschlosser der Münchner Universität Hans und Sophie Scholl im Lichthof der Hochschule mit Flugblättern antraf und die Geschwister eilfertig denunzierte.

München und die NS-Zeit
Nach dem Krieg wurde München in den Augen vieler ›Hauptstadt der Verdrängung‹. Erst 2015 eröffnete das **NS-Dokumentationszentrum** als Lern- und Erinnerungsort in einem markanten Neubau an historischer Stelle, der ehemaligen Parteizentrale der NSDAP, dem Braunen Haus in der Brienner Straße. (Informationen: www.ns-dokuzentrum-muenchen.de).

Das Ende

Ab August 1942 fielen die Bomben der Alliierten auf die Stadt, besonders zahlreich im Sommer 1944 und von Januar bis April 1945. 6000 Menschen kamen bei den Luftangriffen zu Tode. Mehr als 50 % des Baubestands war nach Kriegsende zerstört, die ›Hauptstadt der Bewegung‹ hatte sich in fünf Millionen Kubikmeter Schutt aufgelöst.

Wellenflug

Am Anfang des Oktoberfestes stand ein öffentliches Pferderennen, das anlässlich der Hochzeit von Kronprinz Ludwig I. mit Therese von Sachsen-Hildburghausen im Oktober 1810 auf einem Platz im Westen der Stadt abgehalten wurde. Auch die Bevölkerung sollte ihren Spaß haben und ergötzte sich an dem ausgeschenkten Bier. Der Platz wurde später zu Ehren der Prinzessin Theresienwiese genannt, das Fest jedes Jahr wiederholt, aber in den September verlegt, weil dann das Wetter meistens schöner ist. Der Name ›Oktoberfest‹ aber blieb.

hören die ›Krinoline‹, ein gemütliches Schaukelkarussell, und der berühmte Papa Schichtl, der die ›Enthauptung einer lebenden Person‹ vor Publikum vornimmt. »Auf geht's beim Schichtl!«, sagen die Münchner seit Jahrzehnten, wenn sie sich zu etwas aufraffen wollen. Ein nicht minder effektvolles Vergnügen ist das ›Teufelsrad‹: Innerhalb eines grölenden Publikumsrunds und unter den Augen eines Ansagers mit ungnädigen Kommentaren versuchen Willige und Mutige sich auf einer immer schneller drehenden, abschüssigen Scheibe zu halten. Seit der Jubiläumswiesn im Jahr 2010 kann man zudem

Die Wiesn – Fest für Devisen

Nostalgische Fahrgeschäfte

Inzwischen kann die ›Wiesn‹, wie das weltgrößte Volksfest salopp genannt wird, auf eine 200-jährige Geschichte zurückblicken. Auf den ersten Blick scheint die durchorganisierte Veranstaltung kaum mehr auf die Ursprungszeit mit ihren Feuerfressern, Schwertschluckern und Scharlatanen zu verweisen. In einigen wenigen Fahrgeschäften spürt man noch den Charme der alten Zeit mit ihren schlichten Attraktionen. Dazu ge-

Alte Traditionen und jedes Jahr neue Rekorde: Das Oktoberfest vereint beides

auf der »Oiden Wiesn« der bodenständigen und trachtigen Zeit nachspüren (Eintritt 3 €).

Wer wird Festwirt?

Auch einige der Festzelte haben eine lange Tradition. Festwirt zu sein, gilt in München als Krönung einer gastronomischen Karriere. Bei den jährlichen Bewerbungsverfahren wird daher längst nicht jeder angenommen, wie Prinz Luitpold von Bayern in der Vergangenheit schmerzlich erfahren musste. Dem Nachfahren Ludwigs I. traute der wenig monarchisch gesinnte Stadtrat nicht zu, eines der Wiesnzelte mit ihren bis zu 10 000 Sitzplätzen zu führen. Andererseits erinnert die Weitergabe des Schankrechts durchaus an dynastische Verhältnisse. Das Schottenhamel-Zelt etwa ist seit 1867 in Familienbesitz. Dort läutet alljährlich am ersten Wiesn-Samstag der traditionell vom Oberbürgermeister getätigte Anstich des ersten Bierfasses den 16-tägigen Ausnahmezustand ein. Der nach erfolgreichem Schlag um Punkt 12 Uhr ausgestoßene Spruch »O'zapft is!« wird sogar vom Fernsehen übertragen.

Die einzelnen Festzelte

In den Festzelten an der Wirtestraße sind traditionell die sechs größten Münchner Brauereien vertreten. Jedes der 14 großen Festzelte hat seine eigene Atmosphäre und zieht unterschiedliches Publikum an. Je nach Tageszeit können sie wegen Überfüllung geschlossen sein. Auf der Homepage der Stadt München findet sich daher ein ›Wiesn-Barometer‹, das die Auslastung der Wiesn anzeigt.

Das Schottenhamel-Zelt gilt als Hochburg der CSU, die sich dort in der sogenannten ›Ratsbox‹ versammelt. Die Münchner gehen am liebsten ins Augustiner oder ins Hacker-Festzelt, wo die Dekoration den Gästen den ›Himmel der Bayern‹ verspricht. Viele legen für ihren Wiesnbesuch Tracht an, was dem von Neonlicht überstrahlten Gelände einen pittoresken Reiz verleiht. Amerikaner und Australier finden sich gern im Hofbräu-Festzelt, mit 10 000 Plätzen das größte Bierzelt auf der Wiesn, oder im Löwenbräu-Festzelt ein – die dort ausgeschenkten Biere sind international bekannt. Nach Rosi, der Tochter des einstigen Pschorrwirtes, ist das ›Bräurosl‹, die Pschorrbräu-Festhalle benannt. Eine zelteigene Jodlerin bestimmt jedes Jahr das gebotene musikalische Programm. Als Spezialität der Spatenbräu Festhalle gilt die Ochsenbraterei. Um die 80 Ochsen drehen sich hier jedes Jahr am Spieß. Das Paulaner Bräu (Winzerer Fähndl) ist mit seinem markanten Turm leicht zu finden. Im Inneren geht es etwas beschaulicher als in den anderen Zelten zu, weshalb der Altersdurchschnitt höher liegt.

Anlaufstelle für die Schickimicki-Riege, fürs Sehen und Gesehenwerden, sind Käfers Wiesn-Schänke und Kufflers Weinzelt, das sich mit einem verfeinerten kulinarischen Angebot deutlich von den anderen Zelten unterscheidet. Neben Sekt und Wein der Nymphenburg Kellerei und Roederer Champagner wird auch Paulaner Weißbier ausgeschenkt. Im fränkischen Wein(zelt)garten sitzt man idyllisch – stets umrahmt von den Trauben, aus denen der Wein gekeltert wird.

Tipps für den Wiesnbesuch

Alle diejenigen, die nicht in eine ›Box‹, einen vom normalen Publikumsverkehr abgetrennten Bereich, eingeladen wurden, müssen an den langen Bänken ›zsammrutschn‹. Denn nur wer einen Sitzplatz hat, bekommt auch die begehrte Maß Bier. Wichtig für eigene Bestellungen ist die Aussprache: Man sagt ›die‹ Maß und spricht das ›a‹ kurz und dunkel (wie Fass). Fehler werden von den schlagfertigen Bedienungen mit einem deftigen Konter beantwortet. Das Bier wird extra für das Oktoberfest gebraut (Märzenbier) und darf ausschließlich von Münchner Traditionsbrauereien stammen. Es ist nur schwach gehopft und daher besonders süffig. Zur Wiesnküche gehören die Grillhendl, die Steckerlfisch und die Schweinshaxn – allesamt deftige Speisen, die jedoch eine gute Grundlage für die zwei oder gar noch mehr Maß bilden, die bei einem Wiesnbesuch geschluckt werden. Denn der Alkoholgehalt von 5,9 % und die ausschließliche Abgabe in Einliterkrügen hat schon manchen, der sich trinkfest glaubte, eines Besseren belehrt.

Die Trinklust wird in regelmäßigen Zeitabständen durch die Blaskapellen gefördert. Mit »Ein Prosit der Gemütlichkeit« und »Oans, zwoa, gsuffa!« angefeuert, ist der Krug schneller geleert als beabsichtigt. Dazwischen erklingen Walzer und Märsche, unterbrochen von modernerem Liedgut. Jede Saison entsteht mindestens ein Wiesn-Hit, der zeltauf, zeltab mit schöner Regelmäßigkeit die Menschen zum Tanzen auf Stühlen und Tischen animiert, was aber von der Wiesnaufsicht sofort geahndet wird.

Die Wiesn heute

Neuerungen gegenüber ist man im Allgemeinen nicht aufgeschlossen, vor allem, wenn es um die Erhöhung des Bierpreises geht, die jedes Jahr die Gemüter erhitzt. Am ehesten sind die modernen Zeiten in den großen Fahrgeschäften eingekehrt. Insbesondere das Geschäft mit Schnelligkeit, Schwindel und Rausch boomt. Die temporäre Vergnügungsstadt zieht inzwischen Jahr für Jahr rund 6 Mio. Besucher aus aller Welt an, darunter Amerikaner, Japaner und Italiener. Insgesamt werden durchschnittlich eine halbe Million Hendl, 120 Ochsen und 200 000 Paar Schweinswürstel verzehrt sowie 7,6 Mio. Liter Bier getrunken. Mit seinem Millionenumsatz ist das Oktoberfest ein Volksfest der Superlative. Aus der aus dynastischem Kalkül eingefädelten Hochzeit wurde ein Großevent, das der Stadt Besucherrekorde, den Hotels und Wirtschaften hohe Einkünfte und den Besuchern eine ›Mordsgaudi‹ beschert.

Und die Musi spielt dazu …

Münchens Schickeria

Durchgestylte Räumlichkeiten, in denen durchgestylte Gäste durchgestylte Drinks zu sich nehmen und sich über die Verkäuferinnen bei Prada oder die neuesten Aktienkurse unterhalten – so oder anders stellt sich die Münchner Schickeria dar. Man wohnt in Villen am Shakespeare-Platz, reißt den Putz von den Küchenwänden, um die Atmosphäre eines New Yorker Lofts nachzuahmen und versenkt den Monitor gleich in der Wand, um während des Kochens nach Jamie Oliver im Internet surfen zu können. Ach, das Leben in München ist schön – und kostet.

Vierseitige Champagnerkarte

Laut einer Studie leben in München die kaufkräftigsten Twens Deutschlands. Eine junge Lebegeneration, die sich in der bayerischen Hauptstadt gut aufgehoben fühlen darf. Gewissermaßen schicki-micki gibt sich ja schon das Münchner Kindl im Stadtwappen – das trägt nämlich rote Schuhe!

München hat immer schon Modebewusste angezogen, vor allem Film- und Medienleute, die einen be-

Shoppingmeile für die Schickeria: die Maximilianstraße

stimmten Stil kreierten, der dann als typisch münchnerisch galt. Dabei geht es meist mehr um Inszenierung als um tatsächlichen Reichtum, der aber natürlich auch eine Rolle spielt. Etwa in Bars, in denen sich die Champagnerauswahl über vier Seiten erstreckt.

München steht für eine wohlanständige, bürgerliche Saturiertheit. Das ergibt sich schon aus dem schicken Stadtbild der alten Residenzstadt. Und da es einiges kostet, in dieser künstlerisch anspruchsvollen Umgebung Quartier zu beziehen, liegt man mit dem Kontostand in der Isarmetropole durchaus über dem Bundesdurchschnitt.

Bussi-Bussi – die Society

Blond-Mangel, Bussi-Entzug, Tristesse – so könnte sie klingen, die Münchner Klage über Berlin. Daheim dagegen: Häppchen-Empfänge, breite Komplimente, Prickeln und Promis. Und die Maximilianstraße. Da gilt es, sich auffällig zur Geltung zu bringen. Fettecken dürfen auf keinen Fall in Münchens Bussi-Gesellschaft sein – gut, dass Prosecco nicht dick macht, wenn man ansonsten alle Kalorien zählt. Die alteingesessene Bogenhausener Schule hält die Taille bis ins hohe Alter, ansonsten kümmern sich die Damen vom Herzogpark allerdings wenig um modischen Schnickschnack.

Ihren Auftritt hat die Münchner Gesellschaft etwa beim Filmball oder Opernball, bei dem grazile Elfen im neuesten Taft am Arm graumelierter Herren im Nadelstreifen die Treppchen zum Eingang hinaufstöckeln. Die Münchner Society gibt da ihr Bestes und fährt an Tüll, Samt und Pailletten auf, was Prada, Natascha Müllerschön oder Talbot Runhof zu bieten haben. »Michi, Michi«, tönt es im Gewühl oder »Uschi, Uschi«. Selbstverständlich sind alle nur aus Liebe zum Guten, Wahren und Schönen da. Aber wie heißt es doch im Rosenkavalier: »Lass er mich mit dem Tratsch in Ruh!«

Unser Tipp

Eine Runde Luxus-Locations
Der beliebteste Corso zum Auf- und Abstöckeln ist ein Rundgang über die Maximilianstraße, die Theatinerstraße und die Fünf Höfe. Anschließend sonnen sich Münchens Schicki-Mickis gerne auf der Sonnenterrasse von **Schumann's Tagesbar** (s. S. 172) – immer wieder staunt man dort über das hohe Blond-Aufkommen bei gleichzeitigem Südteint. Nachts trifft man sich im ›Oanser‹, im Schicki-Stammclub **P1** (s. S. 48). Ab 24 Uhr ist da kein Türsteher mehr zu sehen – nicht, weil es keinen gäbe, sondern weil die Menschenmassen ihn vollständig verdecken. Das Gedränge aufgekratzter Mädels und betont lässiger Typen ist derart groß, dass man sich fragt, wofür hier Gutscheine verschenkt werden. Eine stilvolle Bar ist das **Gabanyi,** s. S. 45 (Beethovenplatz 2), das mit elegant-schlichtem Schick, guten Konzerten und ein bisschen Metropolenglamour aufwartet. Ansonsten geht man ins **Barista** (Kardinal-Faulhaber-Str. 11), **Schumann's** (s. S. 45) oder **Tabacco** (s. S. 45) – Hauptsache sehen und gesehen werden. Bussi-Bussi.

Singles – eine Lebensform der Zukunft?

Einsame Herzen: in München keine Seltenheit

München liegt mit 28,8 % Singles bundesweit an der Spitze. Aber das bedeutet nicht, dass hier nur verzweifelte Menschen wohnen. Alleinstehende fühlen sich nur sehr viel wohler in der Stadt – 71 % sogar pudelwohl ... Vor allem Frauen zieht es nach München, da die Isarmetropole den Ruf einer sicheren Großstadt genießt. Vorbei die Zeiten der alten Jungfer, des begehrten Junggesellen oder des kauzigen Hagestolz. Heute sind all diese Charaktertypen profane Singles. Soziologen sehen in ›dem Einzelnen‹ die zentrale, zukunftsweisende Ausprägung des ›Homo habilis‹ dieses Jahrhunderts. Diese Lebensform, zu der die Fünf-Minuten-Terrine gehört oder die Tiefkühlpizza, hat längst den Alltag aller durchdrungen. Ganz zu schweigen von der Flexibilität des Singles oder seiner Mobilität – Eigenschaften, die in der Arbeitswelt hoch im Kurs stehen.

Objekt der Forschung: der Single privat

Was tut so ein Solist den ganzen lieben Tag? Klar, er steht irgendwann auf und wäscht sich, der Kühlschrank gähnt ihn eher an am Morgen, denn da findet sich außer ein paar Flaschen italienischen Mineralwassers und ein paar Tiefkühlgerichten für alle Fälle nichts außer einem Rest Milch, der Single kauft sich also in der Bäckerei nebenan eine Butterbrezn und macht sich gleich auf den Weg ins Büro, trinkt dort Kaffee, arbeitet am Computer, Mittagessen, ratschen. Nichts Besonderes. Nach Feierabend zieht es ihn in den Biergarten, man trifft sich mit Freunden, geht ins Kino oder bleibt zu Hause und telefoniert mit den Eltern.

Wirklich nichts Besonderes, wären da nicht die Marktforscher, die gerne

Singleverhältnisse durchkämmen, um sie im Anschluss nach zahlreichen Typen zu klassifizieren. Da wären dann also die überzeugten, die unfreiwilligen, die Noch-, Wieder-, Lifestyle- und Langzeitsingles. All diese Typen haben sich in den vergangenen 20 Jahren um etwa 4,5 Millionen vermehrt. Allein zu wohnen wird zur normalen Lebensform. Der Anteil der Ein-Personen-Haushalte in Deutschland liegt bei 41 %, Tendenz steigend.

Die Eine-Person-Portion

»Singles möchten nicht lange kochen, wollen es einfach und schnell haben«, weiß die Marktforschung. Die kulinarische Ikone aller Singlehaushalte ist daher die Tiefkühlpizza. Dazu gibt es die ›Heiße Tasse‹ sowie zahllose Nudelvariationen mit den passenden Saucen, die man einfach im Plastikbeutel in heißes Wasser legt. Alles proportioniert für eine Person, versteht sich. Dabei erklärt sich von selbst, dass bei den Highspeed-Gerichten weniger Geschirr anfällt. In Singleküchen stehen Kompaktgeschirrspüler, mit Platz für drei, vier Gläser und drei Teller. Kleine Waschmaschinen vervollständigen die häusliche Single-Hardware. Obwohl es natürlich auch die überzeugten Besucher von Waschsalons gibt, erprobte Singletreffs, wo die Erfolgsquote beim Anbandeln von keiner Disco übertroffen wird.

Lebensstil der Yuppies

Es liegt auf der Hand, dass sich in der ehemaligen New-Economy-Metropole München viele erfolgsorientierte und stilbewusste Singles tummeln, die das Dasein als Einzelner genießen. Die Singleforschung interessiert sich besonders für den sich seiner Rolle im Generationenwechsel entziehenden, bindungs- und kinderlosen Hedonisten, der vor allem an seiner Karriere arbeitet. Diese Einzelnen, ein Schreckensbild für künftige Sozialpolitiker, leben in Wohnungen mit Charakter, und das kann nur eine Altbauwohnung sein, und zwar nur mit Stuck und Parkett, wie Florian Illies in seinem Roman »Generation Golf«, einem Gesellschaftsportrait der Yuppies, es beschreibt. Ob der Yuppie-Single diese Lebensstildreifaltigkeit allerdings immer allein bewohnt, darf angezweifelt werden. Eigentlich genügt schon ein Blick in Partnerschaftsinserate und Internetforen, um zu verstehen, dass alle Singles kräftig auf der Suche sind nach einem anderen Single zwecks Beziehungskiste. Tiefgefrorene Pizza geht dann nicht mehr. Dann nur noch der Pizzaservice.

BRÄU
FESTW
erl Hagn-Ste

Die schöne Münchnerin – Tracht in der Millionenstadt

»Die schöne Münchnerin geht flanieren auf dem Leopold Boulevard«, heißt es in einem Song der Münchner Spider Murphy Gang. Was sie trägt, bleibt ungeklärt. Anders beim gleichnamigen Schönheitswettbewerb der »Abendzeitung«. Hier sind An- und Einsichten gefragt – nicht selten präsentieren sich die Bewerberinnen in einem tief ausgeschnittenen Dirndl. Dirndl, Lederhose, Gamsbart, Schuhplattler und Schnupftabak prägen das Bild der Bayern in der Welt. Seit den Wittelsbachern demonstrieren die Regenten Bayerns, und auch manche Mitglieder der CSU, ihre Volksnähe durch das Tragen von Krachledernem und Lodenjanker.

Geschichte der Tracht

Die Tracht hat sich fern von folkloristischer Nostalgie den Weg auf das städtische Trottoir gebahnt. Das Phänomen ist jünger als man gemeinhin annimmt. ›Tracht‹ bezeichnete ursprünglich einfach das Tragen von Kleidung oder das Getragene. Das Dirndl, abgeleitet von der veralteten Bezeichnung für ›Mädchen‹ oder ›Magd‹ in Bayern und Österreich, war im 19. Jh. das Arbeitskleid weiblicher Bediensteter und bestand im Ursprung lediglich aus einer Bluse und einem langen Kleid mit Schürze. Die Lederhosen, vorzugsweise aus Hirschleder, waren die praktische, weil wasserundurchlässige (aber auch nicht waschbare) Arbeitskleidung der Bauern. Im Zuge der Französischen Revolution verwischten sich im 19. Jh. die ständischen Unterschiede, die sich gerade auch in der getragenen Kleidung äußerten. Die regional sehr unterschiedlichen Volkstrachten kamen aufgrund der beginnenden Massenkonfektion ins Hintertreffen. Maßgebend und stilbestimmend wurde die bürgerlich-städtische Kleidung. Die ersten Trachtenvereine wurden Ende des 19. Jh. gegründet, um diese Entwicklung aufzuhalten. Paradoxerweise verstärkten die Trachtenvereine, die sich zumeist dem Erhalt einer einzelnen Tracht verschrieben haben, das weitere Aussterben der Tracht. Ihre natürliche Weiterentwicklung war abgeschnitten, ihr Zustand wurde konserviert.

Vom Arbeitskleid zur Festtagstracht: Im Dirndl ist die Münchnerin heute immer gut angezogen

Trachten- und Landhausmode

Eine wahre Renaissance setzte erst in den 1970er-Jahren ein. Botschafter der wieder zum Leben erweckten Trachten- oder Landhausmode waren und sind Prominente. Für das Showbusiness werden historische Trachten fantasievoll modernisiert, Elemente unterschiedlichster Herkunft kombiniert. Michael Jackson, Thomas Gott-

Trachtenkauf – am besten im Fachgeschäft
Tracht kann man in München immer kaufen. In der Saison kurz vor dem Oktoberfest richten auch die großen Kaufhäuser Sonderabteilungen ein. Die beste Beratung erhält man im Fachgeschäft, bei Loden Frey in der Maffeistraße in der Nähe des Promenadeplatzes (www.lodenfrey.de, s. S. 43) oder bei Angermaier im Rosental (www.trachten-angermaier.de).

schalk, Vitali Klitschko und Siegfried & Roy: Sie alle waren und sind Fans von Exatmo, einer an opulenter Exzentrik nicht zu überbietenden Abwandlung des bäuerlichen Gewands, die seit Ende der 1980er von den Münchner Modeschöpfern Angelika und Helmut Oppenberger vertrieben wird. Auch die Paradedirndl von Carolin Reiber sind keinesfalls stilrein und werden eigens für sie entworfen und genäht. Prominente wie Giulia Siegel oder Regine Sixt zeigen sich gern im rosafarbenen Fantasie-Dirndl. München-Besucher wie Paris Hilton demonstrieren mit dem Tragen der Tracht ihre Ortsverbundenheit.

Der Trend zur Tracht

In München ist der Trend zur Tracht ungebrochen. Während des Oktoberfestes feiern Trachtengeschäfte wie Angermaier und Loden Frey Hochkonjunktur, vielerorts kann man für einen Pauschalpreis ein komplettes Wiesn- Outfit vom Haferlschuh über das Gwand bis zur Haube erstehen. Während sich die 795 bayerischen Trachtenvereine dem unveränderten Erhalt etwa der Miesbacher oder Chiemgauer Tracht verschrieben haben, sind in der Stadt der Fantasie keine Grenzen gesetzt. Tracht in welcher Form auch immer gilt in München als Festtagskleidung und wird bei besonderen Anlässen, z. B. bei den Opernfestspielen oder zur Kirchweih, getragen. Nicht selten tragen Einladungen den Vermerk ›Abendkleidung oder Tracht‹. Dabei achtet niemand auf Stilreinheit. Die Auswahl ist inzwischen unbegrenzt, ob edel oder rustikal, ob geknöpfte, gehakte oder geschnürte Mieder, gelbe, rote oder blaue Schürzen, Lederhosen mit bunten oder einfarbige Stickereien, Janker in Grau, Blau, Rot oder Orange – in der Stadt ist die Tracht der modischen Entwicklung unterworfen. Sie lebt.

Ein Besuch im Augustiner – kleine Bier- und Speisenkunde

Münchner Brauhausschmankerl: Weißwurst, süßer Senf und Brezn

Mag das Oktoberfest der wichtigste Termin im Kalender Münchner Brauereien sein, Betrieb herrscht in den über die Stadt verteilten Biergärten, Bierschenken und Brauhäusern das ganze Jahr über. Die Bedeutung, die man früher der Lokalität des Bierausschanks beimaß, lässt sich vielerorts noch an der opulenten Architektur ablesen. Allein das Augustiner Bräu in der Neuhauser Straße ist jedoch fast unverändert als bürgerlicher Bierpalast der Jahrhundertwende erhalten geblieben.

Begonnen hat die Geschichte des Augustiner Brauhauses spätestens 1328, dem Jahr seiner ersten urkundlichen Erwähnung. In diesem Jahr bestand bereits ein Brauhaus auf dem Klostergelände des Augustinerordens nahe der Frauenkirche. Mit seinem fast 700-jährigen Bestehen ist das Augustiner Bräu heute das älteste Brauhaus Münchens. Im Zuge der Säkularisation übernahm der Staat 1803 das Augustinerkloster. Die Brauerei wurde später an Anton und Therese Wagner veräußert. Sie befindet sich noch heute als eine von wenigen Großbrauereien in Privatbesitz.

Kult-Brauerei Augustiner

Augustiner zu trinken ist Kult. Dies verdankt sich einigen Grundsätzen der Brauerei, die auf Altmünchner Beständigkeit zielen, darunter der Verzicht auf Werbung in Funk und Fernsehen, die Beibehaltung überlieferter Flaschenformen wie der Euro-

Glasflasche und die Verwendung altertümlich anmutender Etiketten. Augustiner ist die einzige Brauerei, deren Oktoberfestbier noch aus den traditionellen Holzfässern stammt. Weitere Sympathien erwirbt sich das Unternehmen durch seine konsequente Förderung kultureller und sozialer Projekte.

Die Zeit der Bierpaläste

Um 1900 erlebte München den Aufschwung einer neuen Baugattung, des sogenannten Bierpalastes. Allein 30 neue Bierpaläste wurden zwischen 1880 und 1902 errichtet. Meist an verkehrsreichen Plätzen und Straßen gelegen, dienten die Bierpaläste zunächst der Selbstdarstellung der Brauereien. Zugleich boten sie über ihre Raumkapazitäten, die der öffentlicher Gebäude nicht nachstanden, einen größtmöglichen Absatz des Volksgetränks an die zunehmende städtische Bevölkerung. Die Bauten der Brauereien waren über Jahrzehnte Treffpunkte gemütlicher Geselligkeit, dienten als Ort für politische Veranstaltungen und waren Schauplatz von Festen, sodass ein München-Besucher 1890 feststellen konnte: »Die Zusammenstellung von Pinakothek und Hofbräuhaus, von Kunst und Bier ist für Isar-Athen charakteristisch.«

Das Augustiner Bräu zog 1817 an den bis heute erhaltenen Stammsitz in die Neuhauser Straße, in dem noch bis 1885 Bier gebraut wurde. Der heutige Gaststättenkomplex entstand 1897–98 durch den Umbau des Stammhauses und mehrerer Nachbarhäuser nach dem Entwurf des Architekten Emanuel von Seidl, der wie sein Bruder Gabriel von Seidl für zahlreiche Bierpaläste verantwortlich zeichnete. Erhalten ist ein einzigartiger Komplex auf 2850 m², der bis zu 1800 Besucher fassen kann. Die Zweiteilung in zünftige Bierschwemme und gehobenes Restaurant spiegelt auch die Fassade wider. Im Inneren ist unter den historischen Gasträumen vor allem der Muschelsaal hervorzuheben. Der kleine Biergarten im Arkadenhof gehört zu den idyllischsten in ganz München.

Augustiner Bier
Augustiner braut acht verschiedene Biersorten, die teilweise nur in München und Umgebung erhältlich sind. Am bekanntesten ist das Augustiner Edelstoff, ein süffiges helles Exportbier, und das helle Vollbier, das nach seinem grünen Etikett im Volksmund ›Grüner Mönch‹ genannt wird. Den stärksten Alkoholgehalt verzeichnen das Augustiner Heller Bock, ein Bockbier mit 7 %, und das Maximator, ein Starkbier von 7,5 %, das nur zur Fastenzeit vor Ostern ausgeschenkt wird (Augustiner Bräu, Neuhauser Str. 27, Tel. 089 23 18 32 57, www.augustiner-restaurant.com, H Marienplatz, tgl. 10–24 Uhr, warme Küche bis 23 Uhr).

Kleine Bier- und Speisenkunde

Augustiner Bier gibt es weder alkoholreduziert noch als Mischgetränk. Daher sollte zum Bier ein begleitendes Essen nicht fehlen, wie man es im Augustiner bestellen kann. Wie bekannt, dürfen die Weißwürste das ›Zwölf-Uhr-Läuten‹ nicht hören – nur dann kamen sie nämlich einst ganz frisch aus dem

Kessel und waren nicht womöglich aufgewärmt. Münchner Weißwürste bestehen aus Kalbfleisch mit Schweinespeck und Schwarte, gewürzt mit Salz, Pfeffer, Zwiebeln, Zitrone und Petersilie. Mit süßem Senf und einer frischen Brezn eignen sie sich vorzüglich als zweites Frühstück. Eine Brotzeit zwischendurch lässt sich auch mit einer Scheibe frischem Leberkäs gestalten. Anders als der Name vermuten lässt, enthält er weder Leber noch Käse, sondern Rind- und Schweinefleisch sowie Speck. Für Vegetarier eignet sich der ›Obatzte‹, ein zerdrückter, mit Zwiebeln, Pfeffer, Paprika, Kümmel, Butter und Salz angemachter Camembert. Zum Bier passt außerdem der Radi, ein in dünne Scheiben geschnittener, gesalzener Rettich.

Ein bayerisches Menü …

Vor den Hauptgang gehört eine Suppe, vorzugsweise Grießnockerl- oder Leberknödelsuppe. Der Leberknödel wird aus einer Masse aus durchgedrehter Rindsleber, Semmeln, Mehl, Zwiebeln, verfeinert mit Majoran, Pfeffer und Salz, geformt. Knödel sind überhaupt eine bayerische Spezialität und werden aus vielerlei Zutaten hergestellt. Sie dienen vor allem als sättigende Beilage und zur Aufnahme der Bratensoße. Meist werden Kartoffel- oder Semmelknödel gereicht. Seit Karl Valentins skurrilem Streitgespäch mit Liesl Karlstadt ist die Frage noch ungeklärt, ob die Mehrzahl ›Semmelnknödeln‹ oder ›Semmelknödel‹ heißen muss. Weitere Beilagen sind Sauerkraut und Kraut- oder Kartoffelsalat. Unter den Fleischgerichten halten sich Schweinsbraten, Kalbs- und Schweinshaxn ganz oben auf der Beliebtheitsskala.

Nicht nach jedermanns Geschmack …

Auffallend ist ansonsten die Vorliebe für Innereien. ›Lüngerl‹ bezeichnet in Stücke geschnittene Lunge, manchmal auch Milz und Zunge, die in einer gebundenen Soße typischerweise mit Semmelknödeln gereicht werden. Nicht jedermanns Geschmack sind Gerichte wie gebackene Kälberfüße, eingemachtes Hirn, Bries und Kutteln, die man auch in den Auslagen der Metzgereien am Viktualienmarkt sehen kann. Beim Geflügel ist das Hendl, ein gegrilltes Hähnchen, sehr verbreitet, Hirsch- und Wildschweinbraten runden die Speisekarte ab.

Nachtisch oder Hauptgang?

Bei den Desserts teilen die Bayern die Vorliebe für Mehlspeisen mit den österreichischen Nachbarn, nicht wenige davon wurden im Mittelalter von Mönchen als Fastenspeise entwickelt. Rohr- und Dampfnudeln haben mit italienischer Pasta nichts zu tun. Es handelt sich dabei um Hefeklöße, die entweder im Ofen gebacken oder in einem weiten Topf mit Milch, Butter und Zucker gegart werden, während die ›Auszognen‹ schwimmend in siedendem Fett ausgebacken werden. Hefeteig ist im Spätsommer auch Grundlage für den saftigen Zwetschgendatschi, Pflaumenkuchen vom Blech. Pfannkuchen gibt es mit unterschiedlichem Obst, eingebacken oder belegt.

Immer zu empfehlen ist ein Blick auf die Tageskarte, die ein wechselndes Angebot an frisch zubereiteten Speisen nach jahreszeitlichem Angebot auflistet.

SZ – die Zeitung der Stadt, deutschlandweit, weltweit

Druck der weit über München hinaus renommierten Süddeutschen Zeitung, die über Jahrzehnte ihren Sitz mitten in der Stadt hatte – bis zum Umzug 2008

Zwei Markenzeichen unterscheiden die Süddeutsche Zeitung von anderen Blättern: Das Streiflicht, die tägliche Glosse auf Seite 1, apostrophiert als »eine Art Leuchtturm im Sturmgebraus der täglichen Hiobsbotschaften«, und die Seite 3, die ausschließlich Reportagen aus aller Welt vorbehalten ist. Auf beeindruckende Weise gelingt der Münchner Tageszeitung der Spagat zwischen Weltblatt und lokaler Information. Die Münchner lieben ihre Zeitung und bedauern ein wenig den Umzug der Redaktion an den Stadtrand.

Die Anfänge

Das Vorbild war die »New York Times«. Am 6. Oktober 1945 erschienen die ersten acht Seiten. Oben links auf der Titelseite verkündete die Redaktion ihr publizistisches Programm: »Die Süddeutsche Zeitung wird als Stimme einer freiheitlichen Gegenwart all jenen jungen Kräften offenstehen, die an der geistigen und kulturellen Umgestaltung Europas mitgestalten wollen.« Dienstag und Freitag waren in den Anfangsjahren SZ-Tage, meist gab es nur vier bis sechs Seiten Umfang wegen akuter Papierknappheit in den Nachkriegsjahren. Erst ab 1948 stabilisierte sich allmählich eine Zeitungsnormalität – die SZ wurde erwachsen.

Charakterblatt

Schon Mitte der 1960er-Jahre legte sich die Süddeutsche ein weit gespanntes

Korrespondentennetz an, über das die Leser von den wichtigsten Vorgängen in aller Welt erfahren. ›Weltläufigkeit‹ atmet die Zeitung Tag für Tag, den Nachrichten werden ausführliche Berichte zur Seite gestellt – Hintergrundwissen auf Seite 2 und Seite 3. Die Seite 4 hingegen präsentiert sich mit Kommentaren, Editorials, Leitartikeln und der täglichen Karikatur als starke Meinungsseite. Kritisches Einmischen ist die Devise des Blattes, das nicht nur Lesestoff bereitstellen will, sondern auch Denkstoff und Diskussionsstoff. Durch gründliche Berichterstattung, investigativen Journalismus und Kampagnen wollten die Redakteure von Anfang an bewegen und kritischen Einfluss nehmen auf den Gang der Dinge. Bei einer Umfrage unter Journalisten bezeichneten knapp 35 % die SZ als »Leitmedium Nummer eins«. Politik, Kultur, Wirtschaft, Wissenschaft und Sport stehen im Zentrum der Berichterstattung. Besonderes Gewicht liegt auf dem Feuilleton. Mit der SZ im Netz konnte die Zeitung – getreu dem Motto »Nur wer sich ändert, bleibt sich treu« – ihre Reichweite erheblich vergrößern. Das journalistische Angebot wurde dadurch erweitert, zudem wurden die Themen vielgestaltiger aufgeschlüsselt.

Der Umzug

Im Jahr 2008 zog die Zeitung um, weit hinaus ins Hochhaus. Aus dem Herzen Münchens an den Stadtrand. Damit folgte die Zeitung einem internationalen Trend und machte es der Frankfurter Rundschau, der Augsburger Allgemeinen, den Londoner oder den Pariser Zeitungen nach. Es waren vor allem pragmatische Überlegungen, die den Umzug veranlassten. Die Vorteile: die Vereinigung aller Abteilungen unter einem Dach, die größeren Räumlichkeiten – die Beengtheit im alten Gebäude hatte den Redakteuren und Mitarbeitern immer mehr Improvisationstalent abverlangt. Der völlig verglaste Bau in der Hultschinerstraße in München-Steinhausen ist üppig ausgestattet mit zeitgenössischer Kunst und reagiert mit seiner Raumaufteilung vorbildlich auf den Redaktionsalltag – doch am Freitag, dem 31. Oktober 2008, schrieb der stellvertretende Chefredakteur Kurt Kister auf der Seite 1 wehmutsvolle Zeilen: »Die SZ gehörte lange ganz selbstverständlich zur Innenstadt, nicht nur als Gebäude, gar als Landmarke, sondern eben auch als eine jener Institutionen, die städtisches leben definieren: Rathaus und Kaufhaus, Wirtshaus und Kirche, Marktplatz und Zeitung (...). Der Marktplatz bleibt, die Zeitung geht.«

Das verwinkelte SZ-Gebäude wurde mittlerweile abgerissen – auf dem 15 500 m^2 großen Grundstück sind Wohnungen und Büros entstanden. Um die 2013 eröffnete Hofstatt im Herzen Münchens nicht gänzlich ins urbane Abseits zu katapultieren, wurde auch eine Ladenpassage angelegt, die die parallel laufenden Straßen in der Altstadt verbindet. Wie schon die Neugestaltung des Alten Hofs gezeigt hat, sorgt aber die Verbindung von Wohn- und Büroraum mitten im Zentrum für eher uninteressante und leere Stadträume.

Die SZ – Daten und Fakten
Auflage: 382 000 deutschlandweit
Verlag: Süddeutscher Verlag
Ausrichtung: linksliberal-kritisch
Infos: www.sueddeutsche.de, u. a. mit der ersten Ausgabe von 1945 als Download

Architektur – die spektakulären Neubauten des letzten Jahrzehnts

Lange galt München nicht unbedingt als Standort moderner Architektur. Die Bestimmung, dass kein Gebäude der Altstadt höher als die 99 m hohen Türme der Frauenkirche reichen darf, verhinderte zudem hochfliegende Architektenpläne. Selbst einheimische Architekten bauten lieber und erfolgreicher andernorts. Dies hat sich seit der Jahrtausendwende völlig verändert. Die Liste der in München tätig gewordenen Architekten führt die bekanntesten Büros weltweit auf: darunter Richard Meier, Coop Himmelb(l)au, Herzog & de Meuron, Sauerbruch Hutton und Norman Foster, den Schöpfer der Berliner Reichstagskuppel.

Nach den Zerstörungen des Zweiten Weltkriegs beschloss man, die Altstadt in ihrer ursprünglichen Gestalt wieder aufzubauen. Es entstand die vielerorts historisch und ›alt‹ wirkende Altstadt, in der jedoch kaum ein Gebäude älter als 50 Jahre ist! Nachkriegsarchitekten wie Hans Döllgast, der die Alte Pinakothek wieder aufbaute, oder Sepp Ruf, der für den gläsernen Anbau an der Staatsbibliothek verantwortlich zeichnete, konnten innerhalb des Stadtgefüges nur Akzente setzen. Die 1950er- und 1960er-Jahre-Architektur fand anderswo statt. Zwar gelangen Günter Behnisch und Frei Otto mit dem 1972 vollendeten **Olympiagelände** und seinen Zeltdachsportstätten ein Werk von Weltrang, bauten **BMW** und die **HypoVereinsbank** viel gerühmte **Hochhaustürme,** doch vergleichbar große Bauaufgaben sollten sich auf Jahre nicht mehr bieten.

Neue Bauaufgaben

Dass München boomt und Einwohnerzuwächse verzeichnet, zeigt sich inzwischen auch an seiner architektonischen Gestalt. Aus einem aufgelassenen Kasernengelände, wie am Nordschwabinger **Ackermannbogen,** werden viel beachtete Wohnsiedlungen. Innerstädtisch wurden Baulücken durch Investorenprojekte, wie die nach historischem Vorbild errichtete **Schrannenhalle,** geschlossen. Futuristische Einkaufspassagen bieten dagegen die von Herzog & de Meuron gestalteten **Fünf Höfe** zwischen Theatiner- und Kardinal-Faulhaber-Straße, die gekonnt im Kern historische Bausubstanz mit moderner Architektur verbinden.

Orte der Anbetung

Als Fanal modernen Bauens darf auch die im Jahr 2000 eingeweihte, vom Architekturbüro Allmann Sattler Wappner geplante **Herz-Jesu-Kirche** im gutbürgerlichen Neuhausen gelten. Die 14 m hohen Flügel des gläsernen Kubus öffnen sich hydraulisch, durch

Augenweide Brandhorst-Bau: neuartige Fassadenverkleidung mit Keramikstäben

Inszenierte Choreografie im Auslieferungszentrum von BMW

Holzlamellenwände strömt Tageslicht in den Innenraum. Die Ausstattung ist minimalistisch. Die fünf Wundmale Christi sind im Kirchenboden als Glasarbeiten des Münchner Künstlerduos M+M (Marc Weiss und Martin de Mattia) in Kreuzform eingelassen.

Als kompakte Baukörper stehen die Bauten des **Jüdischen Gemeindezentrums** am St. Jakobs-Platz in direkter Nähe zum mittelalterlichen Stadtmuseum zwischen Sendlinger Tor und Marienplatz. Die neue Hauptsynagoge Ohel Jakob, die zu den größten Synagogenbauten Europas zählt, das Gemeindehaus der Israelitischen Kultusgemeinde von München und Oberbayern und das Jüdische Museum wurden von den Saarbrücker Architekten Wandel, Hoefer und Lorch entworfen. 1999 vom Stadtrat beschlossen, 2007 mit der Eröffnung des Jüdischen Museums vollendet und 2008 mit dem Deutschen Städtepreis ausgezeichnet, verfügt die zweitgrößte jüdische Gemeinde Deutschlands mit dem offenen Ensemble wieder über ein zentrales Domizil in der Altstadt. Während die einzeln stehenden Kuben des Museums und des Gemeindehauses aus dunklen Travertinplatten gefertigt sind, erhebt sich die Synagoge über einem hellen Sockel, auf dem ein gläserner Aufbau aus ineinander verschachtelten Davidsternen für Tageslichteinfall im Inneren sorgt.

Markentempel

Immer wieder schreiben Münchner Traditionsunternehmen Architekturgeschichte: Mit der 2007 eröffneten **BMW Welt** und dem 2008 konzipierten **BMW Museum** breitet sich nördlich des Olympiaparks ein Firmengelände aus, das die unmittelbare Erfahrung der Marke BMW in den Mittelpunkt rückt. War das 1973 eröffnete BMW Museum von Karl Schwanzer, das der Volksmund liebevoll ›Schüssel‹ nennt, das erste öffentlich zugängliche Unternehmensmuseum überhaupt – ein markanter Vierzylinderturm –, so vereint der jüngste Gebäudekomplex von Coop Himmelb(l)au eine dynamische Gestaltung mit modernster Technik. Über einem dem Gebäude vorgelagerten Doppelkegel erhebt sich eine Dachkonstruktion, die gleich einer Wolke über zwölf Stützen schwebt. Im Innenraum wird die Fahrzeugauslieferung zum kunstvoll inszenierten Erlebnis. Sehenswert ist auch die 2016 eröffnete, von Glas geprägte Konzernzentrale des Weltunternehmens **Siemens** am Wittelsbacher Platz: entworfen von dem dänischen Architekturbüro Henning Larsen architects und von einer Skulptur von Daniel Libeskind markiert, sind die Innenhöfe des Erdgeschosses frei zugänglich und erlauben die Passage zum Kunstareal. Unternehmerische Repräsentation in Verbindung mit Transparenz und Öffnung.

Musentempel

Coop Himmelb(l)au zeichnet auch verantwortlich für den dekonstruktivistischen Anbau an die Ende des 19. Jh. im Neorenaissancestil erbaute Münchner Kunstakademie nahe des Sieges- tors. Ansonsten konzentrieren sich die postmodernen Kulturbauten im Kunstareal. Massivität und Leichtigkeit verbindet die **Pinakothek der Moderne** von Stephan Braunfels, deren zentraler Kuppelraum mit großer Freitreppe schnell zum Vorbild für andere Museumsbauten wurde. Seit 2009 steht sie im Schatten des von Sauerbruch Hutton entworfenen Baus für die **Sammlung Brandhorst.** Bereits die Außenhülle, deren 36 000 Keramikstäbe in 21 Farben funkeln, assoziiert moderne Kunst und lässt das Gebäude zum Solitär werden. Der rechteckige Langbau mit dem trapezförmigen Kopfbau wurde eigens für die Privatsammlung von Anette und Udo Brandhorst erbaut. Eine großzügige Treppe erschließt die drei Ausstellungsebenen. Dem Baufieber nicht entziehen konnte sich auch die **Städtische Galerie im Lenbachhaus,** die nach dem von Uwe Kiessler in einen Nebenschacht des U-Bahnhofs Königsplatz gesetzten Kunstbau weiter expandiert: Durch einen von Norman Foster entworfenen neuen Eingangsbau dominiert golden funkelnde Gegenwartsarchitektur inzwischen die historische Künstlervilla.

Sporttempel

Mit der **Allianz Arena** verfügt München neben dem Olympiagelände über eine weitere Sportanlage von internationaler Ausstrahlung. Den Komplex von Herzog & de Meuron, dessen Baukosten sich auf 340 Mio. € beliefen, eröffnete 2005 ein Derby zwischen dem FC Bayern und dem FC Nürnberg, 2006 wurde hier die WM und damit der Beginn des ›Sommermärchens‹ angepfiffen. Das Fußballstadion der lokalen Vereine FC Bayern München und 1860 München, genannt die ›Löwen‹, fasst 66 000 Zuschauer. Wahlweise als ›Kolosseum‹, ›größte Luftmatratze der Welt‹ oder ›Ufo‹ bezeichnet, kann der amorphe Bau mit 2874 rautenförmigen Kissen aus Kunststoff über 25 344 Leuchtstoffröhren in den Vereinsfarben Rot für die Bayern, Blau für die Löwen oder Weiß für die Nationalmannschaft eingefärbt werden. Auf der A 9 aus Richtung Nürnberg soll es wegen des daraus resultierenden Farbspektakels zu Unfällen gekommen sein. Sicher ist, dass das lange umstrittene Stadion zu einem Münchner Wahrzeichen avancierte.

Moderne Architektur im Netz
www.fuenfhoefe.de
www.herzjesu-neuhausen.de
www.juedischeszentrumjakobsplatz.de
www.bmw-welt.com
www.museum-brandhorst.de
www.allianz-arena.com

Unterwegs in München

Ehrwürdiges Ensemble: Odeonsplatz, Feldherrenhalle, Frauen- und Theatinerkirche

Das Beste auf einen Blick

Historisches Zentrum

Highlights!

Marienplatz: Seit dem Mittelalter der zentrale Platz von München. Dominiert wird er vom neugotischen Neuen Rathaus, der flandrische Vorbilder zitiert. Sommers wie winters ist der Marienplatz Schauplatz vielfältigster Veranstaltungen. S. 116

Hofbräuhaus: Das weltberühmte Brauhaus besteht bereits seit 1589. »In München steht ein Hofbräuhaus, oans, zwoa, gsuffa«, lautet die täglich tausendfach skandierte Hymne: Pro Tag werden hier rund 10 000 l Bier ausgeschenkt. 7 S. 121

Frauenkirche: Als Münchner Wahrzeichen schlechthin überragen die Türme der Frauenkirche mit ihrer Höhe von 99 m weithin sichtbar die Altstadt. 9 S. 125

Auf Entdeckungstour

Das Neue Rathaus – wo München verwaltet wird: Nicht nur am Außenbau gibt es vom Glockenspiel bis zu den Statuen der Wittelsbacher viel zu entdecken: Das Innere lockt mit Rathausgalerie, Rathausturm und einem schattigen Biergarten. 1 S. 118

Kultur & Sehenswertes

Alter Hof: Die erste Residenz der Wittelsbacher in München strahlt noch den trutzigen Charakter ihrer Erbauungszeit aus. 4 S. 117

ValentinKarlstadtMusäum: Wer noch nie einen Zahnstocher im Pelz für kühle Wintertage gesehen hat, der sollte sich das verwinkelte Museum ansehen, das dem kongenialen Komikerpaar gewidmet ist. 8 S. 61, 124

St. Michael: Die bedeutendste und größte Renaissancekirche nördlich der Alpen ist dem Erzengel Michael geweiht. 11 S. 128

Aktiv unterwegs

Fotosafari durch Münchens Innenstadt: Gut gebrieft – Welches sind die schönsten Perspektiven? Wann ist das beste Licht? – geht es auf eigene Faust durchs Zentrum der Stadt, immer mit der Kamera in der Hand. S. 129

Genießen & Atmosphäre

Café Glockenspiel: Das Café am Marienplatz ist sehr begehrt, weil man von hier den besten Blick auf das Neue Rathaus genießen kann. 6 S. 39, 119

Dallmayr: Ein Abstecher zu dieser Münchner Institution, einem immerhin seit 1700 bestehenden Feinkostgeschäft mitten in der Innenstadt, lohnt immer. 1 S. 42, 121

Ausgehen am Platzl: An keinem anderen Ort Münchens trifft man auf ein vielfältigeres gastronomisches Angebot. S. 121

Abends & Nachts

Hard Rock Café: Direkt am Platzl genießt man inmitten von originalen Erinnerungsstücken bekannter Interpreten amerikanisches Essen und Musikkonzerte. 2 S. 132

Marienplatz, Frauenkirche und Kaufinger Straße

München zerfällt nicht wie Hamburg oder Berlin in Dutzende von Milieus, die an bestimmte Stadtviertel gebunden sind und oft nichts voneinander wissen. Für eine Millionenstadt ist München ein äußerst kompakter Stadtkörper, dem der Marienplatz eine Mitte gibt. Im Zentrum begann urkundlich belegt im Jahr 1158 die Stadtgeschichte Münchens. Am Marienplatz kreuzten sich die mittelalterlichen Handelsstraßen. Sie vierteln den Stadtkern bis heute in Anger-, Hacken-, Kreuzviertel und Graggenau.

Der Alte Hof, ab 1255 von den Wittelsbachern errichtet und nordöstlich des Marienplatzes gelegen, ist das älteste Bauwerk Münchens. Heute wird die Stadt im Neuen Rathaus am Marienplatz verwaltet. Entlang der geschäftigen Kaufinger Straße reihen sich die Sehenswürdigkeiten wie Perlen an einer Kette: Frauenkirche, Augustinerkirche und Bürgersaal geben der Innenstadt ihr architektonisches Gepräge. Da neben Geschäften auch Kinos und Restaurants zur Innenstadt gehören, ist das Zentrum nach Geschäftsschluss sowie an den Wochenenden nicht verwaist. Einen besonderen Anziehungspunkt stellen die Brauhäuser dar. Mit dem Hofbräuhaus steht in Münchens Innenstadt das weltweit wohl bekannteste Wirtshaus.

Infobox

Reisekarte: ▶ R/S 13

Verkehrsmittel
Das historische Zentrum ist über die Haltestelle Marienplatz mit zahlreichen S- und U-Bahnlinien, ferner durch die Tramlinien 17, 18, 19 erreichbar.

Ausgangs- und Endpunkt
Der Rundgang führt auf den Spuren von Münchens mittelalterlicher Besiedlung vom Marienplatz zunächst zum Alten Hof. Nach einem Abstecher zum Hofbräuhaus und durch das Tal bis zum Isartor geht der Weg innerhalb der Fußgängerzone zur Frauenkirche und anderen bedeutenden historischen Bauten bis zum Karlsplatz (Stachus).

Rund um den Marienplatz!

Im Mittelalter war der Marienplatz ein wichtiger Handelsknotenpunkt, heute ist er Mittelpunkt der Fußgängerzone und unterirdisch der Hauptknotenpunkt des U- und S-Bahnsystems. Bis 1807 war der Marienplatz der zentrale Marktplatz der Stadt, heute säumen ihn Kaufhäuser, Fachgeschäfte und Lokale. Noch immer ungeliebt ist der massive Betonbau des Kaufhofs, dessen Abriss gelegentlich erwogen wird.

Die von einem vergoldeten Standbild der Patrona Bavariae gekrönte **Mariensäule** auf dem Platz wurde 1638 als Dank an die Muttergottes für den Abzug der schwedischen Besatzung gestiftet. Auf ihrem Marmorsockel tragen mutige Putti den ewigen Kampf gegen Hunger, Krieg, Unglauben und Pest aus. Der Marienplatz gibt heute die Kulisse für politische Kundgebungen, Faschingsveranstaltungen, Feiern und Märkte ab. Täglich um 21 Uhr startet an der Mariensäule eine Nachtwächtertour (s. Aktiv S. 133).

In der Nordostecke des Platzes steht der **Fischbrunnen,** die älteste Wasserstelle Münchens und ein beliebter Treffpunkt für Verabredungen. Seine Gestaltung verweist auf die bis 1901 gepflegte Tradition des ›Metzgersprungs‹, bei dem Lehrlinge im kühlen Nass ›getauft‹ und freigesprochen wurden. Am Aschermittwoch kommt traditionell der Oberbürgermeister mit seinen Stadträten, um den Stadtsäckel im Fischbrunnen zu waschen, auf dass die Finanzen niemals versiegen ...

Neues Rathaus 1

Marienplatz 8, s. Entdeckungstour S. 118

Dem Neuen Rathaus, dessen Bau Mitte des 19. Jh. auf Grund der Raumnot im Alten Rathaus notwendig wurde, fielen zwei Dutzend alte Bürgerhäuser zum Opfer. Erbaut in Anlehnung an gotische Kommunalbauten Flanderns, beherrscht es die Nordseite des Platzes. Im **reichen Bauschmuck der Hauptfassade** finden sich Darstellungen bayerischer Herzöge, Kurfürsten und Könige neben Heiligen und Münchner Originalen. Der 85 m hohe **Rathausturm** ist eines der Wahrzeichen Münchens. Auf dem Platz verursacht das **Glockenspiel** regelmäßig einen Menschenauflauf.

Altes Rathaus mit Spielzeugmuseum 2

Marienplatz 15, Spielzeugmuseum: www.toymuseum.de, tgl. 10–17.30 Uhr, s. S. 61

Das Alte Rathaus mit seinem erst 1974 rekonstruierten Turm bildet an der Ostseite einen markanten Abschluss des Marienplatzes. In dem mehrfach umgestalteten Bau gilt der 1470–1480 von Jörg von Halspach, dem Baumeister der Frauenkirche, errichtete **Festsaaltrakt** als herausragende mittelalterliche Schöpfung.

Im Turm ist ein kleines Spielzeugmuseum untergebracht, das man nur über eine enge Wendeltreppe erreicht. Die Sammlung des Karikaturisten Ivan Steiger zeigt **europäisches und amerikanisches Spielzeug** aus zwei Jahrhunderten, darunter Teddybären, bemaltes Blechspielzeug und Miniatureisenbahnen.

Stadtschreiberhaus 3

Burgstr. 5

Das ehemalige Stadtschreiberhaus ist ein Renaissance-Umbau des ältesten in München erhaltenen Wohnhauses. Im 16. Jh. entstanden die architektonische Fassadenmalerei und die für Münchner Renaissance-Bürgerhäuser typischen Halbgiebelgauben, die im Volksmund ›Ohrwaschl‹ genannt werden, weil sie ähnlich dem menschlichen Ohr am Dach des Gebäudes abstehen. Heute beherbergt das Haus den **Hofer Stadtwirt,** bei dem österreichisch-bayerische Küche auf der Karte steht (s. S. 131).

Im Nachbarhaus, **Burgstraße Nr. 6,** komponierte W. A. Mozart 1780 seine Oper »Idomeneo«, die ein Jahr später im Cuvilliés-Theater uraufgeführt wurde. Der Erbauer des Theaters, François Cuvilliés, war 1768 schräg gegenüber, in Haus Nr. 8, verstorben.

Alter Hof 4

Ausstellung: zugänglich über Infopoint Museen & Schlösser in Bayern, www.muenchner-kaiserburg.de, Mo–Sa 10–18 Uhr

Durch einen Torbogen gelangt man in den Alten Hof, die älteste Burg der Wittelsbacher Herrscher und von 1253 bis 1474 ihre Stadtresidenz. Seine größte Bedeutung hatte der Alte ▷ S. 121

Auf Entdeckungstour: Das Neue Rathaus – wo München verwaltet wird

Zum letzten Mal war das Münchner Rathaus 1 groß in der Presse, als es versehentlich die Titelseite von 700 000 Berliner Telefonbüchern zierte. Doch so viel Publicity hat das Neue Rathaus eigentlich gar nicht nötig, steht es doch im Herzen der Stadt am Marienplatz!

Planung: Glockenspiel: März–Okt. um 11, 12, 17 und 21 Uhr, Nov.–Febr. um 11, 12 und 21 Uhr; Rathausturm (Zugang zum Aufzug über den Turmeingang): Mai–Okt. tgl. 10–19 Uhr, Nov.–April Mo–Fr 10–17 Uhr, 2 €.
Tipp: Ein Feldstecher oder ein Opernglas ist von Vorteil, um die Bauplastik zu betrachten.

Ein schöner Sommerabend, der Marienplatz ist gut besucht. Punkt 21 Uhr ertönen zarte Klänge, die Köpfe recken sich hinauf zum Rathausturm. Dort bringt das Glockenspiel des Neuen Rathauses das Münchner Kindl zu Bett – stilecht mit dem »Wiegenlied« von Johannes Brahms, während der Platz unten noch lange belebt ist.

Schäfflertanz und Ritterturnier

Der **Rathausturm (1),** dessen zweite Galerie auf 50 m Höhe als Aussichtsplattform dient, beherbergt Deutschlands größtes **Glockenspiel,** das bis zu vier Mal täglich etwa zwölf Minuten lang erklingt. Der doppelstöckige Spielwerkserker zeigt zwei Szenen der Stadtgeschichte anhand von insgesamt 32 Figuren, die zum Teil über 2 m groß sind. Oben das nachgestellte Ritterturnier, das anlässlich der Hochzeit Wilhelms V. mit Renata von Lothringen 1568 auf dem Marienplatz stattfand. Auf der unteren Bühne erinnert der Schäfflertanz daran, dass auch in München zu Beginn des 16. Jh. die Pest wütete. Einen einzigartigen Blick auf Figuren und Turm hat man vom **Café Glockenspiel** 6 gegenüber, das in der fünften Etage gelegen und über einen Aufzug zu erreichen ist.

Ein Rathaus in drei Etappen

Das Neue Rathaus selbst entstand 1867–1909 in drei Bauabschnitten. Der Bau war nötig geworden durch den immensen Bevölkerungszuwachs, den München in der zweiten Hälfte des 19. Jh. erlebte, und durch die damit verbundenen anwachsenden kommunalen Aufgaben. Den 1865 ausgelobten Architektenwettbewerb gewann überraschend der erst 25 Jahre alte, aus Graz stammende Architekturstudent Georg Hauberisser (1849–1922). Sein Vorschlag orientierte sich an flandrischen Kommunalbauten in Brüssel und Brügge und damit an der Gotik. Galt diese seinerzeit fälschlicherweise als genuin deutsch, so verwies die Rückbesinnung auf das Mittelalter zugleich auf eine Hochblüte bürgerlicher Selbstbestimmung. Die äußere Gestalt des Rathauses lässt bis heute leicht vergessen, dass München nie eine freie Reichsstadt war, sondern immer Residenzstadt und damit dem Willen der Wittelsbacher unterworfen.

Stadtgeschichte als Bildprogramm

Das vielfigurige Bildprogramm, das auf mehr als 60 Bildhauer und Steinmetze zurückgeht, huldigt im Gegensatz zur Architektur dem Herrschaftshaus der Wittelsbacher. Über den Arkadengängen, in denen sich neben der Münchner Tourist Information alteingesessene und neuere Geschäfte befinden, erstreckt sich entlang der Weinstraße und am Marienplatz ein Programm, über das die Zeitschrift »Die Jugend« bereits 1905 lästerte: »Vor Zuzug weiterer gothischer Figuren wird (...) dringend gewarnt.«

Sittlich benehmen sich dagegen die in dem **Fürstenzyklus** an der Front zum Marienplatz dargestellten 43 Herrscher Bayerns: Mit Ausnahme des bei Vollendung regierenden Herrschers **Prinzregent Luitpold (2),** der als Reitermonument verewigt wurde (etwa in der mittleren Achse der Fassade zum Marienplatz), stehen alle in Reih und Glied als Statuen, angefangen mit Heinrich dem Löwen (Mittelachse oberhalb der ersten Galerie des Rathausturmes). Gleich mehrfach ist das **Münchner Kindl (3)** vertreten, das auf die Mönche verweist, die die Stadt gründeten: u. a. als bekrönende Skulptur auf dem Rathausturm und am Eck zur Dienerstraße. Schräg über ihm befindet sich hier ein **Heiliger Georg (4)** im Kampf mit dem Drachen. Ein ›Lindwurm‹ findet sich auch gegenüber an der Ecke zur Weinstraße, dem **Wurmeck (5),** dort verbunden mit Reliefs zur Kriegsfurie, Pestseuche und dem sie überwindenden Schäfflertanz.

Neben dem dominierenden Fürstenzyklus an der Front zum Marienplatz greift das **allegorische Bildprogramm an der Westfassade** zur Weinstraße Themen der Stadtverwaltung auf: die Aufgaben des Magistrats (Ecktürmchen Weinstraße/Marienhof, sog. Kloibereck), die Regierungsbezirke (Fensterachsen), die Berufsstände (Mittelbau), gute und schlechte bürgerliche Eigenschaften (3. OG, Reliefs über den Fenstern). Die **Volksstämme Altbayerns** werden von vier Kopfkonsolen verbildlicht (südlicher Giebelbau).

Wo der Münchner Oberbürgermeister regiert

Ähnlich wie das Glockenspiel den Rhythmus der Passanten auf dem Marienplatz bestimmt, nimmt es vermutlich auch Einfluss auf die Amtsgeschäfte. Denn das Amtszimmer des Oberbürgermeisters befindet sich genau unterhalb des Glockenspiels im Rathausturm. Als besondere Ehre gilt es, vom **Balkon des Amtszimmers** zu grüßen, was den Fußballspielern des FC Bayern München regelmäßig widerfährt, wenn sie die Deutsche Meisterschaft gewonnen haben.

Wege durchs Labyrinth

Der gewaltige Rathauskomplex umfasst ca. 400 Räume und gruppiert sich um sechs Innenhöfe. Das Labyrinth aus Treppen und Gängen ist ebenso wie das Amtszimmer des Oberbürgermeisters nur alle zwei Jahre während eines Tags der offenen Tür zugänglich.

Einen Eindruck von der verspielten Baugestaltung kann man sich im **Prunkhof (6)** verschaffen, den man über das Tor im Rathausturm betritt. Hier erregen im Tordurchgang einige Gedenktafeln zur Geschichte Münchens die Aufmerksamkeit. Ein Gedenkraum im 1. Geschoss erinnert zudem an die Toten und Opfer der beiden Weltkriege.

Ruhe zum Verschnaufen in einer fantastischen Umgebung, die an eine italienische Piazza denken lässt, bietet hier im Sommer das **Prunkhof Café** des unterirdischen **Ratskellers** (s. S. 132). Fast der gesamte Keller des Rathauses ist als Gaststätte ausgebaut – ein untrügliches Zeichen dafür, dass in München selbst die Politiker leiblichen Genüssen nicht abhold sind …

Über den Prunkhof erreicht man auch die im rückwärtigen Teil zum Marienhof gelegene Rathausgalerie.

Ein Ort Münchner Kunst

1979 wurde die opulente Kassenhalle des Rathauses geschlossen. Dem Wunsch nach einer Kunsthalle schien die 650 m² große fünfschiffige Säulenhalle mit 8 m hoher Glaskuppel, die nur über wenige Wandflächen verfügt und deren Bodenfläche zudem mit einem Marmorbrunnen verstellt ist, zunächst kaum zu entsprechen. Dennoch konnte sich hier ein vitales Zentrum Münchner Gegenwartskunst etablieren. Von März bis November stehen in der **Rathausgalerie / Kunsthalle der Stadt München / am Marienplatz (7)** (www.muenchen.de/rathausgalerie, Di–So 11–19 Uhr; im Winter Ausstellungen des Baureferats) vornehmlich Münchner Künstler im Mittelpunkt. Zu sehen sind viele in München und Umgebung ansässige Kunstschaffende, denen der Kunstbetrieb eine größere Anerkennung bislang verweigert hat – und die dennoch das Salz in der Suppe des internationalisierten Münchner Kunstgeschehens sind.

Hof 1328–1347, als Kaiser Ludwig der Bayer von hier aus das Heilige Römische Reich Deutscher Nation regierte. Ende des 14. Jh. begannen die Wittelsbacher mit dem Bau der Neuveste, der heutigen Residenz, und gaben den Alten Hof auf, der in der Folge als Verwaltungsgebäude, zuletzt als Finanzamt, genutzt wurde. Bis ca. 1590 war im östlichen Pfisterstock die Hofpfisterei untergebracht, die den Hof mit Backwaren versorgte. Die **Bäckerei Hofpfisterei** existiert noch heute und verkauft, neben vielen anderen Leckereien, das viel gerühmte Pfisterbrot.

Von der mittelalterlichen Vierflügelanlage rekonstruierte man nach dem Zweiten Weltkrieg zunächst nur Süd- und Westseite. Seit 2006 ist der gesamte Alte Hof wieder aufgebaut, vereint Alt und Neu zu einer gelungenen Symbiose und wird von Lifestyleläden, Restaurants und Büros bespielt.

Im gotischen Gewölbekeller informiert eine **multimediale Dauerausstellung** über die Anfänge Münchens und die Geschichte des ersten Herrschaftssitzes der Wittelsbacher.

Dallmayr 1

Dienerstr. 14–15, www.dallmayr.de, Mo–Sa 9.30–19 Uhr

Ein Besuch in dem seit 1700 bestehenden Delikatessengeschäft und ›Hoflieferanten‹ Alois Dallmayr lohnt. Überregional bekannt durch den Kaffee, der noch heute täglich frisch geröstet in der Kaffeeabteilung verkauft wird, verbirgt sich hinter Dallmayr ein Delikatessengeschäft der Superlative. Wie im Fußball so ist die Münchner Gesellschaft auch in Bezug auf Delikatessen gespalten. Während die eine Fraktion lieber zu Feinkost Käfer in Bogenhausen (s. S. 249) geht, schließt die andere Fraktion den Stadtbummel gerne mit einem Besuch bei Dallmayr ab. Hinter der vornehmgelben Fassade erstrecken sich noble Einkaufshallen, in welchen die aus der Fernsehwerbung bekannten blau beschürzten Bedienungen alle kulinarischen Wünsche erfüllen.

Am Platzl

Über die Pfisterstraße, vorbei am 1967 entstandenen **Reiterstandbild Kaiser Ludwigs des Bayern,** führt der Weg zum Platzl, einem der ältesten Plätze Münchens. Lange waren das Hofbräuhaus und die Platzl-Bühne, auf der einst beliebte Volkssänger wie der Weiß Ferdl, Bally Prell und Erni Singerl auftraten, die einzigen Anziehungspunkte am Platzl, sieht man von den Rotlicht-Etablissements ab, die hier bis 1970 existierten. Heute erstrahlen die teils gotischen, teils neogotischen Fassaden in neuem Glanz.

An keinem anderen Ort Münchens trifft man auf ein vielfältigeres gastronomisches Angebot. Das **Hard Rock Café** 2 (s. S. 132) bietet amerikanische Küche und rockige Musik. Die Gastrokette übernahm vor einigen Jahren das traditionsreiche Gebäude, in dem sich bis 1994 die Platzl-Bühne befand. Im **Ayingers** 3 (s. S. 131) genießt man traditionelle bayerische Küche,. Mit **Schuhbeck's Orlando** 10 (s. S. 132) und **Schuhbeck's in den Südtiroler Stuben** 11 (s. S. 132) ist der Sternekoch Alfons Schuhbeck gleich zweimal am Platzl vertreten.

Hofbräuhaus ! 7

Platzl 9

Das bekannteste Lokal am Platzl ist jedoch das weltberühmte Hofbräuhaus. Es entstand 1589 auf Weisung des Kurfürsten Wilhelm V., der die Staatskasse mit dem Bau der Jesuitenkirche St. Michael leer geräumt hatte. »Ein aigen Preuhaus« sollte den teuren

Historisches Zentrum

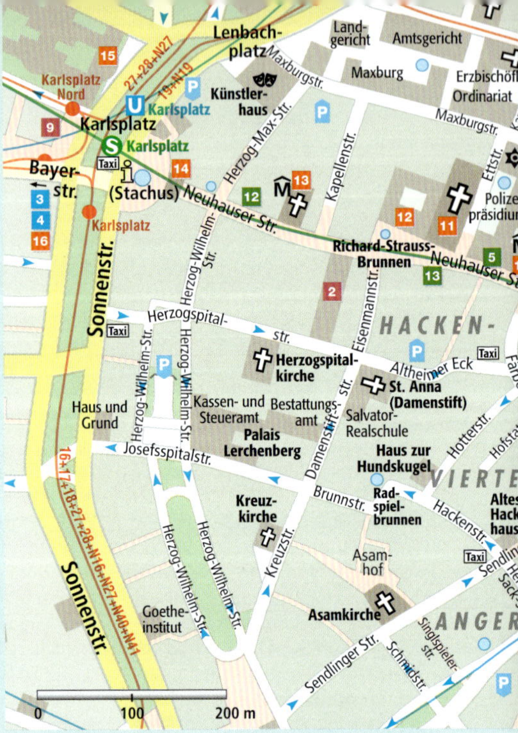

Sehenswert

1 Neues Rathaus
2 Altes Rathaus
3 Stadtschreiberhaus
4 Alter Hof
5 Zerwirkgewölbe
6 Torbräu
7 Bier- und Oktoberfest-museum
8 ValentinKarlstadt Musäum
9 Frauenkirche
10 Deutsches Jagd- und Fischereimuseum
11 St. Michael
12 Alte Akademie
13 Bürgersaal mit Museum
14 Karlstor
15 Justizpalast
16 Hauptbahnhof

Essen & Trinken

1 Andechser am Dom
2 Augustinerbräu
3 Wirtshaus Ayingers
4 Dürnbräu
5 Zum Franziskaner
6 Café Glockenspiel
7 Hofbräuhaus
8 Katzlmacher
9 Königshof
10 Schuhbeck's Orlando
11 Schuhbeck's in den Südtiroler Stuben
12 Schneider Bräuhaus

Einkaufen

1 Dallmayr
2 Garibaldi Marienplatz
3 Fanshop 1860 München
4 Fanshop FC Bayern München
5 Herrmann Geschenke
6 Hugendubel
7 Fourth Dimension
8 Kaufinger Tor
9 Ludwig Beck
10 Manufactum
11 Obacht', Laden für Heimatgefühl
12 Oberpollinger
13 Joseph-Pschorr-Haus

Aktiv

1 Spurwechsel

Abends & Nachts

1 Bar Centrale
2 Hard Rock Café
3 Mathäser Multiplex
4 Palais
5 Tabacco

Bierimport aus dem niedersächsischen Einbeck überflüssig machen. Die erste Braustätte stand in der Ledererstraße Nr. 3, wo sich bis heute ein sehenswerter kreuzgratgewölbter Raum erhalten hat: das **Zerwirkgewölbe** 5, in dem im 19. Jh. Wildbret ›zerwirkt‹, also zerlegt, wurde. Bis 1828 versorgte das Brauhaus ausschließlich den Hof, erst König Ludwig I. richtete den öf-

fentlichen Bierausschank ein. Der große Publikumsandrang machte gegen 1900 das heutige Gebäude nötig, das mit seinen Architekturzitaten ein Musterbeispiel des ›Breznbarock‹ darstellt und zum Synonym für die bayerische Gemütlichkeit – im Großformat – wurde. Im unteren, einem 41 x 17,5 m großen Saal, der **Bierschwemme,** finden bis zu 1000 Menschen Platz. Insgesamt verfügt das Hofbräuhaus über ca. 3500 Plätze. Im Biergarten trinkt man die Maß unter dem Kastaniendach.

Im Tal

Über die Orlandostraße, mit ihren **Fanshops von 1860 München** 3 und **FC Bayern** 4 ein Eldorado für Fußballfans, Lederer- und Maderbräustraße führt der Weg zum Tal. Der Name ›Tal‹ als Bezeichnung der tieferen Lage einer der breitesten und verkehrsreichsten Straßen Alt-Münchens ist bereits seit dem 13. Jh. verbürgt. Das Tal führte damals wie heute vom Isartor zum Marienplatz und war damit Teil der Salzstraße. Kaufleute, Pilger, Studenten und Handwerker, aber auch Kaiser, Könige und Herzöge beförderten seit dem 15. Jh. die Entstehung zahlreicher Wirtschaften, Herbergen und Badehäuser. Erst vor Kurzem wurde der einstige Hauptverkehrsweg durch München durch die Anlage von breiteren Gehwegen und durch Bepflanzung passantenfreundlich aufgewertet.

Im **Torbräu** 6 (s. auch S. 28), dem ältesten Hotel Münchens, entbrannte 1844 der ›Bierkrieg‹ gegen die stark angestiegenen Preise. Heute ist das Tal

Schlemmermeile und Einkaufsstraße. Zwischen McDonalds und Sausalitos haben sich einige ehemalige Kutschergaststätten wie das **Schneider Bräuhaus** 12 und das **Dürnbräu** 4 erhalten.

Bier- und Oktoberfestmuseum 7

Sterneckerstr. 2, www.bier-und-oktoberfestmuseum.de, Di–Sa 13–17 Uhr, *s. S. 61*

In einer Seitenstraße des Tals inmitten des früheren Brauerviertels befindet sich in einem historischen Gebäude das privat initiierte Museum zu Geschichte und Herstellung des Gerstensaftes und zur 100-jährigen Historie des Oktoberfestes – für alle, die mehr über das bayerische Reinheitsgebot wissen möchten und schon immer herausfinden wollten, warum das Oktoberfest im September stattfindet.

ValentinKarlstadtMusäum 8

Im Tal 50, www.valentin-musaeum.de, Mo, Di, Do 11.01–17.29, Fr, Sa 11.01–17.59, So 10.01–17.59 Uhr, *s. S. 61*

Wie modern der Querdenker Karl Valentin und seine Partnerin Lisl Karlstadt wirklich waren, das erschließt sich beim Besuch des liebevoll eingerichteten Museums, in dem nicht nur der Nagel, an dem Valentin seinen Beruf aufhängte, zu bewundern ist, sondern auch viele Objekte, die man heute als ›Readymades‹ bezeichnen würde.

Der Präsentation von Valentins skurriler Objektkunst ist ein **Volkssängermuseum** angefügt, das die große Tradition beliebter Interpreten von Gstanzln (Liedvorträgen) und Couplets, darunter Else Aulinger, Bally Prell und Weiß Ferdl, dokumentiert.

Vom Marienplatz zum Karlstor

Kaufinger und Neuhauser Straße

Zwischen Marienplatz und Karlstor wurde in den 1970er-Jahren eine Fußgängerzone eingerichtet, deren

Vom Turm des Alten Peter lässt sich die Altstadt am besten erfassen

Kernstück die Kaufinger und die Neuhauser Straße bilden. Die **Kaufinger Straße** ist mit bis zu 16 000 Passanten pro Stunde eine der am stärksten frequentierten Einkaufsmeilen Deutschlands. Die Wegführung folgt der mittelalterlichen Salzstraße, auf der das ›weiße Gold‹ von Reichenhall bis Augsburg transportiert wurde. Hinter dem Kaufhof verweist in luftiger Höhe eine **Holzfigur** des zeitgenössischen Bildhauers Stephan Balkenhol auf den Eingang der Einkaufspassage **Kaufinger Tor** 8. In der Nähe stand bis 1807 das gleichnamige Stadttor.

Frauenkirche ! 9

Frauenplatz 12, www.muenchner-dom.de, tgl. 7.30–20.30 außer während der Gottesdienste, einstündige Domführung Mai–Sept. So, Di, Do 15 Uhr, Treffpunkt unter der Orgelempore; der Südturm bleibt bis auf Weiteres geschlossen, eine Turmbesteigung ist daher zzt. nicht möglich

Im Jahr 1468 legte der Wittelsbacher Herzog Sigismund auf dem Fundament eines romanischen Vorgängerbaus den Grundstein für die letzte und größte gotische Hallenkirche Bayerns. Bereits 1494 konnte sie geweiht werden. Der ehrgeizige Baumeister der Kirche, Jörg von Halspach, soll hierfür sogar einen Pakt mit dem Teufel geschlossen haben: Die Kirche würde besonders prächtig werden, dafür sollte sie keine Fenster haben. Nach der Vollendung ließ der Architekt den Teufel sein Werk von dem Platz unter der Orgelempore betrachten. Hier verstellen Pfeiler die großen und breiten Fenster, selbst das Fenster der Chorscheitelkapelle war damals durch den Hochaltar verdeckt. Zunächst triumphierte der Teufel, doch als er die Täuschung bemerkte, stampfte er wütend auf – den **Teufelstritt** kann man bis heute sehen.

Mit der Verlegung des Bistums von Freising nach München 1821 erlangte die Frauenkirche den Rang einer Bischofs- und Metropolitankirche. Nach schweren Beschädigungen im Zweiten Weltkrieg baute man die Kirche, die

Die Patrona Bavariae grüßt zwischen den Türmen der Frauenkirche huldvoll vom Sockel der Mariensäule

offiziell ›Dom zu unserer lieben Frau‹ heißt, bis 1953 wieder auf.

Die gewaltigen Ausmaße des dunkelroten Backsteinbaus von 109 m Länge und fast 40 m Breite bei einer Gewölbehöhe von 33 m waren von vornherein auf Fernwirkung bedacht. Auch den Innenraum plante man für die Zukunft. Er fasst 20 000 Menschen, obgleich die damalige Einwohnerzahl Münchens nur 13 000 betrug.

Dem Außenbau, insbesondere den Portalen, fehlt der Schmuckreichtum spätgotischer Kirchen. Die Skulpturen des **Westportals,** ein Christus und eine Madonna mit Kind (14. Jh.), stammen noch vom Vorgängerbau. Die Türflügel aller fünf Portale sind Werke des Münchner Barockbildhauers Ignaz Günther (1772). Eine Besteigung des **Südturms,** von dem sich ein weiter Blick über München bietet, ist leider zzt. nicht möglich.

Während die derzeit laufenden Restaurierungsmaßnahmen den Außenbau betreffen, erhielt der Innenraum mit der vorletzten Domrestaurierung 1989–94 zum 500. Jubiläum der Weihe die hellbeige Ausmalung der Entstehungszeit zurück. Rund 400 einst zumeist von Bruderschaften und Ratsfamilien gestiftete Kunstwerke kehrten aus Museen und Archiven wieder an ihren ursprünglichen Ort zurück. Das **Bildprogramm** kreist um die Erlösung der Menschen durch Christus und die Rolle seiner Mutter Maria als Vermittlerin. Die qualitätvollen Glasfenster datieren überwiegend aus dem 14. bis 16. Jh. Schließlich beauftragte man in den 1960er-Jahren verschiedene Künstler mit Entwürfen für die im Krieg zerstörten Fenster, so für das von der Orgel verdeckte große Fenster der Westfassade.

Das herausragendste Werk, das **Kenotaph Kaiser Ludwigs des Bayern,** das ehemals im Chor aufgestellt war, befindet sich heute vor der südlichen Turmkapelle. Die spätgotische Gedächtnisplatte mit dem Antlitz Ludwigs wurde 1622 von dem Münchner Hofbildhauer Hans Krumpper in ein marmornes Prunkgehäuse gefasst, das von vier geharnischten Rittern umgeben ist. Die ganzfigurigen Darstellungen Herzog Wilhelms IV. an der West- und Herzog Albrecht V. an der Ostseite verweisen auf die Bedeutung der Wittelsbacher für die Kirche und die Stadt. Ganz in der Nähe, an der Ostwand des Südturms, erinnert eine **Grabplatte** an den 1488 verstorbenen Baumeister der Frauenkirche, Jörg von Halspach.

Das ehemalige **Hochaltarbild,** 1620 von dem Niederländer Peter Candid gemalt und ein herausragendes Werk der Gegenreformation, hängt über dem Eingang zur Sakristei im **nördlichen Chorumgang.** Neben dem gotischen Portal der Sakramentskapelle steht ein hölzernes Uhrgehäuse, der älteste erhaltene Bildautomat. Die Figuren von Christus und Maria können als Fürbitter vor Gott bewegt werden (um 1500). Rechts daneben, in der Sebastiankapelle, befindet sich das sog. Herzogenfenster von ca. 1485. Deutlich erkennbar sind die als Stifter hervorgetretenen Wittelsbacher Herzöge Ernst und Albrecht III. mit ihren Familien. Hinter dem Chor führen Treppen hinab in die 1972 gestaltete **Krypta,** in der sich Gedenksteine für die in Nebenkapellen begrabenen Mitglieder des Hauses Wittelsbach sowie die Grabmale der Kardinäle Faulhaber, Wendel und Döpfner befinden. Der **südliche Chorumgang** beherbergt die Bennokapelle, die dem hl. Bischof Benno von Meißen (gest. 1106) geweiht ist, dem Schutzpatron der Stadt München und des Landes Bayern. Seine Reliquien kamen 1580 nach München, das Reliquiar und die Silberbüste wurden um 1600 geschaffen.

Deutsches Jagd-und Fischereimuseum 10

Neuhauser Str. 2, www.jagd-fischerei-museum.de, tgl. 9.30–17, Do 9.30–21 Uhr, *s. S. 61*

Auf der Neuhauser Straße beginnt eine bunte Souvenirmeile. Die mit Bayerndevotionalien vollgestopften Schaufenster lassen leicht übersehen, dass sich die Shops an der Außenwand eines Kirchenbaus angesiedelt haben. Die **Augustinerkirche,** eine barockisierte Kirche des 13. Jh., wurde bereits während der Säkularisation im 19. Jh. zweckentfremdet. 1966 zog das Deutsche Jagd- und Fischereimuseum ein, dessen Eingang ein bronzener Eber markiert. Grundlage der Sammlung bilden die Trophäen des Grafen Arco, eines unermüdlichen Waidmanns. Hauptanziehungspunkt sind die 500 präparierten Wildtiere, vom Süßwasserfisch bis zum Riesenhirsch.

Der Vollständigkeit halber hat man auch ein Exemplar des in der bayerischen Sagenwelt beheimateten ›Wolpertinger‹ aufgetrieben, dessen Jagd stets 15 Tage vor dem nächsten Gewitter erfolgt. Jagdutensilien, Waffen, Angelgeräte und Gemälde mit Jagdmotiven vervollständigen die Sammlung, die derzeit modernisiert wird.

Augustinerbräu 2

Neuhauser Str. 27

Schräg gegenüber hat die 1328 erstmals erwähnte Augustinerbrauerei ihren Stammsitz. In die Großgaststätte Augustinerbräu hielt gegen 1900 der Jugendstil Einzug, wovon Muschelsaal und der Arkaden-Biergarten, einer der hübschesten Münchens, noch zeugen. Gleichzeitig wurde die Trennung in ›Bierschwemme‹ und Restaurant vorgenommen (s. Essay »Ein Besuch im Augustiner«, S. 103).

Joseph-Pschorr-Haus 13

Neuhauser Str. 19–21

Auf dem Gelände einer ehemaligen Karstadt-Filiale – lange Zeit die größte innerstädtische Baustelle – entstand ein weiterer Einzelhandelskomplex nach Plänen des Berliner Architekturbüros Kuehn Malvezzi. Hauptmieter ist mit 10 000 m^2 Fläche das Traditionshaus Sport Scheck, das am neuen Standort eine Erlebniswelt bietet. Auf LED-Bildwänden flimmern Szenen aus der Welt des Sports, Verkaufsinseln inszenieren verschiedene Sportarten und ein Gesundheits-Coaching informiert über den Fitnesszustand.

St. Michael 11

Neuhauser Str. 6, www.st-michael-muenchen.de, Mo, Fr 10–19, Di 8–20.15, Mi, Do, Sa 8–19, So 7–22.15 Uhr

In unmittelbarer Nähe zur Augustinerkirche ragt die streng gegliederte Schaufassade der Jesuitenkirche St. Michael in die Höhe. Wilhelm V., der Fromme, legte 1583 den Grundstein für die größte Renaissancekirche nördlich der Alpen. Einen Turmeinsturz 1590, der den bereits fertiggestellten Chor zerstörte, deutete man als Fingerzeig, die Kirche nach Plänen von Friedrich Sustris noch prachtvoller auszuführen. Bereits 1559 war der Jesuitenorden ins katholische München berufen worden, nun erhielt der Orden in München ein geistiges Zentrum der katholischen Gegenreformation gegen den abtrünnigen Norden Deutschlands. Wilhelm V. verursachte mit der Errichtung seiner Hofkirche fast einen Staatsbankrott. Nach der Fertigstellung 1597 musste er abdanken. Bereits die Fassade symbolisiert den Machtanspruch des Herzogs. Die imposante Figur des Erzengels Michael als Sieger über den Unglauben von Hubert Gerhard (1588) gibt das Bildprogramm vor. In den Nischen stehen die Bildnisse der Fürsten, die den katholischen Glauben in Bayern verbreiteten und zwischen die sich der Stifter mit einem Kirchenmodell eingereiht hat. Nach einer aufwändigen Sanierung erstrahlt die Fassade wieder in neuem Glanz.

Den Innenraum überspannt ein reich stuckiertes **Tonnengewölbe,** mit 20 m Weite nach St. Peter in Rom das zweitgrößte der Welt. Der Raum findet seinen Höhepunkt in dem **dreigeschossigen Altar,** dessen Gemälde das Motiv vom Höllensturz aufgreift. Im linken Querschiff fällt das von Berthel Thorwaldsen gestaltete Grabdenkmal für Eugène Beauharnais auf, das Auguste Amalie von Bayern ihrem 1824 verstorbenen Mann, dem Stiefsohn Napoleons, errichten ließ. Unter dem Chor befindet sich die **Fürstengruft,** in der neben anderen Mitgliedern des Wittelsbacher Hauses der Stifter Wilhelm V. (gest. 1626), Kurfürst Maximilian I. (gest. 1651) und König Ludwig II. (gest. 1886) ihre letzte Ruhe gefunden haben.

Alte Akademie 12

Neuhauser Str. 8

Die anschließende Alte Akademie wurde als Jesuitenkollegium von Friedrich Sustris 1585–1597 nach dem Vorbild des spanischen Escorial erbaut. Bis 2019 wird die trutzige Traditionsimmobilie umgebaut, um Platz für Gastronomie und Läden zu schaffen. Vor dem Gebäude steht der **Richard-Strauss-Brunnen** (1962), eine späte Ehrung des 1864 in München geborenen Komponisten, dessen Geburtshaus hinter der Akademie stand. Die Bronzesäule mit der ausladenden Schale zeigt Szenen aus der Strauss-Oper »Salomé«.

Bürgersaal mit Museum 13

Neuhauser Str. 14, www.mmkbuergersaal.de; Museum der Marianischen Männerkongregation Mariä Verkündigung am Bürgersaal zu München: tgl. 8–19 Uhr, Eintritt frei

Hinter einer unscheinbaren Fassade verbirgt sich der Bürgersaal, der 1710 als Versammlungsraum der Deutschen Marianischen Kongregation nach Plänen von Giovanni Antonio Viscardi errichtet wurde. Die **barocke Oberkirche,** ein bei allen Gesellschaftsschichten populärer Betsaal, steht ganz im Zeichen der Verehrung Mariens. Allein 14 Ölgemälde (um 1730) stellen altbairische Marienwallfahrtsorte dar. Das 32 x 10 m große Deckenfresko mit der Himmelfahrt Mariens wurde 1773 von Martin Knoller geschaffen.

In der niedrigen Unterkirche wurde 1948 Pater Rupert Mayer, Präses der Kongregation seit 1921, begraben. Der 1945 am Allerheiligentag verstorbene ›Männerapostel‹ war wegen seiner mutigen Predigten gegen den Nationalsozialismus im Konzentrationslager Oranienburg, später in Kloster Ettal inhaftiert gewesen. Seit der 1987 von Papst Johannes Paul II. im Olympiastadion vollzogenen Seligsprechung entwickelte sich hier ein volkstümliches Zentrum seiner Verehrung. Seit 2008 dokumentiert ein Museum das vierhundertjährige Wirken der Kongregation und ihrer Mitglieder.

Unser Tipp

Fotografieren statt knipsen

Seit der Verbreitung der Digitalfotografie werden massenhaft Bilder produziert. Wer München wie ein Profi fotografieren will, der sollte sich den Band »Im richtigen Licht – Münchens Innenstadt« von Cyriakus Wimmer besorgen. Hier werden nicht nur die besten Tageszeiten, die erfolgreichsten Perspektiven und die richtigen Belichtungszeiten erläutert, um Münchens Postkartenmotive einzufangen, die Fotosafari führt zu insgesamt 35 Zielen, darunter auch abgelegenere Motive wie den Kabinettsgarten bei der Allerheiligenkirche.

Oberpollinger 12

Neuhauser Str. 18, www.oberpollinger.de

Die Investoren kommen und gehen, die Münchner gehen immer noch zu Oberpollinger. Zuletzt betrieb Karstadt das Kaufhaus, das inzwischen mit dem KaDeWe in Berlin und dem Alsterhaus in Hamburg zu den Premium-Kaufhäusern Deutschlands in thailändischem Besitz gehört. Die Münchner gehen immer noch zum Oberpollinger: dank Shop-in-Shop-Prinzip »Shopping de Luxe« auf 35 000 m². Das Kaufhaus wurde um 1905 von Max Littmann mit drei Giebeln gestaltet, um den Bau der kleinteiligen Altstadt anzupassen. Eher norddeutschen Ursprungs sind die Hansekoggen auf den Dachfirsten, die den Handel mit Waren symbolisieren.

Am Eck des Karstadt Sporthauses steht das **Brunnenbuberl,** das sich unter einem Wasser speienden Satyr windet, ein Liebling der Münchner. Zur Zeit seiner Entstehung, 1895, erregte seine Nacktheit großes Aufsehen. Prinzregent Luitpold persönlich soll ein Feigenblatt für den Unbekleideten eingefordert haben.

Karlstor 14

Die Fußgängerzone findet ihren Abschluss im Karlstor, das auf einen 1302 errichteten Zugang zur Stadt zurückgeht. 1791 schleifte man unter Kurfürst Karl Theodor die Befestigungsanlage und benannte das Tor ihm zu Ehren von Neuhauser in Karlstor um. Nach einer Pulverexplosion baute Arnold Zenetti das zinnenbewehrte Tor 1861 vereinfacht wieder auf. In den Gewölbezwickeln des Hauptdurchgangs sitzen kleine Porträtköpfe berühmter **Münchner Originale,** darunter der Hofnarr Prangerl und der Finessen-Sepperl (um 1850). Der Lohnkutscher Krenkl ist mit einem seiner Sprüche in den Münchner Volksmund eingegangen. Mit einem selbstbewussten »Wer ko, der ko« überholte er die Kutsche König Ludwigs I. Außerdem fanden im Torbogen drei Musikanten (1884) von der ursprünglichen Gestaltung des Fischbrunnens auf dem Marienplatz ein Dach über dem Kopf.

Am Karlsplatz (Stachus)

Der Karlsplatz ist wie das Karlstor eine von Kurfürst Karl Theodor initiierte Anlage. 1803 vollendete Benjamin Thompson (der spätere Graf Rumford) den halbkreisförmigen Platz mit den Rondellbauten. Bis 1902 stockte Gabriel von Seidl die Gebäude im neobarocken Stil auf. Bis heute hält sich der Name ›Stachus‹, der wahrscheinlich auf den Gastwirt Eustachius Föderl zurückgeht, der hier in der ersten Hälfte des 18. Jh. das äußerst beliebte Bierlokal ›Beim Eustachius‹ betrieb.

Der Gesamteindruck der Platzanlage wurde 1970 durch die breit angelegte Straßenführung empfindlich gestört, doch sorgen die zahlreichen Geschäfte und der Zugang zur unterirdischen **Stachus-Passage** für regen Fußgängerverkehr.

Der moderne **Brunnen** (1972) von Bernhard Winkler, dessen Düsen einen halbkreisförmigen Schleier werfen, wird im Sommer gern zur Abkühlung benutzt.

Justizpalast 15

Tel. 089 55 97 25 50, Dauerausstellung in Saal 253: 1. Juni–9. Okt., 1. Dez.–9. April Mo–Fr 9–16 Uhr

An der Nordwestseite des Stachus steht der Justizpalast. Als Dienstgebäude des Bayerischen Staatsministeriums der Justiz steht der Bau für die juristische Souveränität Bayerns. 1891–1898 von Friedrich von Thiersch im neobarocken Stil zeitgleich mit dem Berliner Reichstag errichtet, ist er einer der bedeutendsten Monumentalbauten Deutschlands aus dieser Zeit. Die auffallende Bauplastik des Außenbaus, der von einer großen Glaskuppel gekrönt wird, wurde vom Architekten selbst entworfen.

Im Justizpalast fanden 1943 die Prozesse gegen die Mitglieder der Widerstandsgruppe Weiße Rose (s. auch Entdeckungstour S. 208), darunter die Geschwister Scholl, statt. Eine **Dauerausstellung in Saal 253** erinnert an diese Prozesse, die mit der Hinrichtung der Angeklagten endeten.

Hauptbahnhof 16

Durch die Schützenstraße erreicht man schließlich den Hauptbahnhof. Die ursprüngliche, 1849 von Friedrich Bürklein errichtete Anlage wurde im Zweiten Weltkrieg fast völlig zerstört. Bis 1960 baute man die ›Kathedrale der Technik‹ in den funktionalen Formen der Nachkriegsarchitektur wieder auf. Täglich starten hier 470 Züge und 1000 S-Bahnen. Die Deutsche Bahn begegnete dem Schmuddelimage des größten deutschen Sackbahnhofs mit einer von Stahl und Glas bestimmten Umgestaltung. In der 220 m langen Bahnsteighalle sind nun allerlei offene Verkaufsstände eingerichtet.

Weitere Umbaumaßnahmen betreffen das Zwischengeschoss, das zu einer Einkaufsmall umgestaltet wird. Aus Kostengründen zurückgestellt wurde vorerst jedoch der vorgesehene Abriss der Fassade aus den 1950er-Jahren.

Essen & Trinken

Gediegen-weltoffen – **Andechser am Dom** 1: Weinstr. 7a, Eingang Filserbräugasse, Tel. 089 24 29 29 20, www.andechser-am-dom.de, Mo–Mi, So 10–24, Do–Sa 10–1 Uhr, Gerichte 7–20 €. Laut, gut besucht, bayerische Schmankerl für den kleinen bis großen Hunger.

Rustikale Deftigkeit – **Augustinerbräu/Augustiner Gaststätte** 2: s. S. 104.

Gemütlich genießen – **Wirtshaus Ayingers** 3: Platzl 1a, Tel. 089 23 70 36 66, www.platzl.de, tgl. 11–1 Uhr, Gerichte 7–22 €. Sechs Biere aus der familieneigenen Brauerei in Aying werden frisch gezapft, dazu bayerische Küche auf hohem Niveau mit marktfrischen Zutaten. s. S. 121

Holzvertäfelt – **Dürnbräu** 4: Dürnbräugasse 2, Tel. 089 22 21 95, www.zumduernbraeu.com, tgl. 10–24 Uhr, Gerichte 7–25 €. Versteckt liegt das Dürnbräu in einer Seitenstraße des Tals. Als reines Speiselokal nicht für ein Bier geeignet, dennoch sind häufig alle Plätze belegt, und die Aspiranten warten auf der Straße.

Münchner Gastlichkeit – **Zum Franziskaner** 5: Residenstr. 9, Tel. 089 231 81 20, www.zum-franziskaner.de, tgl. 9–24 Uhr, 7–25 €. Die rund 1000 Sitzplätze verteilen sich auf die Innenräume und die Terrasse. Für das leibliche Wohl sorgt eine 20 Personen starke Küchenbrigade.

Espresso mit Aussicht – **Café Glockenspiel** 6: s. S. 39 und S. 119.

Bayerisch-global – **Hofbräuhaus** 7: Platzl 9, Tel. 089 29 01 36 10, www.hofbraeuhaus.de, tgl. 9–23.30 Uhr, Gerichte 6–15 €, S. 121.

Ambiente – **Hofer Stadtwirt**: im Stadtschreiberhaus 3, Burgstr. 5/Dienerstr. 20, Tel. 089 24 21 04 44, www.hofer-der-stadtwirt.de, Mo–Sa 10–24, warme Küche bis 22 Uhr, Gerichte 8,50–36 €. Im ältesten Bürgerhaus Münchens betreibt der Hofer Stadtwirt ein Lokal mit österreichisch-bayerischer Küche.

Pasta und noch lange nicht basta – **Katzlmacher** 8: Bräuhausstr. 6, Tel. 089 33 33 60, www.der-katzlmacher.de, Mo–Fr 12–15, 18.30–1, Sa 18.30–1 Uhr, Gerichte ab 15 €. Trend-Italiener nahe beim Isartor. Ohne Reservierung bekommt man keinen Tisch. Die Speisekarte muss man auf einer Schiefertafel entziffern, aber die hausgemachte Pasta belohnt alle Mühen.

Urban-elegant – **Königshof** 9: Karlsplatz 25, Tel. 089 551 36 61 38, www.koenigshof-hotel.de, Di–Sa 12–14.30, 18.45–22 Uhr, Hauptgerichte 60–70 €, Mittagsmenü um 100 €, Abendmenü ab 160 €. Gourmetklassiker im ersten Stock des Hotels Königshof. Während man auf den Karlsplatz und den Ver-

Unser Tipp

American style am Platzl – Burger XXL und mehr

Das **Hard Rock Café** 2 residiert in München in der ehemaligen Platzl-Bühne. Das überwiegend junge Publikum schätzt den *American Way of Life*, der sich hier in amerikanischem Sound und *Burgers* in XXL-Format äußert. Inmitten von originalen Erinnerungsstücken bekannter Interpreten genießt man amerikanisches Essen, dazu Rockpartys mit Live-Auftritte. (Platzl 1, Tel. 089 242 94 90, www.hardrock.com/munich, H Marienplatz, Shop Mo–So 10–0 Uhr, Restaurant So–Do 12–0, Fr, Sa 12–2 Uhr, Küche jeweils bis 0 Uhr).

kehrsfluss auf der Sonnenstraße blickt, probiert man die großartigen Kreationen, wie etwa Kalbsrücken mit gegrillter Gänseleber und Steinpilzen. Ab 2019 ist ein neuer Komplex geplant, der im Vorfeld aufgrund seiner Modernität für Diskussionen sorgte.

Opulent – **Schuhbeck's Orlando** 10: Platzl 4, Tel. 089 216 69 03 30, www.schuhbeck.de, Mo–So 9–24 Uhr, Gerichte 15–25 €. Sternekoch Alfons Schuhbeck betreibt das traditionsreiche Orlando, das sich in einem denkmalgeschützten Haus befindet. Unter barocken Stuckdecken und Kristallleuchtern gibt es vormittags Frühstück in allen Variationen, ab Mittag leichte Küche, zwar bajuwarisch verwurzelt, aber mit südlichem Flair. s. S. 121

Politik auf Bayerisch – **Ratskeller mit Fränkisch-Badischer Weinstube**: im Neuen Rathaus 1, Marienplatz 8, Tel. 089 219 98 90, www.ratskeller. com, tgl. 10–24, Weinstube 15–24 Uhr, Gerichte 10–55 €. Die Großgastronomie unter dem Neuen Rathaus wirbt mit Bedienungszeiten unter 9 Minuten – wenn das kein Angebot für eine kurze Mittagspause ist. Die Mittagskarte wird zudem bis 16 Uhr serviert. Man merkt, dass die Konkurrenz in der Innenstadt groß ist und sich das versteckt und unterirdisch liegende Lokal mit besonderen Angeboten ins Bewusstsein rücken muss; s. S. 120.

Ökologisch – **Gesund & Köstlich**: im Neuen Rathaus 1, Marienplatz 8, Tel. 089 23 32 32 23, www.gesund-und-koestlich.de, Mo–Fr 11–18.30, Sa 12–16 Uhr, Gerichte 4–13 €. Die Selbstbedienungskantine im Neuen Rathaus steht nicht nur städtischen Angestellten, sondern jedermann offen. Sie überzeugt mit Zutaten aus ökologisch-biologischem Anbau, die bevorzugt von Bauern aus der Region bezogen werden. Im Sommer bespielt die Kantine gemeinsam mit dem Ratskeller den idyllischen Prunkhof; s. S. 120.

Bozen in München – **Schuhbeck's in den Südtiroler Stuben** 11: Platzl 6–8, Tel. 089 216 69 00, www.schuhbeck.de, Mo–Sa 12–14.30, ab 18 Uhr, Gerichte 22–55 €. In dem mit einem Michelinstern und vier Kochlöffeln im Aral Schlemmer Atlas ausgezeichneten Lokal kann man ›Schmankerl‹ und ›Magentratzerl‹ à la carte essen oder aber bei einem siebengängigen Menü den Abend in rustikalem Ambiente verbringen. s. S. 121

Eine Institution – **Schneider Bräuhaus** 12: Im Tal 7, Tel. 089 29 98 75, www.schneider-brauhaus.de, tgl. 8–0.30 Uhr, Gerichte 6–25 €. Münchner wie Touristen schätzen die urig-bayerische Atmosphäre. Portionen zum Sattwerden, die schnell auf den Tisch kommen.

Einkaufen

Eine Marke – **Dallmayr** 1: s. S. 42 und S. 121.

Delikate Auswahl – **Garibaldi Marienplatz 2**: Burgstr. 2, Tel. 089 21 66 78 16, www.garibaldi.de, Mo–Fr 11–20, Sa 10–18 Uhr. Stimmungsvolle Oase mit beeindruckendem Weinangebot und italienischen Delikatessen.

Alles in Blau – **Fanshop 1860 München 3**: Orlandostr. 8, www.tsv1860-shop.de, Mo–Sa 10–19 Uhr. So wie sich auf dem Fußballplatz die Mannschaften gegenüberstehen, so liegen sich auch die Fanshops der beiden großen Münchner Fußballvereine an der Orlandostraße gegenüber. Das Sortiment ist fast identisch, nur dominiert naturgemäß das Blau, das allerlei Souvenirs für den Fußballfan ziert.

Alles in Rot – **Fanshop FC Bayern München 4**: Orlandostr. 1, www.shop.fcbayern.de, Mo–Sa 10–19 Uhr. Vom Schlüsselanhänger bis zur Bettwäsche, von Socken, Handschuhen, Krawatten, Gürteln bis zu den originalen Trikots aller Spieler – im Fanshop der Roten gibt es alles und noch viel mehr für den FC Bayern-Fan.

Zünftige Souvenirs – **Herrmann Geschenke 5**: s. S. 44.

Ökologisch – **Hofpfisterei**: im Alten Hof 4, Pfister-/Sparkassenstr. 12, Tel. 089 29 35 95, www.hofpfisterei.de, Mo–Fr 7.30–18, Sa 8.30–12.30 Uhr. Die Hofpfisterei (eine von neun Filialen im Innenstadtbereich) ist einer der Vorreiter ökologischer Backwaren auf der Basis von Natursauerteigen. Eine wahrhaft Immense Brot- und Brötchenauswahl; s. S. 121.

Standorttreu – **Hugendubel 6**: s. S. 41.

Bollywood meets Marilyn: Schmuck – **Fourth Dimension 7**: s. S. 43.

Elegante Passage – **Kaufinger Tor 8**: s. S. 42

Kaufhaus der Sinne – **Ludwig Beck 9**: Marienplatz 11, www.ludwigbeck.com, Mo–Sa 9.30–20 Uhr. Renommiertes Traditionskaufhaus.

Rund um Haus, Garten und Büro – **Manufactum 10**: Dienerstr. 12, Tel. 089 23 54 59 00, www.manufactum.de, Mo–Sa 9.30–19 Uhr. Altbewährtes und Gediegenes. Mit kleinem Restaurant, köstliche Butterbrote.

Manufactum für Bavarica – **Obacht', Laden für Heimatgefühl 11**: s. S. 43.

Department Store – **Oberpollinger 12**: s. S. 129.

Neuer Einkaufskomplex – **Joseph-Pschorr-Haus 13**: s. S. 128.

Aktiv

Mit dem Radl unterwegs – **Spurwechsel 1**: Tel. 089 692 46 99, www.spurwechsel-muenchen.de, Ende März–Ende Okt. Fr–So, Fei 11.15 Uhr, Treffpunkt am Fischbrunnen vor dem Neuen Rathaus am Marienplatz, 20 € inkl. Leihfahrrad, sonst 15 €. Beim Veranstalter Spurwechsel kann man die Höhepunkte Münchens mit gestellten Fahrrädern erkunden.

Nachtwächtertour – **Treffpunkt Mariensäule**: am Marienplatz, tgl. um 21 Uhr, Dauer 1,5 Std., 16 €, Anmeldung unter Tel. 089 203 24 53 60.

Abends & Nachts

Alla moda – **Bar Centrale 1**: s. S. 39.

American style – **Hard Rock Café 2**: s. S. 121 und Unser Tipp S. 132.

Junger Treffpunkt – **Mathäser Multiplex 3**: s. S. 51.

Kultig – **Palais 4**: Arnulfstr. 16, Tel. 089 50 07 31 31, www.palaisclub.de, Fr 23–16, Sa ab 23 Uhr open end. In der anrüchig-roten Atmosphäre des ehemaligen Bordells fühlt man sich eher wie auf der Hamburger Reeperbahn denn in München. House in allen Varianten inkl. After-Hour-Partys ab 6 Uhr.

Metropolitisch – **Tabacco 5**: s. S. 46.

Das Beste auf einen Blick

Angerviertel

Highlight!

Viktualienmarkt: Wie der Naschmarkt zu Wien, gehört zu München der Viktualienmarkt. Den Besuch sollte man nicht mit leerem Magen starten – zu verlockend sind die kulinarischen Leckerbissen, die auf dem Markt feilgeboten werden. 3 S. 137

Kultur & Sehenswertes

Münchner Stadtmuseum: Das weit gefächerte kulturgeschichtliche Museum wurde 1888 in den Räumen des mittelalterlichen Zeughauses begründet. Ein Thema ist die Geschichte und Gegenwart Münchens. 8 S. 60, 139

Asamkirche: Ein wahres Rokoko-Kleinod haben die Künstlerbrüder Asam mit ihrer dem hl. Nepomuk geweihten Hauskirche hinterlassen: Nirgendwo sonst ist das zeittypische Zusammenwirken von Architektur, Malerei und Skulptur so anschaulich wie in der kleinen Kirche in der geschäftigen Sendlinger Straße. 12 S. 143

Genießen & Atmosphäre

Alter Peter: Phänomenale Fernsicht vom Kirchturm, die bei Föhn bis zu den Alpen reichen kann. 1 S. 136

Biergarten am Viktualienmarkt: In einem der kleinsten Biergärten der Stadt rutscht man auf Holzbänken zusammen, damit alle Platz finden. 1 S. 38, 137

Café Frischhut (Schmalznudel): Ab 7 Uhr morgens werden hier für Frühaufsteher und Spätheimkehrer ›Auszogene‹ (Schmalznudeln) gebacken. 2 S. 39, 137

Abends & Nachts

milchundbar: Cluburlaub für Daheimgebliebene – in einer neonbeleuchteten Bar mit House-Musik und 1980er- und 1990er-Revivals. 1 S. 147

Viktualienmarkt, Jakobsplatz und Sendlinger Straße

Zum historischen Zentrum gehört auch das Angerviertel, das sich im Südwesten dem Marienplatz anschließt und bis zum Sendlinger Tor reicht. Bereits im 12. Jh. war es besiedelt. Seit 500 Jahren ist der Name Angerviertel urkundlich überliefert, der auf eine im Ursprung landwirtschaftliche Nutzung des Gebiets hinweist. Das seit dem Mittelalter bestehende kleinteilige Handwerker-, Krämer- und Kleinbürgerviertel wurde im Zweiten Weltkrieg nahezu ausgelöscht. Das Zeughaus am Jakobsplatz, in dem heute das Stadtmuseum untergebracht ist, gehört zu den wenigen Bauten Münchens, die aus dem Spätmittelalter erhalten sind.

Vor 200 Jahren wurde der Viktualienmarkt vom Marienplatz an den heutigen Standort südlich der Peterskirche verlegt. Das Viertel trägt daher den Beinamen ›Bauch Münchens‹. Außerdem gibt ihm der mit dem Jüdischen Zentrum neu gestaltete St.-Jakobs-Platz eine spirituelle Mitte. Die Sendlinger Straße durchzieht das Viertel als vitale Lebensader mit größeren und kleineren Geschäften, darunter noch immer viele Spezialgeschäfte.

Die von allen befürwortete Stadtreparatur im lange vernachlässigten Areal ist angesichts leerer öffentlicher Kassen größtenteils von Investoren abhängig. Den Anfang machten das Kaufhaus Konen und das Geschäftshaus Leomax sowie der Aufbau der historischen Schrannenhalle. Gerettet und frei gestellt wurde der Löwenturm, der einst der alten Stadtbefestigung vorgelagert war. Ausgrabungen ergaben, dass er wahrscheinlich als Beobachtungsturm im 12./13. Jh. erbaut wurde.

Infobox

Reisekarte: ▶ Q/R 13/14

Verkehrsmittel
Das Angerviertel ist über Marienplatz und Sendlinger-Tor-Platz mit fast allen U- und S-Bahnlinien erreichbar.

Ausgangs- und Endpunkt
Der Rundgang beginnt am Petersbergl, der wohl ältesten besiedelten Stelle Münchens, und endet am Sendlinger Tor.

Rund um den Viktualienmarkt

St. Peter 1

Rindermarkt 1, Tel. 089 210 23 77 60, www.alterpeter.de, tgl. 7.30–19 Uhr (außer Mi Nachmittag und während der Gottesdienste); Turm: Sommer: März–Juni, Okt. Mo–Fr 9–18.30, Sa, So, Fei 10–18.30, Juli–Sept. Mo–Fr 9–19.30, Sa, So, Fei 10–19.30, Winter: Mo–Fr 9–17.30, Sa, So, Fei 10–17.30 Uhr

St. Peter steht auf einer kleinen Anhöhe, dem Petersbergl, auf dem die Geschichte der Stadt mit einer Mönchssiedlung begann. Der schmalrechteckige, 91 m hohe Turm, der **Alte Peter,** lebt in den Herzen der Münchner, zahlreiche Legenden ranken sich um ihn. Seine Turmhaube sitzt schief, was der Sage nach auf einen Kampf zwischen einem tapferen Türmer und dem Teufel zurückzuführen ist, der die Spitze zum Einsturz bringen wollte. Auf die Frage, warum der Turm gleich acht Uhren besitze, gab Karl Valentin die Erklärung: So könnten acht Münchner gleichzeitig auf die Uhr sehen. Bei klarem Wetter, insbesondere bei Föhn, erlebt man von der über 306 Stufen zu erklimmenden **Aussichtsgalerie** einen weit über 100 km reichenden Fernblick bis zu den Alpen.

Vom Gründungsbau sowie von einem 1294 geweihten Nachfolgebau hat sich fast nichts erhalten. Das heutige Erscheinungsbild ist das Ergebnis einer durchgreifenden Barockisierung des 17. und 18. Jh. Von der **spätgotischen Ausstattung** sind die Hochaltarfigur des hl. Petrus von Erasmus Grasser (1492) und die Gemälde von Jan Polack bemerkenswert. Zu der ab 1753 erfolgten **Modernisierung im Stil des Rokoko** gehören das Deckenfresko mit der Kreuzigung des hl. Peter von Johann Baptist Zimmermann, die vier Kirchenväterfiguren am Hochaltar von Egid Quirin Asam sowie die Seitenaltäre von Johann Baptist Straub und Ignaz Günther.

Heiliggeistkirche 2

Prälat-Miller-Weg 3, Tel. 089 24 21 68 90, www.heilig-geist-muenchen.de, tgl. 8.30–19 Uhr (außer während der Gottesdienste)

Gegenüber St. Peter steht am Tal eine der ältesten Kirchen in Münchens Innenstadt, die Heiliggeistkirche. Zur Zeit ihrer Gründung lag sie mit den angrenzenden Spitalgebäuden noch außerhalb der Stadtmauern. Die Spitalkirche wurde 1327 als erste Hallenkirche Münchens errichtet und Anfang des 18. Jh. barockisiert.

Damals entstanden zur Spitalgründung das großartige **Deckenfresko** von Cosmas Damian Asam und die **Stuckierung** nach Entwürfen seines Bruders Egid Quirin Asam. Die neobarocke Fassade datiert indes erst aus dem 19. Jh.

Viktualienmarkt ! 3

www.viktualienmarkt-muenchen.de, Mo–Sa 7 bis spätestens 20 Uhr

Am Viktualienmarkt schlägt das Herz der Stadt. Der Bauern- und Kräutermarkt wurde 1807 auf Anordnung von König Max I. vom Marienplatz auf das aufgelassene Gelände der Heiliggeistkirche verlegt. Das Areal mit festen und temporären Buden musste mehrfach erweitert werden, um die heute 140 Geschäfte mit ihrem täglich frisch sortierten Verkaufsangebot aufzunehmen. Derzeit wird diskutiert, wie die Stände attraktiver gemacht werden können. ›Viktualien‹ leitet sich von einem spätlateinischen Wort für Lebensmittel ab. Der Name ist Programm: Von der Pferdemetzgerei bis zu »vegetarischen Delikatessen aus friedfertigem Anbau« – hier gibt es nichts, was es nicht gibt. Für eine Brotzeit empfiehlt sich der **Biergarten** 1 im Marktzentrum. Ein buntes Völkchen trifft sich in dieser Ruheoase: Münchner, Marktleute, Touristen aus aller Welt, und das Treiben auf dem Markt gibt es gratis dazu.

Legendär sind die schlagfertigen Standfrauen. Am Faschingsdienstag führen sie den berühmten ›Tanz der Marktweiber‹ auf. Anderen Münchner Originalen, den beliebtesten Volkssängern und -künstlern, hat man sechs **Gedenkbrunnen** gestiftet, darunter dem großen Hinterfrager Karl Valentin, dem Volkssänger Weiß Ferdl und Valentins Partnerin Liesl Karlstadt.

Einen kleinen Abstecher wert ist das **Café Frischhut** 2, eine Institution, die immer noch unter dem alten Namen ›Schmalznudel‹ bekannt ist. Der Klassiker für Leute, die nach einer durchgemachten Nacht Lust auf Fettiges (Schmalznudeln) haben oder das letzte beziehungsweise erste Weiß-

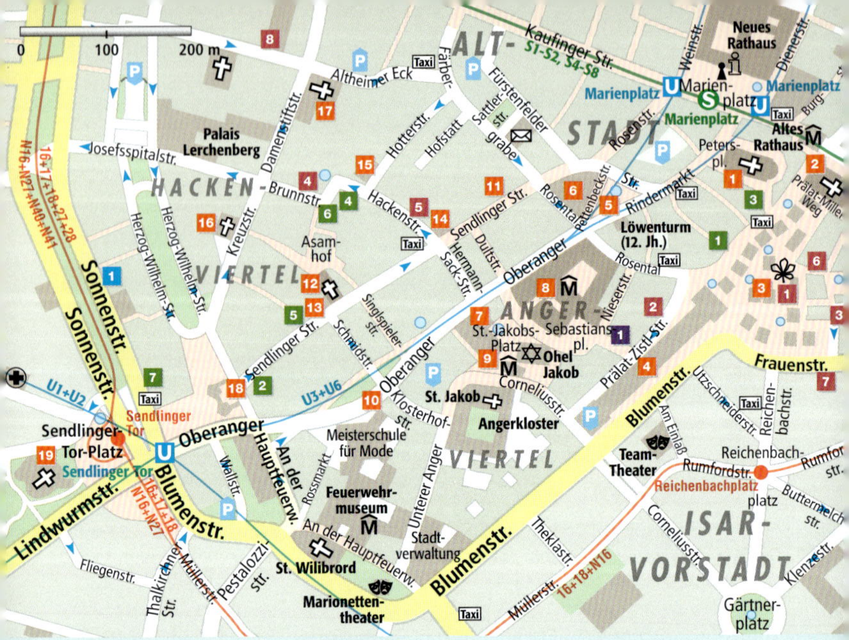

Angerviertel

Sehenswert

1 St. Peter
2 Heiliggeistkirche
3 Viktualienmarkt
4 Schrannenhalle
5 Rindermarktbrunnen
6 Ruffini-Häuser
7 Ignaz-Günther-Haus
8 Stadtmuseum mit Filmmuseum und Stadtcafé
9 Jüdisches Zentrum mit Synagoge, Gemeindezentrum und Jüdischem Museum
10 Kurt-Eisner-Denkmal am Oberanger
11 Hofstatt
12 Asamkirche
13 Asamhaus
14 Hackerbräuhaus mit Gaststätte Altes Hackerhaus
15 Zur Hundskugel
16 Allerheiligenkirche am Kreuz
17 St. Anna
18 Sendlinger Tor
19 St. Matthäus

Essen & Trinken

1 Biergarten am Viktualienmarkt
2 Café Frischhut (Schmalznudel)
3 Gasthaus beim Sedlmayr
4 Lemar
5 Prinz Myshkin
6 Restaurant zum Alten Markt
7 Victorian House
8 Weinhaus Neuner

Einkaufen

1 Kustermann
2 Omas Köstlichkeiten
3 Münchner Geschenke Stuben
4 Radspieler
5 Seilerei Johann Kienmoser
6 servus.heimat
7 Die Vitaminbude

Aktiv & Kreativ

1 Quilt Et Textilkunst

Abends & Nachts

1 milchundbar

bier des Tages trinken wollen – während vor dem Fenster der Viktualienmarkt zum Leben erwacht.

Kustermann 1

Viktualienmarkt 8

Im seit 1798 bestehenden Haushaltswarengeschäft Kustermann, dessen Komplex sich vom Viktualien- bis zum Rindermarkt erstreckt, findet man auf mehreren, teilweise ineinander verschachtelten Etagen alles für den Haushalt: von Kochtöpfen über elektrische Geräte bis hin zu feinen Porzellanen. Eine besondere Attraktion stellt das Schaukochen dar – Probieren der gekochten Köstlichkeiten inklusive.

Schrannenhalle 4

Viktualienmarkt 15

Im Südwesten des Viktualienmarkts erstreckt sich die wieder aufgebaute Schrannenhalle. Die ca. 400 m lange offene Markthalle mit Gusseisenelementen, 1851–53 nach Pariser Vorbild entstanden, war 1932 nach einem Brand abgetragen worden. Die anfängliche Euphorie, ein historisches Gebäude im Stadtkern wiedererrichtet zu wissen, wich rasch der Ernüchterung, die markante Halle nicht sinnvoll und vor allem lukrativ nutzen zu können. Nach diversen, von wechselndem Erfolg gekrönten Anläufen bespielt inzwischen das italienische Unternehmen Eataly die Halle mit einem Mix aus Delikatessen-Kaufhaus, Restaurant und Kochschule – ein italienisches Schlaraffenland mitten in München.

Rund um den Rindermarkt

Hier erinnert der 1964 von Josef Henselmann gestaltete **Rindermarktbrunnen** 5 an den Viehmarkt, der hier einst abgehalten wurde. Die über mehrere Stufen geführte Rinderherde wird von einer Art italienischer Piazza umgeben. Die **Ruffini-Häuser** 6 zwischen Rindermarkt und Sendlinger Straße sind vorzügliche Beispiele für den malerischen, scheinbar organisch gewachsenen Städtebau um 1900. Gabriel von Seidl gestaltete den Block 1903–1905 auf dreieckigem Grundriss im Stil Altmünchner Bürgerhäuser mit reichem Reliefstuck und Fassadenmalerei. In starkem Kontrast dazu steht die nach dem Krieg gelegte breite Trasse vom Rindermarkt zum Oberanger, ehemals einer der ältesten Straßenzüge Münchens.

St.-Jakobs-Platz

Der St.-Jakobs-Platz bildete im Mittelalter das Zentrum des Angerviertels. Bereits 1310 erwähnt das älteste Satzungsbuch der Stadt die Jakobidult, einen großen Warenmarkt am Jakobstag (25. Juli), aus dem sich schließlich ein Jahrmarkt mit allerlei Vergnügungen entwickelte. 1886 benannte man den Platz nach der Kirche St. Jakob am Anger (heute Neubau). Von der ursprünglichen kleinteiligen Wohnbebauung ist an der Westseite des Platzes allein das **Ignaz-Günther-Haus** 7 (St.-Jakobs-Platz 15, um 1600) erhalten geblieben. Hier lebte und wirkte Münchens bedeutendster Bildhauer des Rokoko von 1761 bis zu seinem Tod 1775. An der zum Oberanger weisenden Fassade hat man die Kopie einer hübschen Madonnenbüste nach seinem Entwurf angebracht.

Münchner Stadtmuseum 8

St.-Jakobs-Platz 1, www.muenchner-stadtmuseum.de, Di–So 10–18 Uhr, *s. S. 60*

Das Stadtmuseum wurde 1888 als weit gefächertes kulturgeschichtliches Museum in den Räumen des ehemaligen Zeughauses (um 1490) begründet. Bis

Lieblingsort

Der St.-Jakobs-Platz – Sinnbild für Neuanfang und Rückbesinnung

Nach einem Besuch des themenreichen **Stadtmuseums** 8 lädt das alternativ-szenige **Stadtcafé** (www.stadtcafe-muenchen.de, tgl. 10–24, Fr, Sa bis 1 Uhr, mit Biergarten) zu einer Pause ein. Der angrenzende St.-Jakobs-Platz zeigt die Brüche der Stadtgeschichte in architektonischer Form, aber auch den Mut zu einem Neuanfang an zentraler Stelle. Zwischen dem Stadtmuseum im mittelalterlichen Zeughaus und dem Nachkriegsbau der Kirche St. Jakob erheben sich seit 2006 die monolithischen Quader des neuen **Jüdischen Zentrums** 9 mit Synagoge, Gemeindezentrum und Museum – eine neue Heimat für die ca. 9500 Mitglieder zählende jüdische Gemeinde im Herzen Münchens.

Das Fremde kennenlernen: eine Schulklasse vor der jüdischen Synagoge

heute können nur 5 % der Exponate, ein großer Teil davon Stiftungen Münchner Bürger, ausgestellt werden. Im historischen Teil sind das **Stadtwappen** mit dem Münchner Kindl und die in exaltierten Posen tanzenden **Moriskentänzer** (1480) von Erasmus Grasser besonders sehenswert.

Die 2008 zum Stadtjubiläum eröffnete **Dauerausstellung Typisch München!** geht anhand von Exponaten der eigenen Sammlung in fünf historisch gegliederten Abteilungen der Frage nach, was für München typisch ist. Ebenfalls neu eingerichtet wurde die **Ausstellung Nationalsozialismus in München,** die innerhalb des Zeitrahmens von 1918 bis 1945 aufzeigt, inwiefern München als Gründungsort der NSDAP und als ›Hauptstadt der Bewegung‹ eine Sonderrolle innerhalb der deutschen NS-Topografie einnimmt. Die renommierte Sammlung Fotografie, die Puppentheatersammlung mit der Abteilung zu Schaustellerei und Jahrmarktsvergnügen, die Sammlung Mode und Textilien und die Musiksammlung mit rund 2000 Instrumenten aus aller Welt sind weitere Glanzpunkte des Museums.

Eine eigenständige Rolle innerhalb des Stadtmuseums spielt das **Filmmuseum.** Im Archiv lagern über 5000 Filme wichtiger Regisseure des 20. und 21. Jh., von Friedrich Wilhelm Murnau über Fritz Lang bis zu Wim

Wenders sowie der Nachlass von Orson Welles. Im 165 Plätze fassenden Kino finden überregional beachtete Werkschauen großer Regisseure statt (tgl. wechselnd).

Jüdisches Zentrum 9

St.-Jakobs-Platz 16, www.juedisches-museum-muenchen.de, Di–So 10–18 Uhr

Gegenüber dem Stadtmuseum erhebt sich gleich einem kompakten Quader Münchens neue **jüdische Synagoge**, die dem Jüdischen Zentrum seine Mitte gibt. Zum Zentrum gehören eine Schule, ein Kindergarten, eine Bibliothek und das **Jüdische Museum** (s. S. 60) mit einem schönen **Café** und der **Literaturhandlung** (s. S. 41) im Foyer, der gut sortierten Spezialbuchhandlung zum Judentum.

Jüdisches Leben ist in München seit 1229 verbürgt. Nach der bürgerlichen Gleichstellung im 19. Jh. wuchs die Gemeinde durch Zuzug auf über 11 000 Mitglieder im Jahr 1910. Emigration und Deportationen löschten die jüdische Gemeinde ab 1933 nahezu vollständig aus. 1938 zerstörten die Nationalsozialisten die Hauptsynagoge an der Herzog-Max-Straße.

Mit dem neuen Zentrum hat die jüdische Gemeinde in München, mit inzwischen 9500 Mitgliedern die zweitgrößte Deutschlands nach Berlin, wieder einen zentralen Ort bekommen und bereichert das Stadtleben mit jüdischer Kultur.

Kurt-Eisner-Denkmal am Oberanger 10

Am Oberanger steht seit 2011 eine nachts beleuchtete Glasskulptur – ein von der Künstlerin Rotraut Fischer geschaffenes Denkmal für Kurt Eisner, den Begründer des Freistaats Bayern, der 1919 ermordet wurde (s. auch S. 167).

Sendlinger Straße

Lange war die Sendlinger Straße die ›münchnerischste‹ aller Einkaufsstraßen: ein charmantes Reservat familiengeführter Fachgeschäfte bzw. Handwerkerbetriebe. Mit der Umgestaltung in eine Fußgängerzone scheint das nun vorbei: Markengeschäfte und Cafés ersetzen die meist über mehrere Generationen geführten Traditionsläden.

Eine der letzten Seilereien Münchens befindet sich ein wenig versteckt noch in der Sendlinger Straße: Bei **Johann Kienmoser** 5 (Sendlinger Str. 36) kann man nicht nur Segelbedarf und Fischereizubehör erstehen, sondern auch mühsam in Flaschen platzierte Miniaturboote.

Hofstatt 11

Sendlinger Str. 8–12a, www.hofstatt.info

In der Sendlinger Straße hat auch der Süddeutsche Verlag seinen Ursprung. Dort stand ehemals das Redaktionsgebäude der »Münchner Neuesten Nachrichten«. Nach 1945 erteilten die Amerikaner der Süddeutschen Zeitung die Konzession – die neben der »FAZ« größte deutsche Zeitung war geboren. 2008 zog die »SZ« nach mehr als 60 Jahren an den Stadtrand. Das ehemalige Areal der Süddeutschen Zeitung wurde zur Hofstatt umgebaut, einem Passagensystem, in dem neben Wohn- und Geschäftsgebäuden auch 15 500 m² für Einzelhandel und Gastronomie zur Verfügung stehen. Erhalten geblieben ist die denkmalgeschützte Fassade des 1905/06 von Max Littmann erbauten Redaktionsgebäudes.

Asamkirche 12

Sendlinger Str. 32, tgl. 8–17.30 Uhr (außer während der Gottesdienste)

Ein Höhepunkt barocker Baukunst ist die St.-Johann-Nepomuk-Kirche, besser bekannt als Asamkirche, nach ihren Erbauern, den Brüdern Egid Quirin und Cosmas Damian Asam. Sie verdankt sich einem Gelübde Egid Quirins, den der hl. Nepomuk gerettet hatte, als er mit seinem Schiff auf der Donau in Seenot geraten war – so jedenfalls die Legende. Manch einer sieht daher in den sich auftürmenden Felsen links und rechts des Eingangs eine Anspielung auf die Felsen des Donauufers, an denen Asams Schiff beinahe zerschellt wäre.

Unter dem Einfluss römischer und böhmischer Barockarchitektur schuf Asam ab 1733 in dem schmalen und hohen Raum ein **Theatrum Mundi,** ein Welttheater. Die stuckierte, gemalte und vergoldete Innenausstattung lässt die Grenzen des Raums und die Grenzen zwischen Diesseits und Jenseits verschmelzen. Gemeinsam mit seinem Bruder Cosmas Damian, der das große **Deckenfresko** mit der Geschichte des hl. Nepomuk schuf, gelang dem als Architekten, Bildhauer und Stuckateur hervorgetretenen Egid Quirin auf beeindruckende Weise eine einzigartige Bündelung seines künstlerischen Könnens.

Asamhaus 13

Sendlinger Str. 34, nur von außen zu besichtigen

Gleiches gilt für das angrenzende Asamhaus, Egid Quirins Wohn- und Künstlerhaus, dessen Fassade er ab ca. 1735 mit einer fein gearbeiteten Stuckverzierung überzog, in die sein gesamtes künstlerisches Programm eingeschrieben ist. Götter der griechischen Mythologie wie etwa Apoll symbolisieren die Künste, denen er sich verschrieben hatte, Heiligenfiguren gemahnen an die christliche Heilsgewissheit.

Im Hackenviertel

Hackerbräuhaus 14

Sendlinger Str. 14

An der Ecke Sendlinger-/Hackenstraße bildet das seit 1417 bezeugte, gelb leuchtende Hackerbräuhaus, das Stammhaus der Brauerei, einen Glanzpunkt. Die Bierdynastie gründet auf der im 18. Jh. geschlossenen Heirat von Therese Hacker und Josef Pschorr. 1831 wurde das heutige Bräuhaus fertiggestellt. In den Stuben der Traditionsgaststätte **Altes Hackerhaus** (s. S. 146) sind der Stammbaum der Familien Hacker und Pschorr sowie der größte Bierkrug der Welt zu bewundern.

Hackenstraße

In der Hackenstraße taucht man ins barocke München ein. An der Hotterstraße steht das 1741 errichtete, jüngst mit dem Münchner Fassadenpreis ausgezeichnete Halbgiebelhaus **Zur Hundskugel** 15 (Hotterstraße 18). Das 1440 erstmals nachgewiesene Haus konnte sich bis 2011 rühmen, die älteste Gaststätte Münchens zu sein, die auch aufgrund ihres schillernden Besitzers, des Modedesigners Rudolph Moshammer, einiges Renommee besaß. Inzwischen wurde das schmucke Gebäude von dem ehemaligen CDU-Bundestagsabgeordneten Jürgen Todenhöfer erworben, der darin den Hauptsitz seiner Stiftung »Sternenstaub«, die sich um einsame Senioren kümmert, errichtete. Ehemals hieß der gesamte Straßenzug Hundskugel, ein Name, den das hübsche **Relief am Haus Nr. 10** versinnbildlicht: sechs Hunde, die mit einer großen Kugel spielen. Im Karree zwischen Herzogspital- und Damenstiftstraße finden sich Hausmadonnen an den Fassaden, in den Läden ein spezialisierter Einzelhandel.

Überbordender Barock im Innenraum der Asamkirche

Radspieler 4

Hackenstr. 7

Im gelb getünchten Radspielerhaus, dem ehemaligen Palais Rechberg, residiert heute ein renommiertes Inneneinrichtungsgeschäft mit beeindruckender Stoffauswahl. Heinrich Heine logierte 1827/1828 in dem 1678 erbauten, später veränderten Palast. Er trug sich mit der Hoffnung, eine Professur für deutsche Literatur an der Münchner Universität zu erlangen. Doch König Ludwig I. wies den ihm allzu antiklerikal denkenden Dichter ab. Von München blieb Heine einzig das reichlich verkostete Bier – »es schmeckt ganz vortrefflich« – in guter Erinnerung.

Allerheiligenkirche am Kreuz 16

Kreuzstr. 10, während der Gottesdienste keine Besichtigung

Die 1478 von Jörg von Halspach erbaute Allerheiligenkirche am Kreuz war ursprünglich eine Friedhofskapelle. Der unverputzte Ziegelbau ist nach Süden (statt nach Osten) ausgerichtet und im Inneren teilweise barockisiert. Besonders sehenswert ist ein Rokoko-Tabernakel von Johann Baptist Straub.

St. Anna 17

Damenstiftstraße, während der Gottesdienste keine Besichtigung

1675 berief Kurfürstin Henriette Adelaide Salesianerinnen nach München. Die ehemalige Stiftskirche St. Anna entstand ab 1732 unter der Leitung von Johann Baptist Gunetzrhainer. Hinter der in die Straßenfront eingebundenen Fassade verbirgt sich ein mit monumentalen Säulen gesteigerter, von Cosmas Damian Asam freskierter

Zentralraum mit Vorhalle und Chor. Das sich anschließende, 1785 in frühklassizistischen Formen fertiggestellte **Damenstift** dient heute als Realschule.

Omas Köstlichkeiten 2

Sendlinger Str. 49, im Sendlinger Tor

Aus den Geschäften der Ketten sticht dieses Geschäft heraus: Bonbons und andere Leckereien wie aus vergangenen Zeiten.

Sendlinger Tor 18

Das Sendlinger Tor war wie das Karls- und das Isartor Teil der mittelalterlichen Stadtbefestigung. Benannt ist es nach dem ersten Ort, den man auf der Fernstraße nach Italien erreichte: das erst 1877 eingemeindete Sendling. Nach der Schleifung der Mauern 1810 wurde der Sendlinger-Tor-Platz nach Plänen von Ludwig von Sckell als halbkreisförmiger Platz gestaltet, von dem zwei Alleen, die Lindwurm- und die Nußbaumstraße, ausgehen. 1906 vereinte man die drei Tordurchfahrten zu einem großen Mittelbogen, die Flankentürme und Zwingermauern blieben in überarbeiteter Form erhalten. Im Winter findet um das Tor ein stimmungsvoller **Weihnachtsmarkt** statt.

Auf dem Platz steht das **Aids-Denkmal** des Fotografen Wolfgang Tillmanns, das einer Säule des darunter liegenden U-Bahnhofs nachgebildet ist. Die Thematik soll auf diese Weise an die Oberfläche gebracht werden. Die Kachelverkleidung erinnert zugleich an die Gefahren des anonymen sogenannten Klappen-Sex.

St. Matthäus 19

Nußbaumstr. 1, www.stmatthaeus.de

Gegenüber dem Sendlinger Tor befindet sich die evangelisch-lutherische Bischofskirche St. Matthäus mit ihrer rasant geschwungenen Fassade, im Volksmund auch ›Luthers Achterbahn‹ genannt. Der Zentralbau auf herzförmigem Grundriss entstand 1953–1955 nach Plänen von Gustav Gsaenger und ist einer der frühesten Sakralbauten der Moderne in München. Er ersetzte die erste protestantische Kirche Münchens an der Sonnenstraße, die 1938 von den Nationalsozialisten als Hindernis ihres Verkehrskonzepts niedergerissen wurde. Seit 2008 ist die Kirche ›Denkmal von nationaler Bedeutung‹. Nach langjähriger Sanierung erstrahlt das Gotteshaus der nominell 4800 Gemeindemitglieder nun wieder in neuem Glanz.

Essen & Trinken

Bunt-belebt – **Biergarten am Viktualienmarkt 1**: s. S. 38 und S. 137.

München erwacht – **Café Frischhut (Schmalznudel) 2**: S. 39 und S. 137.

Volkstümlich-bayerisch – **Gasthaus beim Sedlmayr 3**: s. S. 36.

Bierdynastie – **Altes Hackerhaus 14**: Sendlinger Str. 14, www.hackerhaus.de, tgl. 10–24 Uhr, Gerichte 8–36 €. Man hat die Qual der Wahl zwischen Außenfläche, überdachtem Innenhof und rustikalen Gasträumen und Bierstuben. Trotz vollem Betrieb freundliche Bedienung; s. S. 144.

Orientalisch-in – **Lemar 4**: s. S. 37.

Großartige vegetarische Küche – **Prinz Myshkin 5**: s. S. 39.

Malerisch – **Restaurant zum Alten Markt 6**: Dreifaltigkeitsplatz 3, Tel. 089 29 99 95, www.zumaltenmarkt.de, Mo–Sa 11.30–24 Uhr, 7–25 €, auf der Abendkarte stehen Menüs ab 35 €. Idyllisch am Dreifaltigkeitsplatz gelegen, verfügt das Restaurant über eine der schönsten Terrassen der Innenstadt. Geboten wird veredelte bayerische Küche zum Spatenbier.

Alternativ-szenig – **Stadtcafé im Stadtmuseum 8**: s. S. 139. Köstliche

Obsttartes und ein feiner Milchkaffee – Münchens Medien- und Kreativszene weiß das flippige Café zu schätzen. Eine Auswahl an über 20 deutschen und europäischen Zeitungen sorgt für anregende Lektüre, vor oder nach dem Essen. Der kleine Biergarten im Innenhof ist im Sommer eine kühle Oase.

Britische Klubatmosphäre – **Victorian House** 7 : Frauenstr. 14, Tel. 089 25 54 69 47, www.victorianhouse.de, im Winter Mo–Sa 9.30–22.30, So, Fei 9.30–19, im Sommer Mo–Sa 9.30–18, So, Fei 9.30–17 Uhr, Gerichte ab 12 €. Eintauchen in das Ambiente eines Londoner Stadthauses – das gelingt in dem einer gediegenen Privatbibliothek nachempfundenen Victorian House, dem einzigen britischen Restaurant in München.

Stilvoll im Renaissancegewölbe – **Weinhaus Neuner** 8 : s. S. 38.

Einkaufen

Alles für den Haushalt – **Kustermann** 1 : Viktualienmarkt 8, www.kustermann.de; s. S. 139.

Pralinés – **Oma's Köstlichkeiten** 2 : Sendlinger Str. 49, Tel. 089 26 01 98 05, www.omas-koestlichkeiten.de, Mo–Fr 10–19, Sa 10–18 Uhr. Ausgewählte Schokoladen, Glücksbären und weiterer Naschkram – zum Dahinschmelzen; s. S. 146.

Souvenirs aus alten Zeiten – **Münchner Geschenke Stuben** 3 : s. S. 44.

Schönes fürs Heim – **Radspieler** 4 : Hackenstr. 7, www.radspieler.com. Auf mehrere Gebäude verteiltes Inneneinrichtungsgeschäft, das Sortiment erschließt sich erst auf den zweiten Blick, vor allem Stoffe, Seiden und Tischwäsche; s. S. 145.

Segeltörn – **Seilerei Johann Kienmoser** 5 : Sendlinger Str. 36 (Rückgebäude von Nr. 39–42), Tel. 089 26 60 30, www.seile-netze.de, Mo–Fr 9–12, 13.30–18 Uhr. Alles für die Segel- und Fischerpraxis in Naturfaser, Kunststoff oder auch Draht; Miniaturboote für daheim sowie Garne und Fäden für Bastel- oder Knüpfarbeiten; s. S. 143.

Jüdische Autoren – **Literaturhandlung** 9 : s. S. 41, 143.

Skurrile Mitbringsel – **servus.heimat** 6 : s. S. 44.

Alles Bio – **Die Vitaminbude** 7 : Sendlinger-Tor-Platz 10, 2. Stock, Tel. 089 54 54 48 04, www.vitaminbude.de, Mo–Fr 8.30–18 Uhr. In dem sympathischen Shop gibt es Anregungen für vitales Essen, Nahrungsergänzungsmittel, Naturkosmetik (mit angeschlossenem Wellnessbereich) sowie Tipps rund um die Schwangerschaft.

Aktiv & Kreativ

Patchwork – **Quilt Et Textilkunst** 1 : Sebastiansplatz 4, www.quiltundtextilkunst.de, Mo–Fr 10–18, Sa 10–16 Uhr, kostenlose Vorführungen jeden 2. Sa im Monat 11–15 Uhr. Ausstellungen 1,50 €. Quilten wie die Amish People und Patchwork für den Hausgebrauch: Hier kann man nicht nur das passende Zubehör erwerben, sondern auch an Workshops teilnehmen und Vorträgen lauschen, in der rückwärtigen Galerie stellen regelmäßig deutsche und internationale Stoffkünstler aus.

Abends & Nachts

Cluburlaub – **milchundbar** 1 : Sonnenstr. 27, Tel. 089 45 02 88 18, www.milchundbar.de, Mo–Do 22–7, Fr, Sa 23–9 Uhr. Hinter einer unscheinbaren Häuserfront verbirgt sich einer der wenigen verbleibenden Clubs in der Sonnenstraße: für alle Fans von House-Musik der unterschiedlichsten Richtungen.

Das Beste auf einen Blick

Nördliche Altstadt

Highlight!

Theatinerkirche: Goldgelb und imposant erhebt sich die Theatinerkirche mit ihrer markanten Kuppel am Odeonsplatz. Nach italienischem Vorbild im Barock erbaut, blickt sie heute auf ein buntes Treiben: Veranstaltungen und Festivals sowie Umzüge wie die Fronleichnamsprozession oder den Trachtenumzug während des Oktoberfests. 17 S. 166

Auf Entdeckungstour

Auf königlichem Wege – Saalparade in der Residenz: Im weitläufigen Stadtschloss der Wittelsbacher erlebt man adlige Wohn- und Repräsentationskultur aus fünf Jahrhunderten als Gesamtkunstwerk. Antiquarium und Schatzkammer sind nur zwei von vielen Höhepunkten der Tour. 2 S. 152

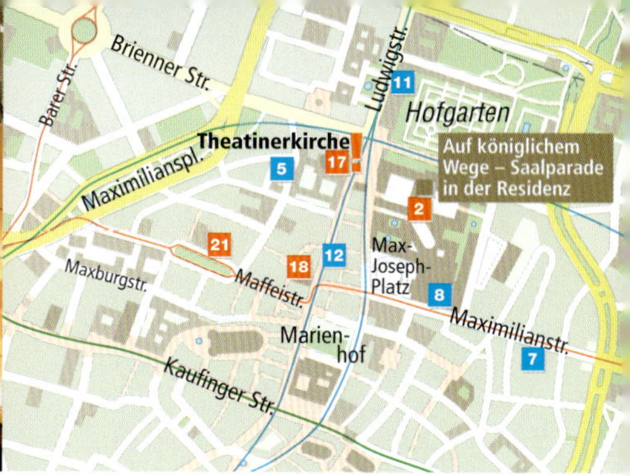

Kultur & Sehenswertes

Nationaltheater: Die über 350-jährige Geschichte der Münchner Oper wird erfahrbar während Führungen durch das Gebäude des Nationaltheaters. 8 S. 51, 155

Kunsthalle der Hypo-Kulturstiftung: Claude Monet, Mark Rothko oder Walt Disney – das Ausstellungsprogramm dieser Kunsthalle ist immer für Überraschungen gut. Kaum eine Epoche, die ausgespart, kaum eine Kunstrichtung, die vergessen würde. 18 S. 58, 167

Münchner Kammerspiele: Als besonderen Besucherservice bieten die Münchner Kammerspiele Einführungen und Publikumsgespräche an. 7 S. 49, 159

Aktiv unterwegs

Blue Spa im Bayerischen Hof: Wellnessangebot auf höchstem Niveau über den Dächern von München. 21 S. 56, 170

Genießen & Atmosphäre

Max-Joseph-Platz: Bei schönem Wetter lockt der Sockel der Residenz zu einer Verschnaufpause. Zu Füßen des Namensgebers des Platzes und mit Blick auf Residenz- und Nationaltheater ziehen so manche Stadtbummler mit vollgefüllten Einkaufstaschen an einem vorüber. S. 150

Brasserie Oskar Maria: Zum Milchkaffee gibt es im Café im Literaturhaus allerlei Klatsch und Tratsch rund um das Buch. 5 S. 40, 171

Abends & Nachts

Theatiner Filmkunst Kino: In der Theatiner Passage befindet sich eines der cineastischen Kleinode der Stadt. 12 S. 51, 160

Schumann's: Der legendäre Barkeeper Charles Schumann gibt sich auch am neuen Standort am Hofgarten bescheiden. Sehen und Gesehenwerden ist hier Programm. 11 S. 45, 162

Residenz, Maximilianstraße, Odeons- und Promenadeplatz

Im Norden der Altstadt konzentriert sich seit dem Mittelalter die politische Macht. Die um sieben Höfe gruppierte Residenz, eine der größten und bedeutendsten Schlossanlagen Deutschlands, beherrscht den nordöstlichen Teil der Altstadt. Mit ihren unterschiedlich gestalteten Fassaden prägt sie den Max-Joseph-Platz, die Residenzstraße und den Hofgarten. Heute wird in der ebenfalls am Hofgarten liegenden Staatskanzlei die bayerische Politik bestimmt.

Ein weiterer architektonischer Höhepunkt ist das Nationaltheater, Schauplatz für Opernaufführungen internationaler Qualität im Inneren und für die Präsentation neuester modischer Kreationen auf der imposanten Freitreppe. Mit dem Residenztheater, dem Cuvilliés-Theater und den Kammerspielen verfügt das Viertel über weitere renommierte Aufführungsorte. Als Luxusmeile überregional bekannt ist die Maximilianstraße, die durch die Maximilianhöfe neuerdings auch überdachte Einkaufsmöglichkeiten internationaler Modelabels bietet.

Im Kreuzviertel im Nordwesten der Altstadt befand sich einst das Zentrum der Geistlichkeit, im Erzbischöflichen Palais residierte der Bischof. An die ehemals vorhandene Kirchen- und Klösterdichte erinnern noch die Dreifaltigkeits- und die profanierte Karmeliterkirche an der Pacellistraße, die nach Papst Pius XII. benannt ist. In der Barockzeit siedelte sich auch hier der Adel an, wovon eindrucksvolle Palastbauten in der Kardinal-Faulhaber- und in der Prannerstraße heute noch zeugen.

Infobox

Reisekarte: ▶ Q–S 12/13

Verkehrsmittel

Die am nächsten gelegene Haltestelle ist die Trambahnhaltestelle Nationaltheater, doch auch vom Marien- oder Odeonsplatz ist es zu Fuß nicht weit.

Ausgangs- und Endpunkt

Der Weg führt entlang der neben dem Marienplatz bedeutendsten Platzgestaltungen der Altstadt. Er beginnt am trapezförmigen Max-Joseph-Platz und führt über Odeonsplatz und Promenadeplatz zum Salvatorplatz.

Rund um den Max-Joseph-Platz

Der Max-Joseph-Platz entstand in der ersten Hälfte des 19. Jh. mit dem Ziel, einen öffentlichen Platz vor der beherrschenden Südfassade der Residenz zu schaffen. Einzig an der Westseite des Max-Joseph-Platzes hat sich die kleinteilige Bebauung mit Bürgerhäusern unterschiedlicher Traufhöhen erhalten. Das **Eilles-Haus** 1 (Residenzstr. 13) besitzt noch einen gotischen Innenhof mit Backsteinbrüstung aus der ersten Hälfte des 16. Jh. Mitten auf dem gepflasterten Platz steht das 1835 enthüllte **Denkmal von König Max I. Joseph.** Daniel Christian Rauch führte das Standbild nach Entwürfen von Leo von Klenze aus, es war der erste Bronzeguss der von Ludwig I. 1826 gegründeten königlichen Erzgießerei. Huldvoll grüßend, aber weniger in herrschaftlicher Pose denn als bürgerlicher Familienvater sitzt der bei seinen Untertanen sehr beliebte Max I. Joseph vor seinem größten städtebaulichen Vermächtnis, dem Nationaltheater.

Residenz 2

Residenzstr. 1, www.residenz-muenchen.de, s. auch Entdeckungstour s. S. 152

1385 gaben die Wittelsbacher den Alten Hof (s. S. 117), ihre bisherige Residenz, nach Bürgeraufständen auf und zogen sich in eine stark befestigte Wasserburg in der Nordostecke der erweiterten Stadtmauer zurück. Der Umriss der Burg ist in der Pflasterung des Apothekenhofes innerhalb der Residenz nachgebildet. In den folgenden 500 Jahren entstand ein großer Komplex, dessen Einzelbauten durch Gänge und Höfe verbunden sind. Selbst der Außenbau zeigt von jeder Seite ein anderes Gesicht.

Die 150 m lange, mit einer gemalten Baugliederung versehene **Westfront** an der engen Residenzstraße ist die eigentliche Schaufassade. Dem Bildprogramm des Wittelsbacher Herrscherhauses gemäß ist sie mit der Skulptur einer jugendlichen Maria als ›Patrona Bavariae‹ von Hans Krumpper (um 1615) und zahlreichen großen und kleinen Löwen geschmückt. Das Wappentier Bayerns hat auch heute noch treue Anhänger: Die kleinen Löwenköpfe am unteren Wappenrand sind stets blank poliert, weil es angeblich Glück bringt, sie im Vorübergehen zu streicheln.

Ludwig I. ließ die Westfassade seiner Ahnen unangetastet, gab aber der Residenz mit dem **Festsaalbau zum Hofgarten** (1832–1842) und dem Königsbau ihre abschließende Gestalt. Durch den 1826–1836 von Leo von Klenze im Stil Florentiner Paläste entworfenen **Königsbau** erlangte letztlich der Max-Joseph-Platz die Funktion eines der Stadt zugewandten Schlossplatzes.

Rundgang durch die Prachträume

Die Residenz war bis 1918 Wohn- und Regierungssitz der bayerischen Herzöge, Kurfürsten und Könige. Nach der Abdankung des letzten Wittelsbacher Königs ging sie in den Besitz des Freistaats über und konnte als einzigartiges Zeugnis höfischer Kultur in Europa dem Publikum seit 1920 schrittweise als **Museum** zugänglich gemacht werden. Noch immer sind die verheerenden Zerstörungen des Zweiten Weltkriegs – von 23 500 m² Dachfläche waren 1945 nur noch 50 m² erhalten – nicht ganz beseitigt. Von Anbeginn zielte der Wiederaufbau auf eine Verbindung von Museum und Veranstaltungsort. **Brunnenhof, Herkulessaal** und die erst 2003 wieder errichtete **Allerheiligenhofkirche** dienen als stimmungsvolle Kulisse für Konzerte und Theateraufführungen.

Etwa **130 Schau- und Sammlungsräume,** die sich um sieben Innenhöfe gruppieren, laden zu einem Gang durch die Kunst- und Kulturgeschichte von fünf Jahrhunderten ein (s. Entdeckungstour Residenz S. 152).

Cuvilliés-Theater 3

Residenzstr. 1, www.schloesser.bayern.de, Besichtigung: April–Juli, 15. Sept.–15.Okt. Mo–Sa 14–18, So, Fei 9–18, 16. Okt.–März Mo–Sa 14–17, So, Fei 10–17, während der bayerischen Sommerferien 9–18 Uhr, s. S. 49

Das Cuvilliés-Theater wurde 1751–1755 unter Kurfürst Max III. Joseph als höfisches Opernhaus errichtet. Das erst später nach seinem ▷ S. 155

Auf Entdeckungstour: Auf königlichem Wege – Saalparade in der Residenz

Über vier Jahrhunderte war die Residenz 2 Wohn- und Regierungssitz der bayerischen Herzöge, Kurfürsten und Könige. Entsprechend herrschaftlich gibt sich die Saalparade der Wittelsbacher, in der Renaissance, Frühbarock, Rokoko und schließlich der Klassizismus zu einem Gesamtkunstwerk zusammenspielen.

Zeit: 2–3 Std.
Planung: www.schloesser.bayern.de, April–16. Okt. tgl. 9–18, Einlass bis 17 Uhr, 17. Okt.–März tgl. 10–17, Einlass bis 16 Uhr, 13 € (gesamt), 7 € (Residenz), 11 € (Residenzmuseum und Schatzkammer). Themenführungen zum Rokoko, zur Renaissance oder zur Chinabegeisterung der bayerischen Könige, auch Kinderführungen – Termine und aktuelle Infos unter www.residenz-muenchen.de. Wegen Sanierungsarbeiten sind einige Räume im Königsbau bis auf Weiteres geschlossen.

Angenehm, Wittelsbacher!

Zunächst gilt es, Bekanntschaft mit den Gastgebern zu machen; den besten Eindruck der Hausherren vermittelt die **Ahnengalerie (1).** Über 100 Wittelsbacher blicken zwischen üppigen goldenen Schnörkeln von der Wand, und noch ein jeder unterstreicht mit seinem getragenen, würdevollen Blick den Anspruch des Hauses auf die Macht.

Überhaupt war die Ahnengalerie als Propagandamittel angelegt: Kurfürst Karl Albrecht wollte Kaiser des Hl. Römischen Reiches deutscher Nation werden und ließ diesen Anspruch im Jahr 1726 gewissermaßen mit der Galerie seiner bedeutenden Verwandtschaft bebildern – mit Erfolg.

Auch die mit einer wertvollen Gemäldesammlung eng behängte **Grüne Galerie (2)** unterstreicht den mehrfach erhobenen Anspruch auf die Kaiserwürde. Und damit daran auch kein Zweifel aufkam, stellt das **Porzellankabinett (3)** nebenan die ›Erb- und Hauskleinodien‹ zur Schau und steigert sie mit Hilfe von Spiegeln ins Unermessliche ...

Verheißung eines Königreichs ohne Grenzen

Plötzlich wird der Schritt feierlich und hoheitsvoll, das **Antiquarium (4)** ist erreicht. 66 m lang ist dieser Saal, der ab 1568 unter Herzog Albrecht V. in nur drei Jahren Bauzeit für die Sammlung antiker Skulpturen angelegt wurde. Er gilt als größter und eindrucksvollster profaner Renaissancesaal nördlich der Alpen. Säulen und Bögen verleihen dem in die Länge gezogenen Raum Rhythmus und Takt.

In den seitlichen Stichkappen und Fensterleibungen lässt sich ein Bild von Bayern aus dem 16. Jh. entdecken. Mehr als 100 Ansichten von Städten, kleinen Orten, Burgen und Schlössern präsentieren ein Märchen-Königreich – jedenfalls, was die Fassaden angeht. Inmitten der rund 300 Marmorbüsten fanden die großen Schauessen des Fürsten statt, wovon die beiden Kredenzen an den Stirnseiten noch zeugen.

Das schönste Gastzimmer nördlich der Alpen

Zu einem weiteren Höhepunkt der Residenz gehören die **Steinzimmer (5)** im Westflügel des Kaiserhoftraktes. Zu Beginn des 17. Jh. ließ Herzog Maximilian I. eine Zimmerflucht anlegen und diese üppig mit Marmor, Stuckmarmor und Stuckmarmorintarsien ausgestalten. Glänzende, glatte Pracht, die der Herzog keinesfalls selbst bewohnte – die Zimmer dienten allein als Gästeapartment, wenn der Kaiser des Hl. Römischen Reiches und seine Gemahlin in München Station machten. Besonders wertvoll sind die Wandtapisserien aus dem 17. Jh.: Zehn Behänge schildern die ruhmreichen Taten Ottos von Wittelsbach, des ersten bayerischen Herzogs.

Pomp und Prunk – so das Motto des bayerischen Hofes

Alle Zimmer der Residenz sind reich, aber die sogenannten **Reichen Zimmer (6)** sind noch ein wenig reicher – jedenfalls auf den ersten Blick. Das liegt insbesondere daran, dass sie als geschlossene Raumkunstwerke konzipiert wurden. Im Jahr 1730 beauftragte Kurfürst Karl Albrecht den französischen Architekten François Cuvilliés mit dem Bau und der Ausgestaltung eines neuen Prunkapartments mit kostbarsten Möbeln und vergoldeten Bronzeleuchtern, das vor allem der Repräsentation diente.

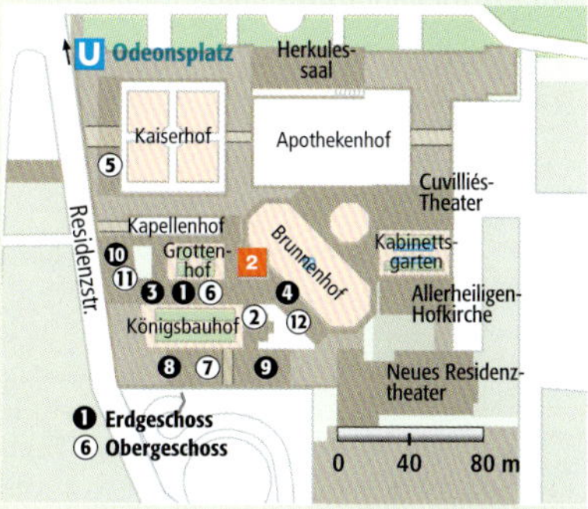

Glanzvoller Höhepunkt dieser Raumflucht ist der **Grüne Salon,** ein Rausch aus Gold, Seidendamast, Spiegeln, Lüstern und Gemälden. Zweimal in der Woche lud Karl Albrecht den Hof ein, um in diesem glanzvollen Rahmen mit ihm zu feiern. Man verstand am bayerischen Hof eine ganze Menge vom Savoir vivre …

Das **Paradeschlafzimmer,** nicht minder erlesen und gold-verschwenderisch ausgestaltet als ein Ballsaal, diente nur dem Vorzeigen – Karl Albrecht hat laut Überlieferung keine einzige Nacht hier geschlafen. Aber das An- und Auskleiden am Morgen und am Abend war eben in seiner Regierungszeit auch ein Staatsakt.

Der Dichtung gewidmetes Bildprogramm

Einen deutlich gewandelten Stil zeigen die unter Ludwig I. entstandenen klassizistischen Apartments im **Königsbau (7).** Leo von Klenze entwarf bis 1836 nicht nur die Architektur des Außenbaus (s. S. 151), sondern auch die Innendekoration und das Mobiliar: Die Ausstattung dient nun nicht mehr allein der herrschaftlichen Selbstdarstellung, sondern folgt den literarischen Vorlieben des Königs. Die Wandgemälde zitieren Werke antiker Autoren wie Pindar bis zu zeitgenössischen Literaten wie Goethe. In den **Nibelungensälen (8)** schuf Julius Schnorr von Carolsfeld die erste monumentale Darstellung der mittelalterlichen Sage.

Wahrhaft königliche Schätze!

In der Residenz sind schließlich auch diverse Spezialsammlungen untergebracht, für die die Sammelleidenschaft der Wittelsbacher den Grundstein legte. Die 1565 von Herzog Albrecht V. begründete **Schatzkammer (9)** zählt zu den bedeutendsten Europas. Die Sammlung mit 1258 Exponaten reicht von spätantiken Büsten über das mittelalterliche Giselakreuz bis zum klassizistischen Tafelservice. Im Mittelpunkt stehen die 1806 in Paris gefertigten bayerischen Kroninsignien mit Königskrone, Reichsapfel und Zepter. Das wertvollste Stück ist jedoch die mit Edelsteinen übersäte Reiterstatuette des hl. Georg, des Schutzpatrons der Wittelsbacher, an der ab 1586 mehrere Künstler über 50 Jahre lang arbeiteten.

In den **Paramentenkammern (10)** befinden sich christliche Kultgegenstände, bestickte Messgewänder und Altarschmuck wie fein ziselierte Antependien. Die **Reliquienkammer (11)** birgt mit 76 Objekten einen der größten profanen Reliquienschätze Europas. Der Reliquienkult wird dem Besucher in Form von Monstranzen und Reliquienschreinen vor Augen geführt. Besondere Aufmerksamkeit erregt der sogenannte Kindlschrein (1611–1626), in dem Kindermumien gefasst sind.

Porzellan stellte das vorrangige Sammelgebiet unter Kurfürst Max Emanuel (reg. 1726–1745) dar. Die **Ostasiensammlung (12)** gibt einen nahezu lückenlosen Überblick über die asiatischen Porzellane des 15. bis 18. Jh. und die Schöpfungen der europäischen Manufakturen des 18. und 19. Jh., darunter Meißen, Nymphenburg und Sèvres.

Außergewöhnliche Einblicke

Einmal im Jahr öffnen sich – jeweils unter anderem Motto – in der **Residenzwoche** die Türen und Tore der Residenz, auch jene, die Besuchern sonst verschlossen bleiben. Rund 100 Sonderführungen, Rundgänge, Vorträge und Konzerte locken nicht nur in die Prachträume, sondern auch in den Dachstuhl, auf den Turm und in die Schatzkammer (Infos: www.residenzwoche.de).

Architekten François Cuvilliés d.Ä. benannte Rokokojuwel war der Aufführung von Barockopern vorbehalten. Die Ausstattung des intimen, mit vergoldeten Schnitzereien reich verzierten Logentheaters stammt von namhaften Hofkünstlern, u. a. Johann Baptist Straub und Johann Baptist Zimmermann. Den Zweiten Weltkrieg überstand nur die kostbare Inneneinrichtung, die man glücklicherweise ausgelagert hatte. Man baute sie 1958 im sogenannten Apothekenstock am Brunnenhof wieder ein.

Bereits zu Beginn des 19. Jh. galt die **überbordende Rokokoausstattung** als überholt, man schloss das Theater. Für das neue Opernhaus, das Nationaltheater, gab der kühle Klassizismus den Ton an. Erst der barockverliebte König Ludwig II. machte die Spielstätte wieder zu einem fürstlichen Privattheater. Die für ihn mit großem Aufwand in Szene gesetzten Separatvorstellungen begründete er damit, dass er »keine Illusion im Theater haben könne, solange ihn die Leute unausgesetzt anstarren und mit ihren Operngläsern jede seiner Mienen verfolgen«. Heute finden im Cuvilliés-Theater Opern-, Konzert- und Theaterabende statt.

Nationaltheater 8

Max-Joseph-Platz 2, www.bayerische.staatsoper.de, Führungen mehrmals wöchentlich um 14 Uhr, Treffpunkt: Eingang Nord am Marstallplatz, 7 €, *s. S. 51*

Das Nationaltheater wurde 1818, nach den Wirren der Napoleonischen Kriege, eröffnet. Der noch nicht einmal 30-jährige Architekt Karl von Fischer orientierte sich an Pariser Theaterbauten und schuf ein monumentales, frei stehendes Theater mit einer mächtigen Tempelfront. Mit dem Königlichen Hof- und Nationaltheater öffneten die Wittelsbacher die ehemals allein dem Hof vorbehaltene Unterhaltung dem Volk. Der nachrevolutionären Ära entsprechend ist der 2100 Plätze umfassende Zuschauerraum nur in Parkett und Ränge unterteilt. Die einzige Loge, die **Königsloge,** in der sich Ludwig I. mit seiner Mätresse Lola Montez zeigte und Ludwig II. seine Separatvorstellungen genoss, kann heute jeder buchen – die entsprechenden Mittel vorausgesetzt. Höhepunkte in der langen Geschichte des Opernhauses waren die Uraufführungen von Wagners »Meistersingern« (1868) und Richard Strauss' »Feuersnot« (1901). 1910 dirigierte Gustav Mahler hier die Uraufführung seiner »Achten Symphonie«.

Angesichts leerer öffentlicher Kassen steht der hohe Aufwand der Kunstform Oper – jeder Platz wird pro Vorstellung mit durchschnittlich 75 € subventioniert – immer wieder infrage. Doch die Münchner lieben den Pomp: Die Vorstellungen sind zu 98 % ausgebucht. Schon zweimal retteten die Münchner *ihre* Oper, die Bayerische Staatsoper: 1823 fing eine Dekoration Feuer; das Theater brannte völlig ab und wurde bis 1825 von Leo von Klenze wieder aufgebaut. 1943 zerstörten Brandbomben das Opernhaus, es konnte erst 1963 wiedereröffnet werden. Jedes Mal spendeten die Bürger reichlich für die Wiederherstellung der Spielstätte. Erst 1972 vollendete der Veldener Künstler Georg Brenninger die **Plastik Apoll und die neuen Musen** für das Giebelfeld.

Die jährlichen **Opernfestspiele** im Juli sind kulturelle wie gesellschaftliche Höhepunkte. Mit schönem Blick auf das Nationaltheater schmaust man übrigens im gegenüberliegenden **Spatenhaus** 4 leckere bayerische Küche.

Sehenswert

1. Eilles-Haus
2. Residenz
3. Palais an der Oper
4. Hotel Vier Jahreszeiten
5. Galerie Fred Jahn
6. MaximiliansForum
7. Feldherrnhalle
8. Palais Preysing
9. Bazargebäude
10. Kunstverein München
11. Deutsches Theatermuseum
12. Staatskanzlei
13. NS-Widerstands-Mahnmal
14. Prinz-Carl-Palais
15. Palais Leuchtenberg
16. Odeon
17. Theatinerkirche St. Kajetan
18. Kunsthalle der Hypo-Kulturstiftung
19. Erzbischöfliches Palais
20. Kurt-Eisner-Denkmal
21. Hotel Bayerischer Hof
22. Dreifaltigkeitskirche

Residenztheater 10

Max-Joseph-Platz 1, www.residenztheater.de, s. S. 50

Hinter der dominanten Front des Nationaltheaters tritt die Fassade des angrenzenden Residenztheaters völlig zurück. Der in den Jahren 1948–51 nach Entwürfen von Karl Hocheder errichtete Theaterbau beherbergt Münchens größte und beliebteste Sprechbühne. Zur Aufführung kommen vor allem moderne Interpretationen klassischer Dramen, Stücke der Gegenwartsliteratur sowie Ballettinszenierungen.

Palais an der Oper (Residenzpost) 3

Max-Joseph-Platz, Ecke Residenzstraße

Die den Max-Joseph-Platz im Süden abschließende Residenzpost wurde 1747–54 von den Brüdern Johann Baptist und Ignaz Anton Gunetzrhainer für den Minister Ignaz Felix Graf von Törring-Jettenbach errichtet. Leo von Klenze baute das mit Figuren von Johann Baptist Straub ausgestattete Palais Törring 1836–39 mit hohem Kostenaufwand zum Hauptpostamt um. Die Fassade zum Max-Joseph-

Nördliche Altstadt

Einkaufen

1 Ed. Meier
2 Fünf Höfe
3 Gabriele Blachnik
4 Galerie Terminus
5 Loden Frey
6 Magazin
7 Maximilianhöfe
8 Museumsladen Bayerische Schlösser und Seen
9 Nymphenburger Porzellan-Store
10 Schäfflerhof
11 Theresa

Abends & Nachts

1 Call me Drella
2 Cosmogrill
3 Cuvilliés-Theater
4 Künstlerhaus
5 Literaturhaus
6 Marstall
7 Münchner Kammerspiele
8 Nationaltheater
9 Pacha
10 Residenztheater
11 Schumann's
12 Theatiner Filmkunst Kino
13 The Spice Bazaar

23 Maxburg
24 Wittelsbacher Brunnen
25 Synagogen-Denkmal
26 Salvator-Kirche
27 Sammlung Café Luitpold – Museum zur Kaffeehauskultur

Essen & Trinken

1 Brenner
2 Café Arzmiller
3 Pfälzer Weinstuben
4 Spatenhaus

Platz ist nach dem Vorbild des Florentiner Findelhauses von Brunelleschi als offene Bogenhalle gestaltet. Nach den Kriegsschäden baute man die Westfassade völlig verändert auf. Das barocke Hauptportal des Vorgängerbaus befindet sich nun im Inneren des Gebäudes.

Zum »Palais an der Oper« umgestaltet, ist die Residenzpost heute eine Luxusadresse in Bestlage mit Wohnungen, Büros, Restaurants, wie dem Kuffler-Restaurant Bar Grill für den Besuch nach der Oper, und Geschäften u. a. der Nobelmarke Louis Vuitton.

Maximilianstraße

Die Maximilianstraße entstand im 19. Jh. als zweite Prachtmeile nach der Ludwigstraße. König Maximilian II., Sohn Ludwigs I., beauftragte den Architekten Friedrich Bürklein 1851 mit der Gesamtplanung des neuen Boulevards, der die Altstadt mit den östlich gelegenen Vororten Lehel und Haidhausen verbindet. Für diese Bauaufgabe sollte eigens ein neuer, ebenso zeitgemäßer wie nationaler Stil kreiert werden. Dieser sog. Maximilianstil verbindet Elemente der Gotik und der Renaissance

mit der neuesten technischen Skelettbauweise aus Stahl und Glas.

Der verspielte Zierrat – Türmchen, Erker und Figuren – steht in spannungsreichem Kontrast zu der Monumentalität der Bauten. Nach dem Vorbild Pariser Boulevards erhielten die Gebäude Arkaden und Geschäfte mit Auslagen. Das **städtebauliche Gesamtkunstwerk** ist noch heute eine ideale Bühne für den Jahrmarkt der Eitelkeiten. Nationaltheater, Residenztheater und Kammerspiele legen die Bretter aus, die manchem die Welt bedeuten. Nobelboutiquen von Ferragamo, Armani, Cartier, Dior, Hermès, Vuitton und Bulgari festigen den Ruf als **Luxusmeile.**

Maximilianhöfe 7

Maximilianstr. 13/15

Der neue Büro- und Geschäftskomplex Maximilianhöfe hat eine der letzten großen Baulücken in der Altstadt geschlossen. Der prächtige Bürklein-Bau mit Spitzbögen entstand nach historischem Vorbild und beherbergt Luxusläden. Über einen großzügigen Durchgang kommt man zum **gläsernen Maximilianshof,** in den eine historische Säulenhalle aus dem 18. Jh. integriert wurde, der frühere Pferdestall des Königs. In dem durch die Glasfassade sichtbaren Gewölbe ist nun ein Mix aus Café, Pasta-Cucina und Restaurant eingerichtet, das **Brenner** 1. Zum Ensemble gehört auch das **Probengebäude der Oper,** dessen zum Marstallplatz gewandte Fassade als Kunstwerk gestaltet ist.

Marstall 6

Marstallplatz 4, Tel. 089 21 85 01, www.bayerischesstaatsschauspiel.de, Kartenvorverkauf: Mo–Sa 10–19 Uhr

Das angrenzende, 1817–1822 von Leo von Klenze erbaute klassizistische Marstallgebäude dient heute dem Bayerischen Staatsschauspiel als Spielstätte experimenteller Produktionen sowie für geschlossene Veranstaltungen.

Hotel Vier Jahreszeiten 4

Maximilianstr. 17, www.kempinski.com/munich, s. auch S. 27

Eine Ausnahme innerhalb der Blockbebauung bildet das frei stehende, 1856/57 errichtete Hotel Vier Jahreszeiten. Der Bau des damals wie heute repräsentativen Grandhotels trug dem wachsenden Städtetourismus im 19. Jh. Rechnung. Die prachtvolle Ausstattung sollte den Gästen ein ›zweites Zuhause‹ bieten. Wer es sich leisten konnte – zumeist Angehörige des Adels – wohnte Wochen oder gar Monate im Hotel.

Das Hotel Vier Jahreszeiten – Münchens Topadresse für VIPs

Heutige VIPs wie Mick Jagger oder Robert Redford bleiben weniger lange.

Galerie Fred Jahn 5

Maximilianstr. 10, www.fredjahn.com, Di–Fr 10–18, Sa 11–14 Uhr, im August Di–Fr 11–18 Uhr

Seit 1978 vertritt der Galerist Fred Jahn in einem weit gespannten Programm lokale wie internationale Positionen – mit einem besonderen Augenmerk auf Druckgrafik und Arbeiten auf Papier.

Münchner Kammerspiele 7

Maximilianstr. 26, www.muenchner-kammerspiele.de, s. S. 49

Im Rückgebäude von Nr. 26 und 28 befinden sich seit 1926 die Münchner Kammerspiele, eines der wenigen erhaltenen Jugendstiltheater Deutschlands. Das 1900/1901 von Max Littmann und Richard Riemerschmid erbaute Theater fasst gerade einmal 757 Zuschauer. Die ganze Sinnlichkeit des Jugendstils durchwirkt den ovalen, in Rot und Gold gehaltenen Theaterraum, dessen Wände plastisch durchgestaltet und mit floralen Motiven versehen sind.

Einer der bedeutendsten Intendanten des Theaters war Otto Falckenberg (1873–1947), der den expressionistischen Dramen Brechts in München ein Forum schuf. Heute kommen in den Kammerspielen, im angeschlossenen Werkraumtheater und im Neuen Haus klassische und moderne Dramen wie experimentelles Theater auf die Bühne.

Führungen, Einführungen und **Publikumsgespräche** runden das Angebot ab – eine gute Möglichkeit, mehr über die Stücke zu erfahren und mit Regisseuren und Darstellern ins Gespräch zu kommen. 2012 feierten die Kammerspiele ihr 100-jähriges Bestehen.

MaximiliansForum 6

Maximilianstr. 38, Tel. 089 23 32 16 69, www.maximiliansforum.de, durchgehend geöffnet

An der großen Kreuzung mit dem Altstadtring weisen gelb beleuchtete Eingangsschächte den Weg zum unterirdischen MaximiliansForum. Das Forum ist eine **Plattform für interdisziplinäre Kunst** mit wechselnden Installationen und Ausstellungen sowie Veranstaltungen. Im Mittelpunkt steht die Vernetzung freier, performativer und angewandter Kunstformen.

Rund um den Odeonsplatz

Residenz- und Theatinerstraße

Die Residenzstraße ist neben Theatiner- und Maximilianstraße die erste Adresse für noble Modegeschäfte wie Prada und Bogner. Gegenüber der geschlossenen Seitenfront der Residenz, in der die Bayerische Schlösserverwaltung einen attraktiven **Museumsladen** 8 (s. S. 172) eingerichtet hat, führen Seitenwege in diverse Innenhöfe und Passagen.

In der Theatiner Passage stößt man beim **Theatiner Filmkunst Kino** 12 auf einen festen Treffpunkt für Cineasten. Geboten werden hier (zumeist) französische und italienische Produktionen im Original mit Untertiteln, denen der Weg in die Megakinosäle verwehrt bleibt.

Odeonsplatz

Eingerahmt von Bauten unterschiedlichster Epochen, die aber allesamt italienische Vorbilder zitieren, ist der Odeonsplatz, der ›südlichste Platz Münchens‹, wie geschaffen für das Dolce Vita, dem man hier so gerne frönt. Bereits sein Name, der auf den einst an den Platz grenzenden Konzertsaal, das Odeon, zurückgeht, verweist auf eine Geselligkeit mit langer Tradition. Seine Gestalt erhielt der Platz unter Ludwig I., der ihn zum **Ausgangspunkt eines Prachtboulevards** bestimmte. Bereits 1816 beauftragte der kunstsinnige Kronprinz und spätere König den soeben zum neuen Münchner Stararchitekten erkorenen Leo von Klenze mit der Gesamtplanung der nördlichen Stadterweiterung (Maxvorstadt, s. S. 192). Mit Häusern unterschiedlichster Traufhöhen täuschte Klenze ein organisch gewachsenes Stadtbild vor.

1827 löste ihn Friedrich von Gärtner ab, der den nördlichen Teil der Ludwigstraße (ab Theresienstraße) entwarf. Diese **erste Prachtstraße Münchens** führte nun von dem einst vor den Stadttoren gelegenen Dorf Schwabing geradewegs auf die Residenz zu – genau 1 km lang. Als **Via Triumphalis** machte die klug inszenierte Straßenanlage das Machtzentrum des neuen Königreichs (seit 1806) erlebbar und gehört damit zu den bedeutendsten Leistungen des klassizistischen Städtebaus der ersten Hälfte des 19. Jh.

Feldherrnhalle 7

Den Eingang zur Stadt bildet die unter Ludwig I. errichtete Feldherrnhalle, mit der der Bayerischen Armee, dem im Dreißigjährigen Krieg siegreichen Feldherrn Tilly und dem 1814 erfolgreich gegen die Franzosen kämpfenden Carl Philipp von Wrede ein Denkmal gesetzt wurde. Der Münchner Volksmund spottet gern, dass der eine, Tilly, kein Bayer und der andere, Wrede, kein Feldherr gewesen sei. Gewiss nicht bayerisch ist die Architektur: Friedrich von Gärtner empfand die dreibogige Halle der Florentiner Loggia dei Lanzi nach (1841–44). Im Jahr 1892 kam das monumentale **Armeedenkmal** hinzu, eine Erinnerung an den Deutsch-Französischen Krieg 1870/71, und 1905 die beiden **Marmorlöwen** auf den Postamenten des Treppenaufgangs.

An der Feldherrnhalle fand im Jahr 1923 der Hitlerputsch sein blutiges Ende. Mit dem von Hitler im Jahr 1933 beauftragten Mahnmal (1945 entfernt) avancierte die Feldherrnhalle während des Dritten Reichs zu einer Stätte ritualisierten Gedenkens an die ›Novembergefallenen‹ der Nationalsozialistischen Deutschen Arbeiterpartei (NSDAP; s. auch Entdeckungstour »System und Widerstand«, S. 208).

Unterwegs mit der ›Museumslinie‹

Stehen mehrere Ausstellungen auf dem Besichtigungsprogramm, so ist es ratsam, in den Bus zu steigen. Der **Stadtbus Linie 100** ist der wohl beliebteste Bus der Kulturtouristen. Mit der ›Museumslinie‹ sind vom Hauptbahnhof aus insgesamt 23 Museen wie Perlen an einer Kette miteinander verbunden, darunter die Glyptothek und die Staatliche Antikensammlung am Königsplatz, die drei Pinakotheken, die Sammlung Brandhorst, die Residenz (H Odeonsplatz), das Haus der Kunst, das Bayerische Nationalmuseum und die Villa Stuck. Der Bus fährt u. a. entlang der Gabelsberger Straße, der Barer Straße und der Prinzregentenstraße über den Friedensengel bis zum Ostbahnhof (tgl. 5.30–1 Uhr, und zwar Mo–Fr 8–20.30, Sa 9–20, So, Fei 10–19 Uhr alle 10 Min., in den übrigen Zeiten alle 20 Min.).

Palais Preysing 8

Residenzstr. 27

An der Rückseite der Feldherrnhalle erstreckt sich das schönste Adelspalais Münchens, das Palais Preysing, erbaut in den Jahren 1723 bis 1728 von Joseph Effner für den Grafen Maximilian von Preysing, der damit seinem Dienstherrn in der Residenz gegenüber, Kurfürst Karl Albrecht, imponieren wollte. Erstmals eroberte sich hier der **Rokokostuck** auch die Außenwände eines Gebäudes.

Die hinter dem Palast verlaufende **Viscardigasse** wird auch ›Drückebergergassl‹ genannt, weil sich während des Dritten Reichs all diejenigen, die den vorgeschriebenen Hitlergruß am Mahnmal für den gescheiterten Putsch nicht leisten wollten, hier entlang ›drückten‹ (s. auch Entdeckungstour »System und Widerstand«, S. 208).

Bazargebäude 9

Odeonsplatz 6–8

An der Ostseite grenzen die 1824–26 von Klenze ebenfalls nach italienischem Vorbild geschaffenen Bazargebäude den Odeonsplatz zum Hofgarten ab. Im Eckpavillon, dem Annast Haus, befand sich bis Ende 2016 das **Café Tambosi**, das der Italiener Luigi Tambosi zu Anfang des 19. Jh. etablierte. »Hier wird geschmachtet, getändelt, geliebäugelt«, hielt ein zeitgenössischer Chronist fest – kein Wunder, war das Tambosi doch das erste Café Münchens, das Frauen ohne männliche Begleitung besuchen durften.

Inzwischen haben sich in den Bazargebäuden exklusive Läden, sogenannte Flagship-Stores angesiedelt, darunter das Brillenlabel Freuden Haus.

Im Hofgarten

Zum Hofgarten führt ein von Leo von Klenze 1816/17 gestaltetes Tor. Im Zeichen der Aufklärung war der ursprünglich der Residenz angegliederte Garten bereits 1780 unter Kurfürst Karl Theodor für das Volk geöffnet worden. Die von abgezirkelten Beeten und Rabatten bestimmte symmetrische Gestaltung im Stil italienischer Renaissancegärten wurde erstmals unter Maximilian I. in den Jahren 1610–20 angelegt.

Damals entstand auch der **Hofgartentempel** im Zentrum der Anlage, den eine von Hubert Gerhard 1594 geschaffene Diana bekrönt, die später von Hans Krumpper zu einer »Tellus Bavarica«, dem Sinnbild Bayerns, umgewandelt wurde.

In den Hofgartenarkaden

In den Arkadengängen, die den Hofgarten westlich und nördlich begrenzen, residieren **kunstgewerbliche Geschäfte und Galerien.** Eine Münchner Institution ist das **Schumann's** 11, die Bar des legendären Barkeepers Charles Schumann, der sich zwischenzeitlich als Model und Buchautor versuchte. Die 2003 bezogenen Räumlichkeiten sind im Retrostil der Seventies gehalten. Beliebter als die hofseitige Terrasse ist das Areal zur Ludwigstraße, wo die Gäste wie im Kino sitzen, das ewige Schauspiel des Sehens und Gesehenwerdens wiederholend. Mit Käse- und Schmalzbroten sowie Bratkartoffeln setzt man hier auf Hausmannskost.

Kunstverein München 10

Galeriestr. 4, www.kunstverein-muenchen.de, *s. S. 58*

Die innovativen Ausstellungen des Münchner Kunstvereins, darunter viele Multi-Media-Präsentationen, stellen ein dezidiertes Kontrastprogramm zur ›getragenen‹ Kunst alter Meister in der Residenz dar. Und dies an einem Standort, der historisch markiert ist durch den Versuch, freies Kunstschaffen zu unterbinden: 1937 ließ Hitler in den Räumen des heutigen Kunstvereins die Ausstellung ›Entartete Kunst‹ organisieren, mit der er einen großen Teil der Künstler seiner Zeit diffamierte und letztlich viele ins Exil zwang.

Deutsches Theatermuseum 11

Galeriestr. 4 a, Tel. 089 21 06 91 28, www.deutschestheatermuseum.de, *s. S. 61*

Gestiftet wurde das Museum von der Königlich Bayerischen Hofschauspielerin Clara Ziegler (1844–1909), die damit ihrer Kunst »eine vornehme Heimstatt« geben wollte. Mittelpunkt der Sammlung bilden Exponate zur Geschichte des deutschen Theaters, darunter allein 40 000 Rollenporträts, 50 000 Bühnenbild- und Kostümentwürfe sowie der Nachlass des Theaterarchitekten Gottfried Semper und die größte Wagner-Sammlung außerhalb Bayreuths.

Staatskanzlei 12

Franz-Josef-Strauß-Ring 1, www.bayern.de/Staatskanzlei (mit Download Kunstführer)

Den östlichen Abschluss des Hofgartens bildet der mächtige Bau der Staatskanzlei, Sitz des bayerischen Ministerpräsidenten und der Staatsregierung – und eines der umstrittensten Neubauprojekte der letzten Jahre. Fast 30 Jahre lang rangen die Stadt München und die Münchner Bürger mit dem bayerischen Staat, der seinen Repräsentationsanspruch im Stadtbild überdeutlich sichtbar machen wollte. Als die Staatskanzlei 1993 vollendet wurde, war sie nur halb so groß wie geplant, aber immerhin noch doppelt so groß wie das Weiße Haus. ›Bayerischer Kreml‹ und ›Straußoleum‹ sind nur einige der Namen, die man der unter Franz Josef Strauß geplanten 200 m langen Stahl-Glas-Konstruktion anheftete. Der 32 m hohe **Kuppelbau** in der Mitte gehörte einst zum Bayerischen Armeemuseum, das 1905 errichtet und im Zweiten Weltkrieg größtenteils zerstört wurde. Auf Anregung des Strauß-Nachfolgers Max Streibl (1988–1993) hin wurde in den modernen Bau eine **Zirbelstube,** ein typisch bayerischer, mit Zirbenholz vertäfelter Raum für intime Besprechungen eingebaut.

Denkmäler rund um die Staatskanzlei

Im direkten Umfeld der Staatskanzlei befindet sich eine Reihe von Denkmälern unterschiedlicher Herkunft. Vor dem Kuppelbau erinnert seit 1924 ein **Kriegerdenkmal** an die im Ersten Weltkrieg gefallenen Soldaten. Dahinter reitet Otto I. von Wittelsbach, der Begründer der bayerischen Dynastie, mit aufrechter Standarte. Das **Reiterstandbild** wurde 1911 enthüllt und stammt aus der berühmten Gießerei von Miller, die auch die Bavaria in Bronze gegossen hat. Linker Hand fällt am Beginn der in den Neubau der Staatskanzlei einbezogenen Arkaden ein würfelförmiger schwarzer Granitstein mit eingravierten Zitaten ins Auge, das **Mahnmal für den Widerstand gegen das NS-Regime** 13.

Am Berührungspunkt von Hof-, Finanz- und Englischem Garten, steht die 1803 geschaffene **Marmorstatue eines nackten Jünglings,** der im Volksmund ›Harmlos‹ genannt wird – nach der Inschrift auf seinem Sockel, die mit den Worten beginnt »Harmlos wandert hier! Dann kehret neu gestärkt zu jeder Pflicht zurück!«

Prinz-Carl-Palais 14

Franz-Josef-Strauß-Ring 5

Das 1806 von Karl von Fischer an der Schnittstelle zum Englischen Garten errichtete Prinz-Carl-Palais ist seit 1972 städtebaulich völlig isoliert: Vor seiner gelben Fassade mit dem herrschaftlichen Säulenportikus taucht der Altstadtring in die Tiefe ab.

Der ehemalige Wohnsitz des jüngeren Bruders von Ludwig I. ist heute der Staatskanzlei angegliedert. Von 1924 bis 1933 wohnten hier die bayerischen Ministerpräsidenten, seit 1972 dienen die prachtvollen Innenräume vor allem repräsentativen Aufgaben der Landespolitik, so etwa bei Staatsempfängen.

Entlang der Ludwigstraße

An der Westseite des Odeonsplatzes erinnert das 1862 enthüllte **Reiterdenkmal für Ludwig I.** an den Schöpfer des Straßenzugs. Ludwig wird von zwei Knappen begleitet, auf deren Schilden man seine Lebensmaxime ›gerecht‹ und ›beharrlich‹ lesen kann.

Rechts hinter ihm befindet sich das erste Gebäude, das Klenze am Odeonsplatz errichtete, das **Palais Leuchtenberg** 15 (1816–1818; Odeonsplatz 4). Mit dem repräsentativen Stadtpalast schuf Klenze das für die Bebauung der Ludwigstraße bestimmend bleibende Vorbild eines Neorenaissancebaus. Seine Bewohnerin Auguste Amalie, die Tochter des ersten bayerischen Königs, Max I. Joseph, war mit Eugène Beauharnais verheiratet, dem Stiefsohn von Napoleon. Nach dessen frühem Tod residierte die hübsche Herzogin von Leuchtenberg bis zu ihrem Tod

Lieblingsort

Hofgarten: Rabattengesäumte Oase inmitten der Stadt

Der sich zwischen Residenz und Staatskanzlei erstreckende Hofgarten ist nicht nur die älteste Gartenanlage der Stadt, er ist auch der stimmungsvollste Ruheort inmitten von Verkehr und Einkaufsstraßen. Wenn die Boulespieler ihre Bälle werfen und im **Hofgartenpavillon** Musik ertönt, dann fühlt man sich an Paris erinnert. Münchner Lokalkolorit verströmen die Läden unter den Arkaden: neben Modeboutiquen und Galerien findet sich hier der Showroom des Schirmer-Verlages und der **Münchner Kunstverein** 10.

1851 allein in den 253 Räumen ihres Stadtpalastes, der heute das Bayerische Staatsministerium der Finanzen beherbergt.

Odeon 16

Odeonsplatz 3, regulär nur von außen zu besichtigen, Besichtigung des Innenhofs auf Anfrage beim Pförtner
Auf das Leuchtenberg Palais bezog sich Klenze mit dem linker Hand 1826–1828 unter hohem Kostenaufwand errichteten Odeon, einem wegen seiner guten Akustik gerühmten bürgerlichen Vergnügungstempel. Im 34 x 22 m messenden Konzert- und Ballsaal tanzte die Gesellschaft, hier lauschten Damen in eleganten Roben ergriffen den Werken zeitgenössischer Komponisten. Nach der Zerstörung des Gebäudes 1944 wurde der Konzertsaal nur mehr als Innenhof rekonstruiert. Hinter der wiederhergestellten Fassade hat seit 1950/1951 das Bayerische Innenministerium seinen Sitz – so wie in vielen der inzwischen entkernten Gebäude entlang der Ludwigstraße staatliche Ministerien, Versicherungen und Banken ihre repräsentativen Zentralen eingerichtet haben.

Vom Odeonsplatz ins Kreuzviertel

Theatinerkirche St. Kajetan ! 17

Salvatorplatz 2a, www.theatinerkirche.de, tgl. 8–19, Führung: Do 14 Uhr
Mit dem Bau der Theatinerkirche St. Kajetan lösten Kurfürst Ferdinand Maria und seine Gattin Henriette Adelaide von Savoyen ein Gelübde ein, denn 1662 war ihnen endlich der lang ersehnte Thronfolger Max Emanuel geboren worden. Die aus Italien stammende Kurfürstin holte sich mit dem Theatinerorden ein Stück südlicher Spiritualität nach München, den Rahmen dafür schuf der Bologneser Architekt Agostino Barelli.

Die ab 1663 errichtete Barockkirche mit der imposanten breit gelagerten, zweitürmigen **Schaufassade** folgt dem Vorbild des Mutterhauses des Ordens, Sant'Andrea della Valle in Rom. Insbesondere die von Enrico Zuccalli entworfene 71 m hohe **Tambour-Kuppel** über der Vierung ist römischen Ursprungs. Erst 1768 konnte die Fassade vollendet werden.

Im tonnengewölbten Innenraum auf dem Grundriss eines lateinischen Kreuzes leitet die Mittelachse wie eine Triumphstraße zum Hochaltar. Die weiße **Stuckdekoration,** deren Programm um christliche Demut, Dankbarkeit und Gerechtigkeit kreist, symbolisiert das göttliche Licht. In einer Kapelle des rechten Seitenschiffs stehen die **Sarkophage des bayerischen Königspaares** Max II. und Marie.

Die Gruft unter dem Chor ist bis heute **Grablege der Wittelsbacher.** Neben den Stiftern haben hier u. a. Kaiser Karl VII., König Otto von Griechenland und Prinzregent Luitpold ihre letzte Ruhe gefunden. Nachdem zunächst der Innenraum aufwendig renoviert wurde, finden noch bis 2018 am Außenbau Instandhaltungsmaßnahmen statt.

Fünf Höfe 2

Theatinerstr. 15, www.fuenfhoefe.de
Südlich der ehemaligen Klostergebäude der Theatinerkirche erstreckt sich hinter einer durchbrochenen Metallfassade auf einer Gesamtfläche von 20 000 m² das Passagensystem der Fünf Höfe. Für den Komplex zeichnen die renommierten Schweizer Architekten Herzog & de Meuron verantwortlich, künstlerische Akzente setzen die Wortgemälde Rémy Zauggs und die Weltkugel von Ólafur Elíasson.

Handverlesene Geschäfte, darunter Designer, Möbelläden, Interieurs oder Schuhgeschäfte, die Marken-Boutiquen Strenesse und Armani sowie Gastronomie, u. a. **Schumann's Tagesbar** (s. S. 172) und das Restaurant **Pageou** (Di–Fr 12–14.30, 18.30–22, Sa 12–15, 18.30–22 Uhr s. S. 35), zielen auf ein kaufkräftiges Publikum. »Was zuerst, Kunst oder Genuss?«, wirbt das trendige, stets gut besuchte **Café Kunsthalle** (s. S. 172).

Kunsthalle der Hypo-Kulturstiftung 18

Theatinerstr. 8, www.kunsthalle-muc.de, s. S. 58

Die 1985 begründete Kunsthalle der Hypo-Kulturstiftung, die in den Komplex eingebunden ist, tritt mit viel beachteten publikumswirksamen Ausstellungen an die Öffentlichkeit. Das Ausstellungsprogramm umfasst alle künstlerischen Gattungen und reicht von der Frühzeit bis in die Moderne.

Kardinal-Faulhaber-Straße

Durch die Prannerpassage gelangt man zur Kardinal-Faulhaber-Straße. Der reiche plastische Figurenschmuck der historischen Gebäude, u. a. des **Adelspalais Portia** (Nr. 12, 1693/1694), lenkt den Blick nach oben. Barocke bis klassizistische Palastarchitektur bestimmt das Straßenbild des ehemaligen Kreuzviertels, das sich im 17. Jh. zu einem Quartier des Adels entwickelte. Seine Grenzen sind in etwa durch die Kaufinger Straße/Neuhauser Straße im Süden, die Weinstraße/Theatinerstraße im Osten und durch den Altstadtring gegeben.

Erzbischöfliches Palais 19

Kardinal-Faulhaber-Str. 7

Das Erzbischöfliche Palais, das ehemalige Palais Holnstein, mit rosa abgesetzter Rokokofassade hütet eine pikante Geschichte: Kurfürst Karl Albrecht ließ den repräsentativen Adelspalast 1733–1737 von François Cuvilliés für seine Geliebte, Gräfin von Holnstein, und ihren gemeinsamen Sohn erbauen. Noch immer verweist das durch einen roten Streifen, den ›Bastardbalken‹, gekennzeichnete Wittelsbacher Wappen im Giebel auf den Seitensprung. Einer, der davor warnte, die »uneheliche Mutterschaft in Schutz zu nehmen«, war indes ebenfalls Bewohner des Palais: der auf Grund seiner Rolle während der NS-Zeit umstrittene Kardinal Michael Faulhaber, nach dem der Straßenzug 1952 benannt wurde.

Prannerstraße

Auch die Paläste in der Prannerstraße zeugen vom Einfluss des Adels. Gise, Seinsheim, Preysing – nur die einflussreichsten Familien konnten es sich leisten, hier zu bauen. Engagiert wurden mit Vorliebe die Baumeister des Herrscherhauses, darunter Enrico Zuccalli und François Cuvilliés d. Ä., die in diesem Karree eindrucksvolle Beispiele aristokratischer Architektur des 18. Jh. hinterließen.

Im 19. Jh. freilich hielt auch hier die Demokratie Einzug: 1819 nahm die bayerische Ständeversammlung, der spätere Landtag, in einem ehemaligen Wirtshaus in der Prannerstraße 20 seinen Sitz und blieb hier bis 1934. 1919 wurde der erste bayerische Ministerpräsident, Kurt Eisner, der den unabhängigen Sozialdemokraten (USPD) angehörte, auf dem Weg dorthin von Graf Arco-Valley erschossen. Am Beginn der Kardinal-Faulhaber-Straße erinnert seit 1989 das **Kurt-Eisner-Denkmal** 20, ein Bodenrelief, das den Umriss eines niedergestreckten Körpers nachzeichnet, an den Mann, der Bayern 1918 zum Freistaat ausgerufen hat.

Rund um den Promenadeplatz

Auch der Promenadeplatz entstand im Zuge der Umgestaltung des Kreuzviertels zu einem adeligen Quartier. Die Salzstadel an der einstigen Kreuzgasse wurden 1778 abgebrochen und damit der florierende bürgerlich-merkantile Salzhandel unterbunden. In der heute vom Autoverkehr umkreisten Grünanlage erinnern vier Mitte des 19. Jh. geschaffene **Standfiguren** an die Komponisten Orlando di Lasso und Christoph Willibald Ritter von Gluck, an den bayerischen Historiker Lorenz von Westenrieder sowie an den Kurfürsten Max Emanuel, der 1688 Belgrad eroberte und von den Türken befreite. Seit 2005 werden die vier ergänzt um den ohne Sockel auf gleicher Augenhöhe stehenden Politiker Maximilian Joseph von Montgelas, der im 1811 bis 1813 entstandenen Palais Montgelas, der seit 1969 zum Hotel Bayerischer Hof gehört, residierte. Montgelas (1759–1838) war allmächtiger Außen-, Innen- und Finanzminister unter Max I. Joseph und hat den modernen bayerischen Staat entschieden mitgestaltet. Nach überlieferten Bildnissen digital errechnet und aus Aluminium gefräst, ist die überlebensgroße, von der Künstlerin Karin Sander geschaffene Figur nach wie vor umstritten. Neue Aufmerksamkeit erhielten die fünf Figuren seit dem Tod des Popsängers Michael Jackson. Die Münchner Fangemeinde des King of Pop gestaltete mit Fotos und Kerzen kurzerhand das Orlando-di-Lasso-Denkmal in eine Stätte der Verehrung und des Erinnerns um.

Warum die Italiener München lieben: italienische Architekturzitate am Odeonsplatz

Hotel Bayerischer Hof 21

Promenadeplatz 2–6, www.bayerischerhof.de, s. auch S. 27, S. 170

Die prominenteste Adresse am Platz ist das Hotel Bayerischer Hof. Seine Gründung stieß der genussfreudige Ludwig I. an, der 1839 den Wunsch äußerte, dass es auch in München »ein erstrangiges Hotel für vornehme Reisende von Stand geben möge«. Schließlich profitierte Ludwig selbst von der 1841 eröffneten, mit größtmöglichem Komfort eingerichteten Nobelherberge. Gewöhnlich zweimal im Monat nutzte Ludwig das Hotel, um ein Vollbad zu nehmen – in seiner Residenz gab es keine Badewanne. Heute kümmern sich mehr als 700 Angestellte um jeden noch so ungewöhnlichen Wunsch der Gäste. Die größte Suite ist mit 584 m^2 größer als manches Eigenheim.

Pacellistraße

Die Pacellistraße als Verlängerung des Promenadeplatzes Richtung Lenbachplatz wurde erst 1951 nach Eugenio Pacelli, dem späteren Papst Pius XII., benannt: 1917–25 war er Päpstlicher Nuntius in München.

Dreifaltigkeitskirche 22

Pacellistr. 6, Fr–Mi 6.30–18, Do 6.30–16 Uhr

Kunsthistorisch interessanter als die inzwischen profanierte **Karmeliterkirche** am Anfang der Straße ist die spätbarocke Dreifaltigkeitskirche. Die Kirche mit der ersten konvex, also nach außen, schwingenden Fassade Bayerns entstand nach Plänen von Giovanni Antonio Viscardi 1711–16, zur Zeit des Spanischen Erbfolgekriegs (1701–14). Damals hatte – der Legende nach – die Münchner Kammerdienertochter Maria Anna Lindmayr die Vision, dass allein ein neuer, von Bürgern, Adel und Geistlichkeit gleicher-

Unser Tipp

Wellness auf höchstem Niveau
Vom **Blue Spa im Bayerischen Hof** 21 genießt man einen phänomenalen Blick über die Münchner Altstadt. Der Pool ist mit 6,50 x 14,50 m zwar nicht für Langstreckenschwimmer geeignet, doch das zu öffnende Glasdach lässt bei gutem Wetter auch ein Plantschen im Freien zu. Unterschiedlichste Massagen, ein Fitnesscenter, die Kosmetikabteilung mit Friseur sowie die Sonnenterrasse mit Gastronomie runden den Besuch aufs Angenehmste ab (Spa tgl. 7–22.30, Fitnesscenter tgl. 6.30–22.30, Kosmetikabteilung Mo–Fr 10–19, Sa 10–16 Uhr und nach Vereinbarung, Massagen ab 70 €, Fitness ab 44 €, Schönheitsbehandlungen ab 60 €; nur mit Reservierung unter Tel. 089 212 09 92).

maßen getragener Kirchenbau das Vorrücken der österreichischen Truppen verhindern könne. Die drei Stände werden im **Bildprogramm** mit der Heiligen Dreifaltigkeit, Vater, Sohn und Heiliger Geist, allegorisch gleichgesetzt. Das **Kuppelfresko** ist ein Frühwerk von Cosmas Damian Asam. Lindmayr lebte bis zu ihrem Tod 1726 als Nonne im Karmeliterinnenkloster gegenüber. Die Dreifaltigkeitskirche überstand als einziges Gotteshaus in der Innenstadt die Bombardierungen des Zweiten Weltkriegs.

Maxburg 23

Pacellistr. 5

Einzig ein Turm verweist noch auf den 1579 von Herzog Wilhelm V. erbauten mächtigen Renaissancekomplex der Maxburg, die nach dem Enkel des Erbauers, Maximilian Philipp, benannt war. Nach der Kriegszerstörung errichtete einer der profiliertesten Architekten der Nachkriegszeit, Sep Ruf, 1953–57 auf diesem Gelände das Justizgebäude, dessen Gliederungselemente mit den Stilmitteln der 1950er-Jahre die Struktur der alten Burg widerspiegeln. Im Erdgeschoss findet sich unter einer Reihe von Geschäften auch das stilvolle **Café Kreutzkamm** (s. S. 171), das mit Baumkuchen und anderen Dresdner Spezialitäten zu einer Pause einlädt.

Lenbachplatz

Der Lenbachplatz gehörte um 1900 zu den städtebaulich bedeutsamsten Plätzen Münchens. Einige der angrenzenden Bauten des späten 19. Jh. künden noch davon. Geadelt wurde der Platz durch den im Jahr 1895 von Adolf von Hildebrand vollendeten **Wittelsbacher Brunnen** 24, mit dem die Fertigstellung der Hochdruckwasserleitung aus dem Mangfalltal gefeiert wurde. Aus Stolz über die technische Meisterleistung legte man eine künstliche Fels- und Wasserlandschaft an. Die Figuren symbolisieren die gleichermaßen zerstörerischen wie segensbringenden Kräfte des Wassers.

Künstlerhaus 4

Lenbachplatz 8, www.kuenstlerhaus-muc.de

Der mehrfach gestaffelte Bau des Künstlerhauses wurde 1893–1900 nach Plänen von Gabriel von Seidl als Vereinsbau der Münchner Künstlergenossenschaft im Stil der norddeutschen Renaissance errichtet. Der Festsaal war einst mit Fresken des Künstlerfürsten Franz von Lenbach, dem langjährigen Präsidenten der Genossenschaft, ausgestattet.

1900 von Prinzregent Luitpold als Treffpunkt von Künstlern und Bürgertum begründet, ist das Künstlerhaus heute wieder ein Ort der Begegnung und vielfältigster kultureller Veranstaltungen, darunter Figurentheater, Impro-Oper-Aufführungen und Jazzkonzerte. Im Haus werden außerdem Ausstellungen organisiert und Kurse in der Lithografiewerkstatt angeboten.

In unmittelbarer Nähe des Künstlerhauses erinnert ein **Denkmal** 25 daran, dass hier bis 1938 die von den Nationalsozialisten abgerissene Hauptsynagoge der jüdischen Gemeinde stand.

Salvatorplatz

Über Maximiliansplatz und Jungfernturmstraße erreicht man den Salvatorplatz. Benannt ist er nach der Kapelle des einst hier gelegenen Friedhofs der Frauenkirche. Bereits im Jahr 1828 von Ludwig I. dem »griechischen Cultus« gewidmet, ist die **Salvator-Kirche** 26 heute noch ein Stück Heimat für die ca. 27 000 in München lebenden Griechen.

Literaturhaus 5

Salvatorplatz 1, www.literaturhaus-muenchen.de, s. S. 49

Im Rampenlicht steht heute das Literaturhaus, das mit Lesungen, Diskussionen und Ausstellungen München als größten europäischen Verlagsstandort feiert. Nirgendwo anders als in der angeschlossenen **Brasserie Oskar Maria** (s. S. 40) bewahrheitet sich heute Münchens Ruf als Hauptstadt der Bohème. Zwischen Möchtegernliteraten, großen Verlegern, bekannten und unbekannten Schauspielern trinkt man Milchkaffee und beobachtet dabei das immerwährende Schauspiel gepflegter Geselligkeit. Das Café ist Standort des wohl außergewöhnlichsten Denkmals Münchens. Statt mit einer Figur oder einem Brunnen wird des bayerischen Schriftstellers Oskar Maria Graf mit einer **Installation** der amerikanischen Konzeptkünstlerin Jenny Holzer gedacht. Zitate aus Grafs Werken flimmern wie Börsennotierungen über die LED-Schriftsäule hinter der Theke, zieren Geschirr und Sitzbänke.

Sammlung Café Luitpold – Museum zur Kaffeehauskultur 27

Brienner Str. 11, Tel. 089 24 25 76 79, www.luitpoldblock.de, tgl. 10–19 Uhr, Eintritt frei, Führung jeden 1. Di im Monat um 10 Uhr (5 €)

Im Norden schließt der **Luitpoldblock** an den Salvatorplatz an, dessen 1888 begründetes **Café Luitpold** (s. S. 172) mit Palmengarten unter einer 12 m hohen Glaskuppel und Außenfläche zur Brienner Straße nur noch einen Schimmer vom Glanz alter Zeiten vermittelt. Bis in die 1960er-Jahre verkehrte hier eine bunte Mischung aus Intellektuellen, Bohemiens und Damen der Demi-Monde. Im Café findet heute ein abwechslungsreiches Veranstaltungsprogramm mit Gesprächsrunden und Lesungen statt. Die im Palmengarten befindliche Sammlung Café Luitpold spürt der vergangenen Zeit Münchner Kaffeehauskultur anhand von Fotografien und Archivstücken nach.

Essen & Trinken

Feinsinnig – **Brasserie Oskar Maria** im Literaturhaus 5 : s. S. 40, 171.
Very trendy – **Brenner** 1 : s. S. 45.
Etabliert – **Café Arzmiller** 2 : s. S. 39.
Eierschecke & Co. – **Café Kreutzkamm**: in der Maxburg 23, Pacellistr. 5, www.

kreutzkamm.de, Mo–Fr 7.30–18, Sa 9–18 Uhr. Neben Dresdner Spezialitäten wie der Eierschecke werden erlesene Kuchenkreationen gereicht, darunter der berühmte Baumkuchen.
Kunst & Genuss – **Café Kunsthalle** 18: Theatinerstr. 8, tgl. 10–20, Bar Mo–Fr 8–20, Sa 9–20, So 10–20 Uhr. Ob im Straßenausschank inmitten der trubeligen Theatinerstraße, im Café im ersten Stock mit angeschlossenem Stehcafé und Bar: Genossen werden köstliche Kleinigkeiten bei bester Sicht auf die Flaneure der Fünf Höfe; s. S. 167.
Loriots zweites Wohnzimmer – **Café Luitpold** 27: Brienner Str. 11, www.café-luitpold.de, Mo 8–19, Di–Sa 8–23, So 9–19 Uhr. Vom goldenen Ambiente der Prinzregentenzeit ist wenig vorhanden, doch ›Hüftgold‹ holt man sich hier gewiss: ob mit feinen Torten, zarten Pralinés, knusprigem Teegebäck oder der berühmten Luitpold-Torte. Wer erfahren möchte, wie man Füllungen von Pralinés selbst herstellt, bucht einen Kurs im Atelier; s. S. 171.
Gourmet-Etage – **Pageou**: in den Fünf Höfen 2, s. S. 167.
Treffpunkt für Weinliebhaber – **Pfälzer Weinstuben** 3: s. S. 38.
Gut besucht – **Schumann's Tagesbar**: in den Fünf Höfen 2, Maffeistr. 6, Mo–Fr 8–21, Sa 9–19 Uhr. Der legendäre Barkeeper zieht auch tagsüber sein Publikum an: Die Tagesbar ist aufgrund des Andrangs meist nicht zu übersehen; s. S. 167.
Bayerische Küche – **Spatenhaus** 4: Residenzstr. 12, Tel. 089 290 70 60, www.kuffler-gastronomie.de, EG 9.30–0.30, OG 11.30–1 Uhr. Das zur Kuffler-Gruppe gehörende Spatenhaus ist in zwei Bereiche unterteilt: Im Erdgeschoss kommt bodenständige, im Obergeschoss verfeinerte bayerische Küche auf den Tisch. Fantastischer Ausblick auf das gegenüberliegende Nationaltheater.

Einkaufen

Maßgeschneiderte Schuhe – **Ed. Meier** 1: s. S. 43.
Kunstpassage – **Fünf Höfe** 2: s. S. 42 und S. 166.
Eigenkreationen – **Gabriele Blachnik** 3: s. S. 43.
Zentrale Kunst – **Galerie Terminus** 4: Theatinerstr. 22, Tel. 089 29 61 87, www.galerie-terminus.de, Di–Fr 11–19, Sa 11–16 Uhr. Neben populärer marktgängiger Kunst stellt die Galerie immer wieder Neuentdeckungen der Münchner Kunstakademie aus.
Altbewährtes trifft Modetrend – **Loden Frey** 5: s. S. 43.
Zeitgenössisches fürs Haus – **Magazin** 6: s. S. 44.
Luxuspassage – **Maximilianhöfe** 7: s. S. 42 und S. 158.
Adlige Mitbringsel – **Museumsladen der Bayerischen Schlösser und Seen** 8: Residenzstr. 1, www.kulturgut.de, Mo–Sa 10–18 Uhr. Publikationen und Postkarten, Krawatten und Kissen nach historischen Stoffen, Porzellan mit dem bayerischen Löwen und vieles mehr; s. S. 160.
Weißes Gold – **Nymphenburger Porzellan-Store** 9: www.nymphenburg.com, s. S. 44.
Traditionspassage – **Schäfflerhof** 10: s. S. 42.
Modeparadies – **Theresa** 11: s. S. 43.

Aktiv

Wellness auf höchstem Niveau – **Blue Spa** im Bayerischen Hof 21: s. S. 170.

Abends & Nachts

Dracula und Cinderella – **Call me Drella** 1: s. S. 46.
Imbiss der etwas anderen Art – **Cosmogrill** 2: Maximilianstr. 10 (Eingang Falkenturmstr.), www.cosmogrill.de,

Renommierte Luxuslabels und Restaurants bespielen die Maximilianhöfe

Mo–Mi 12–24, Do 12–3, Fr–Sa 12–6, So 15–21 Uhr, Gerichte 3,80–15,50 €. Eine der wenigen Münchner Adressen für eine nächtliche Stärkung. Bis 6 Uhr morgens gibt es Kartoffelecken, Burger sowie Currywurst mit unterschiedlichen Saucen. Das stylische Schwarz-Weiß-Ambiente steht in apartem Kontrast zur gebotenen Biokost.

Renommierte Theaterbühne – **Cuvilliés-Theater** 3: s. S. 49 und S. 151.

Konzerte, Lesungen und Ausstellungen – **Künstlerhaus** 4: s. S. 170.

Feinsinnig – **Brasserie Oskar Maria** im Literaturhaus 5: s. S. 40 und S. 171.

Bayerisches Staatsschauspiel – **Marstall** 6: s. S. 158.

Eine Theaterlegende – **Münchner Kammerspiele** 7: s. S. 49 und S. 159.

Münchens prächtiges Opernhaus – **Nationaltheater** 8: s. S. 51 und S. 155.

Gediegen – **Night Club Bar Bayerischer Hof** 21: s. S. 48.

Ibiza in München – **Pacha** 9: Maximiliansplatz 5, Tel. 089 309 05 08 50, www.pacha-muenchen.de, Do 22–5, Fr, Sa 22–6 Uhr. Nicht nur Prominente wie Uma Thurman und Mick Jagger sollen dort schon gesichtet worden sein, auch Fußballprofis wie Stefan Effenberg, Michael Ballack und Luca Toni schätzten das lockere Ambiente des Münchner Ablegers der Diskothekenkette, die im Jahr 1973 ihren Ursprung auf der Insel Ibiza nahm. Es lohnt sich nach den Events zu schauen, zu denen u. a. namhafte DJs eingeflogen werden.

Zu Gast bei einem Starensemble – **Residenztheater** 10: s. S. 50,, 156.

Die berühmteste Bar der Isarmetropole – **Schumann's** 11: s. S. 45, 162.

50er-Jahre-Flair – **Theatiner Filmkunst Kino** 12: s. S. 51, 160.

Cool – **The Spice Bazaar** 13: s. S. 45.

Das Beste auf einen Blick

Isarvorstadt und Museumsinsel

Highlight!

Deutsches Museum: Mit 1,4 Mio. Besuchern pro Jahr und rund 25 000 Exponaten auf 55 000 m² Ausstellungsfläche ist das Deutsche Museum ein Museum der Superlative. Seine Markenzeichen sind Anfassen und Mitmachen. Per Knopfdruck werden Motoren, Fräsen und chemische Versuchsanordnungen aktiviert. Staunen inbegriffen! 1 S. 177, 178

Auf Entdeckungstour

Ein Paradies für Technikfreaks – das Deutsche Museum: Ob Bergwerksstollen, Luft-, Schiff- und Raumfahrt oder die Fachbereiche Chemie und Physik – beim Gang durch das größte deutsche Museum müssen Schwerpunkte gesetzt werden, sonst verläuft man sich leicht innerhalb der labyrinthischen Führungslinie. Die Entdeckungstour gibt Tipps zur Auswahl. 1 S. 178

Am Puls der Zeit – Trendsuche im Glockenbachviertel: Skurrile Geschäfte, Bars, Szenecafés und In-Locations warten zwischen Sendlinger Tor und Isar auf ihre Entdeckung. S. 184

Kultur & Sehenswertes

Gärtnerplatztheater: Der strahlende Mittelpunkt des Gärtnerplatzviertels steht für die lange Zeit belächelte ›leichte Muse‹ in Form von Operetten, Musicals und Ballett, die inzwischen aufgewertet wurde. 5 S. 51, 181

Ruhmeshalle mit Bavaria: Zur Wiesnzeit bewacht die Monumentalfigur der Bavaria das Treiben zu ihren Füßen. In der übrigen Zeit steht sie zu Unrecht verlassen: Denn erst mit freiem Blick erweist sich ihre wahre Größe, und der sich anschließende Bavariapark ist ein rechter Platz für eine Verschnaufpause, nachdem man ihre Aussichtsplattform erklommen hat. 8 S. 188

Zu Fuß unterwegs

Alter Südlicher Friedhof: Hinter hohen Friedhofsmauern wandelt man innerhalb des verwunschen bewachsenen Friedhofs auf den Spuren der Münchner Prominenz, die dort ihre letzte Ruhe fand. 7 S. 188

Genießen & Atmosphäre

Gärtnerplatzviertel: Schauplatz einer lebendigen Szene zeitgenössischer Kunst. Hier gibt es neben Theater und Galerien etliche Designer, Künstler, Plattenläden etc. S. 177

Abends & Nachts

The Holy Home: Klein, aber oho und eine Münchner Institution um die Ecke vom Gärtnerplatztheater. Wechselnde DJs sorgen für gute Musik. 8 S. 185, 191

Isar- und Ludwigsvorstadt, Museumsinsel

Isar- und Ludwigsvorstadt gehen auf Stadterweiterungen des 19. Jh. zurück. Zur **Isarvorstadt** gehören Glockenbach-, Gärtnerplatz- und Schlachthofviertel, die von einem hohen Bestand an gründerzeitlichen Altbauten geprägt sind. Das **Glockenbachviertel** ist nach dem gleichnamigen Bach benannt, der wie viele andere die Stadt durchziehende Bäche noch im 20. Jh. zugeschüttet wurde. Am Alten Südlichen Friedhof, der grünen Lunge des Viertels mit zahlreichen Prominentengräbern, ist dagegen noch ein Teil des Westermühlbachs erhalten. Das **Gärtnerplatzviertel** entstand in der zweiten Hälfte des 19. Jh. auf dem Reißbrett. Es wurde rund um den Gärtnerplatz angelegt, von dem die Hauptachsen ausgehen.

Infobox

Reisekarte: ▶ P–T 13–16

Verkehrsmittel

Die Trambahnen 16, 17 und 18 führen durch das Viertel, das auch über die S-Bahn-Haltestelle Isartor und die U-Bahn-Haltestelle Sendlinger Tor erreichbar ist.

Ausgangs- und Endpunkt

Der Spaziergang beginnt am Deutschen Museum auf der Museumsinsel und führt durch die Isarvorstadt mit Gärtnerplatz- und Glockenbachviertel zur Theresienhöhe und dem dortigen Verkehrzentrum des Deutschen Museums.

Die Isarvorstadt gilt heute als der pro Quadratmeter am stärksten besiedelte Münchner Stadtteil. Die Kneipen- und Restaurantdichte ist die höchste von ganz München. Besonderen Einfluss auf das Unterhaltungsangebot hat die schwul-lesbische Szene, die traditionell dort beheimatet ist und nicht nur Lokale betreibt, sondern dem Viertel mit ungewöhnlichen Geschäftsideen Farbe verleiht.

Bereits der Name deutet darauf hin: Die **Ludwigsvorstadt,** benannt nach dem späteren König Ludwig I., entstand auf Betreiben des bayerischen Herrscherhauses, das östlich der heutigen Theresienhöhe ein zeitgemäßes Villenviertel errichten wollte. Als monumentale Blickpunkte wurden die Großskulptur der **Bavaria** samt angrenzender Ruhmeshalle und die erhaben stehende neugotische Kirche **St. Paul** geplant. Heute hat der Stadtteil viele Gesichter. Südlich des Bahnhofs stehen Verwaltungs- und Hotelgebäude. Dazwischen haben sich ganz unterschiedliche Nationalitäten angesiedelt, die dort u. a. Geschäfte mit Lebensmitteln, Handys und anderen elektrischen Kleinteilen sowie Gemischtwarenläden betreiben. Beidseits der viel befahrenen Lindwurmstraße wurden in den verkehrsberuhigten Seitenstraßen die Universitätskliniken angesiedelt. Die **Theresienwiese** ist Schauplatz des Oktoberfestes. Außerhalb der Wiesnzeit wird sie für verschiedene Veranstaltungen wie das Tollwood-Festival genutzt. Ebenfalls multikulturell geprägt ist das sich anschließende **Westend,** die Schwanthalerhöhe, das inzwischen auch Münchens Kreative für sich entdeckt haben.

Museumsinsel

Deutsches Museum ! 1

Museumsinsel 1, www.deutsches-museum.de, tgl. 9–17, Kinderreich für 3–8-Jährige 9–16.45 Uhr, s. S. 61; wegen Generalsanierung bis 2025 können Abteilungen kurzfristig geschlossen sein

Beherrscht wird die Museumsinsel vom Deutschen Museum, dem größten technischen Museum weltweit und mit durchschnittlich 1,5 Mio. Besuchern pro Jahr eine Institution der Superlative. Ein ganzer Monat würde nicht reichen, um alle 25 000 Einzelobjekte anzusehen. 1903 stellte der Ingenieur Oskar von Miller erstmals sein Museumskonzept vor, das allein technischen Errungenschaften gewidmet sein sollte. In den Jahren zuvor hatten Erfindungen wie das Telefon, die ersten elektrischen Straßenlaternen und die Verbreitung des Automobils die Welt grundlegend verändert. 1925 konnte dieses Dokumentationszentrum der Moderne in einem von Gabriel und Emanuel von Seidl gestalteten Bau eröffnet werden. Schon Miller hatte die Idee, dass physikalische und technische Anordnungen möglichst anschaulich und von den Besuchern nachvollziehbar präsentiert werden sollten.

Rund 50 Einzelausstellungen zeichnen die Entwicklung der Naturwissenschaften und Technik von den Ursprüngen bis heute nach. Durch die rund 73 000 m² umfassende Ausstellungsfläche in sechs Geschossen führt eine ca. 20 km lange Führungslinie. Für einen Besuch muss man also Schwerpunkte setzen, viele kostenlose Führungen erleichtern die Auswahl. Eine besondere Attraktion ist der nachgebaute Bergbaustollen in der **Abteilung Maschinen und Technik** (s. S. 180). Den Griff des Menschen nach den Sternen verfolgt man in der **Abteilung Astronomie,** der ein Zeiss-Projektions-Planetarium auf neuestem technischen Stand angegliedert ist. In den letzten Jahren ist der Bereich **Informatik** rasant gewachsen. Er präsentiert den ersten Universalrechner von Konrad Zuse (1941) und die darauf aufbauenden technischen Entwicklungen des PCs.

Zunehmend wird der Zusammenhang von Wissenschaft, Technik und Gesellschaft thematisiert und aktuellen Fragestellungen z. B. aus der Klimaforschung, Molekularbiologie oder Gentechnik nachgegangen. Aufgrund der ständig wachsenden Sammlung und des begrenzten Raums auf der Insel wurden einige Themenkreise ausgelagert, so z. B. Objekte der Luft- und Raumfahrt in die Flugzeugwerft Schleißheim und historische Verkehrsmittel in das Verkehrszentrum auf der Theresienhöhe (s. S. 189).

Im Norden der Museumsinsel

Im nördlichen Teil der Museumsinsel steht inmitten einer lauschigen Grünanlage die **Bronzefigur des Vater Rhein** 2 in der gleichnamigen Brunnenanlage, die 1897–1903 Adolf von Hildebrand gestaltet hat. Die Figur war ursprünglich für Straßburg bestimmt, seit 1932 grüßt die Verbildlichung des urdeutschen Stroms seine kleine bayerische Schwester, die Isar. Der Platz ist gut geeignet für eine Pause nach der Tour durch das Deutsche Museum.

Gärtnerplatzviertel

Über die mit allegorischen Darstellungen von Flößerei, Industrie und Kunst geschmückte **Ludwigsbrücke,** einem Nachfolgebau der 1158 an dieser Stelle von Heinrich dem Löwen über die Isar gelegten Stra- ▷ S. 181

Auf Entdeckungstour: Ein Paradies für Technikfreaks – das Deutsche Museum

1,5 Mio. Besucher im Jahr, ca. 25 000 Exponate, 73 000 m² Ausstellungsfläche – das Deutsche Museum 1 ist ein Museum der Superlative. Sein Markenzeichen: Anfassen und Mitmachen. Staunen inbegriffen – bei Groß und bei Klein.

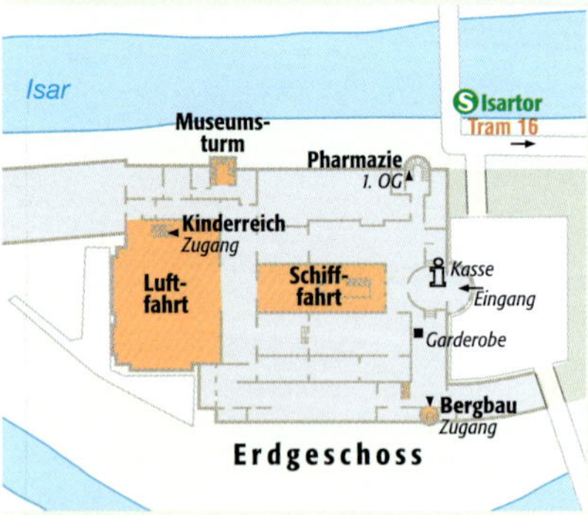

Zeit: ein halber bis ein ganzer Tag
Planung: Adresse s. S. 61, automatische Telefonauskunft 089 217 94 33, www.deutsches-museum.de, tgl. 9–17, Kinderreich für 3–8-Jährige 9–16.45 Uhr, Kinder/Studenten 4 €, Erw. 11 €, Fast stündl. Spezialführungen. Achtung: Wegen Generalsanierung bis 2025 können Abteilungen kurzfristig geschlossen sein.

Eine erste Annäherung

Weithin sichtbar: Messeinrichtungen zur Wetterbestimmung statt der zu erwartenden Turmuhren finden sich am 58 m hohen **Museumsturm,** dem Wahrzeichen des Deutschens Museums. Und sie sind eine gute Einstimmung auf das Museum, denn hier geht es um Technik. Barometer, Thermometer, Hygrometer und Windmesser zeigen an, dass sich auf dem Turm eine Wetterstation befindet, die inzwischen auf dem Mast um modernere Messtechniken ergänzt wurde. Im Inneren hängt über die gesamte Turmhöhe ein **Foucaultsches Pendel,** das mit seiner leichten Bewegung die Erdrotation sichtbar macht.

Hinein geht es nun in das Museum, das wohl auf der Liste fast eines jeden Münchenbesuchers steht. Ein wenig erscheint der Besuch des Deutschen Museums als Initiationsritus für unsere technisierte Welt. Ihren Anfang nahm diese freilich im 19. Jh., aus dem die bahnbrechenden Errungenschaften des Industriezeitalters wie Dampfschifffahrt, Eisenbahn und Telekommunikation stammen. Heute versammelt das Museum Originalmaschinen, darunter häufig die ersten bekannten Exemplare, und in den museumseigenen Werkstätten gebaute Geräte und Versuchsanordnungen. Mit dieser Kombination wurde es zum Prototyp des Erlebnismuseums.

Voll getakelt – Schifffahrt

Von der ovalen Eingangshalle mit den Kassenhäuschen geht es geradewegs zu einem ersten Höhepunkt: der großen **Schifffahrtshalle.** Den Beginn der Schifffahrtsgeschichte markieren Einbäume, Fell- und Schilfboote aus aller Welt. Anhand von Segelschiffen, Dampfschiffen und dieselbetriebenen Motorschiffen werden wesentliche Entwicklungsschritte der Moderne deutlich. Raumbestimmend sind der **Fischewer Maria,** 1880 für den Fischfang auf der Nordsee gebaut, und der **Schlepper Renzo** (1932), der wuchtig die Zeit der Dampfschiffe repräsentiert.

Im Untergeschoss sind das zur Veranschaulichung längs aufgeschnittene erste deutsche **U-Boot U 1** von 1906 und eine Nachbildung der **Taucherglocke,** mit der die Brüder Piccard 1960 den mit 10 916 m bislang tiefsten Tauchgang unternahmen, zu sehen.

Luftfahrt – historisch und modern

Auch die zentrale **Luftfahrthalle** erstreckt sich über zwei Etagen. Der Traum vom Fliegen, den bereits Leonardo da Vinci geträumt hatte, erfüllte sich erst im 18. Jh. Die französischen Brüder Montgolfier entwickelten einen **Heißluftballon**, der erstmals 1783 bei Paris startete. Ein Diorama zeigt diesen Moment. Der deutsche Otto Lilienthal schuf den ersten tauglichen Gleitflugapparat, den er erstmals 1891 bei Berlin einsetzte. 1896 starb Lilienthal bei einem weiteren Flugversuch. Nachbildungen seiner zerbrechlichen, mit Stoff bespannten Apparaturen hängen im hinteren Teil der Halle unter der Decke. Ebenfalls deutscher Herkunft sind die Zeppeline, gewaltige Großluftschiffe, die nach ihrem Erfinder Ferdinand von Zeppelin benannt wurden. Die Bugspitze des **LZ 27 Graf Zeppelin** (1928) vermittelt einen Eindruck dieser Luftschiffe, die Anfang des 20. Jh. im weltweiten Verkehr eingesetzt wurden.

Die militärische Bedeutung des Flugzeugs veranschaulichen frühe Kampfflugzeuge wie die **Fokker D VII,** den Anfang des Verkehrsflugzeugs die **Alte Tante Ju** (1932), die begehbar ist. Hubschrauber und Teile moderner Verkehrsflugzeuge wie des Airbus Prototyps 1 runden das Thema ab. Weitere Exponate finden sich in der

Zweigstelle des Deutschen Museums in Schleißheim (s. S. 289).

Bergbau – in den Tiefen der Erde

Hinter der Garderobe geht es zunächst über eine breite Wendeltreppe in die Tiefe, in die Welt des **Bergbaus.** Dann wandert man fast einen Kilometer durch finstere und enge Stollen. Kurz vor dem Eingang steht noch ein Schachtbohrgerät von 1914. Der Rundgang beginnt in einem originalgetreu rekonstruierten Betraum aus dem 19. Jh., den die Bergleute bei Schichtbeginn und -ende aufsuchten: ein Raum, der eindringlich die Gefahren des Arbeitens unter Tage vor Augen führt.

Mittels szenischer Nachbildungen sind alle Epochen des europäischen Bergbaus dargestellt: Der Nachbau eines Kehrrads aus der Renaissance zeigt die frühen mechanischen Ansätze der Schachtförderung, Modelle aus dem Erzbergbau des 19. Jh. demonstrieren historische Abbau- und Streckenvortriebsmethoden. Vom Braunkohletageabbau am Niederrhein, einem Salzbergwerk aus der Nähe von Krakau bis zur Gewinnung von Pechkohle um 1900 in Oberbayern erreicht die Ausstellung am Ende den modernen Kohlebergbau und die Geräte, die zur Aufarbeitung der unter der Erde gewonnenen Rohstoffe nötig sind.

Pharmazie – in der Welt der bunten Pillen

Die Abteilung Pharmazie im ersten Obergeschoss stellt über ihr modernes Lichtdesign den größten Kontrast zum düsteren Bergwerksstollen dar. Auf 800 m² und unter dem Motto »You are chemistry« fanden im Jahr 2000 die Life Sciences Eingang ins Deutsche Museum. Im Körper ablaufende Prozesse werden als ›Chemie‹ begriffen und entsprechend naturwissenschaftlich dargestellt. Den Höhepunkt der Abteilung stellt eine begehbare, 350 000-fach vergrößerte Zelle dar, anhand derer der gesamte Zellstoffwechsel anschaulich wird. Krankheiten wie Aids, Tbc und Krebs werden ebenso erläutert wie Empfängnisverhütung. Ein eigener Bereich ist der Arzneimittelentwicklung und den langwierigen Zulassungsverfahren gewidmet.

Erklärtes Ziel des Museums ist es, auch zeitgenössische Themen aufzuarbeiten und zu präsentieren. Bis zum 100-jährigen Jubiläum der Eröffnung im Jahr 2025 soll das Museum daher unter Beratung des englischen Stararchitekten Sir Norman Foster Abteilung für Abteilung modernisiert werden. Die Renovierung und Neueinrichtung der Ausstellungen erfolgt bei laufendem Betrieb, einzelne Bereiche können kurzfristig nicht zugänglich sein.

Im Kinderreich – alles ist erlaubt

Speziell für Kinder von drei bis acht Jahren wurde das **Kinderreich** angelegt, das sich bis 2019 provisorisch im Erdgeschoss befindet. Der spielerische Umgang mit Kraft, Wasser, Licht und Schall kann u. a. anhand einer langen Kugelbahn, mit Flaschenzügen und in einem Spiegelkabinett erprobt werden.

Eine Auszeit – Massage gefällig?

Keine Frage: Ein Besuch des Deutschen Museums ist anstrengend. Nach einigen Stunden schmerzen die Füße, der Kopf brummt … Nicht ohne Grund stehen daher vielerorts Massagestühle und Fußmassagegeräte – neben den Pausenräumen, in denen mitgebrachter Proviant verzehrt werden darf, eine weitere Möglichkeit für eine kurze Auszeit.

ßenverbindung, gelangt man in die Zweibrückenstraße, die das Gärtnerplatzviertel nach Nordosten begrenzt. Das Viertel entstand als Teil der Isarvorstadt ab 1864 als Spekulationsobjekt des Bankiers Eichthal, was die einheitliche neoklassizistische Gestaltung erklärt. Seinen Mittelpunkt bildet das Gärtnerplatztheater (s. u.).

Der **Gärtnerplatz,** den eine Stele mit de1m bronzenen Angesicht Leo von Klenzes ziert, ist mit den Cafés in seinem Rund vor allem in lauen Münchner Nächten ein beliebter Treffpunkt. Bereits Ludwig I. bestimmte, dass die zentralen, sich auf dem Platz kreuzenden Straßen nach seinen bevorzugten Künstlern, dem Architekten Leo von Klenze und dem Maler Peter Cornelius, zu benennen seien.

Deutsches Patent- und Markenamt 3

Zweibrückenstr. 12, www.dpma.de

An der geschwungenen Zweibrückenstraße fällt die rote Klinkerfassade mit den beiden vergoldeten **Magdeburger Halbkugeln** auf, die auf die Versuche des deutschen Naturforschers Otto von Guericke mit Vakuum anspielen. Dies ist der Sitz des Deutschen Patent- und Markenamtes. In insgesamt drei 50er-Jahre-Gebäuden am Isarufer werden nationale Patente geprüft und erteilt.

Europäisches Patentamt 4

Bob-van-Benthem-Platz 1, www.epo.org

Der Bau des Europäischen Patentamtes wurde 1975–1979 von dem renommierten Hamburger Architektenbüro Gerkan, Marg und Partner. errichtet. In die umgebende **Grünanlage** sind Werke namhafter Künstler aus den Mitgliedsstaaten integriert (u. a. Eduardo Paolozzi, Philip King). Im Durchschnitt werden hier pro Jahr 150 000 Patentanmeldungen bearbeitet.

Staatstheater am Gärtnerplatz 5

Gärtnerplatz 3, www.staatstheater-am-gaertnerplatz.de, s. S. 51 (wg. Renovierung bis 2017 geschlossen)

Ludwig II. weihte das Gärtnerplatztheater 1865 ein. Als zweites Musiktheater der Stadt mit 893 Plätzen glänzt das Haus mit Oper, Operette, Ballett und Musical. Von Barockopern bis zu modernem Tanztheater – der Spielplan ist breit gefächert. Außerdem werden musikalische Märchenspiele für Kinder ab sechs Jahren inszeniert.

Galerien am Gärtnerplatz

Das Gärtnerplatzviertel ist außerdem Schauplatz einer lebendigen Szene zeitgenössischer Kunst. Hier befinden sich Münchner Pioniere der Gegenwartskunst wie die Galeristen Rupert Walser (Fraunhofer Str. 19) und Karl Pfefferle (Reichenbachstr. 47–49) sowie Pilotgalerien wie Jörg Heitsch (Reichenbachstr. 14) und Matthias Kampl (Buttermelcherstr. 15). Kennzeichnend für ihre Ausstellungstätigkeit sind die klassischen Medien Malerei und Skulptur. Auf zeitgenössische Keramik hat sich hingegen Renate Wunderle mit ihrer Galerie b 15 (Baaderstr. 15) spezialisiert.

Fraunhoferstraße

Entlang der Fraunhoferstraße, in der sich mit dem **Postgebäude** 5 ein typisches Beispiel reformorientierten Bauens der 1920er-Jahre erhalten hat, ist eine belebende Vielfalt neuer Einzelhandelsgeschäfte zu finden. Im Viertel mit der größten Kneipendichte wurde die Sperrstundenregelung zwar inzwischen gelockert, aber nicht aufgehoben. Nur wenige

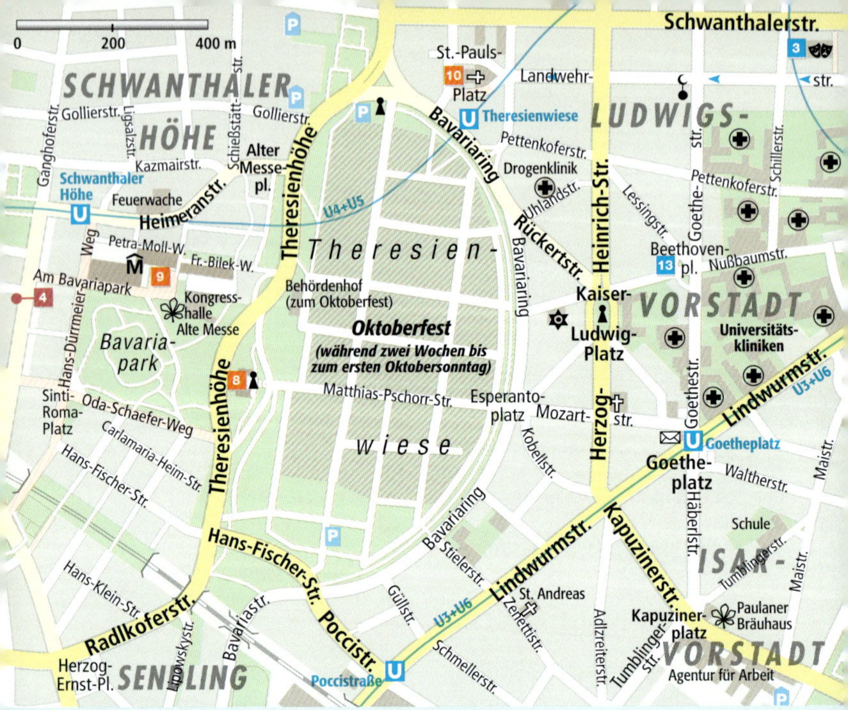

Isarvorstadt und Theresienhöhe

Sehenswert
- 1 Deutsches Museum
- 2 Bronzefigur Vater Rhein
- 3 Deutsches Patent- und Markenamt
- 4 Europäisches Patentamt
- 5 Postgebäude
- 6 Altes Technisches Rathaus
- 7 Alter Südlicher Friedhof
- 8 Ruhmeshalle mit Bavaria
- 9 Verkehrszentrum des Deutschen Museums
- 10 Paulskirche

Essen & Trinken
- 1 Café Maria
- 2 Café Schneewittchen
- 3 Café Trachtenvogl
- 4 Café Westend
- 5 Eisdiele Jessas
- 6 Ganga
- 7 Grüne Gans
- 8 Café Del Fiore
- 9 Walter & Benjamin
- 10 Yum

Einkaufen
- 1 Angels Inn
- 2 Clara Niggl Store
- 3 Comic Company
- 4 Eisenblätter & Triska
- 5 Helge Ott

Lokale haben nach 1 Uhr noch geöffnet.

Altes Technisches Rathaus 6

Blumenstr. 28a/b

Richtung Innenstadt steht an der Blumenstraße, die als Teil des Altstadtrings dem Verlauf der zweiten Stadtmauer folgt, das Städtische Hochhaus (Altes Technisches Rathaus), der einzige architektonische Versuch der 1920er-Jahre in München, an amerikanische Bauformen anzuschließen, und mit zwölf Stockwerken bis heute das einzige Hochhaus

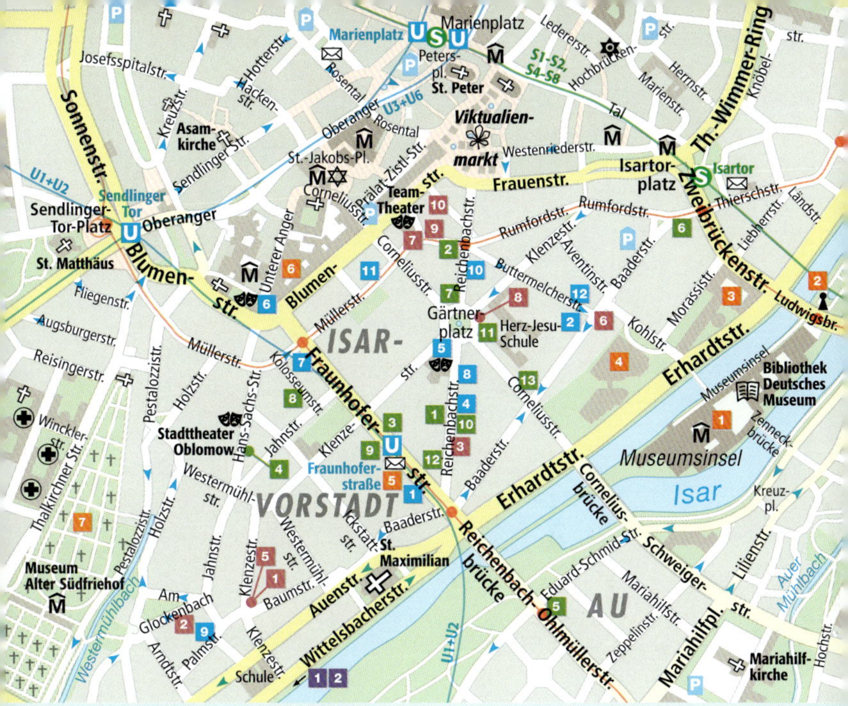

6 Literatur Moths
7 Morgantini
8 Optimal
9 Schallplattenzentrale
10 Rocket
11 Slips
12 Thok-Lab
13 Kriminalbuchhandlung Glatteis

Aktiv

1 Flaucher
2 Tierpark Hellabrunn

Abends & Nachts

1 The Flushing Meadows
2 Pacific Times
3 Deutsches Theater
4 Für Freunde
5 Staatstheater am Gärtnerplatz
6 Münchner Marionettentheater
7 M. C. Mueller
8 Holy Home
9 Café Glück
10 Deutsche Eiche
11 SUB
12 Melcher's
13 Gabanyi

innerhalb der Altstadt. Im Alten Technischen Rathaus befindet sich der letzte Paternoster Münchens.

Münchner Marionettentheater 6

Blumenstr. 32, www.muenchner-marionettentheater.de, s. S. 50

1858 hatte Johann Leonhard Schmid, der legendäre ›Papa Schmid‹, zusammen mit dem Dichter und Märchenerzähler Graf von Pocci ein Puppentheater begründet, für das im Jahr 1900 das Gebäude als weltweit erste allein für das Puppenspiel bestimmte ▷ S. 186

Auf Entdeckungstour: Am Puls der Zeit – Trendsuche im Glockenbachviertel

Zwischen Sendlinger Tor und Isar liegt Münchens Vergnügungsviertel. Künstler, Studenten und Schwule entdeckten die patinierten Gründerzeithäuser zu Beginn der 1980er-Jahre – und dann nahm alles seinen Lauf: Das Glockenbachviertel wurde zur Hochburg von Alternativen und Arrivierten; Läden, Werkstätten, Galerien, Bars, Cafés und Restaurants schossen wie Pilze aus dem Boden.

Planung: Der Spaziergang beginnt am Reichenbachplatz und stellt die wichtigsten Läden und Lokale in seiner Umgebung vor. Weiter geht es zum Gärtnerplatz und den von dort abzweigenden Straßenzügen. Alles lässt sich gut zu Fuß erledigen, und es mangelt nicht an Cafés für eine Rast.

Lieblingsladen & Co.

Ausgangspunkt für die Trendsuche ist der **Reichenbachplatz,** der als solcher kaum zu erkennen ist. An der Ecke findet sich ein herrlich altmodischer Laden, in dem **Clara Niggl** 2 Klassiker für Frauen und Männer verkauft. Freunde treffen sich hingegen in einem schräg-charmanten Klub mit hohem Improvisationsfaktor, der umstandslos denn auch gleich **Für Freunde** 4 heißt: Unter einem guten Stern von der letzten Weihnachtsdeko trifft man sich in einem wohnzimmerähnlichen Raum zwischen Trash und Kunst.

Trachtenvögel lockt es in die gleichnamige Location, das **Café Trachtenvogl** 3. Einst war der Laden mit seiner Mischung aus Berliner Flair und Alpenlandkitsch ein Vorreiter für die Gentrifizierung des Viertels. Kuckucksuhren und röhrende Hirsche gehören zu den Musts in diesem Szeneladen, wo Trinkschokolade und Astra-Bier hoch im Kurs stehen. Die passende Kleidung für die beiden Hang-outs findet man bei **Rocket** 10 und bei **Angels Inn** 1. Internationale Designermode hingegen führt **Thok-Lab** 12.

Schwul-lesbischer Szenetreff

Eine Institution der Schwulenbewegung ist die **Deutsche Eiche** 10, einst Stammlokal des Filmemachers Rainer Werner Fassbinder und bis heute sehr bayerisch. Ingrid Steeger, die Klimbim-Nudel, ging hier ein und aus, und auch Freddie Mercury, der in den 1980er-Jahren um die Ecke wohnte, schaute gern mal vorbei. Legendär sind hier die Faschingsfeiern, die keineswegs immer auf den Fasching fallen müssen …

Shoppen, Schauen, Flirten, Trinken und Schlemmen …

… lautet das Motto des Gärtnerplatzes, auf dessen Mitte aus Gras man früher sitzen, nein besser: lagern konnte. Doch dann beschwerten sich die lärmgeplagten Anwohner und die Stadt schritt schließlich ein. Das Ergebnis: ein kleiner Zaun und eine Blumenanlage – hier kann niemand mehr sitzen. Dafür bietet die Sonnenterrasse des italienischen Cafés **Del Fiore** 8 aber reichlich Gelegenheit. Alle Stühle sind zum Platz hin ausgerichtet, sodass man zurückgelehnt das bunte Treiben um sich herum beobachten kann. Dazu gibt es Cappuccino oder Wein und Tramezzini. Italienische Schuhe indes findet man bei **Morgantini** 7, dem Schuhladen am Gärtnerplatz mit Klassikern und einigen aus der Reihe ›tanzenden‹ Paaren oder

bei **Slips** 11, wo neben edlen Dessous auch feinmaschige und edle Mode einen Besuch lohnen.

Unterwegs bis nachts um vier …

Über die Klenzestraße geht es weiter in das Herz des Glockenbachviertels. Auf dem Weg liegt das **Café Maria** 1, wo sich die Nachbarschaft trifft und Kuchen oder kleine Gerichte schlemmt, während sich die benachbarte **Eisdiele Jessas** 5 auf anspruchsvolle Eissorten wie Schoko-Ingwer oder Zitrone-Basilikum spezialisiert hat. Den Logenplatz im Glockenbachviertel nimmt das **Café Schneewittchen** 2 am Glockenbach ein, wo edle Kuchen und kleine Gerichte in anspruchsvollem, schickem Ambiente serviert werden.

Neben dem Gärtnerplatztheater liegt das **Holy Home** 8, eine Münchener Institution. Die Bar erinnert an einen alten Krämerladen, man kennt sich und trinkt zusammen, wechselnde DJs legen Musik auf. Der Platz reicht gerade mal für 50 Leute, gut besucht ist es immer.

Lieblingsort

Spaß am ›Münchner Lido‹

Wenn der Sommer seinen Höhepunkt erreicht, die Luft über der Leopoldstraße flirrt und die Hitze lähmende Trägheit verbreitet, ist es Zeit fürs Wasser: Flussglück bietet vor allem der **Flaucher** 1. Zwischen Brudermühlbrücke und Tierpark fließt die Isar breit und eigensinnig, verzweigt sich in Nebenarme und Rinnsale, alles plätschert, sprudelt, flirrt und sirrt, als sprudele das Wasser direkt aus dem Gebirge. Überall ergeben sich kleine Kies- und Sandbänke, auf denen in Sommernächten so viele Grillfeuer brennen, dass man sich an den Ganges mit seinen religiösen Kultstätten versetzt fühlt.

Bühne errichtet wurde. Heute zeigt es das gesamte Spektrum des Figurentheaters. Das Marionettentheater liegt heute auf einer Verkehrsinsel.

Glockenbachviertel

Mit Glockenbachviertel bezeichnet man den Teil der Isarvorstadt, der sich zwischen Westermühlbach, Holz-, Westermühl- und Hans-Sachs-Straße ausdehnt. Das Viertel ist das Zentrum der Münchner Schwulengemeinde. Auf Schritt und Tritt begleiten einen die Regenbogenfahnen an Geschäften und Lokalen. In der Hans-Sachs-Straße findet alljährlich im August ein schwules Straßenfest statt (1. Sa nach Mariä Himmelfahrt, www.schwules-strassenfest.de). Die kleinstädtische Atmosphäre wandelt sich seit einer Weile unter dem Einfluss zugezogener Yuppies, die die Zentrumsnähe schätzen. Neben rustikalen Bierschenken haben sich Feinschmeckerrestaurants, Designerläden und Haarstylisten angesiedelt (s. Entdeckungstour S. 184).

Alter Südlicher Friedhof 7

Zwischen Thalkirchner Straße und Pestalozzistraße, März, Sept. 8–18, April–Aug. 8–19, Okt.–Febr. 8–17 Uhr
Auf dem westlich an das Glockenbachviertel grenzenden Alten Südlichen Friedhof – bis 1900 Zentralfriedhof der bayerischen Haupt- und Residenzstadt – sind fast alle bedeutenden Münchner Persönlichkeiten des 19. Jh. beigesetzt. 1944 wurden die Beerdigungen eingestellt und der Friedhof aufgelassen. Das gesamte Areal rund um die **Friedhofskirche St. Stephan** steht heute unter Denkmalschutz und dient als öffentlicher Park. Da viele Grabmäler baufällig sind, wurden in den vergangenen Jahren immer wieder Sicherungsmaßnahmen durchgeführt. Aufgrund der leeren Stadtkasse war die Bevölkerung zu Spenden aufgerufen, um das einzigartige Kulturdenkmal zu erhalten. Künstlerisch gestaltete Grabdenkmäler erinnern u. a. an die Hofbildhauer Roman Anton Boos und Johann Baptist Straub, den Baumeister Leo von Klenze und den Maler Carl Spitzweg.

Unterwegs zur Theresienhöhe

Deutsches Theater 3

Schwanthalerstr. 13, www.deutsches-theater.de, s. S. 49
An der geschäftigen Schwanthalerstraße, die direkt auf die Theresienhöhe führt, steht das 1897 begründete Deutsche Theater. Einst füllten klingende Namen wie Marlene Dietrich, Zarah Leander, Hildegard Knef und Johannes Heesters die Säle, war das Theater der Mittelpunkt der Münchner Faschingsbälle. Lange musste man um seine Zukunft bangen, doch das Musiktheater der leichten Muse und des Varietés konnte immer wieder gerettet werden. Nach fünfjähriger Renovierung konnte das Gebäude 2014 wieder dem Publikum geöffnet werden. Neben der Bühnentechnik wurden das Foyer und der Mehrzwecksaal umgestaltet. Das Haus hat sich schnell als Spielstätte für internationale Musical-Produktionen einen Namen gemacht.

Ruhmeshalle mit Bavaria 8

Theresienhöhe 16, www.schloesser.bayern.de, April–15. Okt. tgl. 9–18, während des Oktoberfests 9–20 Uhr, 3,50 €
Südwestlich der Innenstadt entstand im 19. Jh. auf Geheiß König Ludwigs I. ein ›Tempelbezirk der Romantik‹, zu dem die Ruhmeshalle und die riesige Statue der Bavaria gehören. Die tempelartige

Die Wiesn: das Gewühl einmal aus der Vogelperspektive betrachtet

Ruhmeshalle ist unschwer als ein Werk Klenzes zu erkennen. Die dreiflügelige Säulenhalle entstand 1843–1853 im Auftrag Ludwigs I., der nach dem Vorbild der ebenfalls von Klenze errichteten Walhalla bei Regensburg einen Ort für herausragende bayerische Persönlichkeiten in München schaffen wollte. Seit der Wiedererrichtung nach Kriegsschäden 1972 wird diese Tradition fortgesetzt. Bislang versammelt die Ruhmeshalle insgesamt 115 Büsten bedeutender Erfinder, Künstler, Schriftsteller, Kirchen- und Staatsmänner.

Die mächtige, 18 m hohe **Bavaria** entfaltet ihre eindrucksvolle Präsenz vor allem dann, wenn die Theresienwiese nicht von Karussells und Bierzelten zugestellt ist, sondern sich als freier Platz zu ihren Füßen öffnet. Schöpfer dieses Kolossalstandbildes ist der Bildhauer Ludwig von Schwanthaler, der mehr als zehn Jahre (1839–50) an der 1560 Zentner schweren Frauengestalt arbeitete. Schwanthaler hüllte die Bavaria in ein langes Gewand und ein Bärenfell, womit er ihr einen germanischen Charakter verlieh – der ursprüngliche Entwurf von Klenze war noch griechisch inspiriert. Neben ihr sitzt ein Löwe, das bayerische Wappentier. Über 126 Stufen erreicht man den Kopf des Standbildes, von dem sich ein eindrucksvoller Blick über die Stadt erschließt.

Verkehrszentrum des Deutschen Museums 9

Theresienhöhe 14 a, www.deutsches-museum.de/verkehrszentrum, tgl. 9–17 Uhr, 6 €

Hinter der Ruhmeshalle liegt das alte Messegelände, ein 330 000 m² großes Areal, auf dem nach der Verlegung der Messe nach Riem ein zentrumsnahes Wohnviertel entstanden ist. In drei denkmalgeschützten Hallen auf dem alten Messegelände ist das Verkehrszentrum des Deutschen Museums mit einer Ausstellung zu Stadtverkehr, Reisen und Technik untergebracht. Ausgestellt sind allein die Fahrzeuge, die zur Fortbewegung an Land im Schienen- und Straßenverkehr dienen. Die Sammlung umfasst vorindustrielle Verkehrsmittel wie Kutschen und Dampflokomotiven ebenso wie Kraftfahrzeuge und Fahrräder. Berücksichtigt sind auch Kinderroller, Skier, Roll- und Schlittschuhe – das Verkehrszentrum zeigt »alles, was uns bewegt«, so sein Slogan.

Paulskirche 10
St.-Pauls-Platz 10
Ein weiterer Blickfang des Stadtteils um die Theresienhöhe ist die Paulskirche, die 1892–1906 in neugotischen Formen nach Plänen von Georg von Hauberisser entstand. Zur Zeit des **Oktoberfestes** kann man auf den Turm der Kirche steigen und das bunte Gewühl aus der Vogelperspektive betrachten. Im Frühjahr geht es anlässlich des **Frühlingsfestes** auf der Theresienwiese hoch her, ein Fest, das nur geschaffen scheint, die Wartezeit aufs Oktoberfest zu verkürzen. Die meiste Zeit des Jahres herrscht hier Alltag.

Westend

Im Norden schließt sich das Westend an, ein proletarisch geprägtes Viertel, in dem heute viele Türken leben. Seit einigen Jahren zieht es immer mehr Agenturen, Architekten und Künstler in die Gegend rund um den **Gollierplatz,** die mit ihren verschachtelten Hinterhöfen und Industriegebäuden reizvolle Wohn- und Arbeitsorte bietet. Im **Café Westend** 4 trifft man sich auf einen Kaffee oder zum Speisen.

Essen & Trinken

Frühstück bis 18 Uhr – **Café Maria** 1: Klenzestr. 97, www.dasmaria.de, Mo–Sa 8.30–22.30, So 9–19 Uhr, Gerichte 7,50–12 €, s. S. 185.
Romantisch – **Café Schneewittchen** 2: Am Glockenbach 8, Di–So 10–19 Uhr, Gerichte 8–16 €. Hell und freundlich, um mit dem Frühstück gut in den Tag zu starten. Mit angeschlossenem Lädchen für Küchenutensilien und Accessoires, s. S. 185.
Hip – **Café Trachtenvogl** 3: Reichenbachstr. 47, www.trachtenvogl.de, tgl. 10–22 Uhr, Gerichte 5–11 €, s. S. 185.
Treffpunkt – **Café Westend** 4: Ganghoferstr. 50, www.cafe-westend.com, tgl. 9–1 Uhr, Gerichte 4,50–21,50 €. Ausgiebiges Frühstück, Billard, eine Runde Kegeln – das Westend vereint Café, Restaurant und Bar im Wirtshausambiente.
Himmlische Sünden – **Eisdiele Jessas** 5: Mo–Do 11.30–23 Uhr, s. S. 185.
Indische Küche – **Ganga** 6: s. S. 37.
Bürgerliches auf hohem Niveau – **Grüne Gans** 7: s. S. 35.
Sonnenplatz – **Del Fiore** 8: Gärtnerplatz 1, Tel. 089 202 16 49, Mo–Sa 10–20, So 11–18 Uhr, Gerichte 6–25 €, s. S. 185.
Italo-urban – **Walter & Benjamin** 9: s. S. 38.
Thai Kitchen – **Yum** 10: s. S. 37.

Einkaufen

Jung, ausgeflippt, bunt – **Angels Inn** 1: Reichenbachstr. 26, s. S. 185.
Handarbeit – **Clara Niggl Store** 2: Rumfordstr. 8, Mo–Fr 12–19, Sa 11–18 Uhr, s. S. 184.
Bildergeschichten – **Comic Company** 3: Fraunhoferstr. 21, www.comic-company.com, Mo–Fr 10–19, Sa 10–18 Uhr. Die Adresse für Comics und graphische Literatur, von Carl Barks bis Manga.
Verwegene Hüte – **Eisenblätter & Triska** 4: s. S. 43.
Reminiszenz ans Bauhaus – **Helge Ott** 5: Ohlmüllerstr. 1, www.helge-

ott.de. Schmuck in klaren, schlichten Formen.
Wertvolle Bücher – **Literatur Moths** 6: s. S. 42.
Schuhe All' Italiana – **Morgantini** 7: Reichenbachstr. 16, s. S. 185.
Kultige Töne – **Optimal** 8: s. S. 42.
Fundgrube – **Schallplattenzentrale** 9: s. S. 42.
Streetwear & -art – **Rocket** 10: Reichenbachstr. 41, s. S. 185.
Edle Dessous – **Slips** 11: Gärtnerplatz 2, www.slipsfashion.de, s. S. 185.
Internationale Designer – **Thok-Lab** 12: Reichenbachstr. 38, s. S. 185.
Spannend – **Kriminalbuchhandlung Glatteis** 13: Corneliusstr. 31, www.glatteis-krimi.de, Mo–Fr 12.30–19, Sa 10–16 Uhr. Krimis aller Art: Bücher, E-Books, CDs, DVDs, fremdsprachig sowie Secondhand.

Aktiv

Spaziergang in morbider Idylle – **Alter Südlicher Friedhof** 7: s. S. 188.
Sauna für Schwule – **Badehaus Deutsche Eiche** 10: Adresse s. Kneipe Deutsche Eiche unten, Mo–Fr 12–7, am Wochenende ab Fr 12 Uhr bis Mo um 7 Uhr durchgehend, Einzelkarte 18 €. Großzügige Saunalandschaft.
Kühlendes Nass – **Flaucher** 1: s. S. 187
Tierische Isarauen – **Tierpark Hellabrunn** 2: Tierparkstr. 30, Tel. 089 62 50 80, www.hellabrunn.de, April–Sept. 9–18, Okt.–März 9–17 Uhr, Erw. 14 €, Kinder (4–14 J.) 5 €. Bis 2019 umfangreiche Baumaßnahmen, die u. a. die Errichtung eines Naturerlebniszentrums zum Ziel haben. Der 1911 gegründete Tierpark ist der älteste Geo-Zoo der Welt, in dem man das Gelände in einzelne Biotope untergliedert hat, um den Tieren einen möglichst naturnahen und weitläufigen Lebensraum zu ermöglichen. Im Winter stiefelt man zusammen mit frei laufenden Pinguinen durch die Isarauen und stattet Gnus oder Wölfen einen Besuch ab.

Abends & Nachts

Viel Nightlife Appeal – **The Flushing Meadows** 1: s. S. 46.
Jenseits von Afrika – **Pacific Times** 2: Baaderstr. 28, www.pacifictimes.de, Mo–Do 18–1, Fr, Sa 18–2 Uhr, Gerichte ab 13 €. Die im Kolonialstil eingerichtete Bar verwöhnt ihre Gäste mit klassischen wie ungewöhnlichen Drinks und gehobener Küche.
Hochkarätiges Musiktheater – **Deutsches Theater** 3: s. S. 49 und S. 188.
Bar im Wohnzimmerlook – **Für Freunde** 4: Reichenbachstr. 33, tgl. 20 Uhr bis open end, s. S. 184.
Sprech- und Musiktheater auf höchstem Niveau – **Staatstheater am Gärtnerplatz** 5: s. S. 51 und S. 181.
Wo die Puppen tanzen – **Marionettentheater** 6: s. S. 50 und S. 183.
Rhythmisch – **M. C. Mueller** 7: Fraunhoferstr. 2, www.mcmueller.org, tgl. ab 18 Uhr bis open end, Fr, Sa DJ ab 21 Uhr, Gerichte 5–10 €. Klub mit den besten Burgern und guter Musik: Funk, Country und Hip-Hop.
Wohnzimmerflair – **Holy Home** 8: Reichenbachstr. 21, Tel. 089 201 45 46, So–Mi 18–1 Uhr, Do–Sa 18–3 Uhr, s. S. 185.

Ausgeh-Adressen für Lesben und Schwule

Glockenbach- und Gärtnerplatzviertel sind das Zentrum der Münchner Lesben- und Schwulengemeinde.
Rundum glücklich – **Café Glück** 9: s. S. 48.
Kult-Kneipe für Schwule – **Deutsche Eiche** 10: s. S. 48 und S. 185. Mit Sauna (s. oben, Aktiv).
Infozentrum und Club – **SUB** 11: s. S. 49.
Launig – **Melcher's** 12: s. S. 48.
Bar at its Best – **Gabanyi** 13: s. S. 45.

Das Beste auf einen Blick

Maxvorstadt

Highlights!

Die drei Pinakotheken: Alte, neue und zeitgenössische Kunst der Extraklasse – Münchens Ruf als Kunststadt wird hier anschaulich. 8 – 10 S. 199, 200, 201

Englischer Garten: Münchens grünes Herz ist zu jeder Jahres- und Tageszeit ein Naturerlebnis. 1 S. 207

Auf Entdeckungstour

System und Widerstand – Münchens NS-Vergangenheit: Die Bedeutung Münchens für den Aufstieg des Nationalsozialismus nach dem Ersten Weltkrieg spiegelt sich nicht nur in den Orten, die den Opfern gewidmet sind, sondern findet sich auch noch in Überresten im Stadtbild. Erinnerungsorte an ein dunkles Kapitel der Stadtgeschichte sind beide: Opfer- wie Täterorte. 16 5 S. 208

Kultur & Sehenswertes

Königsplatz: Der architektonische Vorposten Athens an der Isar – ein klassisches Platzensemble, das einen in die Vergangenheit versetzt. S. 195

Kunstbau: Wechselnde Ausstellungen unter Tage. Spannungsreiches Wechselspiel zwischen Exponat und Raum, welcher besondere Anforderungen stellt. 7 S. 199

Sammlung Brandhorst: Zeitgenössische Kunst in farbschillernder Architektur. Die Sammlung sorgt seit 2009 für den Anschluss Münchens an die Höhe der Kunstzeit. 11 S. 57, 204

Aktiv unterwegs

Spiel und Spaß im Englischen Garten: Ideal fürs kühle Bad im Bach, zum Radfahren und Skaten. Wer rudern möchte, kann ein Boot am Kleinhesseloher See ausleihen. Im Winter dient der zugefrorene See als Schlittschuhbahn und Eishockeyfeld. 1 20 S. 207, 212

Genießen & Atmosphäre

Auf den Stufen der Glyptothek: Treffpunkt für Sonnenanbeter und Griechenlandfreunde. 4 S. 57, 198

Café Vorhölzer: Von der Dachterrasse des Studentencafés in der Technischen Universität reicht der Blick über die Stadt bis zu den Alpen – umwerfend. 10 S. 214

Abends & Nachts

Park-Café: Eine Institution der Münchner Nacht, Tanz, Drinks und kleine Gerichte. 7 S. 48, 195

Biergärten in Münchens beliebtester Parkanlage: Viel Flair und Gemütlichkeit versprechen der Biergarten am Chinesischen Turm und der vom Seehaus – und das in prachtvollster Umgebung. 3 7 S. 37, 213, 214

Karolinenplatz, Kunstareal, Univiertel und Englischer Garten

Die Maxvorstadt entstand zu Beginn des 19. Jh. auf Veranlassung von König Max IV. Joseph, der dem auf Repräsentation ausgerichteten Stadtteil seinen Namen lieh. Das neue Quartier entwickelte sich mit der Öffnung der mittelalterlichen Stadt: An der Wende zum 19. Jh. wurden die Befestigungswälle abgetragen und München expandierte in alle Himmelsrichtungen. Der Bebauungsplan folgte streng den Grundsätzen der Aufklärung, bis heute sieht man der Maxvorstadt noch den Bleistift an, der am Lineal entlanggefahren ist – immer im rechten Winkel. Im Zweiten Weltkrieg wurden weite Teile dieses Stadtviertels zerstört, daher dominieren in vielen Straßenzügen architektonisch heute die 1950er-Jahre: quadratisch, praktisch, schnörkellos. Im Westen der Maxvorstadt gibt die Technische Universität den Takt des Viertels vor: Studenten und quirliges Treiben rund um die Cafés in der Augustenstraße bestimmen hier das Bild.

Die Maxvorstadt ist vor allem aber Kunststadt: Neben Berlin gehört München zu den kunstreichsten Städten Deutschlands. Die bayerischen Könige waren fleißige Sammler, später taten es ihnen die berühmten Malerfürsten nach. Brandneu in diesem hochkarätigen Kunstaufgebot, zu dem natürlich die drei Pinakotheken gehören, ist die Sammlung Brandhorst mit moderner und zeitgenössischer Kunst.

Infobox

Reisekarte: ▶ P–S 10–12, T–X 5–12

Verkehrsmittel

Ausgangspunkt ist der Karolinenplatz, der von der U-Bahn-Station Königsplatz (U2) gut erreichbar ist. Alternativ kann man den Platz mit der Straßenbahnlinie 27 auch direkt anfahren.

Ausgangs- und Endpunkt

Vom Karolinenplatz lassen sich die Sehenswürdigkeiten in einer Tour erkunden, vorausgesetzt man ist bereit, vier große Museen zu besuchen und einen Kunsttag einzulegen. Vom Karolinenplatz, dem architektonischen Vorposten Athens an der Isar, führt diese Tour zum Lenbachhaus, zu den drei Pinakotheken und dem Brandhorst-Museum, das weitere künstlerische Aus- und Höhenflüge bietet. Im quirligen Univiertel lässt sich Erholung beim Bummel oder im Café finden. Abschluss und Höhepunkt des Spaziergangs ist der Englische Garten.

Erholung vom Kunstgenuss!

Auf den Stufen der Glyptothek, im Museumscafé 48/8 in der Pinakothek der Moderne und schließlich im Englischen Garten kann man sich von der Kunstbetrachtung unter freiem Himmel erholen. Ferner laden zahlreiche Cafés im Univiertel zur Cappuccino-Pause ein.

Rund um den Karolinenplatz

Die Maxvorstadt um den Karolinenplatz, auf dem ein **Obelisk** an die im Russlandfeldzug gegen Napoleon gefallenen 30 000 Bayern erinnert, wurde ab 1808 von Karl von Fischer als Villensiedlung mit großen Grünflächen angelegt. Zu diesem städtebaulichen Konzept gehört auch ein Botanischer Garten. Der **Alte Botanische Garten** 1 an der Elisenstraße lebt heute leider nur noch als parkähnliche Grünanlage weiter, an der der Straßenverkehr vorbeitost. 1853/1854 errichtete August Voit auf dem Gelände den legendären Glaspalast, ein Glanzstück der Ingenieurskunst. Der nach dem Vorbild des Londoner Kristallpalastes entstandene Bau sollte eigentlich nur für die Dauer der Industrieausstellung von 1854 bestehen bleiben, doch stellten sich die Kosten für einen Abriss als zu hoch heraus. Der Glaspalast blieb – und trug ab 1889 Münchens Ruhm als Kunststadt in die Welt, denn hier fanden die wichtigsten Kunstausstellungen sowie legendäre Künstlerfeste statt.

1931 ging der Palast samt Kunstbeständen in Flammen auf. An seiner Stelle errichtete man den **Kunstpavillon** (Sophienstr. 7, www.kunstpavillon.org, Di–Sa 13–19, So 11–17 Uhr, Wechselausstellungen auf 200 m^2) sowie das **Park-Café** 7, eine seit Jahrzehnten angesagte Szenedisco. Allein schon die Location mit Säulen-Entrée lohnt einen Besuch. Im Sommer lockt der Biergarten mit Live-Events und Übertragungen (u. a. EM/WM).

Wittelsbacher Platz

Vorbei am **Platz der Opfer des Nationalsozialismus** (s. S. 211) und bevor die Brienner Straße in den Odeonsplatz mündet, liegt linker Hand der Wittelsbacher Platz, ein schönes Platzensemble von großer stilistischer Geschlossenheit, das jedoch leider sehr museal anmutet, da kein Café zum Verweilen einlädt. Dabei taugte der Platz zur Piazza ... Allein **Maximilian I.** findet man hier, in Bronze, einsam, hoch zu Ross. Der kleine Platz ist in seiner klassizistischen Geschlossenheit ein Werk Leo von Klenzes, der selbst in der Beletage des nach seinen Plänen 1825/1826 errichteten **Ludwig-Ferdinand-Palais** wohnte. Gegenüber hatte Klenze ein Jahr zuvor das **Arco-Palais** 2 gebaut, dessen Fassade das Formenrepertoire von Palladio aufgreift.

Anfang Dezember bietet der Platz eine schöne Bühne für einen **Weihnachtsmarkt,** der wegen der Zentrumsnähe sehr beliebt ist bei den Münchnern.

Königsplatz

Dem Königsplatz verdankt München seinen Ruf als ›Isar-Athen‹. Schöpfer dieses Graeco-Klassizismus am Fuße der Alpen war insbesondere Leo von Klenze (1784–1864), der 1816 von Kronprinz Ludwig den Auftrag erhielt, ein Museum für seine Skulpturensammlung zu errichten. Im Westen begrenzen die **Propyläen** 3 den Königsplatz, ein offener Torbau, der sich dem Platz mit einer dorischen Tempelfront zuwendet. Die 1846 nach Klenzes Plänen entstandene Stadtausfahrt nach Nymphenburg schmücken im Giebelfeld Plastiken, die idealisierte Szenen aus dem griechischen Befreiungskampf gegen die Türken zeigen und ein Loblied auf König Otto von Griechenland singen, den Sohn Ludwigs I.

Der ursprünglich der antiken Bildung geweihte Königsplatz wurde ein Jahrhundert nach seiner Entstehung für die nationalsozialistische Ideologie radikal umgebaut und umgedeutet (s. Entdeckungstour S. 208).

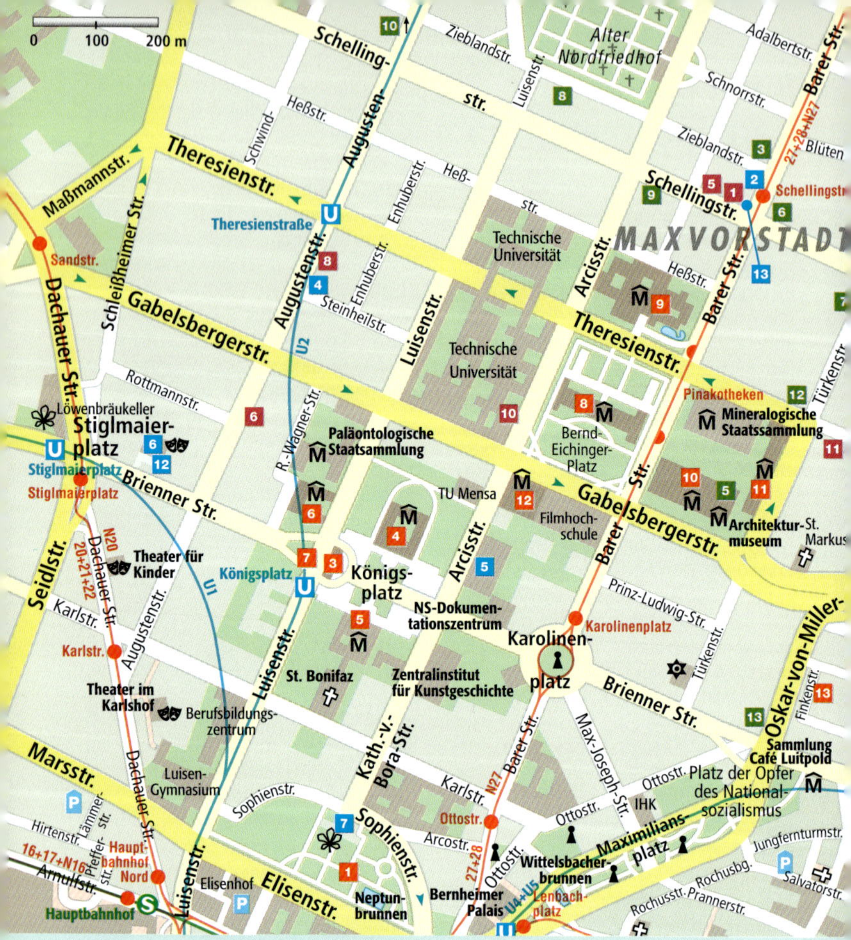

Maxvorstadt

Sehenswert

1 Alter Botanischer Garten
2 Arco-Palais
3 Propyläen
4 Glyptothek
5 Staatliche Antikensammlungen
6 Lenbachhaus
7 Kunstbau
8 Alte Pinakothek
9 Neue Pinakothek
10 Pinakothek der Moderne
11 Sammlung Brandhorst
12 Staatl. Museum für Ägyptische Kunst
13 Siemens Konzernzentrale
14 Bayerische Staatsbibliothek
15 Ludwigskirche
16 Ludwig-Maximilians-Universität
17 Georgianum
18 Siegestor
19 Kunstakademie
20 Kleinhesseloher See
21 Chinesischer Turm
22 Monopteros
23 Japanisches Teehaus

Essen & Trinken

1 Café Altschwabing
2 Zum Aumeister
3 Biergarten am Chin. Turm
4 Gratitude Restaurant
5 Bar dell' Osteria
6 Schmock

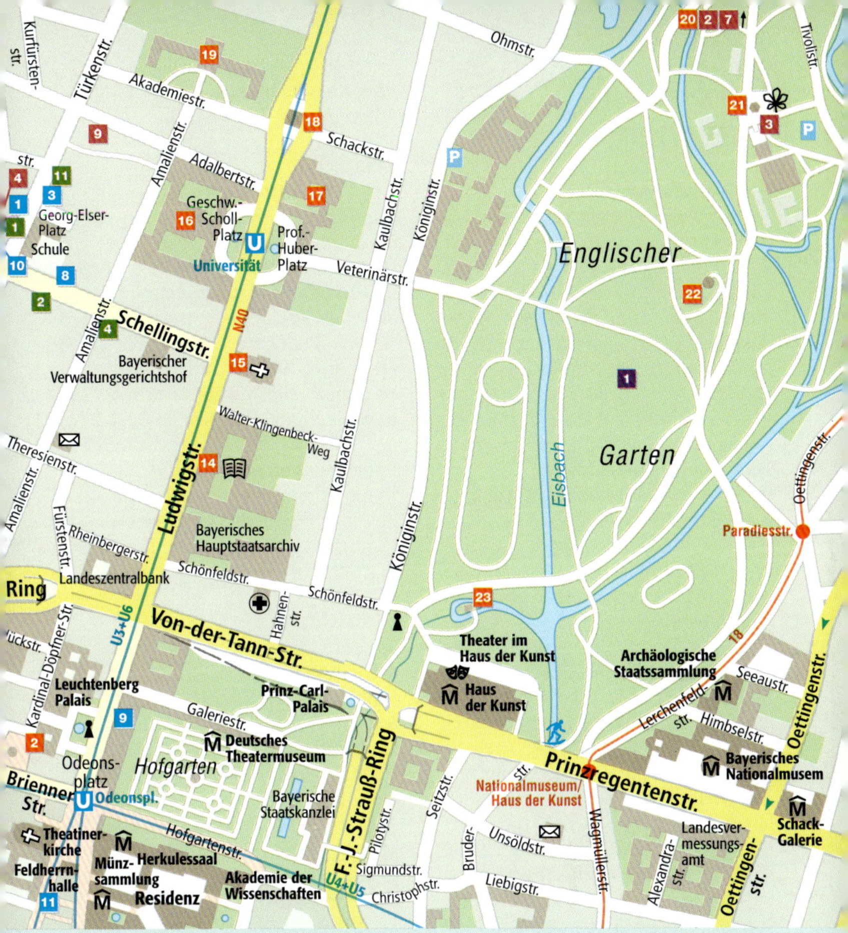

7 Seehaus im Engl. Garten
8 Tafel und Schwafel
9 Zest
10 Café Vorhölzer
11 Theresa Grill

Einkaufen

1 Amber Lounge
2 Antiquariat J. Kitzinger
3 Appartement
4 Buch und Töne
5 Cedon Museumsshops
6 Mashallah Gallerie
7 Meschugge
8 Ortrud Müller-Heffter
9 Papierladen
10 Schuh Hiegl
11 Zimtstern
12 Best Records
13 Minotti

Aktiv

1 Englischer Garten

Abends & Nachts

1 Alter Simpl
2 Barer 47
3 Café Zeitgeist
4 Café Jasmin
5 Hochschule für Musik und Theater
6 Münchner Volkstheater
7 Park-Café
8 Schall und Rauch
9 Schumann's
10 Soda
11 Theatiner Filmkunst
12 Meschugge
13 Schellingsalon

Kunstareal München

www.kunstareal.de
Für die hohe Konzentration der Museen und Kunstsammlungen rund um die drei Pinakotheken und ihre Parklandschaft etablierte sich der Begriff ›Kunstareal‹. Zum Münchner Kunstareal gehören u. a. die Glyptothek, die Antikensammlung, das Museum für Abgüsse antiker Bildwerke, die Graphische Sammlung, die Städtische Galerie im Lenbachhaus, das Museum Brandhorst und im Gebäude der Filmhochschule auch das **Staatliche Museum für Ägyptische Kunst** (s. S. 59, 204).

Glyptothek 4

Königsplatz 3, www.antike-am-koenigsplatz.mwn.de, *s. S. 57*
Klenzes Glyptothek an der Nordseite des rechteckigen Platzes wurde Deutschlands erstes eigens für antike Plastiken bestimmtes Museum. Blickfang des neuhellenischen Baus, der einen quadratischen Hof umschließt, ist der **Portikus** mit acht ionischen Säulen. Im Giebelfeld wird Athena von Künstlern umringt – ein Bild, das auf die Funktion des Gebäudes als Museum verweist. Die **Sammlung** der Glyptothek umfasst griechische und römische Skulpturen, darunter Teile der Figurengruppe aus dem Giebel des Aphaia-Tempels in Ägina. Der Stolz der Glyptothek ist jedoch der »Barberinische Faun«, ein sinnlich stark aufgeladenes Zwitterwesen.

Die Stufen der Glyptothek sind im Sommer ein beliebter Treffpunkt. Man fühlt sich ein wenig wie im alten Athen und kann sich am Wahren, Guten und Schönen erfreuen! Während der Sommermonate finden in diesem einzigartigen Ambiente **Vorführungen antiker griechischer Tragödien und Komödien** statt (Informationen unter Tel. 089 28 80 83 80).

Staatliche Antikensammlungen 5

Königsplatz 1, www.antike-am-koenigsplatz.mwn.de, *s. S. 217*
Die Südseite des Königsplatzes nimmt die Staatliche Antikensammlung ein, ebenfalls ein monumentaler Bau, den Georg Friedrich Ziebland 1838–1848 errichtete. Die Architektur des ursprünglich für Kunst- und Industrieausstellungen konzipierten Baus folgt der Formensprache eines römischen Podesttempels mit korinthischem Portikus. Zur Antikensammlung gehören etruskische sowie griechische und römische Vasen, Schmuck und Kleinplastiken.

Lenbachhaus 6

Luisenstr. 33 (Königsplatz), www.lenbachhaus.de
Hinter den Propyläen ließ sich der Münchner Malerfürst Franz von Lenbach seine ›Residenz‹ nach dem Vorbild einer italienischen Landvilla errichten. »Ich gedenke«, schrieb er 1885 in vollem Bewusstsein seiner gesellschaftlichen Relevanz, »mir einen Palast zu bauen, der das Dagewesene in den Schatten stellen wird.« Ob das Lenbachhaus diesen Vorsatz erfüllt, sei dahingestellt, sicher hingegen ist, dass mit dem Künstlerdomizil ein Stück Italien, ein wenig Renaissance in die ansonsten graecophile Maxvorstadt kam. Das 1887 nach Plänen von Gabriel von Seidl entstandene Gebäude erhielt sein heutiges Aussehen allerdings erst nach mehrmaligen Um- und Anbauten. Von der ursprünglichen kostbaren Innenausstattung im Stil des Historismus ist leider so gut wie nichts mehr erhalten, die beiden rekonstruierten Kabinette Franz von Lenbachs vermitteln aber immerhin

einen Eindruck von der Erlesenheit des ehemaligen Interieurs.

Seit 1929 beherbergt das Anwesen die **Städtische Galerie im Lenbachhaus** (s. S. 59) die berühmt ist für ihre repräsentative Sammlung des Blauen Reiters mit Arbeiten von Franz Marc, August Macke, Wassily Kandinsky und Gabriele Münter sowie Paul Klee. Ferner zeigt das Lenbachhaus Münchner Landschaftsmalerei des 19. Jh. und Werke der Moderne, darunter Joseph Beuys' berühmte Installation »Zeige deine Wunde«. 2013 wurde das Museum um einen mit messingfarbenen Bronzerohren verkleideten, kubischen Neubau von Norman Foster erweitert. Eine golden blinkende Schatztruhe, die die um zahlreiche Werke zeitgenössischer Kunst angewachsene Sammlung aufnimmt.

Kunstbau 7

Königsplatz, www.lenbachhaus.de, *s. S. 58*

1994 wurden die Ausstellungsmöglichkeiten des Lenbachhauses durch einen Hohlraum im Untergrund erweitert, der für renommierte Sonderausstellungen genutzt wird. Der leicht gebogene Schlauch des U-Bahn-Schachtes am Königsplatz ist zwar ein schwieriger Ausstellungsort, doch hat der sogenannte Kunstbau die Städtische Galerie immer mal wieder zu bedeutenden Expositionen animiert.

Alte Pinakothek ! 8

Barer Str. 17, www.pinakothek.de, *s. S. 57*

»Wissenschaft und Kunst uns hier erheitern/Wüsten machen sie zum Paradies/ (...)«, dichtete Ludwig I. etwas holprig in seinem Gedicht »In München«, mit dem er gleichsam sein Bauprogramm vorgab. Und das ging glatt: 1836 gab der kunstversessene Monarch die Alte Pinakothek bei seinem Hofarchitekten Leo von Klenze in Auftrag, der auf dem damals freien Feld einen lang gestreckten, dreischiffigen Bau errichtete. Die mächtige Architektur dehnt sich über 127 m in die Länge und 37 m in die Breite – Maße, die die Alte Pinakothek damals zum weltweit größten Galeriebau machten. Mit der kirchenartigen Gemäldegalerie gelang Klenze nicht nur ein »Meisterwerk der Proportionskunst«, sondern auch ein vorbildlicher Funktionsbau für die Kunst, der im Inneren große Oberlichtsäle mit kleinen Kabinetten verbindet – eine Raumabfolge, die zum Prototyp klassischer Museumsarchitektur wurde und weltweit Nachahmung fand. 1943 brachte eine Bombe der Alliierten die Mitte des Gebäudes zum Einsturz, alle Säle brannten aus. Die Kunstwerke waren glücklicherweise zu Beginn des Krieges ausgelagert worden. Den Wiederaufbau betreute Hans Döllgast, der außen die Zerstörungen des Krieges in unverputzten Backsteinflächen transparent machte, im Innern hingegen eine entscheidende Veränderung vornahm, indem er eine streng gegenläufige Treppe hinter der Langhausfassade anlegte.

Die **Sammlung der Alten Pinakothek** ist eine der bedeutendsten Deutschlands. Ihren Ruhm begründen u. a. der Passionszyklus von Rembrandt, Rogier van der Weydens Columba-Altar sowie 46 Bilder von Rubens und 25 Arbeiten von van Dyck. Heute gehören etwa

Kunstschau günstiger

Das Tagesticket für alle drei Pinakotheken, die Sammlung Brandhorst und die Sammlung Schack kostet 12 € (Sonderausstellungen exkl.). Günstig ist auch der Sonntagseintritt von nur 1 € pro Einrichtung – was sich allerdings inzwischen herumgesprochen hat ...

Im vielfarbigen Kleid präsentiert sich das Museum Brandhorst in Münchens Kunstareal

9000 Arbeiten zum Bestand des Museums, in dem nahezu alle großen Meister der europäischen Kunstgeschichte vertreten sind. Hauptwerke sind die an Figurenaufgebot kaum zu übertreffende »Alexanderschlacht« von Albrecht Altdorfer aus dem Jahr 1529, das »Selbstbildnis« von Albrecht Dürer sowie seine Doppeltafel der »Vier Apostel«, die die vier Temperamente darstellen, Matthias Grünewalds goldleuchtende Heiligentafel von »Erasmus und Mauritius«, ein »Abendmahl« von Giotto, das mit großem gegenreformatorischem Elan gemalte »Jüngste Gericht« von Rubens sowie auch sein »Engelssturz« und eines der Meisterwerke Tizians, das 1548 entstandene Bildnis »Kaiser Karl V. sitzend«, das den Herrscher als durchgeistigten Grübler und nachdenklichen Zweifler darstellt und in dem man das berühmte, zwischen Koralle, Samt und Burgunder changierende Tizianrot bewundern kann.

Neue Pinakothek ! 9

Barer Str. 29, www.pinakothek.de, *s. S. 58*

Die Neue Pinakothek gegenüber ist bereits der zweite Museumsbau an dieser Stelle. Die ursprüngliche Gemäldegalerie wurde während des Zweiten Weltkrieges so stark beschädigt, dass man sie 1949 abtrug. Den Zuschlag im Wettbewerb um den Bau einer neuen Pinakothek erhielt 1967 Alexander von Branca. Der Münchner Architekt orientierte sich bei Lichtführung und Ausstattung zwar an der Alten Pinakothek, schuf ansonsten

aber mit dem stark zersplitterten und zerfaserten Baukörper, der nach allen Seiten hin wegzudriften droht, ein genaues Gegenstück zu den kompakten Baumassen der Alten Pinakothek. In der rechtwinkligen und gleichmäßigen Anlage der Maxvorstadt wirkt der unruhige, mit Donausandstein und Oberpfälzer Granit verkleidete Baukörper der Neuen Pinakothek wie ein Fremdkörper.

Die **Sammlung der Neuen Pinakothek,** die über 500 Gemälde zählt, veranschaulicht die Entwicklung der Malerei im 19. Jh. von der Frühromantik, über den Klassizismus, die Nazarener und den Biedermeier bis hin zu den ersten Werken des Realismus. In der zweiten Hälfte des 19. Jh. wurden die Bestände des Realismus beachtlich ausgebaut und Werke von Max Liebermann und Lovis Corinth bereicherten die Sammlung. Bayerische Milieustudien steuern der Münchner Maler Wilhelm Leibl und sein Kreis bei. Der Maler ländlicher Alltagsszenen bildet zusammen mit Wilhelm von Kaulbach, Hans von Marées, Hans Thoma oder Moritz von Schwind den Schwerpunkt der Münchner Künstler in der Sammlung. Zu Beginn des 20. Jh. fanden schließlich die französischen Impressionisten Eingang in die Neue Pinakothek, und Paul Cézanne, van Gogh sowie Gauguin öffnen den Ausblick in die künstlerische Moderne.

Pinakothek der Moderne ! 10

Barer Str. 40, www.pinakothek.de, *s. S. 58*

Seit 2002 hat auch die Kunst des 20. Jh. einen festen Platz in München. Der Architekt Stephan Braunfels errichtete mit der Pinakothek der Moderne auf dem Gelände der ehemaligen Türkenkaserne den mit 22 000 m² größten Museumsbau Deutschlands. Die gewaltigen Ausmaße sieht man dem Bau zwar an, sie wirken aber nicht schwer oder erdrückend. Vielmehr gelang Braunfels eine schwungvolle, erhabene Architektur, deren Beschränkung auf das Wesentliche einen allerdings das Frösteln lehren kann. Den Eindruck der Kälte verstärken spiegelglatter Beton sowie das sterile Weiß im Innern, das sich zugunsten der Kunst um größtmögliche Neutralität bemüht. Zentrum des Hyper-Museums ist eine Rotunde von über 30 m Durchmesser, über die sich eine gläserne Kuppel wölbt.

Die Pinakothek bringt insgesamt vier große Sammlungen unter: Im Obergeschoss präsentiert sich die **Sammlung zu Malerei, Plastik und Neuen Medien,** deren Spektrum von den bedeutendsten Avantgarde-

Lieblingsort

Museumscafé 48/8 in der Pinakothek der Moderne 10

Raum und Licht im Überfluss – das Museumscafé 48/8 verweigert alles, was man Ambiente nennen könnte und setzt auf spannende Formendiät. Es gibt nichts, was das Auge ablenkt. Alles konzentriert sich auf den Raum und seine imposante Höhe. Ein Erlebnis, das körperlich erfahrbar ist. Und kaffeeduftend, weltgewandt, mehrsprachig palavernd. Nicht nur nach der Bilderflut in der Pinakothek der Moderne bietet das stilvolle Café, dessen Inneneinrichtung ganz in Weiß gehalten ist, Erholung für die Sinne. Im Sommer kann man auch draußen sitzen unter dem ausladenden Dach der Kastanien. Der Kuchen? Himmlisch (Di–So 10–18, Do bis 20 Uhr).

Unterwegs mit ›Kunstprofis‹ – Führungen

In allen Pinakotheken und der Sammlung Brandhorst finden Führungen unter professioneller Leitung statt. Die hohe Schule der Bildbetrachtung eröffnet historische Zusammenhänge und aktuelle Referenzen, sodass immer neue Perspektiven möglich sind. Sonntags um 11 Uhr findet in einer der Pinakotheken immer eine feste Führung statt. Weitere Termine:
Alte Pinakothek: Di 18.30, Fr 15 Uhr
Neue Pinakothek: Mo 15, Mi 18.30 und Do 12 Uhr
Pinakothek der Moderne: Mi 15, Do 18.30, Sa 16 Uhr
Museum Brandhorst: Di 15, Do 17.30, So 15 Uhr

bewegungen des 20. Jh. bis zur Kunst der Gegenwart reicht. Die Vielfalt der hier gezeigten Exponate verdankt sich vor allem privaten Stiftern. Die **Neue Sammlung** ist mit über 50 000 Objekten aus den Bereichen Industrial Design, Grafikdesign und Kunsthandwerk eines der bedeutendsten Museen für angewandte Kunst des 20. Jh. Erstmals kann das Museum seine Exponate, darunter Autos, Computer, Keramik, Radio- und Fernsehgeräte, Stühle oder Schmuck, permanent zeigen. Die **Staatliche Graphische Sammlung** umfasst etwa 400 000 Blätter vom 15. Jh. bis heute.

Das **Architekturmuseum der Technischen Universität** ist eine Gründung des Jahres 1868; seither trägt die Sammlung Zeichnungen, Fotos und Modelle vom 16. Jh. bis heute zusammen. Der Schwerpunkt der Sammlung liegt jedoch bei der deutschen Architektur des 19. und 20. Jh.

Ein Ort der persönlichen Sammlung nach intensiver Kunstbetrachtung ist das **Museumscafé 48/8** (s. S. 202) in Form eines gläsernen Tortenstücks. Und einen Blick sollte man auch in die originellen Museumsshops der Pinakotheken, die **Cedon Museumsshops** 5, werfen – es lohnt sich.

Sammlung Brandhorst 11

Theresienstr. 35, www.pinakothek.de, *s. S. 57*

Regenbogenfarben tritt das Gebäude der Brandhorst-Sammlung auf, das das Architektenduo Louisa Hutton und Matthias Sauerbruch 2009 im Kunstareal München errichteten. 36 000 bunte Keramikstäbe lösen die Kompaktheit der Fassade in eine pulsierende Farbsymphonie auf. Der dreigeschossige Bau, der sich auf einem relativ kleinen Grundstück in der Fluchtlinie der kühl-weißen Pinakothek der Moderne erhebt, beherbergt die Kunstbestände des Kölner Sammlerpaares Anette und Udo Brandhorst. In ihrer Formensprache verzichteten die Architekten daher auf einen repräsentativen Museumsentwurf zugunsten einer ›Häuslichkeit‹, die den privaten Charakter der Sammlung betonen soll.

Star dieser Kunstkollektion ist der Maler Cy Twombly, dessen zwölfteiliger **Lepanto-Zyklus** ein 9 m hoher, fast elliptisch angelegter Saal aufnimmt. Werke von Baselitz, Picasso, Beuys, Polke, Mario Merz oder Damian Hirst stehen für weitere Sammlungsschwer- und -höhepunkte.

Staatliches Museum für Ägyptische Kunst 12

Gabelsberger Str. 35, *s. S. 59*

Das seit 2013 im Gebäude der Filmhochschule untergebrachte Museum ägyptischer Kunst überrascht mit großen, kirchenschiffähnlichen Räumen, die sich mit intimen Sälen abwechseln. Obwohl der Neubau jeden Anklang an Ägypten vermeidet, gelingt es der Architektur, zahlreiche Assoziationsräume zu eröffnen. Die **Kollektion** versammelt Meisterwerke von der altägyptischen Frühzeit bis in die griechisch-römische Epoche: Denkmäler des ägyptischen Altertums, koptische Kunstwerke des Niltals, nubische und meroitische Kunst sowie assyrische Monumentalreliefs.

Siemens Konzernzentrale 13

Werner-von-Siemens-Straße, www.siemens.com

Das neue Siemens-Headquarter entstand bis 2016 nach dem Entwurf des dänischen Architekturbüros Henning Larsen Architects für rund 1200 Mitarbeiter auf 45 000 m^2. Die geschwungene Architektur fügt sich gekonnt in den historischen Baubestand der Umgebung ein. Eine öffentlich zugängliche Ausstellung zeigt unter dem Titel **»Ingenuity for Life«** die Geschichte von Siemens von den Unternehmensanfängen bis zur Industrie 4.0 (Eintritt frei, Mo–Fr 9–17 Uhr). In die 1970er-Jahre versetzt fühlt man sich dagegen im ebenfalls öffentlichen Restaurant Rocca Riviera – Speisen dagegen wie am Mittelmeer.

Univiertel

Streng genommen gehören Türken-, Schelling- und Amalienstraße zur Maxvorstadt, doch kulturhistorisch beginnt hier Schwabinger Terrain. Die künstlerische Atmosphäre Schwabings hatte Anfang des 20. Jh. schnell auf den benachbarten Stadtteil übergegriffen, schließlich wirkte die Bohème ja in jeder Hinsicht grenzüberschreitend, und Schwabing hatte nach den Worten René Prévots die »Weite, die Dehnbarkeit eines Kontinents«. Belebt wird das Viertel rund um die Uni durch die vielen Cafés und Kneipen, in denen um die Wende zum 20. Jh. Kunst und Literatur und nicht zuletzt die Welt neu verhandelt wurden, so im **Alten Simpl** 1 oder im **Café Altschwabing** 1. Ganz ungezwungen trifft man sich heute etwa im **Café Zeitgeist** 3, in dem man auch viele Studenten sieht (s. Foto S. 11).

Architektonisch wird die Gegend erst an der **Ludwigstraße** interessant, die hier im Univiertel von den zwei Türmen der Ludwigskirche überragt wird.

Bayerische Staatsbibliothek 14

Ludwigstr. 16, www.bsb-muenchen.de

Die Bayerische Staatsbibliothek entstand 1832–1843 nach Plänen Friedrich von Gärtners. Angeblich verdankt sich der 155 m lange Bau dem Wunsch Ludwigs I., einen möglichst großen Abschnitt seiner Ludwigstraße zu ›füllen‹. Der Blankziegelbau beherbergt die größte wissenschaftliche Universalbibliothek Deutschlands. Die am doppelläufigen Treppenaufgang in Stein verewigten vier Klassiker der griechischen Antike (Thukydides, Homer, Aristoteles, Hippokrates) werden von den Münchnern despektierlich die ›vier heiligen drei Könige‹ genannt. Das sehenswerte, ursprünglich ausgemalte **herrschaftliche Treppenhaus** war zu seiner Regierungszeit allein Ludwig I. vorbehalten (freier Zugang).

Beginnend mit Werken der Buchmalerei aus dem 6. Jh. verwaltet die Bibliothek ca. **8 Mio. Bücher aller Epochen,** jedes Jahr kommen rund 150 000 neue hinzu. Ein Teil des Bestandes, so z. B. eine Lutherbibel von 1560/1561 mit Bildern von Lukas Cranach, ist derart wertvoll, dass er in Spezialtresoren verwahrt werden muss. Der Großteil der Bücher wird jedoch für den Ausleihverkehr inzwischen auf Förderbändern durch den Bau transportiert.

Imposanter Abschluss der Ludwigstraße: das Siegestor

Ludwigskirche 15

Ludwigstr. 22, www.st-ludwig-muenchen.de, Kirchen-/Orgelführung jeden 3. So im Monat ab 15/16 Uhr

Die Architektur des 1829 von Friedrich von Gärtner realisierten Baus fügt sich den Anforderungen, die die direkte Straßenlage an sie stellt. Gärtner legte eine breite Giebelfront mit einer dreibogigen Eingangshalle an, neben der rechts und links die weit auseinandergestellten Türme aufragen. 1830–39 schuf Peter Cornelius im Innenraum das monumentale **Fresko des »Jüngsten Gerichts«**, das größer als das gleichnamige Fresko Michelangelos in der Sixtinischen Kapelle ist. Größe bürgt bekanntlich nicht für Qualität, dabei war Cornelius zu seiner Zeit sehr berühmt, Heinrich Heine verglich ihn gar mit Rubens, andere Zeitgenossen sprachen vom deutschen Michelangelo. Das Bemühen um die große Form sowie die plastisch stark ausgearbeiteten Figuren sind Ausdruck einer Kunst, die Cornelius als »Heilmittel gegen die magere Sentimentalität unserer Zeit« verstanden wissen wollte.

Ludwig-Maximilians-Universität 16

Geschwister-Scholl-Platz 1, www.uni-muenchen.de

Kurz vor dem Siegestor öffnet sich der strenge Korridor der Ludwigstraße zu einem Platz, an dem die Münchner Universität liegt. Mit über 60 000 Studenten ist sie Deutschlands größte Hochschule, ferner gehört sie so wie auch die Technische Universität zu den Elitehochschulen Deutschlands.

Wieder ist Ludwig I. ein Dank geschuldet, denn auf sein Wirken hin bekam München eine Universität und wurde zu einem »Forum der Wissenschaften«, wie es der König selbst formulierte. 350 Jahre hatte die Universität ihren Sitz in Ingolstadt, bevor der König sie nach einem kurzen Intermezzo in Landshut 1826 nach München holte.

Friedrich von Gärtner konzipierte für die Universität eine Dreiflügelanlage um zwei Ehrenhöfe, die ein von zwei Brunnen belebtes Quadrat bilden. Dieser Platz vor der Universität ist von der Ludwigstraße durchschnitten und benannt nach Widerstandskämpfern gegen den NS-Terror: linker Hand der Geschwister-Scholl-Platz, rechter Hand der Professor-Huber-Platz (s. auch S. 209).

DenkStätte Weiße Rose: siehe Entdeckungstour S. 208.

Georgianum 17

Professor-Huber-Platz 1, rechtzeitige Anmeldung unter Tel. 089 28 62 02 20, www.roehrner.de/georgianum

Auf der Ostseite der Ludwigstraße entstanden Universitätsinstitute sowie das Gebäude für das herzogliche Georgianum, ein katholisches Priesterseminar, dessen Tradition bis ins 15. Jh. zurückreicht. Die priesterliche Ausbildungsstätte war eng an die Universität gebunden und zog mit dieser 1826 nach München. Interessierte können hier eine eindrucksvolle **Sammlung liturgischen Geräts und sakraler Kunst** aus dem 11. bis 19. Jh. besichtigen.

Siegestor 18

Leopoldstr. 1

Für das Siegestor stand der Konstantinbogen in Rom Modell. Nach seinem Vorbild errichtete Gärtner 1843–52 die dreibogige Durchfahrt am Nordende der Ludwigstraße und verlieh ihr damit noch einmal einen pathetisch-gravitätischen Akzent. Über der Attika hält Bavaria eine Löwen-Quadriga am Zügel – ein Triumphgespann mit Blick nach Norden, das den Kampfesmut des bayerischen Heeres in den Befreiungskriegen 1813/1815 verherrlicht. Nachdem das Siegestor im Zweiten Weltkrieg zerstört worden war, erhielt es auf der nach Süden weisenden Seite eine die Kriegsglorifizierung dämpfende Inschrift: »Dem Sieg geweiht, im Krieg zerstört, zum Frieden mahnend.«

Kunstakademie 19

Akademiestr. 2–4

Rechter Hand liegt die Münchner Akademie der Bildenden Künste, ein klobiger Bau der Neorenaissance, der auf die Amalienstraße ausgerichtet ist. Hier erschließt sich der von Gottfried von Neureuther 1874 errichtete Bau, der mit der Paradeauffahrt und der U-förmigen Anlage um einen Ehrenhof an ein Schloss erinnert.

An der Ecke Türken-/Akademiestraße ist nach den Plänen von Coop Himmelb(l)au ein spannender Neubau entstanden.

Englischer Garten ! 1

www.schloesser.bayern.de

Den Englischen Garten verdankt München genau genommen der Französischen Revolution. Der Sturm auf die Pariser Bastille versetzte Europas Monarchen in Angst und Schrecken, und während man sich andernorts mit höherem Spitzelaufgebot und strenger Zensur gegen zu befürchtende Aufstände wappnete, setzten Kurfürst Karl Theodor und sein Staatsrat Benjamin Thompson (später Reichsgraf Rumford) auf die harmonisierende Kraft der Natur und legten einen Garten an. Die Planung eines englischen Landschaftsgartens übertrug der Kurfürst dem Gartenarchitekten Ludwig von Sckell, der am Hirschanger, den kurfürstlichen Jagdgründen nördlich der Residenz, einen Park ▷ S. 212

Auf Entdeckungstour: System und Widerstand – Münchens NS-Vergangenheit

Die Bedeutung Münchens für den Aufstieg des Nationalsozialismus nach dem Ersten Weltkrieg spiegelt sich nicht nur in den Orten wider, die den Opfern gewidmet sind, sondern findet sich auch noch in Überresten im Stadtbild. Erinnerungsorte an ein dunkles Kapitel der Stadtgeschichte sind beide: Opfer- wie Täterorte.

Zeit: 3–4 Std.

Planung: Die Tour beginnt an der Feldherrnhalle am Odeonsplatz. Nach Abstechern zur Universität und zum Haus der Kunst geht es über die Brienner Straße zum Königsplatz.

Die Anfänge

Auf dem weiträumigen **Odeonsplatz** (s. auch S. 160), der von Norden kommend eine Art Tor zur Innenstadt ist, herrscht tagsüber reger Verkehr. Passanten queren ihn, verschwinden in den U-Bahnschächten, hasten zur Bushaltestelle oder zum Taxistand, gehen in den Hofgarten oder in die anliegenden Straßen. Touristen erklimmen mit Vorliebe die Stufen zu den Denkmälern der Generäle Tilly und Wrede in der **Feldherrnhalle** und wagen den Blick von oben. Die beschwingte italienisch-inspirierte

Architektur lässt vergessen, dass dieses Bauwerk auf unheilvolle Weise mit der Geschichte des Nationalsozialismus verbunden ist. An der Feldherrnhalle wurde am 9. November 1923 ein von Adolf Hitler zum Sturz der Regierung initiierter Putsch von der Landespolizei blutig niedergeschlagen. Der während des Gefechts geflohene Hitler konnte zwei Tage später verhaftet werden. Im folgenden Hochverratsprozess wurde Hitler 1924 zunächst zu fünf Jahren Festungshaft verurteilt, dann aber noch im selben Jahr begnadigt. Die Zeit in der Festung Landsberg nutzte er, um seine grundlegende politische Schrift »Mein Kampf« zu verfassen, die 1925 in München erschien.

Eine Stätte zivilen Ungehorsams

Nach der Machtergreifung 1933 wurde der Putschversuch von den NS-Ideologen zum »Marsch auf die Feldherrnhalle« umgedeutet und in den Gründungsmythos der Nationalsozialistischen Deutschen Arbeiterpartei (NSDAP) verwoben. Vor der Feldherrnhalle stand eine ewige Wache, vor der Passanten den Hitlergruß leisten sollten. Wer dies umgehen wollte, nahm die nächste Straße, die **Viscardigasse** hinter dem Palais Preysing, die im Volksmund »Drückebergergassl« genannt wurde. Der Weg des heimlichen Widerstands wurde 1995 von dem Künstler Bruno Wank mit einer Bronzespur im Boden der Viscardigasse nachgezeichnet – ein stilles Denkmal für den ebenso leisen Ungehorsam der Bevölkerung.

Studentischer Widerstand

An die wohl bekannteste Münchner Widerstandsgruppe, die Weiße Rose, erinnert ebenfalls ein **Bodendenkmal,** das der Berliner Künstler Robert Schmidt im Jahr 1988 schuf. Vor dem Haupteingang der **Ludwig-Maximilians-Universität** 16, am heutigen **Geschwister-Scholl-Platz,** liegen verstreut einige Blätter aus Keramik (s. Foto links), lose über den Boden verteilt, als seien sie soeben erst dort gelandet. Sie beziehen sich auf die Flugblattaktionen der Gruppe junger Studenten um Professor Kurt Huber, deren Kern Hans und Sophie Scholl, Willi Graf, Christoph Probst und Alexander Schmorell bildeten. Mit ihren insgesamt sechs in den Jahren 1942/1943 verteilten Flugblättern riefen sie zunächst zum passiven Widerstand, später auch zum aktiven Kampf gegen das nationalsozialistische Regime auf. 1943 wurden sie von einem Portier der Universität denunziert. Die führenden Mitglieder der Gruppe wurden vom Volksgerichtshof zum Tode verurteilt und hingerichtet. Eine **Dauerausstellung in Saal 253** des Justizpalastes (s. S. 130) erinnert an die Prozesse.

Der zweigeteilte Platz vor der Universität (s. S. 206) wurde nach den Geschwistern Sophie und Hans Scholl und nach Professor Kurt Huber benannt, ihrem Spiritus rector, der ebenfalls hingerichtet wurde. Im Inneren erinnert die **DenkStätte Weiße Rose** mit wechselnden Ausstellungen an die mutigen Widerstandskämpfer (www.weisse-rose-stiftung.de, Mo–Fr 7–22 Uhr).

München, Ausgangspunkt nationalsozialistischer Kulturpolitik

Mit der Machtergreifung im Jahr 1933 gewann die Selbstdarstellung des Regimes auch in München an Bedeutung, insbesondere, was Kunst und Kultur betraf. Noch im selben Jahr verlieh Hitler München den

Ehrentitel ›Hauptstadt der Deutschen Kunst‹ und legte den Grundstein für das von Paul Ludwig Troost am Rande des Englischen Gartens im Monumentalstil errichtete ›Haus der Deutschen Kunst‹, heute **Haus der Kunst** (s. S. 238). 1937 wurde es mit einer Ausstellung nationalsozialistischer Blut- und Bodenmalerei eröffnet.

Zeitgleich fand in den Hofgartenarkaden, heute **Kunstverein** (s. S. 162), die Propaganda-Ausstellung ›Entartete Kunst‹ statt, in der heute zur Klassischen Moderne zählende weltbekannte Künstler wie Ernst Ludwig Kirchner, Marc Chagall, Wassily Kandinsky, Otto Dix, Max Beckmann und viele andere als ›undeutsche Verfallskunst‹ präsentiert wurden.

Viele der Künstler wählten den Weg der ›inneren Emigration‹ oder wanderten aus. An den aktiven, von unterschiedlichen Kreisen und Personen getragenen Widerstand erinnert vor der Staatskanzlei im Hofgarten das **Mahnmal für den Widerstand gegen das NS-Regime** von Leo Kornbrust: ein schlichter schwarzer Dolerit-Stein in Quaderform mit handschriftlichen Einträgen.

Die NS-Stadtplanung

Die städtebaulichen Projekte des NS-Regimes blieben in München, das im Jahr 1935 von Hitler zur ›Hauptstadt der Bewegung‹ (s. auch den Essay »München, ›Hauptstadt der Bewegung‹« S. 88) ernannt wurde, in Ansätzen stecken. Die **Von-der-Tann-Straße** wurde als Verbindungsachse zwischen dem ›Haus der Deutschen Kunst‹ und dem Machtapparat am

Königsplatz ausgebaut, in der **Brienner Straße** und rund um den **Karolinenplatz** wurden wichtige Ämter angesiedelt.

In der Brienner Straße verweist nur eine unscheinbare **Gedenktafel** an der heutigen Bayerischen Landesbank an das Wittelsbacher Palais, den Alterssitz von Ludwig I., in dem ab 1933 die Bayerische Politische Partei untergebracht war, später Teil der Geheimen Staatspolizei (Gestapo). Hier wurden die Todeslisten erstellt und die Deportationsbefehle versandt.

Schräg gegenüber befindet sich der **Platz der Opfer des Nationalsozialismus,** an dem eine 1985 von Andreas Sobeck gestaltete Stele mit einer ewigen Flamme sowie eine hohe Bronzetafel mit den Namen einzelner Opfergruppen an die Menschen erinnert, die den Vernichtungsaktionen der Nationalsozialisten zum Opfer fielen.

Nationalsozialistische Umdeutung des Königsplatzes

An dem unter Ludwig I. nach antikem Vorbild angelegten **Königsplatz** (s. S. 195) fanden die Nationalsozialisten einen Architekturstil vor, den sie ihrer Ästhetik monumentaler Größe anverwandeln konnten. Bereits 1947 wurden die Ehrentempel gesprengt, mit welchen das Regime den 1924 an der Feldherrnhalle ›Gefallenen‹ gedachte. Erst 1988 wurden jedoch die 20 000 Granitplatten entfernt, mit welchen der Platz im Jahr 1935 zu einem riesigen Aufmarschgelände gestaltet worden war.

Ganz in der Nähe, in der **Katharina-von-Bora-Straße** und in der **Arcisstraße** waren streng symmetrisch Verwaltungsbau und Führerbau angeordnet. Heute sind in den historischen Gebäuden das **Zentralinstitut für Kunstgeschichte** und die **Musikhochschule** 5 untergebracht.

Eine Stätte aktiver Erinnerung

Lange tat sich München schwer mit seiner Vergangenheit als ›Hauptstadt der Bewegung‹. Gerne wollte man vergessen, dass es München war, wo Adolf Hitler zum Führer aufstieg – unterstützt von einflussreichen Münchner Familien –, dass es München war, wo die Zentrale der Nationalsozialistischen Partei Deutschlands stand – umgeben von einem riesigen Machtapparat, der sich einst im Stadtbild in Großbauten niedergeschlagen hat. Zu gering erschienen im Vergleich zu anderen deutschen Städten die Überreste der nationalsozialistischen Vergangenheit. Die Erinnerung an den menschenverachtenden Terror der NS-Zeit fand vor den Toren Münchens statt, in **Dachau,** dem bereits 1933 errichteten Konzentrationslager (s. auch den Essay »München, ›Hauptstadt der Bewegung‹« S. 88).

Doch inzwischen stellt man sich der Verantwortung. 2015 eröffnete auf dem Gelände des Braunen Hauses, der ehemaligen NSDAP-Zentrale an der Brienner Straße 45 nahe des Königsplatzes, das **NS-Dokumentationszentrum**, in dem die Geschichte Münchens in der NS-Zeit in der Dauerausstellung gezeigt wird. Biografien und Handlungshintergründe von Tätern und Opfern werden multimedial über Text, Bild und Ton vermittelt. Damit ist das Zentrum zugleich ein Ort des Erinnerns und des Lernens. In Sonderausstellungen werden einzelne Themen vertiefend beleuchtet. Vorträge, Diskussions-, Film- und Musikabende ergänzen die Möglichkeiten der Auseinandersetzung (www.ns-dokuzentrum-muenchen.de, Di–So 10–18 Uhr). S. 60

geschaffen, der vergessen lässt, dass er künstlich angelegt wurde. Waldstücke wechseln sich ab mit »ehrwürdigen Baumgruppen« oder öffnen sich zu weiten Wiesenflächen, die »eilende Bäche durchströmen«, Wasserfälle sorgen für ein Stück dramatische Natur.

Freiherr von Werneck, der ebenfalls als Gartengestalter auftrat, ließ im Jahr 1802 den 8 ha großen **Kleinhesseloher See** 20 anlegen, dessen Ufer zum Spaziergang einlädt. Im Biergarten vom **Seehaus** 7 trifft man sich zum Sehen und Gesehenwerden. Der Englische Garten, der größte Stadtpark der Welt, ist Münchens grüner Salon. Unerschöpflich die Vielfalt dessen, was sich im Park so alles machen lässt. Die meisten liegen allerdings untätig in der Sonne. Dabei wartet ein Wegenetz von 78 km, davon 12 km Reitwege, auf Gäste. Wer mag, kann sich per Kutsche oder Rikscha aber auch gemütlich durch den Park schaukeln lassen, diverse Verköstigungslokale (s. rechts) laden zur Einkehr.

Chinesischer Turm 21

Die Bauwerke im Englischen Garten bezeugen den Gefallen, den das ausgehende 18. Jh. an Chinoiserien fand. 1798 entstand der hölzerne 25 m hohe Chinesische Turm, den sich der rundherum liegende **Biergarten** 3 jedoch gänzlich einverleibt hat. Wie weit die Akkulturation fortgeschritten ist, lässt sich erahnen, wenn sonntags die bayerische Blasmusik aus dem ersten Stock des offenen ›Kineserturms‹ rummst. Nebenan unterhalten ein schönes **Biedermeier-Karussell** und ein Kinderspielplatz die kleinen Gäste.

Monopteros 22

An exponierter Stelle thront der Monopteros auf einem künstlich aufgeschütteten Hügel. Der kleine luftige Tempel entstand 1837/1838 als Denkmal für Karl Theodor; die Pläne lieferte Leo von Klenze. Auf dem Stufenrand kann man herrlich sitzen und die Aussicht über den Garten, die Kuppeln der Theatinerkirche und die Türme der Ludwigkirche genießen. Besonders zur frühen Abendstunde ist der Monopteros ein beliebter Treffpunkt.

Japanisches Teehaus 23

Tel. 089 22 43 19, www.urasenke.de, April–Okt. öffentliche Vorführungen, Termine im Internet

Asiatisches Flair verströmt auch das Japanische Teehaus, das 1972 im Südwesten bei der Prinzregentenstraße entstand und in dem heute die japanische Teezeremonie inszeniert wird. Die Lage in dem kleinen See, auf dem Schwäne schwimmen, ist ausgesprochen idyllisch und verzaubert einen tatsächlich in fernöstliche Welten.

Essen & Trinken

K.u.K.-Flair – **Café Altschwabing** 1: s. S. 39.

Biergarten unter Kastanien – **Zum Aumeister** 2: s. S. 37.

Gobal – **Biergarten am Chinesischen Turm** 3: s. S. 37 und S. 213.

Kaffee und Tee mit den Göttern – **Café in der Glyptothek** 4: Königsplatz 3, Di–So 10–17, Do bis 20 Uhr, Gerichte 4–12 €. Im Schatten der Bäume und in Gesellschaft griechischer Götter kann man hier eine genussvolle Zeitreise antreten. Neben Cappuccino und Kuchen gibt es ein paar kleine italienische Gerichte – satt wird man aber schon allein vom Augenschmaus; s. S. 198.

Vegan – **Gratitude Restaurant** 4: Türkenstr. 55, Tel. 089 88 98 21 74, www.gratitude-restaurant.de, Di–Sa 12–15, 18–24 Uhr, Gerichte 5–10 €. Hier konzentriert man sich auf das Wesentliche, viel Rohkost und sorgfältig zubereitete fleischlose, vegane Küche.

Lieblingsort

Bier in Maßen und Blasmusik vom Turm
Der **Biergarten am Chinesischen Turm** 3 ist vermutlich der am häufigsten von München-Besuchern aufgesuchte. Dennoch oder gerade deshalb ist er auch ein fester Treffpunkt für Einheimische: Anzug- und kostümgedresste Mitarbeiter der nahe gelegenen Versicherungen verbringen hier ebenso ihre Mittagspause wie Mütter, die ihre Kinder auf dem angrenzenden Spielplatz im Auge behalten können. Wenn am Wochenende bereits von Weitem die Blasmusik vom Turm erschallt, dann ist auch der Weg dorthin leicht zu finden (tgl. 10–24 Uhr, Gerichte 5–14 €).

Italienische Küche – **Bar dell' Osteria** 5: Schellingstr. 60, www.bar-dell-osteria.de, Mo–So 11–24 Uhr, Gerichte 6–19 €. Geeignet für eine Zwischenstärkung bevor man weiterzieht; wöchentlich wechselnde Weinkarte.

Unser Lieblingsort – **Museumscafé 48/8** in der Pinakothek der Moderne 10: s. S. 202.

Koscher – **Schmock** 6: Augustenstr. 52, Tel. 089 52 35 05 35, www.schmock-muenchen.de, Tagesbar Mo–Fr 11.30–18 Uhr, Sa, So 10–18, Restaurant tgl. 8–1 Uhr, Gerichte 17–30 €. Das Schmock setzt sich kulinarisch über alle weltpolitischen Konflikte hinweg und bietet israelisch-arabische Spezialitäten. Levante-Küche vom Feinsten. An der Bar der stilvollen Location kann man den Abend mit einem Drink einläuten.

Sehen und gesehen werden – **Seehaus** 7 im Englischen Garten: Kleinhesselohe 3, Tel. 089 38 16 13-0, www.kuffler.de, tgl. 10–1 Uhr, Gerichte im Restaurant 21–27 €, im Stüberl 8–28 €. Eine Adresse für alle Gelegenheiten. Spezialität: Fisch aus heimischem Fluss und See und Exoten aus den Weltmeeren. Im Stüberl bodenständige regionale Küche. Sonntagsbrunch, s. S. 214.

Charmant-stilvoll – **Tafel und Schwafel** 8: s. S. 39.

Schicker Touch – **Zest** 9: Adalbertstr. 23, Tel. 089 280 06 66, tgl. 17–1 Uhr, Gerichte 10–20 €. Kleine, sehr köstliche Gerichte in lockerer, ungezwungener Atmosphäre mit etwas Chicfaktor.

Dachcafé – **Café Vorhölzer** 10: s. S. 214

Weltstädtisch – **Theresa Grill** 11: s. S. 36.

Unser Tipp

Über den Dächern der Stadt: Café Vorhölzer 10

Der Blick auf die Stadt mit den Türmchen und den Alpen im Hintergrund ist berauschend. Doch nicht nur der Ausblick vom Café auf der Dachterrasse der TU ist großartig, auch das Publikum zwischen superschick und ganz normal, jung und alt. Die Innenausstattung setzt auf strenge, weiße Formendiät, es gibt nichts, was von den Stadtschönheiten rundum ablenken würde (Arcisstr. 21, www.vf.ar.tum.de, Haupteingang der Fakultät für Architektur, links halten, Gang bis zum Ende, rechter Hand den Fahrstuhl ins Obergeschoss nehmen, im Hochsommer Mo–Fr 9–22.30 Uhr).

Einkaufen

For girls – **Amber Lounge** 1: Türkenstr. 51. Vom Handtäschchen über Dessous bis zum Sonnenhut – alles, was frau so braucht.

Fundgrube – **Antiquariat J. Kitzinger** 2: s. S. 41.

Bunte Auswahl – **Appartement** 3: Barerstr. 49. Einkauf rund um die Welt ist das Motto für das bunte Angebot von der Thermoskanne bis zum Heiligenkitsch aus Mexiko.

Stöberparadies – **Buch und Töne** 4: s. S. 41.

Originell – **Cedon Museumsshops** 5: in den drei Pinakotheken, Barerstr. 27. Witzig-kreativer Mix. In der Pinakothek der Moderne gibt es auch auch Designklassiker.

Orientalisch – **Mashallah Gallerie** 6: Schellingstr. 52. Exotische Wohntextilien, Deko und Möbel. Ost-West-Fusion-Style.

Chic – **Meschugge** 7: Türkenstr. 47, www.meschugge54.de. Berliner Concept-Store mit ausgesuchter Mode, Lifestyle- und Beautyprodukten, internationale Jungdesigner. Manchmal Kunstausstellungen.

Originelle Schmuckunikate – **Ortrud Müller-Heffter** 8: s. S. 43.
Schlicht und schön – **Papierladen** 9: s. S. 44.
Maßgefertigtes Schuhwerk – **Schuh Hiegl** 10: s. S. 43.
Kult – **Zimtstern** 11: Türkenstr. 80. Urban- und Free-Style-Klamotten des Kultlabels, Strand-, Skateboard- und Snowboard-Klamotten.
Nur Vinyl – **Best Records** 12: s. S. 42.
Made in Italy – **Minotti** 13: s. S. 44.

Aktiv

Viel Grün – **Englischer Garten** 1: s. auch S. 54. Die Parkanlage ist eine riesige Spielwiese für Frisbee, Fuß- oder Federball. Ferner kann man hier bestens Fahrrad fahren, walken, spazieren gehen, joggen und skaten; am Kleinhesseloher See kann man außerdem rudern oder mit dem Tretboot fahren (Bootsverleih neben dem Seehaus, s. oben, Essen & Trinken), Kutschen- und Rikschafahrten buchen (www.kutschen-muenchen.de, www.pedalhelden.de, s. S. 26). Der Eisbach bietet sich für Hartgesottene zum Baden an. Hier wird auch gesurft – Münchens sportliche Attraktion (s. S. 78).

Abends & Nachts

Eine Institution – **Alter Simpl** 1: Türkenstr. 57, Tel. 089 272 30 83, So–Do 11–3, Fr, Sa 11–4 Uhr, die Küche schließt eine Stunde früher. Die einstige Künstlerkneipe, in der sich schon Frank Wedekind vergnügte, ist heute eine hippe Location; s. auch S. 205.
50er-Jahre-Ambiente – **Barer 47** 2: Barerstr. 47, Tel. 089 21 89 74 78, www.barer47.de, Mo–Do 18–1, Fr, Sa 18– 3 Uhr. Nette, freundliche Atmosphäre – stilvoll und gut besucht.
Ungezwungen – **Café Zeitgeist** 3: Türkenstr. 74, www.cafe-zeitgeist.com, tgl. 9–24 Uhr, Gerichte 5–10 €. Studenten, Dozenten und Unimitarbeiter treffen sich hier zum Talk, auch eine beliebte Frühstücksadresse; s. S. 205.
Lebendige 1950er – **Café Jasmin** 4: Steinheilstr. 20, www.cafe-jasmin.com, tgl. 10–1 Uhr. Die lindgrünen Sofaecken sind immer gut besetzt, im Sommer kann man auch draußen sitzen.
Gruß aus der Antike – **Café** in der Glyptothek 4: nettes Café mit schöner Terrasse, Tipp: im Sommer im Hof Vorführungen antiker griechischer Tragödien und Komödien, s. S. 198.
Klasse Konzertprogramm – **Hochschule für Musik und Theater** 5: s. S. 51.
Vielfältiges Repertoire – **Münchner Volkstheater** 6: s. S. 50.
Dauerbrenner – **Park-Café** 7: s. S. 48 und S. 195.
Relaxed – **Schall und Rauch** 8: Schellingstr. 22, Tel. 089 28 80 95 77, So–Do 10–1, Fr, Sa 10–3 Uhr. Dass man bis 16 Uhr frühstücken kann, spricht für die Philosophie des Cafés: Alles geht gelassen zu, bei schönem Wetter wird die Fensterfront geöffnet und man sitzt auf kleinen Hockern auf der Schellingstraße.
Berühmteste Bar der Isar-Metropole – **Schumann's** 9: s. S. 45.
Bis der Letzte geht – **Soda** 10: Türkenstr. 51, Tel. 089 27 27 52 14, www.cafesoda.de, Mo–So 8–3 Uhr. Nicht nur bei Studenten beliebt, besonders auch für einen Absacker oder Schlummertrunk.
Intellektuellenkino der 190er-Jahre – **Theatiner Filmkunst** 11: s. S. 51.
Weltoffen – **Meschugge** 12: s. S. 45.
Institution – **Schellingsalon** 13: Schellingstr. 54, Tel. 089 2 72 07 88, www.schelling-salon.de, Do–Mo 10–1 Uhr. Eine Urmünchener Location seit 1872, in der Rilke, Kandinsky oder Bert Brecht verkehrten. Eine besondere Eckkneipe, in der man Billiard oder Tischtennis spielen kann.

Das Beste auf einen Blick

Schwabing und Olympiagelände

Highlight!

Allianz Arena: Eine Kultstätte zeitgenössischer Architektur – mal rot, mal blau, mal weiß, immer anders. Schlicht, aber dennoch absolut aufsehenerregend. 17 S. 233

Auf Entdeckungstour

Auf den Spuren der Münchner Bohème: Künstler, Intellektuelle, Dichter und Denker machten Schwabing um die Wende des 19. zum 20. Jh. zu ihrem ureigenen Terrain. Ein Spaziergang durchs Viertel vermittelt noch etwas vom Glanz des schillernden Aufbruchs. 2 S. 220

Eine Sportstätte von Weltruf: Mit seiner futuristischen Zeltdacharchitektur versetzt einen das Olympiagelände in eine andere Welt und bringt die Fantasie in Fahrt. Auf dem weit angelegten Gelände lässt sich viel Sport treiben, außerdem locken Rock Museum, Seewasseraquarium, Festivals und vieles mehr. S. 230

Kultur & Sehenswertes

Seidl-Villa: Einst repräsentativer Stadtpalast, heute Kulturzentrum mit Gartenidyll. 3 S. 226

BMW Museum: Abgefahrene Sammlung mit Automobilen, die Designgeschichte schrieben. 16 S. 233

Aktiv unterwegs

Luitpoldpark: Der wenig bekannte, sehr schön angelegte Stadtgarten lädt zum Spazieren ein, im Winter ermöglicht er mit seinen Hügeln schönste Schlittenpartien. 8 S. 227

Olympiapark: Das weitläufige Gelände ist ein Eldorado für Freizeitaktivitäten. Ein abwechslungsreicher Rundweg eignet sich für kleine Laufradfahrer ebenso wie für schnelle Inline-Skater. S. 228

Genießen & Atmosphäre

Elisabethmarkt: Gemüse, Obst, Blumen, Fisch und Fleisch werden jeden Tag an den Marktständen auf dem Elisabethplatz angeboten. Dazwischen gibt es einen kleinen Biergarten – eine schöne Einkehrmöglichkeit. 6 11 S. 227

Bamberger Haus: Ein kleines, schmuckes Palais mitten im Luitpoldpark, in dem man herrliche Sommernachmittage und -abende verbringen kann. 12 S. 228, 234

Abends & Nachts

Münchner Lach- und Schießgesellschaft: Wenn Landes- und Bundeshauptstadt aufs Korn genommen werden, kommen die Lachmuskeln nicht mehr zur Ruhe. 3 S. 50, 219

Bar Giornale: Die Bar ist ein stilvoller Treffpunkt auf der Leopoldstraße, eine lässige Location mit Bar und Trattoria. 2 S. 224

Wedekindplatz, Hohenzollernstraße, Olympiapark und Arena

Vom Dorf zur Weltstadt: Dieser Weg führt in einen Stadtteil, der schon immer ein ausgeprägtes Eigenleben führte. Kleine schlichte Häuser um den Wedekindplatz halten noch Schwabings Anfänge als Dorf fest. Ein Fluss, eine Kirche, ein Gehöft – so stellte es der Maler Philipp Apian in einem Bild von 1568 dar. **Schwabing** ist älter als München und wurde urkundlich erstmals im Jahr 782 erwähnt. Über Jahrhunderte wahrte der kleine Ort im Norden der Stadt seine Eigenständigkeit, eine ländliche Idylle, die Bauernhöfe und Landsitze prägten.

Erst Münchens Aufschwung zwischen 1890 und 1914 und der damit verbundene Bevölkerungszuwachs von 350 000 auf 645 000 Einwohner brachte auch Schwabing zunehmende Urbanität. Jugendstilfassaden künden vom Aufbruch um die Wende zum 20. Jh.

Schwabing ist ein Dauerbrenner, wenngleich mit wechselnd hoher Flamme. Seine Hochzeit erlebte der Münchner Stadtteil um die Wende vom 19. zum 20. Jh., als er zum ›bayerischen Montmartre‹ prosperierte, von dem aus die Welt neu aufgerollt wurde. »Alles, was hinter den tausend Schwabinger Atelierfenstern malte und Ton knetete, in den Mansarden dichtete, sang oder Noten schrieb, in kleinen Gasthäusern Schulden machte und in Cafés Nihilismus oder Ästhetentum verkündete«, fand der Publizist Viktor Mann im Münchner Norden. Dass die Wahl der Bohemiens auf Schwabing fiel, lag an den günstigen Mieten. Nachdem das Dorf 1891 ein Stadtteil Münchens geworden war, setzte eine rege Bautätigkeit ein, vor allem auf den Wiesen rechts und links der Schwabinger Landstraße, der heutigen Leopoldstraße.

Heute gibt es das alte Schwabing mit zahlreichen irischen Pubs und lauten Vergnügungsbars auf der rechten Seite und das großbürgerliche Schwabing auf der linken Seite der Leopoldstraße mit großem Altbaubestand, kleinen Cafés und Läden.

Als erweiterte urbane Perspektive entstand zu Beginn der 1970er-Jahre im Nordosten des Viertels das Olympische Zentrum, in das nach Abschluss der Olympischen Spiele 1972 vor allem Studenten zogen, die in den kleinen Ein-Zimmer-Apartments erschwinglichen Lebensraum fanden. Dass sich das **Olympische Viertel** jedoch nach wie vor entwickelt und verändert, zeigt u. a. der spektakuläre Neubau des Architek-

Infobox

Reisekarte: ▶ N–T 5–9

Ausgangspunkt und Verkehrsmittel
Der hier vorgeschlagene Rundgang beginnt am Schwabinger Wedekindplatz. In unmittelbarer Nachbarschaft liegen Leopold- und Hohenzollernstraße; Letztere mündet auf den Kurfürstenplatz. Da die Entfernung zu Luitpoldpark und Olympiagelände recht groß ist, empfiehlt es sich in einer zweiten Tour, die U-Bahn (U3) von der Giselastraße oder der Münchner Freiheit ins Olympiagelände zu nehmen. Die Allianz Arena erreicht man ebenfalls mit der U-Bahn (U6, Richtung Garching, H Fröttmaning).

Mit Comedy und plumper Komik hat die Lach- und Schießgesellschaft nichts am Hut

turbüros Coop Himmelb(l)au, mit dem der hier ansässige Autokonzern BMW seine Bauten 2007 erweiterte.

Schwabing

Am Wedekindplatz

Rund um den Wedekindplatz kann man das kleine volkstümliche Dorf noch erahnen. Der Platz mit seinem plätschernden Brunnen, in dem eine Schöne mit wallendem Haar auf einer Stele sitzt und eine Lyra hält, war der Marktplatz von Schwabing. In der Marktstraße, die vom Platz abzweigt, wohnte der junge Thomas Mann im Winter 1898 in Haus Nr. 5 (heute Haimhauserstr. 6), in dem er seine Novelle »Der Kleiderschrank« schrieb. Die **Occamstraße,** die ebenfalls vom Wedekindplatz abzweigt, ist nach dem englischen Philosophen Wilhelm von Ockham (1285–1350) benannt. Schlichte Häuser bestimmen auch hier das Bild, mitunter unterbrochen von großbürgerlichen Fassaden, die den einfachen Mietskasernen vorgeblendet sind. Abends erwachen die Occamstraße und die benachbarten Straßenzüge mit vielen Kneipen, Pubs, Bistros und Bars zum Leben.

Münchner Lach- und Schießgesellschaft 3

Ursulastr. 9, www.lachundschiess.de, *s. S. 50*

Dass die 1956 ins Leben gerufene Münchner Lach- und Schießgesellschaft bundesweit zu einer Institution des politischen Kabaretts wurde, verdankt sich vor allem den Spitzen, die ihr 2013 verstorbener Mitbegründer Dieter Hildebrandt hier losgelassen hat. Und natürlich dem Stoff, den der Süden der Republik den Kabarettisten in Fülle bietet. ▷ S. 223

Auf Entdeckungstour:
Auf den Spuren der Münchner Bohème

Über Schwabing breitet sich ein Himmel aus Anekdoten und schillernden Erinnerungen aus. Um die Jahrhundertwende war der Stadtteil so etwas wie der Nabel der Welt – das künstlerische und literarische Schaffen in der Isarmetropole sendete Signale nach ganz Europa. Einige der Wohnungen und Treffpunkte der Bohème sind erhalten.

Zeit: ca. 1 Std.
Start: Wedekindplatz

Ortstermin: Wedekindplatz

Ein leicht verblasster Schriftzug, ›Schreibwaren‹, ziert noch immer den kleinen grünen Laden am **Wedekindplatz** im Herzen Altschwabings. Hier kaufte der Dichter Frank Wedekind sein Schreibpapier. Später benannte man den kleinen Platz nach dem spitzzüngigen Wahlmünchner um, der die literarische Szene Ende des 19. Jh. gründlich aufmischte. Sein Satireblatt »Simplicissimus« wurde zum Symbol für beißende Kritik. Wedekind, immer auf der Flucht vor Mieterhöhungen und der Obrigkeit – ein paar hämische Verse über Wilhelm II. trugen ihm gar Festungshaft ein –, lebte in verschiedenen Schwabinger Wohnungen.

Im **Café Noris** (Leopoldstraße 41) trafen sich Münchens Literaten und Künstler. Hier gab es Klatsch,

Geschäft, Morphium, fixe Ideen und Erotik, wie Schriftsteller Oskar Maria Graf einmal die Schwabinger Caféhausszene beschrieb. In unmittelbarer Nachbarschaft zum Café Noris erinnert eine Gedenktafel am Haus **Leopoldstraße 59** an Heinrich Mann, der hier von 1916 bis 1928 lebte. Der Maler Paul Klee war Nachbar des Schriftstellers und bewohnte eine Zeit lang das Haus **Leopoldstraße 63**. Zu besonders hoher Prominentendichte brachte es die **Ainmillerstraße** mit ihren schönen Jugendstilfassaden: Hier lebten u. a. Thomas Mann, Rainer Maria Rilke, Wassily Kandinsky, Paul Klee.

Im Nachbarrevier

Schwabing, dieser von ›Skandalgräfin‹ Franziska von Reventlow als »Wahnmoching« apostrophierte Weltvorort, war mehr ein Zustand als ein geografischer Begriff. Daher ragen die Koordinaten des Münchner Künstlerlebens bis in den benachbarten Stadtteil Maxvorstadt, den die Münchner bis heute gerne einfach Schwabing zuschlagen. Eine der wichtigsten Adressen des künstlerischen Aufbruchs findet man in der Türkenstraße 57, wo eine Gedenktafel an die berühmte **Künstlerkneipe** der Wirtin Kathi Kobus erinnert (heute Alter Simpl, s. S. 215). Die energische Dame scharte einen

weiten Kreis von Künstlern und Literaten um sich, darunter Wedekind, der Dichter und Anarchist Erich Mühsam oder auch Oskar Maria Graf. Joachim Ringelnatz gab den Hausdichter des Simplicissimus, benannt nach der gleichnamigen Satirezeitung.

Das legendäre **Kabarett Die elf Scharfrichter,** dem sich u. a. Schauspieler und Regisseur Otto Falckenberg sowie Frank Wedekind angeschlossen hatten, lag ebenfalls in der Türkenstraße, im Hintergebäude von Nr. 28, in dem auch Heinrich Mann häufig zu Gast war. Thomas Mann hielt sich in seiner Münchner Zeit hingegen gern im **Café Altschwabing** 2 (s. Foto unten) in der Schellingstraße 56 auf, das auch Klee, Kandinsky oder Lenin besuchten, Letzterer inkognito.

Eine Reise zurück in die Zeit macht man auch in den **Antiquariaten** der Schellingstraße, in denen noch Originalausgaben ausliegen.

»Größte ästhetische Experimentierstation«

Man sei hier durch die Zeit geschwommen, hielt Graf einmal das Lebensgefühl zu Beginn des 20. Jh. fest, und hätte sich an ihre Nichtigkeit geklammert. Künstlerisch sollte sich diese Zeit jedoch als eine der produktivsten und nachhaltigsten überhaupt erweisen. Man gab sich fortschrittlich und freizügig, ungebunden und avantgardistisch, sodass der Schriftsteller René Prévot 1946 von der größten »ästhetischen Experimentierstation« der Münchner Kultur schreibt.

Treffpunkt für Maler und Literaten: das Café Altschwabing

St. Sylvester 1
Biedersteinerstr. 1
Der ehemaligen Pfarrkirche Altschwabings hat jede Epoche ihren Stempel aufgedrückt. Bereits für das 12. Jh. ist eine Kirche an dieser Stelle belegt. Vom romanischen Ursprungsbau ist nur noch der quadratische Turmsockel erhalten. Bereits um 1500 gab es grundlegenden Veränderungen und es entstand ein spätgotischer einschiffiger Kirchenraum. Ein Jahrhundert später wurden Gewölbe, Chorwände und Chorbogen mit dem für das ausgehende 16. Jh. charakteristischen ›Münchner Felderstuck‹ überzogen. Das 17. Jh. verpasste dem Turm den spitzen Helm. Letzte Veränderungen erfuhr St. Sylvester in den 1920er-Jahren, als der Kirche ein neobarocker Zentralbau angefügt wurde.

Wernerckschlösschen 2
Die Maria-Josepha-Straße, in der Carl Sattler 1910 eine repräsentative Villa für den amerikanischen Mäzen James Loeb errichtete (Maria-Josepha-Str. 6–8), führt zum schönen, von stattlichen Fassaden gerahmten **Nikolaiplatz.** Auf dem Weg kommt man vorbei am Werneckschlösschen (Werneckstr. 2), das der Kabinettssekretär von Kurfürst Max Emanuel 1717/1718 bei Johann Baptist Gunetzrhainer in Auftrag gab. Leider zerstörten zahlreiche Umbauten die ursprüngliche Architektur des kleinen Lustschlosses; der heutige Bau geht auf die 1920er-Jahre zurück und wird seit 1969 von der Katholischen Akademie genutzt.

Um die Wende zum 20. Jh. erkor der sogenannte Freie Jugendbund, eine bunte Regenbogenmischung aus Dichtern, Schauspielern, Tänzern und Künstlern den weiten Schlossgarten zur ›heiligen Versammlungsstätte‹, an der im Sommer des Nächtens Aufführungen sämtlicher Kunstsparten stattfanden.

1919 bezog der Maler Paul Klee im Werneckschlösschen, das zu dieser Zeit noch nach seinem Pariser Vorbild ›Schloss Suresnes‹ hieß, ein Atelier. Hier arbeitete er bis zu seiner Berufung an das Weimarer Bauhaus im Jahr 1920.

Seidl-Villa 3
Nikolaiplatz 1, s. Lieblingsort S. 226.

Leopoldstraße und Münchner Freiheit

Leopoldstraße
Die Leopoldstraße ist Schwabings Lebensnerv. Die Verlängerung der Ludwigstraße nach Norden hat nach dem Siegestor alle klassizistische Strenge abgeschüttelt und gibt sich volksnah. Zu Tausenden strömen Münchner, vor allem aber Vorstädter, an warmen Tagen zu ihrer liebsten Flaniermeile und schlendern auf und ab – eine Parade der Eitelkeiten, die von denen, die sich auf den Terrassen der Eisdielen zurücklehnen, mit sachkundigem Blick abgenommen wird. Der Corso bleibt dabei nicht nur auf die Trottoirs begrenzt, er setzt sich auch auf der vierspurigen Straße fort: Bei schönem Wetter kommt es hier bundesweit zur höchsten Dichte an offenen Sportwagen.

Architektonisch gesehen ist die Leopoldstraße nicht gerade eine Schönheit. Die Zerstörungen des Krieges waren enorm, und in den 1950er-Jahren baute man die alte Schwabinger Dorfstraße als eine Straße wieder auf, die München etwas vom Charakter einer Weltstadt verleihen sollte, dann aber doch nur Provinzialismus auf höchstem Niveau zuwege brachte.

Etwa auf halber Höhe zwischen Siegestor und Münchner Freiheit begegnet man dem riesenhaften Spaziergänger des US-Künstlers Jonathan Borofsky. **Walking Man** 4 nennt sich

Schwabing

Sehenswert
- 1 St. Sylvester
- 2 Werneckschlösschen
- 3 Seidl-Villa
- 4 Walking Man
- 5 Erlöserkirche
- 6 Milchhäusle
- 7 St. Ursula
- 8 – 17 s. Cityplan S. 229

Essen & Trinken
- 1 Zum Aumeister
- 2 Café Altschwabing
- 3 Brasserie Schwabing
- 4 Cochinchina
- 5 Le Florida
- 6 Kaisergarten
- 7 Osterwaldgarten
- 8 Passaparola
- 9 Geisels Werneckhof
- 10 Tantris
- 11 Wintergarten
- 12 s. Cityplan S. 229

Einkaufen
- 1 Autorenbuchhandlung
- 2 Japanalia
- 3 Lehmkuhl
- 4 Weißglut concept store

Aktiv
- 1 – 2 s. Cityplan S. 229

Abends & Nachts
- 1 First Floor
- 2 Bar Giornale
- 3 Münchner Lach- und Schießgesellschaft
- 4 Café Reitschule
- 5 Riva Bar
- 6 s. Cityplan S. 229

der XXL-Mensch, der vor dem gläsernen Neubau der Münchner Rückversicherungs-AG (Nr. 36) seinen Auftritt hat. Eine stilvolle Pause lässt sich in der **Bar Giornale** 2 gegenüber einlegen. Es gibt kleine Gerichte und die Atmosphäre taugt auch für einen ganzen Abend.

Münchner Freiheit

Bevor sich die Leopoldstraße in eine gesichtslose Ausfallstraße verwandelt, weitet sie sich rechter Hand noch einmal zu einem Platz, der Münchner Freiheit. Im Mittelalter gabelte sich hinter Schwabing die Landstraße in die Straße nach Freising und nach Nürnberg. Bevor man sich jedoch auf die Reise machte, war hier Wegezoll zu entrichten. Die Schlagbäume wurden erst zu Beginn des 19. Jh. demontiert. Heute befindet sich an der Münchner Freiheit ein großer Busbahnhof, der unterirdisch zu einem Einkaufszentrum ausgebaut wurde. Der ebenso ungewöhnliche wie be-

rühmte Name des Platzes erinnert an eine Widerstandsgruppe, die sich ›Freiheitsaktion Bayern‹ nannte und Münchner ganz unterschiedlicher Couleur vereinigte. Sie formierte sich in den letzten Tagen des Zweiten Weltkriegs und konnte vor dem Einmarsch der Amerikaner verhindern, dass München, wie von den Nazis geplant, vollends gesprengt wurde.

Längst hat sich der Name auch für den **Feilitzschplatz** hinter dem Busbahnhof eingebürgert. Hier geben Cafés den Ton an, es gibt einen großen Spielplatz, Freiluftschach sowie Tischtennisplatten, die den Platz auch bei Jugendlichen populär machen. Im Winter findet hier ein Weihnachtsmarkt statt.

Im Norden der Münchner Freiheit rückt die **Erlöserkirche** 5 (Germaniastr. 4, www.erloeserkirche.de), 1899/1901. nach Plänen von Theodor Fischer gebaut, ins Blickfeld. Von der anderen Straßenseite winken indes die Fassaden schönster Jugendstilhäuser herüber.

Lieblingsort

Einst repäsentativer Stadtpalast, heute Kulturzentrum
Wer sie nicht kennt, läuft leicht an ihr vorbei – die **Seidl-Villa** 3 und ihr Gartenidyll am Nikolaiplatz umgibt eine hohe Mauer. Nur durch das schmiedeeiserne Tor erhascht der Blick einen Parkausschnitt, der einen sogleich in ein Claude-Monet-Gemälde versetzt. Im Frühsommer spielen mächtige alte Bäume, Rasenflächen, Pfingstrosen und Lilien zu einem erlesenen Kleinod zusammen – gleich hinter der lauten und geschäftigen Leopoldstraße. Der Garten des Schwabinger Bürgerhauses – benannt nach Baumeister Emanuel von Seidl (1904) –, in dem abends oft Lesungen und kulturelle Veranstaltungen stattfinden, ist denn auch ein beliebter Treffpunkt und Rückzugsgebiet für ruhebedürftige Großstädter (www.seidlvilla.de, tgl. 10–19 Uhr, bei Abendveranstaltungen auch später).

Hohenzollernstraße & Co.

Hip, schrill, außergewöhnlich sind die Schaufensterauslagen der **Hohenzollernstraße,** Münchens Einkaufsstraße für Trendbewusste. Exklusive Boutiquen und Schuhläden statten Modefans aus und beglücken Kundschaft mit Sinn fürs Extravagante. »Lässigkeit und hastloses Schlendern in all den langen Straßenzügen des Nordens«, beobachtete Thomas Mann hier – daran hat sich bis heute nicht viel geändert.

Am **Elisabethplatz** bieten Marktleute Obst und Gemüse an bunten Ständen feil und locken mit einem Schlemmerparadies (Mo–Sa 8–spätestens 20 Uhr). Der Pavillon im Südosten des Platzes diente im ausgehenden 19. Jh. als **Milchhäusle** 6. Der Münchner Arzt und engagierte Antialkoholiker Carl Brendel wachte hier darüber, dass ab 5 Uhr früh an alle Gäste allein Milch ausgeschenkt wurde. Der Arzt hatte sich die Gesundheit des Volkes zum Ziel gesetzt; oberstes Ziel war ihm daher die Eindämmung des »Völkergifts Alkohol«. Der Erfolg währte nicht wirklich lange, und heute prostet man sich im **Wintergarten** 11 lieber mit einer Maß zu als mit einem Glas Milch.

Zur stimmungsvollen Kulisse des Platzes trägt wesentlich die Fassade der **Mädchenrealschule** (1900) bei. Der Schulbau, der von einem massiven Uhrturm überragt wird, ist wieder ein Werk des Architekten Theodor Fischer.

Die Nordendstraße, wie die parallele Kurfürstenstraße eine lebendige Geschäftsstraße, verbindet den Elisabethplatz mit dem Kurfürstenplatz, an dem das **Brasserie Schwabing** 3 zur Pause einlädt. In der von großbürgerlichen Fassaden gerahmten Kaiserstraße lebte ab September 1900 der russische Revolutionär Wladimir Iljitsch Lenin (Kaiserstr. 46). In seinem Münchner Exil, das er mit seiner Frau Nadeschda Krupskaja teilte, firmierte Lenin allerdings unter dem Allerweltsnamen ›Meyer‹. Lenin gab in München das revolutionäre Kampfblatt »Iskra« (dt. »Der Funke«) heraus, das über ein Netz von Helfern nach Russland geschmuggelt wurde und dort ja dann tatsächlich Funken geschlagen hat.

St. Ursula 7

Kaiserplatz 1

St. Ursula würde man, glaubt man den Bauformen und dem frei stehenden Campanile, wohl eher ins 16. Jh. datieren; die Kirche entstand jedoch 1894 auf dem Höhepunkt des Münchner Historismus, der sich hemmungslos am Formenarsenal der Architekturgeschichte bediente. Die Wahl des Zitats ist indes neu: August Thiersch macht im Falle St. Ursulas erstmals die Architektur der Renaissance wieder fruchtbar. Der Innenraum vermittelt in seiner schlichten Festlichkeit und in seinen ausgewogenen Proportionen einen ansprechenden Eindruck.

In unmittelbarer Nachbarschaft zur Kirche liegt der **Kaisergarten** 6, ein kleiner, von den Schwabingern sehr geschätzter Biergarten.

Luitpoldpark 8

Der Luitpoldpark im Nordwesten Schwabings ist ein wenig bekannter Stadtpark. Der Landschaftsgarten ist ein Geburtstagsgeschenk für den beliebten Prinzregenten Luitpold: Als er im Jahr 1911 das 90. Lebensjahr vollendete, pflanzten die Münchner 90 Linden in Reih und Glied. Im Laufe der Jahre entwickelte sich aus dieser Baumparade ein Park mit Wiesen und Spielplätzen sowie einem bei Kindern sehr beliebten Labyrinth. Als die Stadt ihre Bürger 1949 angesichts enormer Schuttberge, die der Krieg hinterlassen hatte, zum ›Rama dama‹ (bayer.: ›Aufräumen tun wir‹) aufgerufen hatte, wurden auch hier von den insgesamt 2,5 Mio. m³ Schutt sanfte Hügel und kleine Berge aufgehäuft. Im Winter verwandelt sich seither der hintere Teil des Parks in ein kleines Skigebiet.

Bamberger Haus

Am Westrand des Luitpoldparks liegt das herrschaftliche Bamberger Haus, das sich die Gebrüder Rank errichten ließen. Als Besitzer einer Baufirma waren sie um die Wende zum 20. Jh. reich geworden; das Haus sollte die neugewonnene gesellschaftliche Stellung zum Ausdruck bringen. Heute sind hier unter dem Dachnamen **Bamberger Haus** 12 zwei Restaurants beheimatet; Pizza und Pasta gibt es bei **Ciao Francesco** im Gewölbe im Souterrain. Im Erdgeschoss serviert das Restaurant **Zum Ferdinand** österreichische Spezialitäten. Im Sommer kann man schön draußen sitzen. Den ersten Stock des denkmalgeschützten Palais' nimmt ein barocker Ballsaal ein.

9 und 10 s. Entdeckungstour S. 230

Vom Olympiagelände zur Allianz Arena

Olympiapark

1966 entschied das Olympische Komitee, dass München den Zuschlag für die XX. Olympischen Spiele im Jahr 1972 bekommen sollte. Als Ort der Austragung wählte man das Oberwiesenfeld nördlich des Stadtzentrums. Nach dem Zweiten Weltkrieg hatte das Gelände als Ablageplatz für den Kriegsschutt aus der Stadt gedient.

Architektur des Olympiageländes

Das Olympiagelände steht für den Aufbruch Münchens zu einer modernen Großstadt. Mit den ersten Spielen auf deutschem Boden nach dem Zweiten Weltkrieg wollte man sich der Welt als demokratisches Land zeigen.

Zum Sinnbild für das neue Deutschland wurde die von Günther Behnisch entworfene Architektur des Olympiageländes, bei der die Sportstätten einerseits in das Gelände eingelassen, andererseits aber mit einer futuristischen, von Frei Otto entwickelten Dachkonstruktion überwölbt wurden. **Olympia-Schwimmhalle** 2, **Olympiahalle** 11 und **Olympiastadion** 12 sind unter einem Zeltdach aus Acrylglas zusammengefasst. Diese trotz ihrer erheblichen Ausmaße von 34 500 m² filigran wirkende Konstruktion stützt sich auf eine **Seilnetzkonstruktion,** die von zwölf **Stahlpylonen** gehalten wird – eine ausgeklügelte technische Konstruktion, die im Einklang mit der Natur projektiert wurde. Die Grenzen zwischen innen und außen werden verwischt, die Räume fluten spannungsvoll ineinander und stellen eine herausfordernde Architektur der Moderne dar, die Münchens Ruf in die Welt trug.

Der unter Denkmalschutz stehende Gebäudekomplex ist ein aufwendiges Erbe für die Stadt, das etwa 300 ha große Prachtareal wird bis 2017 für 193 Mio. € instand gesetzt. Die seit 2007 umfangreich renovierte Olympiahalle hat u. a. neue Kioske und ein neues Restaurant erhalten.

Sportlich durch den Olympiapark

Start/Ziel: Coubertinplatz, Länge: wahlweise 3 oder 6 km, Route: s. Cityplan Olympiagelände S. 229,

Olympiagelände

Sehenswert

1 – 7 s. Cityplan S. 224
8 Luitpoldpark
9 Olympiaturm mit Rock Museum und Drehrestaurant 181
10 Sea Life Center
11 Olympiahalle
12 Olympiastadion
13 Olympisches Dorf
14 Ost-West-Kirche
15 BMW-Gelände
16 BMW Museum
17 Allianz Arena

Essen & Trinken

1 – 11 s. Cityplan S. 224
12 Zum Ferdinand und Ciao Francesco im Bamberger Haus

Einkaufen

1 – 4 s. Cityplan S. 224

Aktiv

1 Bootsverleih am Olympiasee
2 Olympia-Schwimmhalle

Abends & Nachts

1 – 5 s. Cityplan S. 224
6 Theatron im Olympiapark

Rundtour durch den Olympiapark S. 228

Skate-Kurse im Olympiapark bei Funline (Tel. 089 260 81 41, www.funline-skaten.de), Ausrüstungsverleih: Skatescool in Solln (Bertelestr. 18, Tel. 0174 303 71 47, www.skatescool.eu). Kostenpflichtige Parkplätze auf dem Gelände, H Olympiazentrum, www.olympiapark.de

Die Rundtour kann gelaufen, geskatet oder geradelt werden. Durchgängig asphaltiert und autofrei, eignet sie sich auch für Kinder ab dem Laufrad- alter.

Vom **Coubertinplatz** aus muss nordwärts zunächst die Brücke über den tosenden Verkehr des Georg-Brauchle-Rings überquert werden. Rechts lässt man die Tennisplätze liegen und schlägt den Weg in Richtung **BMW-Welt** ein, die man linker Hand passiert. Vorbei am Olympia-Eisstadion erreicht man den nach dem deutschen Sportler und Sportfunktionär benannten **Willi-Daume-Platz.** Den Fernsehturm hinter sich lassend, führt der Weg entlang des Willi-Gebhardt-Ufers um den Olympiasee bis zum **Spiridon-Louis-Ring,** der an den griechischen ▷ S. 233

Auf Entdeckungstour:
Eine Sportstätte von Weltruf

Weltweit bekannt als Austragungsort sportlicher Wettkämpfe und als Veranstaltungsort von Konzerten internationaler Stars, musste sich das Olympiagelände nach dem Umzug der Fußballvereine in die Allianz Arena neu positionieren. Gelungen ist dies mit einem vielfältigen Angebot, das neben der täglichen Nutzung als Freizeitsportstätte ein Rock Museum, ein Seewasseraquarium, Festivals und vieles mehr bietet.

Karte: s. S. 229
Zeit: ein halber oder ganzer Tag
Planung: Olympiapark München, Besucherservice, Spiridon-Louis-Ring 21, H Olympiazentrum, www.olympiapark.de; Info-Pavillon Olympiapark am Olympia-Eissportzentrum, Mo–Fr 13–18, Sa 10–16 Uhr (Buchung von Spezialtouren); das Gelände ist frei zugänglich. Parken ganztägig im Parkhaus 1,50 € (Park & Ride).

Zu Füßen des Olympiabergs, eines 500 m hohen Schuttbergs, den die Münchner ›Monte Scherbelino‹ nennen, breitet sich der **Olympiapark** aus, der seine ›Künstlichkeit‹ nie ganz ablegen konnte, sodass man leicht den Eindruck gewinnt, man spaziere durch virtuelle Welten. Der künstlich angelegte **Olympiasee** durchschlängelt das Gelände. Mit dem **Theatron** 6 liegt direkt am See ein Freilichttheater, das vom Guinness Buch der Weltrekorde als Ort des längsten durchgehenden Open-Air-Musikfestivals weltweit geadelt ist. Im Juni treten Interpreten von Klassik bis Rock, Pop und Hip-Hop im Rahmen des PfingstFestivals, im August innerhalb des MusikSommers auf. Das Sommerfestival zieht jedes Jahr um die 100 000 Besucher an – und das bei freiem Eintritt.

Auf der Südseite des Sees befindet sich ein **Bootsverleih** 1, dahinter ein Freigelände, das für Draußen- und Umsonst-Feste genutzt wird, so für das ursprünglich als Zirkusfest begründete **Lilalu** im August, ein Magnet für Familien mit Kindern (www.lilalu.org). Ebenfalls im Sommer findet das Kleinkunstfestival **Tollwood** im Olympiapark statt, ein Zeltlager, in dem immer mehr internationale Stars auftreten (www.toll wood.de).

Sieben Meter pro Sekunde – rauf auf den Olympiaturm 9

Nun steht das Erklimmen des Olympiaturms auf dem Programm, denn er gewährt einen guten Überblick über die gesamte Anlage, ist allerdings nichts für Klaustrophobiker: Zur Aussichtsplattform rasen in nur 30 Sekunden zwei Aufzüge hoch (tgl. 9–24 Uhr). Für das Fundament des 290 m hohen Turms wurden übrigens 12 500 t Beton und 600 t Stahl verarbeitet, denn er muss hier am Alpenrand starken Windgeschwindigkeiten trotzen.

Neben der Aussicht wartet der Turm noch mit einer anderen Attraktion auf: Auf 200 m Höhe stellt das höchste **Rock Museum** der Welt 3000 Devotionalien der Rockgeschichte in neongrünen Vitrinen aus, darunter signierte Gitarren von Frank Zappa oder den Rolling Stones, Goldene Schallplatten, seltene Tonträger oder Kleidungsstücke berühmter Musiker (tgl. 9–24 Uhr, 5,50 €).

Das **Drehrestaurant 181** (s. S. 234) lockt mit einem spektakulären Blick über München auf 181 m Höhe und bei 360 Grad Umdrehung, während zu Füßen des Turms das **Restaurant am Olympiasee** mit einem günstigen Selbstbedienungsbereich aufwartet.

Besuch bei Nemo und Konsorten

Wieder unten angekommen und frisch gestärkt, lockt ein Besuch im **Sea Life Center** 10. Auf einem Rundgang, für den man je nach Verweildauer ein bis zwei Stunden benötigt, erlebt man heimische und exotische Unterwasserwelten. Insgesamt schwimmen über 4 500 Tiere in beachtlichen 750 000 l Wasser. Nicht nur Fans des Kinoerfolgs »Nemo« wird hier das vielfältige Leben unter Wasser nahegebracht. Ein Nachbau der Isar samt realistischer Verschmutzung ist ebenso zu sehen wie zarte Quallen und träge Wasserschildkröten. Ein Fühlbecken und Fütterungen runden das Programm ab (www.visitsealife.com, Jan.–Feb., Nov.–Dez. tgl. 10–17, März, Sept.–Okt. tgl. 10–18, April–Aug. tgl. 10–19 Uhr, Sa, So, Fei und in bayerischen Schulferien immer 10–19 Uhr, Kinder 14,50 €, Erw. 17,95 €).

Auf den Spuren von ›Mark, the Shark‹

Im benachbarten ›Gewässer‹ der **Olympia-Schwimmhalle** 2 erkämpfte sich der US-Amerikaner Mark Spitz 1972 sieben Goldmedaillen. Üblicherweise drehen im 50-m-Becken heute Freizeitschwimmer gemächlicher ihre Runden oder wagen einen Sprung vom 10-m-Turm. Auch ohne Eintrittskarte lässt sich ein Blick auf die beeindruckende Halle werfen, doch wird man angesichts des Ambientes schnell bedauern, dass man seine Badesachen vergessen hat.

Aufs Dach gestiegen

Die benachbarte **Olympiahalle** 11 durchläuft immer mal wieder Phasen der Modernisierung, 2011 eröffnete zusätzlich eine kleine Olympiahalle. Seit der Olympiade 1972 fanden hier unzählige Veranstaltungen im Spitzensport, WMs und EMs, internationale Fußballturniere, Auftritte von Weltstars und andere Großevents statt. 1987 sprach Johannes Paul II. hier den ›Männerapostel‹ Pater Rupert Mayer selig. In der Olympiahalle spielten u. a. Bob Dylan, Neil Young, Rod Stewart, Deep Purple und Elton John, im **Olympiastadion** 12 mit seinen 67 000 Plätzen präsentierten sich Künstler wie AC/DC, die Rolling Stones, Robbie Williams bis zu Madonna mit Megashows. ›King of Pop‹ Michael Jackson konnte das Stadion zwischen 1988 und 1999 dreimal füllen (www.olympiapark.de).

Das **Zeltdach des Olympiastadions** kann man übrigens im Rahmen einer **geführten Klettertour** (s. S. 235) über Metallstege und -brücken bis zu den Pylonen besteigen. Der Abstieg erfolgt dann über die Nordkurve. Sofern man nicht mit dem Abseilen beschäftigt ist, erlebt man einen atemberaubenden Blick über die Dachlandschaft des Stadions auf die Stadt und bis zu den Alpen. Neuerdings wird die Tour auch mit Abseilen oder mit einem Flying Fox (angegurteter Ritt entlang eines Seils) angeboten – 120 Minuten Spannung sind in jedem Fall garantiert!

Trauer im Olympischen Dorf

Futuristisch fiel das **Olympische Dorf** 13 aus, eine Hochhaus- und Bungalowsiedlung nördlich des Georg-Brauchle-Rings. 11 500 Teilnehmer und Betreuer waren hier 1972, nach Frauen und Männern getrennt, untergebracht. Im Männerdorf an der Conollystraße 31 (Gedenktafel) ereignete sich das größte Drama in der Geschichte der Olympischen Spiele, als neun arabische Terroristen in das Quartier der israelischen Mannschaft eindrangen, zwei der Athleten töteten und neun Geiseln nahmen. Sie kamen alle bei einem missglückten Befreiungsversuch auf dem Flugplatz von Fürstenfeldbruck ums Leben. Allein vier Kidnapper überlebten. Das Männerdorf ist heute eine Wohnanlage, das Frauendorf eine Studentenstadt.

Väterchen Timofejs Geschichte

Zu guter Letzt sei noch dem Kuriosum des Olympiaparks ein Abstecher gewidmet. Südwestlich des Olympiabergs steht eine russisch-orthodoxe Kirche, aus Blech, Brettern und Silberpapier zusammengezimmert. Ihr Erbauer war ›Väterchen Timofej‹ Prochorow, ein ehemaliger Kriegsgefangener, der sich hinter den Schutthalden zu Beginn der 1950er-Jahre eine russische Einsiedelei errichtet hatte, in der er unbehelligt lebte. Erst als die Bauarbeiten für die Olympischen Spiele begannen, wurde man auf ihn aufmerksam und schickte den Räumungsbefehl. Doch der Druck der Münchner auf die Behörden wuchs in einem Maße an, dass man Timofej nun auch noch übernatürliche Kräfte zusprach. Das an dieser Stelle geplante Reitstadion entstand schließlich in Riem. Timofej starb 2004 mit ca. 110 Jahren als ältester Münchner. Die **Ost-West-Kirche** 14, die Ex-Oberbürgermeister Ude einst zum »liebenswürdigsten Schwarzbau« Münchens ernannte, ist eine *der* Sehenswürdigkeiten der Stadt.

Langstreckenläufer und ersten Sieger des für die Olympischen Spiele 1896 in Athen entworfenen Marathonlaufs erinnert.

Vor dem Olympiastadion nach rechts abgebogen, kann man am Coubertinplatz die Kaloriendepots wieder auffüllen, z. B. im dort gelegenen **Biergarten** (Tel. 089 350 94 85 79, www.biergarten-olympiapark.de, April–Okt. ab 11.30 Uhr) oder nach links eine ca. 3 km lange Erweiterungsrunde um den jedoch mit steileren Strecken verbundenen Olympiaberg einschlagen.

Olympisches Dorf 13, Ost-West-Kirche 14

s. Entdeckungstour S. 230

BMW-Gelände 15

Gleichzeitig mit den Olympiabauten und gewissermaßen auch stilverwandt wurden am Petuelring 1970–1972 nach Plänen des Architekten Karl Schwanzer der BMW-Verwaltungsbau und das BMW Museum errichtet. Das 18-geschossige **Verwaltungszentrum** entstand in Form eines Vierzylinders, der zusammen mit der Aluminiumfassade des Baus die technische Ausrichtung der Bayerischen Motoren Werke nach außen tragen soll. Der **Showroom** von BMW gleicht einem Tornado aus Stahl und Glas. Das Wiener Architekturbüro Coop Himmelb(l)au entwarf einen expressionistischen Bau, der sich wie eine dräuende Gewitterfront auftürmt. Im Inneren des 2007 entstandenen Gebäudes, das zur Auslieferung der Autos dient, überlagern sich Treppen, Brücken und Rampen in wilder Komplexität. Darüber erstreckt sich eine stahlgraue Decke in Form einer Welle und bringt den Raum in Bewegung. Das wagemutige, spannende Gebäude ist als öffentliche Passage angelegt, als städtischer Raum mit mehreren Restaurants, Läden und Konferenzsälen.

BMW Museum 16

Am Olympiapark 2, www.bmw-museum.com, s. S. 61

Zu Füßen des Vierzylinders liegt die silbergraue Betonschüssel des Museums, dessen Ausstellung durch die Geschichte technischer Pionierleistungen führt und die BMW-Entwicklung anhand von zahlreichen Automobilen anschaulich macht.

Allianz Arena ! 17

Werner-Heisenberg-Allee 25, www.allianz-arena.de, tgl. 11–16.30 Uhr, jede Stunde Führungen; mit FC Bayern-Erlebniswelt

Mit großer Mehrheit hatten die Münchner in einem Volksentscheid für den Neubau eines Stadions gestimmt – 2005 wurde die Allianz Arena anlässlich des Derbys Bayern München gegen den 1. FC Nürnberg eröffnet. Der großartige und dennoch leicht wirkende Bau erinnert an ein Ufo, das gerade auf der Wiese neben der Autobahn gelandet ist. Eine fast magische Poesie strahlt von der rautenförmigen, transluziden Umhüllung ab, die das Stadion umgibt. Dem Architekturbüro Herzog & de Meuron gelang eine federleichte, selbstverständliche Architektur. Die Außenfassade nimmt verschiedene Farbkombinationen an, sodass das Stadion, in dem 66 000 Zuschauer Platz finden, mal rot, mal blau, mal weiß leuchtet – kurz, ein leuchtendes Beispiel für Aufmerksamkeit erregende und dennoch schlichte Architektur.

Essen & Trinken

Biergarten in Kastanienidylle – **Zum Aumeister 1**: s. S. 37.

Unser Tipp

Space Shuttle: Genuss mit Blick auf die Skyline

Zum **BMW Museum** 16 gehören mehrere gastronomische Angebote für jeden Geschmack und Geldbeutel: die **Biker's Lodge** für die Kaffeepause sowie die Restaurants Bavarie und Ess-Zimmer. In letzterem kocht Spitzenkoch Bobby Bräuer. Man genießt hier beste Aussichten auf die BMW World und das Olympiazentrum – München einmal spacig (Di–Sa 10–18 Uhr, Gerichte 10–120 €).

Traditionelles Kaffeehaus – **Café Altschwabing** 2: s. S. 39, 205, 222

Sonnenterrasse – **Brasserie Schwabing** 3: Belgradstr. 1, Tel. 089 52 03 36 68, www.brasserie-schwabing.de, Mo–Fr 10–1, Sa 9.30–1, So, Fei 9–0 Uhr, 4–18 €. Schwabinger Nachbarschaftstreff, große Auswahl an Zeitungen und Magazinen; s. S. 227

Vietnamesisch – **Cochinchina** 4: Kaiserstr. 28, Tel. 089 38 98 95 77, www.cochinchina.de, Mo–So 11.30–14.30 und 18–24 Uhr, Gerichte 7–23 €. Urbanes Flair im Stil südvietnamesischer Gediegenheit. Wunderbare asiatische Kochkunst, nettes Publikum.

In schwindelerregender Höhe – **Drehrestaurant 181 im Olympiaturm** 9: Tel. 089 30 66 85 85, www.restaurant181.de, Di–Fr 12–15, Mo–Fr ab 19 Uhr, Gerichte 18–40 €, s. S. 231.

Salatglück – **Le Florida** 5: Georgenstr. 48, Tel. 089 44 42 95 55, www.leflorida.de, tgl. 18–1 Uhr, Gerichte 18–24 €. Die feinsten Salate, Burger, Biofleisch und viele Neukreationen machen aus dem Le Florida einen kleinen Schwabinger Gourmettempel.

Sommeridylle – **Kaisergarten** 6: Kaiserstr. 34, Tel. 089 34 02 02 03, Mo–So 10–1 Uhr, Preise 5–14 €. Netter Biergarten unter Kastanien: der Nachbarschaftstreff für laue Sommerabende.

Stylish – **Biker's Lodge, Bavarie, Ess-Zimmer** 16: www.bmw-welt.com, s. S. 234.

Idyllischer Biergarten – **Osterwaldgarten** 7: s. S. 38.

Stiefelglück – **Passaparola** 8: Kaiserstr. 47, Tel. 089 38 88 95 90, www.passaparola-muenchen.de, Mo–Fr 12–15.30, 18–22, So 18–22 Uhr, Gerichte 8–12 €. Man sitzt etwas eng in dieser Trendlocation, aber die Pizza gehört zu den besten der Stadt. Nette, ungezwungene Atmosphäre.

Rundumglück – **Geisels Werneckhof** 9: Werneckstr. 11, Tel. 089 38 87 95 68, www.geisels-werneckhof.de, Di–Sa 18–23 Uhr, Gerichte 20–30 €, 5-Gänge-Menü 130 €, 8-Gänge-Menü 160 €. Ein Hauch Jugendstil, feinstes Kristall, edles Silber, Biogemüse und Biofleisch – dem blanken Genuss steht hier nichts im Wege.

Poppiger 70er-Jahre-Spirit – **Tantris** 10: s. S. 34.

Marktidylle – **Wintergarten** 11: Elisabethplatz 4 b, Tel. 089 27 37 31 34, Mo–So 10–1 Uhr, Gerichte 5–10 €. Die kleine Gaststätte mit Biergarten am Elisabethmarkt bietet sich für einen Beobachtungsposten des Geschehens an. Sehr beliebt bei den Schwabinger zum samstäglichen Zeitungslesen am Vormittag; s. S. 227.

Parkglück – **Zum Ferdinand im Bamberger Haus** 12: Brunnerstr. 2, Tel. 089 322 12 82 10, www.zum-ferdinand.de, Di–Fr 17–1 Uhr, Sa, So 11.30–1 Uhr, Gerichte 10–22 €. Österreichische und bayerische Schmankerln und Spezialitäten an rustikalen Holztischen unter Deckenmalerei. Im Sommer kann man draußen sitzen, es herrscht viel Betrieb, die Münchner rücken dann am Wochenende mit der

Großfamilie oder dem ganzen Büro an; s. S. 228.

Einkaufen

Eine gute Adresse für Antiquitäten ist in Schwabing die **Kurfürstenstraße.** Gleich mehrere Läden haben sich hier auf ›edles Altes‹ spezialisiert. Ansonsten ist das Schwabinger Angebot recht bunt, einige Designer wie etwa Natascha Müllerschön oder Pajas findet man in der **Franz-Joseph-Straße;** kurz vor dem **Elisabethplatz** liegen gleich mehrere Designläden nebeneinander.

Großes Belletristikangebot – **Autorenbuchhandlung 1**: s. S. 41.

Exotisches aus Fernost – **Japanalia 2**: s. S. 44.

Traditionsbuchhandlung – **Lehmkuhl 3**: s. S. 41.

Ausgefallenes – **Weißglut concept store 4**: Hohenzollernstr. 8, www.weissglut-design.de, Mo–Fr 11–19, Sa 10.30–18 Uhr. Schmuck, kreative Geschenkideen, Design und Modelabels machen diesen concept store zu einer interessanten Adresse.

Aktiv

Im **Olympiapark** (www.olympiapark.de) kann man nach Belieben Rad fahren, joggen, skaten, schwimmen, Schach spielen und im Winter Schlitten fahren und eislaufen.

Für Freizeitkapitäne – **Bootsverleih am Olympiasee 1:** Tretboot 30 Min. 8 €, 1 Std. 15 €, Ruderboot 30 Min. 7 €, 1 Std. 13 €, s. S. 231.

Gartenspaß – **Luitpoldpark 8**: Kinder finden hier einen herrlichen Spielplatz, ferner eignet sich der Park zum Joggen, Radfahren, im Winter gibt es einen guten Schlittenberg, s. S. 227.

Schwimmen wie Mark Spitz – **Olympia-Schwimmhalle 2**: Coubertinplatz 1, Bäder-Hotline 01801 79 62 23, tgl. 7–23 Uhr, 3,90 €, s. S. 231.

Hoch hinaus – **Zeltdach-Tour im Olympiastadion 12**: Tel. 089 30 67 24 14, www.olympiapark-muenchen.de, April–Okt. tgl. 14.30 Uhr (Anmeldung erforderlich), Dauer: 2 Std., Treffpunkt Stadionkasse Nord, 43 €, Kinder 10–15 Jahre 33 €, Aufschlag Olympiaturm 6 €/4,50 €; s. S. 232.

Abends & Nachts

Unter Spezln – **First Floor 1**: Leopoldstr. 62, Mo–Do 20–1, Fr, Sa 20–3 Uhr. Gemütlicher Wohnzimmerklub mit Balkon und Tischtennisplatte.

Lässige Eleganz – **Bar Giornale 2**: Leopoldstr. 7, Tel. 089 33 20 00, www.bar-giornale.de, Mo–Do 8–1 Uhr, Sa, So bis 2 Uhr, So 9–24 Uhr. Umgebaute Lampen aus der Mailänder Straßenbahn und Spaghettistühle auf der Terrasse sorgen für italienisches Flair. Kleine, aber sehr feine Gerichte, gute Weine.

Bissig – **Münchner Lach- und Schießgesellschaft 3**: s. S. 50.

Institution – **Café Reitschule 4**: Königinstr. 34, Tel. 089 3 88 87 60, www.café-reitschule.de, Mo–Fr 11.30–0, Sa 9–0, So 9–20 Uhr. Die Reitschule hinter Glas und das Café davor sind in München eine Institution. Nette Atmosphäre, im Sommer kann man draußen sitzen.

Urban – **Riva Bar 5**: Feilitzschstr. 4, Tel. 089 309 05 18 08, www.riva-schwabing.de, tgl. 11.30–1 Uhr. Elegantes und modernes Interieur, gute Drinks, italienische Spezialitäten, nette Terrasse mit Liegestühlen.

Prima Abendprogramm – **Seidl-Villa 3**: Nikolaiplatz 1, Tel. 089 33 31 39, www.seidlvilla.de, tgl. 10–19 Uhr, bei Abendveranstaltungen (kleine Konzerte, Lesungen, literarische Abende, Diskussionsrunden) auch länger; s. S. 226.

Open Air – **Theatron im Olympiapark 6**: www.theatron.de. Konzerte Juni, Aug. 19 Uhr; Sa 22 Uhr Kurzfilme.

Das Beste auf einen Blick

Lehel

Auf Entdeckungstour

Das Wohnzimmer des Lehel, der St.-Anna-Platz: Der St.-Anna-Platz wirkt wie das Freiluftwohnzimmer des Lehel. Man trifft sich donnerstags auf dem Markt, ansonsten in den Cafés und Restaurants am Platz und die Zeit ist die Zeit … Eine Idylle mitten im Zentrum, ein Platz, um Ausschau zu halten. S. 242

Kultur & Sehenswertes

Haus der Kunst: Die Ausstellungen bewegen sich am Puls der Zeit und öffnen den Blick auf und in die Welt. Eine der ersten Adressen im Kunstbetrieb. 1 S. 57, 238

Bayerisches Nationalmuseum: Das Museum führt lebendig Geschichte und Kunst von der Spätantike bis zum Jugendstil vor Augen: gotische Skulpturen, Musikinstrumente und eine weltberühmte wie rührende Krippensammlung. 3 S. 59, 239

Sammlung Schack: Eine der intimsten Sammlungen der Malerei des 19. Jh. in einem Adelspalast. 4 S. 58, 239

Aktiv unterwegs

Maximiliansanlagen: Ein Parkstreifen an der Isar, in dem man joggen, Rad fahren oder einfach nur seinen Gedanken nachhängen kann. 1 S. 245

Genießen & Atmosphäre

Surfer am Eisbach: Münchens Stadtsurfer sind weltweit eine Attraktion, sie haben es in sämtliche Gazetten gebracht. Ein einzigartiges Schauspiel bei Tag und Nacht. S. 239

Geistliche Konzerte in St.-Anna-Pfarr- und St.-Anna-Klosterkirche: ›Himmlische‹ Musik auf hohem Niveau bieten die beiden Kirchen am gleichnamigen Platz. 5 6 S. 240

Abends & Nachts

P1: Die Königin unter den Discos ist ein Magnet für Celebrities, ein Muss für alle, die dazugehören. 1 S. 48, 238

Goldene Bar im Haus der Kunst: eine der angesagtesten Abendlocations in München. 2 S. 239

Prinzregentenstraße, Museumsquartett, Lehel, Maximilianeum

Entlang der Prinzregentenstraße

Die Prinzregentenstraße, an der sich die Bauten an Pracht und Prunk gegenseitig überbieten, entstand zwischen 1891 und 1901 im Auftrag von Prinzregent Luitpold. Die Monarchie verging, die Hoheit blieb. Die Prinzregentenstraße ist die letzte große Magistrale des 19. Jh. und verbindet die Maxvorstadt mit Bogenhausen, einem feinen Wohnviertel am Isarhochufer. Der Wechsel von Prachtfassaden und sich plötzlich öffnenden Plätzen sollte einen leichten, heiteren Akzent in Münchens Stadtlandschaft setzen. Zu Beginn des 20. Jh. war die Straße denn auch eine beliebte Flaniermeile der Münchner Gesellschaft.

Infobox

Reisekarte: ▶ S–U 12/13

Verkehrmittel
Die Prinzregentenstraße/das Haus der Kunst ist mit Tram 18, das Lehel außerdem mit U4/U5 gut zu erreichen.

Ausgangs- und Endpunkt
Ein Spaziergang entlang der dritten Münchner Prachtstraße als Zeit- und Kunstreise: Vom Haus der Kunst geht es über die Archäologische Staatssammlung ins Bayerische Nationalmuseum und in die Sammlung Schack mit den bedeutendsten Werken der deutschen Romantik. Im Lehel lockt die Kirche Sankt Anna in schönstem Rokoko, ferner führt der Weg zum Völkerkundemuseum und über die Maximilianstraße bis zum Maximilianeum. Die Entfernungen sind nicht weit und alle gut zu Fuß in einer Tour zu bewältigen.

Haus der Kunst 1

Prinzregentenstr. 1, www.hausderkunst.de, *s. S. 57*

Das Haus der Kunst am Rande des Englischen Gartens war der erste Monumentalbau des NS-Regimes und lag Hitler besonders am Herzen. 1933 beauftragte er Paul Ludwig Troost mit der Errichtung eines programmatischen Museums, eines »Hauses der Deutschen Kunst«, das am 18. Juli 1937 mit der »Großen Deutschen Kunstausstellung« eröffnet wurde. Nach dem Krieg nahm der monumentale, 160 m lange Bau für ein paar Jahre das Kasino der in München stationierten US Army auf, Ende der 1950er-Jahre vorübergehend die Sammlungen der Alten und Neuen Pinakotheken, und 1980 zog für zwei Jahrzehnte Münchens Sammlung moderner Kunst ein. Heute finden im Haus der Kunst wechselnde Ausstellungen von internationalem Rang sowie Kunstschauen Münchner Künstlergruppen statt.

Im Kellergeschoss des linken Flügels liegt Münchens berühmte Diskothek, das **P1** 1. Die ultimative Promi-Disco ist aus dem 1954 eröffneten Officer's Club für amerikanische

Militärs, ›P1‹ als Abkürzung für Prinzregentenstraße 1, hervorgegangen. Abgesehen vom P1 ist die außergewöhnlich schöne **Goldene Bar** 2 ein absolutes Muss für Nachtschwärmer. Im Sommer kann man auf der Terrasse des Hauses der Kunst draußen sitzen. Alles sehr pompös.

Eisbach

Unmittelbar benachbart schießt der bis hierher unterirdisch verlaufende **Eisbach** ans Tageslicht. Die aufbrausenden Wellen, die er dabei bildet, nutzen Wassersportler im Sommer zum Wellenreiten (s. S. 78). Tagtäglich schauen Einheimische und Touristen den Wagemutigen hier aufs Brett. Vom Nachmachen ist allerdings abzuraten – es gab schon Todesfälle.

Archäologische Staatssammlung 2

Lerchenfeldstr. 2, www.archaeologie-bayern.de, s. S. 59

Die Archäologische Staatssammlung, die in sechs gegeneinander versetzten kubischen Baukörpern aus Stahl und Glas untergebracht ist, schlüsselt die Zeit der ersten Besiedlung Bayerns von der Steinzeit über die römische Periode bis ins frühe Mittelalter auf. Vor dem Gebäude steht eine sogenannte **Heunensäule,** eine grob ausgearbeitete Sandsteinplastik aus dem 11. Jh.

Bayerisches Nationalmuseum 3

Prinzregentenstr. 3, www.bayerisches-nationalmuseum.de, s. S. 59

Das Nationalmuseum setzt die Geschichte Bayerns fort. Den Grundstock dieser sehr umfangreichen und bedeutenden kunst- und kulturgeschichtlichen Sammlung legte König Maximilian II. Mitte des 19. Jh. Prinzregent Luitpold gab 1894 einen eigenen Museumsbau bei Gabriel von Seidl in Auftrag, ein großer Künstler der Verquickung unterschiedlichster Baustile, ein Meister des Eklektizismus. Die **überbordende Fassade** des Nationalmuseums verschmelzt denn auch die ganze Architekturgeschichte: der Ostflügel fiel pseudo-romanisch aus, der Mittelbau zitiert den frühen Barock und der Westflügel entstand nach dem Formenkanon der deutschen Renaissance. Die **Innenräume** des Museums wurden auf die Exponate abgestimmt, die sie aufzunehmen hatten: Es gibt ein romanisches Lapidarium, einen gotischen und einen italienischen Saal, einen barocken Saal und ein ludovizianisches Kabinett. Den Ruhm des Museums begründet vor allem die Krippensammlung, ein zweiter Sammlungsschwerpunkt sind Musikinstrumente.

Das **Reiterstandbild von Prinzregent Luitpold** vor dem Museum schuf 1901–1913 Adolf von Hildebrand.

Sammlung Schack 4

Prinzregentenstr. 9, www.pinakothek.de, s. S. 58

Die von Graf Adolf Friedrich von Schack, einem weltgewandten preußischen Staatsbeamten, angelegte Kollektion versammelt die Lieblingsbilder des 19. Jh., darunter Werke von Arnold Böcklin, Anselm von Feuerbach, Carl Spitzweg, Moritz von Schwind oder Franz von Lenbach. 1894 erbte Wilhelm II. die Sammlung. Der Kaiser gab 1907 bei Max Littmann eine Galerie in Auftrag, die mit der preußischen Gesandtschaft verbunden werden sollte. Der kalte Pracht atmende Bau fiel entsprechend repräsentativ aus.

Im Lehel

Das südlich der Prinzregentenstraße anschließende schmucke Wohnviertel

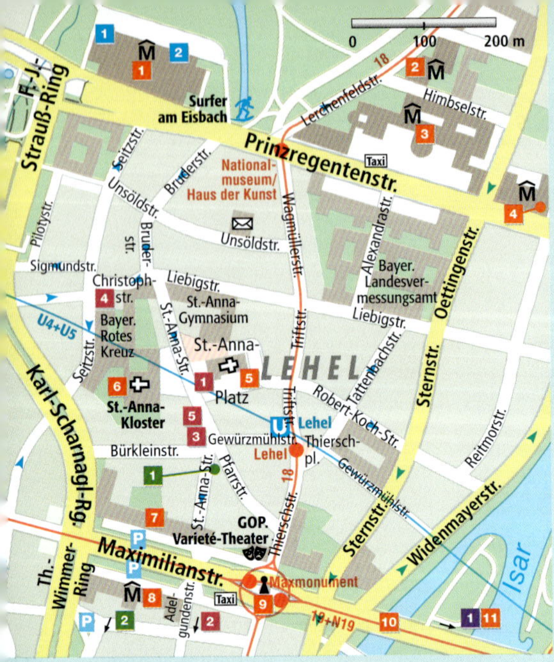

Lehel

6 St.-Anna-Klosterkirche
7 Regierung von Oberbayern
8 Museum Fünf Kontinente
9 Max-II.-Denkmal
10 Maximiliansbrücke
11 Maximilianeum

Essen & Trinken
1 Gandl
2 Nage & Sauge
3 Salotto
4 Seitz
5 La Stanza

Einkaufen
1 Kleina
2 Blue Tomato Shop

Aktiv
1 Maximiliansanlagen

Sehenswert
1 Haus der Kunst
2 Archäologische Staatssammlung
3 Bayerisches Nationalmuseum
4 Sammlung Schack
5 St.-Anna-Pfarrkirche

Abends & Nachts
1 P1
2 Goldene Bar

Lehel (gesprochen ›Lechl‹) scheint in einen Dornröschenschlaf gefallen – mitten in Münchens Zentrum. Der vor allem von der Gründerzeit geprägte Stadtteil genoss im ausgehenden 19. Jh. aufgrund seiner Nähe zu den repräsentativen Prachtstraßen große Popularität. Die Straßenzüge geben sich daher mehr oder weniger einheitlich im Stil des Historismus und buchstabieren alle Varianten der Neostile durch. Ursprünglich war das Lehel das Wohngebiet derer, denen man wegen ihrer Armut den Zuzug ins Stadtgebiet verweigert hatte. 1724 wurde es dem Burgfrieden einverleibt; damit ist das Lehel die älteste Münchner Vorstadt.

St.-Anna-Pfarrkirche 5

St.-Anna-Platz 5

Das Zentrum des Lehel bildet die bauchige St.-Anna-Pfarrkirche. Die dreischiffige Basilika spielt mit den Fassaden der Bürgerhäuser zu einem hübschen, gutbürgerlichen Platzensemble zusammen. Gabriel von Seidl schuf 1887 einen neoromanischen Kirchenbau, dessen Fassaden ein »abwechslungsreiches und stets malerisches Bild« bieten sollten. Dazu trägt auch der **Paradiesbrunnen** auf der Terrasse der Kirche bei. Während des Zweiten Weltkriegs wurde Sankt Anna stark zerstört, wie durch ein Wunder blieb jedoch die von Seidl konzipierte Innenausstattung in weiten Teilen erhalten.

St.-Anna-Klosterkirche 6

St.-Anna-Str. 19

Bedeutender als die Pfarrkirche ist die Klosterkirche St. Anna, einstiger Mittelpunkt eines Hieronymitaner-Klosters. Die Grundsteinlegung erfolgte 1727, der Bauauftrag erging an Johann Michael Fischer, dessen Gebäude für eine »milde Feierlichkeit des Gesamteindrucks« stehen. Fischer, der mit Sankt Anna die erste Rokokokirche in München und Umgebung schuf, legte den Kirchenraum in Form eines Längsovals an, in das der kreisrunde Chor integriert ist. Nur an den Seiten schwingen drei runde Kapellen aus der Grundform heraus. Die ursprüngliche, von Fischer konzipierte Rokokofassade wurde 1852/1853 durch eine neoromanische Zweiturmfassade ersetzt. Nach den Zerstörungen des Zweiten Weltkriegs versetzte man die Kirche aber wieder in ihren Originalzustand. Der prächtige, lichte, mit Stuckaturen ausgestattete Innenraum (s. auch Entdeckungstour S. 243) trägt die Handschriften der Brüder Asam und Johann Baptist Straubs; Letzterer schuf u. a. den Hochaltar. Die Fresken der Asam-Brüder nehmen Bezug auf das Patronat der Kirche und zeigen Szenen aus dem Leben der hl. Anna.

Unser Tipp

Himmlische Musik

In beiden **St.-Annen-Kirchen** 5 6 (s. S. 240) finden zahlreiche geistliche Konzerte statt. Robert Scheingraber, Organist und Chorleiter der Pfarrei, hat hier mit **Musica Sacra in Sankt Anna** eine Einrichtung geschaffen, die Musik nicht als Berieselung, sondern als Anregung zur Tiefe versteht. Klangmagie auf hohem Niveau: melodische Chorsätze, gregorianische Melismen und melodische Verzierungen – eine hoch expressive musikalische Sprache, die an religiöse Botschaften gebunden ist (Informationen/Programm: www.musica-sacra-muenchen.de).

Altstadtring bis Maximilianeum

Die Maximilianstraße nimmt hinter dem Altstadtring die ausladende Form einer Prachtstraße an, die sich mit dem überraschenden Wechsel von Gebäuden und Plätzen einem einheitlichen stilistischen Charakter entzieht. Gleich einem Boulevard weitet sie sich zum Forum, das zu beiden Seiten von vier, zwischen 1856 und 1868 entstandenen **Denkmälern** flankiert wird – vier Männer, die sich um Bayern verdient gemacht haben: der Initiator des Englischen Gartens, Graf Rumford, der Befehlshaber der Bayerischen Truppen, General Deroy, der Physiker Joseph von Fraunhofer und der Philosoph Friedrich von Schelling.

Der mehr als 170 m lange Bau der **Regierung von Oberbayern** 7 entstand zwischen 1856 und 1864 und ist mit der an englischer Kathedralgotik orientierter und mit einem Arkadengang versehener Fassade ein Musterbeispiel des Maximilianstils.

Museum Fünf Kontinente 8

Maximilianstr. 42, www.museum-fu enf-kontinente.de, s. S. 61

Das Staatliche Museum für Völkerkunde wurde 1858–65 von Eduard Riedel als ›Bayerisches Nationalmuseum‹ erbaut, wie die Figuren der acht Kardinaltugenden des Bayerischen Volkes an der Fassade sinnfällig machen. Den Grundstock der ▷ S. 244

Auf Entdeckungstour: Das Wohnzimmer des Lehel, der St.-Anna-Platz

Im Zentrum des Lehel liegt dieser ›Salon‹, in dem sich Tag für Tag andere, neue und immer die gleichen Geschichten abspielen. Die Straßencafés und Restaurants an diesem netten, unaufgeregten Platz sind stets gut besucht, Autos kommen nur selten vorbei, sodass man sich ganz wie zu Hause fühlen kann – nur eben unter vielen.

Zeit: je nach Lust und Laune

Klein, aber fein

Er macht nicht viel Aufhebens von sich, gehört aber zu Münchens schönsten Plätzen: der St.-Anna-Platz im Lehel. Weniger rund als oval dehnt er sich mitten im heute großbürgerlichen Stadtviertel am linken Isarufer aus. Einst lag hier der wenig attraktive Auwald, in den zu Beginn des 18. Jh. die Brüder eines Hieronymitaner-Klosters vorstießen, um eine Kirche zu gründen.

Ausgangspunkt für die Erkundung des Platzes ist die **St.-Anna-Pfarrkirche** 5, deren Treppen ein Treffpunk für die Schüler des benachbarten St.-Anna-Gymnasiums sind. Jeden Donnerstagnachmittag findet auf dem Platz vor der Kirche ein beliebter **Wochenmarkt** statt, auf dem Bauern aus Oberbayern Honig, frischen Ziegenkäse, Pilze, selbst gemachte

Marmeladen und Würste in allen Variationen und Formen anbieten. Glaubt man den Schlangen, die sich vor den Ökobratwurstständen bilden, schmeckt es nirgendwo besser …

Gegenüber der Pfarrkirche erhebt sich die **St.-Anna-Klosterkirche** 6, hinter deren schlichter Fassade man in einen Rausch aus Rokoko eintaucht. Abends finden in dem beglückenden, weil wundervoll mit Fresken und Engeln ausgestatteten Innenraum mitunter **Kammer- und Solokonzerte** statt; das Programm hängt immer bei der Pfarrkirche aus. In der Klosterkirche gibt es einen besonders schönen Engel am Kreuzaltar zu entdecken, den Egid Quirin Asam, der Bruder des Freskenmalers Cosmas Damian Asam, 1734 für die Kirche fertigte. Vielleicht springt ja ein Funke über, wenn einen der Engel von der Seite anblickt, die Hände vor der Brust vor Rührung überkreuzt.

Am St.-Anna-Platz erinnert eine **Gedenktafel** an den Schriftsteller **Lion Feuchtwanger,** der hier als Sohn einer jüdischen Fabrikantenfamilie aufgewachsen ist und das nahe Wilhelms-Gymnasium besuchte, wo er 1903 Abitur machte. 1930 ging der Schriftsteller wegen verstärkter reaktionärer Umtriebe in München nach Berlin; 1933 emigrierte Feuchtwanger infolge Hitlers Machtergreifung in die USA. In seinem Rom »Erfolg« rechnete er gründlich mit der unheimlichen Gemütlichkeit seiner Heimatstadt ab, in die er Zeit seines Lebens nie mehr zurückkehrte.

Zurücklehnen im Salon

Italienisch geht es weiter in der Mitte des Platzes zu. Das Restaurant **La Stanza** 5, zu Deutsch: das Zimmer, öffnet schon morgens um acht, sodass man den Tag mit einem Cappuccino und einer Brioche an der Bar beginnen kann. Gleich nebenan liegt der **Salotto** 3, der ›Salon‹, wo es eine der besten Münchner Pizzen aus dem Holzofen gibt. Bei schönem Wetter kann man draußen sitzen und die herrliche Platzatmosphäre genießen, die tatsächlich an einen Salon erinnert, in dem alle zusammenkommen.

Gegenüber dem La Stanza liegt eine der Münchner In-Locations, das **Gandl** 1. Der Innenraum erinnert ein wenig an einen Kolonialwarenladen, hier werden Weine, feinste Öle und andere Delikatessen verkauft. Dazwischen Tische und Stühle und ein großes Angebot an Zeitschriften und Hochglanzmagazinen. Bei schönem Wetter kann man sich in Korbsesseln vor der Tür zurücklehnen und das Treiben auf dem Platz beobachten. Gleich nebenan liegt die kleine **Eisdiele** des Gandl, die überwiegend das berühmte Sarcletti-Eis verkauft und ein großer Anziehungspunkt am Platz ist – wie eigentlich alles andere auch.

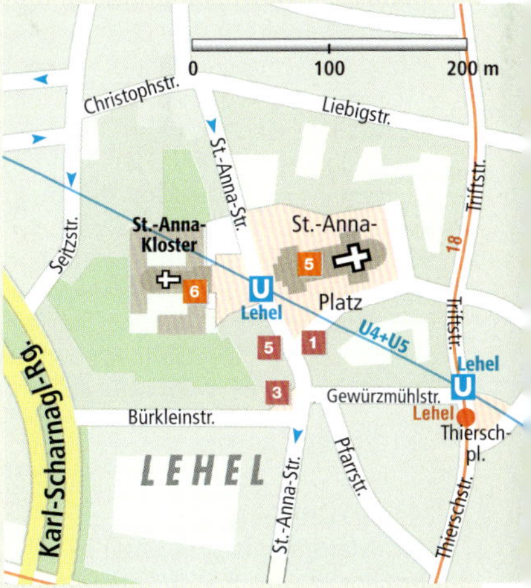

Äußerst stilvoller Rahmen für den Bayerischen Landtag: das Maximilianeum

völkerkundlichen Sammlungen, die 1925 einzogen, legte Ludwig I. Vermehrt wurden sie durch den Nachlass der reiselustigen Therese von Bayern (1850–1925), der einzigen Tochter des Prinzregenten Luitpold. Als weibliches Pendant zu Alexander von Humboldt unternahm sie Reisen u. a. an den Amazonas, nach Nordamerika und Afrika. Heute birgt das Museum eine der größten ethnografischen Sammlungen Deutschlands. Die Dauerausstellung zeigt Kunst und Kultur aus Süd- und Nordamerika, Afrika und Asien.

Max-II.-Denkmal 9 und Maximiliansbrücke 10

Vom kreisrunden Platz kurz vor der Isar blickt der Gründer der Maximilianstraße auf sein Werk. Das überlebensgroße **Bronzedenkmal von Max II.** schuf Kaspar von Zumbusch 1865. Maximilian ist umgeben von den vier personifizierten Herrschertugenden und Wappen der vier bayerischen Stämme Bayern, Schwaben, Rheinpfalz und Franken. Die 1904–1906 von Friedrich Wilhelm von Thiersch erneuerte **Maximiliansbrücke** verlängert die Straße über die Isar. Für Münchner Brücken ungewöhnlich ist die Jugendstilbalustrade mit floralen Motiven, die von einer Standfigur der griechischen Göttin Pallas Athene (1906) überragt wird.

Maximilianeum 11

Max-Planck-Str. 1

Im Bau des Maximilianeums findet nicht allein die Maximilianstraße ihren krönenden Abschluss, sondern auch Maximilians Idee eines Nationalbaus. Von vornherein als eine die Stadt überragende ›Akropolis‹ geplant, war das 1857–1874 nach Plänen von Friedrich Bürklein errichtete, breitgelagerte Bauwerk außerdem Athenäum, also eine Bildungs- und Eliteanstalt für bayerische Landeskinder. Die Studienstiftung mit freier Kost und Logis ist noch heute in den Gebäuden, die hinter dem Neo-Renaissancebau mit der terrakottenverblendeten Fassade liegen, ansässig. Einer der bekanntesten Maximilianeer war der Einser-Abiturient und spätere Ministerpräsident Franz Josef Strauß. Erst 1980 wurden schließlich auch Frauen zur ›Elite‹ zugelassen.

1949 zogen die Abgeordneten des Bayerischen Landtags ins Maximilianeum, das für die neue Nutzung um Flügelbauten erweitert wurde. Bis heute dauern die Raumprobleme an und gipfeln regelmäßig in Streitigkeiten über die Veränderung des historischen Baus und damit des Gesamtkunstwerks Maximilianstraße.

Die 30 ha großen **Maximiliansanlagen** 1 (s. S. 251) mit schönem altem Baumbestand in den Isarauen nördlich und südlich des Maximilianeums, eine heute nicht mehr aus dem Stadtbild wegzudenkende Ruhe- und Erholungsstätte in Zentrumsnähe, gestaltete Carl Effner.

Essen & Trinken

Stilvolle Institution – **Gandl** 1: St.-Anna-Platz 1, Tel. 089 29 16 25, www.gandl.de, Mo–Sa 9.30–1 Uhr. Der Tag kann hier mit Frühstück beginnen (ab 4 €), Gerichte mittags und abends 10–26 €, mit Eisdiele Delino; s. S. 243.

Bunt – **Nage & Sauge** 2: Mariannenstr. 2, Tel. 089 29 88 03, tgl. 17.15–1 Uhr, Gerichte 9–16 €. Salate und Focaccia stehen auf dem Speiseplan, immer voll, da bei den Besuchern der nahen Kammerspiele äußerst beliebt.

Bella Italia – **Salotto** 3: St.-Anna-Str. 11, Tel. 089 20 00 15 46, www.salotto.de, Mo–Sa 11–1 Uhr, Gerichte 7–20 €. Pizza, köstliche Salate; s. S. 243.

Sehr urban – **Seitz** 4: Seitzstr. 12, Tel. 089 23 23 26 49, www.trattoria-seitz.eu, Mo–Fr 11.30–23 Uhr, Sa, So 18–23 Uhr, Fleisch und Fisch 19–25 €. Hinter der großen Glasfront wird feinste venezianische Küche serviert. Schickes, urbanes Publikum auf schwarzen Lederbänken und -sesseln.

Molto italiano – **La Stanza** 5: St.-Anna-Str. 13, Tel. 089 25 54 23 93, www.la-stanza.de, Mo– Sa 8–1, So 10–1 Uhr, Gerichte 7–22 €. Wöchentlich wechselnde Karte, auch feine Pastagerichte; s. S. 243.

Einkaufen

Ungewöhnlicher Schmuck – **Kleina** 1: s. S. 43

Kult for Youngsters – **Blue Tomato Shop** 2: Thomas-Wimmer-Ring 14, Tel. 089 255 59 46 10, www.blue-tomato.com, Mo–Fr 11–19.30, Sa 10–20 Uhr. Durchgestylter Laden rund ums Skaten, Surfen und Snowboarden.

Aktiv

Kunstvolle Parklandschaft – **Maximiliansanlagen** 1: s. S. 251.

Abends & Nachts

Königin der Discos – **P1** 1: s. S. 48, 238.

Mondän – **Goldene Bar** 2: Prinzregentenstr. 1, Tel. 089 54 80 47 77, www.goldenebar.de, Mo–Sa 10–2, So 10–20 Uhr. Eine der schönsten Bars in München, sehr schönes Ambiente, gute Drinks; s. S. 239.

Bogenhausen und Haidhausen

Auf Entdeckungstour

Mit der 16er- und 19er-Tram durch die Stadt: Mit den Straßenbahnlinien 16 und 19 kann man einige der schönsten Straßenzüge in Bogen- und Haidhausen abfahren und eine umfassende Besichtigungstour bis zum Westend am anderen Ende der Stadt unternehmen. S. 252

Kultur & Sehenswertes

Villa Stuck: Die Jahrhundertwende, kondensiert in Architektur, pompös, sinnlich, schwer. Das ist der Rahmen für hochkarätige, wechselnde Kunstausstellungen. 2 S. 59, 249

Sammlung Goetz: Eine der besten deutschen Privatsammlungen mit bewegten Bildern in einem architektonisch anspruchvollen Bau von Herzog & de Meuron. 7 S. 58, 254

Aktiv unterwegs

Müllersches Volksbad: In heißen Dämpfen die Formen des Jugendstils genießen und sich aufwärmen für frostige Wintertage. 11 S. 257

Radtour rechts der Isar: Die Stadt links liegen lässt dieser Ausflug ins Grüne – über das Hochufer der Isar durch die Maximiliansanlagen bis zum Englischen Garten. S. 258

Genießen & Atmosphäre

Sonnenuntergang am Friedensengel: Beim Blick über die Prinzregentenstraße kann man klassisch einen München-Tag ausklingen lassen. 1 S. 248

Café Wiener Platz: Das Café gegenüber dem kleinen Markt auf dem Wiener Platz ist eine Haidhausener Institution. 4 S. 254, 260

Abends & Nachts

Johannis Café: Man trifft sich gerne auf einen Eierlikör in ›Omas guter Stube‹ am Johannisplatz. 4 S. 255, 261

Gasteig: In Münchens Kulturzentrum finden Konzerte der Philharmoniker statt, Vorträge, Filmvorführungen und Lesungen. 3 S. 255

Am Isarhochufer

Bogenhausen

Bogenhausen gehört zu den Vierteln, die im 19. Jh. groß in Mode gekommen sind. In München, das in der Prinzregentenzeit auf eine Einwohnerzahl von einer stolzen halben Million angewachsen war, war es laut und eng geworden. Daher bevorzugte die Hautevolee nun höher gelegene Orte wie eben Bogenhausen am Isarhochufer, das in nur wenigen Jahren vom Dorf zum Nobelvorort prosperierte.

Dabei ist es bis heute geblieben, die Grundstücks- und Mietpreise sind entsprechend hoch, sodass man nur wenige Geschäfte und Cafés findet. Dafür ist das Villenaufkommen in diesem Stadtteil besonders hoch. Der alte Ortskern Bogenhausens liegt am gleichnamigen Kirchplatz mit der Pfarrkirche St. Georg.

Friedensengel 1

Den Auftakt des Viertels bildet der Friedensengel, ein markanter Blickfang an der **Prinzregentenstraße,** die die Architektur beidseitig umläuft. Die terrassierte Gartenanlage mit Fontänen wurde 1896 zum 25. Jahrestag des Sieges über die Franzosen nach Plänen des königlichen Hofgartendirektors Jakob Möhl errichtet. Eine prächtige doppelte Freitreppe lenkt den Blick auf eine kleine tempelartige Halle, die mit Mosaiken geschmückt ist. Sie stellen Allegorien von Krieg, Sieg, Frieden und dem Segen der Kultur dar; die

Infobox

Reisekarte: ▶ T–W 10–16

Ausgangspunkt und Verkehrsmittel

Startpunkt ist der Friedensengel am Isarhochufer. Von hier aus lässt sich in einer ersten Tour Bogenhausen erkunden, ein Schöner-Wohnen-Stadtteil, in den sich seit jeher Münchens illustre Gesellschaft zurückgezogen hat – zum Beispiel in eine der Villen in der Maria-Theresia-Straße. Man kann das Stadtviertel problemlos zu Fuß erkunden bis zum Herkomerplatz, von dem aus man mit dem Bus 188 zur Sammlung Goetz in einem Bau von Herzog & de Meuron in der Oberföhringer Straße kommt. Eine zweite Tour führt nach Haidhausen, ein Viertel für Bummler und Flaneure. Wer lieber die Trambahn nimmt, kann in die Linie 16 steigen, die die beiden Stadtteile am Isarhochufer verbindet.

Am Abend noch nichts vor?

Im Gasteig finden Ausstellungen, Vorträge, Konzerte und Filmvorführungen statt – ein reiches Angebot, das man sich nicht entgehen lassen sollte. Das Programm kann man aus der Tagespresse entnehmen oder an den Tageskassen vor Ort nachfragen (www.gasteig.de). Auch die benachbarte Muffathalle wird als Kulturzentrum genutzt, hier finden Lesungen, Tanzvorstellungen und Konzerte statt (das Programm ist abrufbar unter www.muffathalle.de).

Medaillons an den Eckpfeilern zeigen die Herrscher der Wittelsbacher und berühmte Generäle sowie die Taten des Herakles. Über dem quadratischen Unterbau ragt eine hohe korinthische Säule in den Himmel, auf der der goldene Friedensengel zum Flug über die Stadt anzusetzen scheint.

Villa Stuck 2

Prinzregentenstr. 60, www.villastuck.de, s. S. 59

Die Villa Stuck ist die Antwort des Malers Franz von Stuck auf die **Lenbachsche Malervilla** (s. S. 198). In exponierter Lage an der Prinzregentenstraße ließ sich Stuck 1897 einen neoklassizistischen kubischen Bau errichten, den er selbst projektiert hatte. 1913/1914 wurde im Osten der Villa ein Atelier angefügt, von dem ein Verbindungstrakt zum Haupthaus führt. Die Hauptfassade der Villa wird von einem Portikus akzentuiert, vor dem eine bronzene Amazone für Exotik sorgt; es handelt sich dabei um eine Plastik des Künstlers. In den Innenräumen seiner Villa, in der heute wechselnde Ausstellungen stattfinden, schuf sich Franz von Stuck eine schwüle, bis in die Details vor Pomp strotzende Eigenwelt, die auf das Selbstverständnis des Künstlers als eine Art Halbgott schließen lässt.

Während des Krieges wurde die Villa stark beschädigt, man baute sie jedoch originalgetreu wieder auf. Seit der im Jahr 2003 abgeschlossenen Generalrenovierung des Hauses sind alle Privatgemächer des Malerfürsten ebenso wie der schöne Garten mit einer Fülle von Statuen zugänglich.

Feinkost Käfer 3

Prinzregentenstr. 73

Kunst-und Geldadel mischen sich bei dieser Edeladresse, deren Fassade ab dem Frühjahr Kaskaden roter Geranien schmücken. Am Samstagvormittag steht der betuchtere Teil der Münchner hier artig Schlange für Prosciutto, Pastetchen, hausgemachte Ravioli und Happen in Aspik.

Prinzregententheater 9

Prinzregentenplatz 12, www.prinzregententheater.de, s. S. 50

Bevor sich die Prinzregentenstraße in eine grau-fade Ausfallstraße verwandelt, weitet sie sich noch einmal zu einem prächtigen, jedoch sehr verkehrsreichen Platz, dem **Prinzregentenplatz.** Den vornehmen, von Bäumen bestandenen Platz prägt das Prinzregententheater, das 1900/1901 nach Plänen von Max Littmann in einem Stilmix aus Neoklassizismus und Jugendstil entstand. Um die Wende zum 20. Jh. herrschte hier im Osten der Stadt noch weitestgehend Ödnis, das Theater sollte ein architektonisches Zeichen setzen. Ursprünglich hatte Ludwig II. den Architekten Gottfried Semper beauftragt, in den nahen Isarauen ein Richard-Wagner-Festspielhaus zu errichten, doch der König kam ums Leben, bevor der Grundstein gelegt war. Littmann baute schließlich ein Richard-Wagner-Theater, das sicher bescheidener ausfiel, dessen Zuschauerraum aber ganz im Sinne Ludwigs das Bayreuther Vorbild kopiert.

Heute dient das Prinzregententheater nicht nur als Aufführungsort von Wagner-Opern, sondern als Schauspielhaus. Seit 1993 hat ferner die Bayerische Theaterakademie hier ihren Sitz, an der Schauspiel, Regie, Dramaturgie, Theater- und Filmkritik gelehrt werden. Neben dem Theater erinnert ein **Standbild** an Richard Wagner.

Im **Haus Nr. 16,** in dem heute eine Polizeiwache untergebracht ist, hatte Hitler seine Münchner Wohnung,

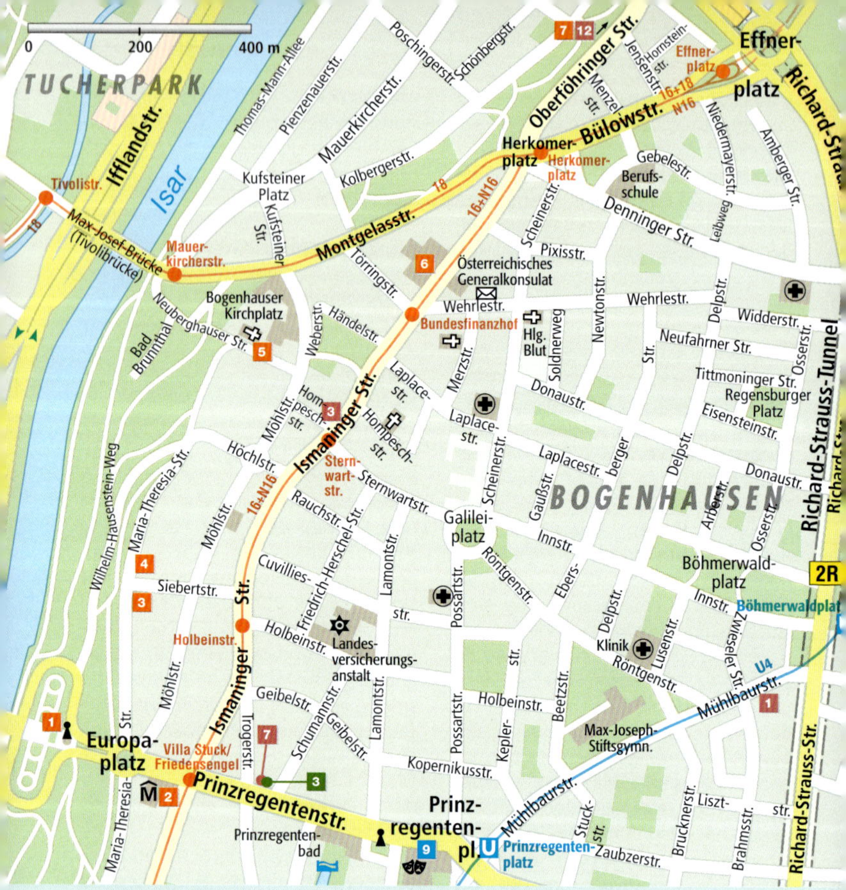

Bogenhausen

Sehenswert

1 Friedensengel
2 Villa Stuck
3 Hildebrand-Haus
4 Villa Bechtolsheim
5 St. Georg
6 Künstlerhaus Fleischer/ Bundesfinanzhof
7 Sammlung Goetz
8 – 12 s. Cityplan S. 256

Essen & Trinken

1 Aquarello
2 s. Cityplan S. 256
3 Bogenhauser Hof
4 – 6 s. Cityplan S. 256
7 Käfer Schänke
8 – 11 s. Cityplan S. 256
12 St. Emmeramsmühle

Einkaufen

1 – 2 s. Cityplan S. 256
3 Feinkost Käfer

Aktiv

1 s. Cityplan S. 256

Abends & Nachts

1 – 8 s. Cityplan S. 256
9 Prinzregententheater
10 s. Cityplan S. 256

im Keller ist der eichenholzvertäfelte Luftschutzbunker erhalten.

Maximiliansanlagen

Die nach der Kaiserin von Österreich benannte **Maria-Theresia-Straße** gehört zu Münchens schönsten Prospekten. Sie verläuft direkt am Rande der Maximiliansanlagen, einem breiten Parkstreifen zwischen Isar und Hochufer, der zum Fahrrad fahren, Spielen, Picknicken oder Ausruhen einlädt. Ein besonders schöner Sonnenplatz liegt kurz hinter der Kirche St. Georg. Im Winter ist hier eine beliebte Schlittenwiese.

Hildebrand-Haus 3

Maria-Theresia-Str. 23, Mo–Mi 9–17, Do 10–19, Fr 9–15 Uhr

Die privilegierte Lage der Straße lockte Villenbauherren. Das Hildebrand-Haus gehört zum Reigen der Münchner Künstlerhäuser. Adolf von Hildebrand – München verdankt ihm den Wittelsbacher Brunnen – gab 1897 bei Gabriel von Seidl eine Villa in Auftrag, die er selbst konzipiert hatte. Im Vergleich zu den Residenzen der anderen Münchner Künstler fiel das Hildebrand-Haus geradezu bescheiden aus; dem Bildhauer war es offenbar weniger an Prachtentfaltung gelegen als an großbürgerlichem Wohnen. In dem süddeutsch inspirierten Haus mit Treppenturm und Mansarden hat heute die Monacensia-Sammlung ihren Sitz, eine Abteilung der Münchner Stadtbibliothek, die das Literaturarchiv, darunter den Nachlass von Frank Wedekind und Klaus Mann, sowie die München-Bibliothek betreut.

Villa Bechtolsheim 4

Maria-Theresia-Str. 27

Die Villa Bechtolsheim, ein Bau von Martin Dülfer, fällt durch ihren Rundturm auf, an dem sich Ornamente ranken – sie gehören zu den ersten Formen des Jugendstils in München und gehen auf einen Entwurf Richard Riemerschmids zurück.

St. Georg 5

Am **Bogenhauser Kirchplatz,** dem alten Dorfplatz, liegt mit St. Georg eine mittelalterliche Gründung. Die kleine, von einem hohen Turm überragte Kirche weist noch romanische und spätgotische Bauteile (Chor) auf, wurde im 18. Jh. jedoch unter dem Eindruck des Rokoko grundlegend umgedeutet.

Bemerkenswert ist die **Ausstattung des Innenraums,** zu der ein Hochaltar von Johann Baptist Straub gehört, der mit einer Figur des hl. Georg hoch zu Ross sowie mit den Figuren des hl. Donatus und der hl. Irene geschmückt ist. Die Kanzel sowie der rechte Seitenaltar tragen hingegen die Handschrift Ignaz Günthers, ebenfalls ein bedeutender Künstler des 18. Jh. Die Deckengemälde nehmen Bezug auf das Patrozinium der Kirche und stellen Szenen aus dem Leben des hl. Georg dar.

Der kleine **Kirchhof** wurde vielen berühmten Münchnern zur letzten Ruhestätte. Hier findet man u. a. die Gräber von Liesl Karlstadt, der Partnerin Karl Valentins, von Erich Kästner, den Schauspielern Walter Sedlmayr, Rudolf und Peter Vogel sowie von Rainer Werner Fassbinder.

Künstlerhaus Fleischer 6

Ismaninger Str. 109

Das monumentale Künstlerhaus Fleischer dient heute dem **Bundesfinanzhof** als Verwaltungsbau. Ernst Philipp Fleischer, ein drittklassiger Maler groß angelegter Panoramen, wollte sich ein ebenso groß angelegtes Domizil errichten lassen, über- ▷ S. 254

Auf Entdeckungstour: Mit der 16er- und 19er-Tram durch die Stadt

Die Trambahnlinie 16 fährt durch Bogen- und Haidhausen und erschließt auf ihrem Weg vom Herkomer Platz bis zum Hauptbahnhof einige der schönsten Münchner Straßenzüge. Mit der Linie 19 erkundet man Haidhausen, die Maximilianstraße und einen Teil der Innenstadt.

Zeit: etwa 40 Min. für eine Strecke
Karte: s. S. 250, 256
Planung: Ausgangspunkt für die Trambahnfahrt mit der 16er ist der Herkomerplatz in Bogenhausen. Die 19er kann man ab dem Ostbahnhof nehmen oder für den Rückweg vom Hauptbahnhof wieder nach Haidhausen. Wer mit einer Streifenkarte fährt, muss pro Person und Fahrt zwei Streifen abstempeln, Kinder brauchen nur einen. Die Familientageskarte umfasst bis zu sechs Personen.

Auf Tramtour am Isarhochufer

Vom Herkomerplatz biegt die 16er gleich in die Ismaningerstraße ein, wo sich auf der rechten Seite das **Künstlerhaus Fleischer** 6 in den Blick schiebt, in der heute der Bundesfinanzhof seinen Sitz hat. Es folgen die großbürgerlichen Fassaden Bogenhausens; besonders schöne Häuserprospekte tun sich etwa in der Holbeinstraße auf. Nach Überquerung der Prinzregentenstraße, wo man einen Blick auf den **Friedensengel** 1 erhaschen kann, folgt auf der rechten Seite die **Villa Stuck** 2, die sich von außen recht bescheiden ausnimmt.

Am **Max-Weber Platz** ist Haidhausen erreicht. Das Viertel zeigt sich ungleich urbaner, kleine Läden und Cafés begleiten fortan die Tour. Am **Wiener Platz** fährt man zwischen dem **Café Wiener Platz** 4 auf der linken und dem Markt auf der rechten Straßenseite vorbei. Die Tram hält hier, wer eine kleine Pause einlegen möchte, kann aussteigen. Die Innere Wiener Straße führt geradewegs auf den **Gasteig** 3 zu, der auf der linken Seite liegt. Auf der rechten Seite sieht man nach einer kurzen Abwärtsfahrt das **Müllersche Volksbad** 11 und die Isar, linker Hand liegt das **Deutsche Museum** (s. S. 177, 178), wo die Tram auch hält. Bevor die Linie in die Rumfordstraße abbiegt, kann man noch einen schnellen Blick auf das **Isartor** erheischen.

Das **Gärtnerplatzviertel** (s. S. 177) durchzuckelt die Tram auf engen Straßen, und immer wieder kommt es hier zu Verspätungen, weil ein Auto zu weit vom Gehsteig entfernt geparkt hat oder der Seitenspiegel nicht eingeklappt ist. Vorwärtskommen ist hier mitunter Millimetersache. Auch in der Tram erschließt sich einem die Lebendigkeit und große Urbanität des Viertels. Ab dem Reichenbachplatz sieht man rechts und links Läden, kleine Theater, Klubs, Cafés, Yogastudios. Dann ist das **Sendlinger Tor** (s. S. 146) erreicht, wo immer viel Bewegung ist beim Ein- und Aussteigen. Entlang der Sonnenstraße geht es weiter bis zum **Hauptbahnhof,** auf dessen Ostseite die 16er-Tram hält.

Haidhausen auf Schienen

Die Linie 19 fährt vom Ostbahnhof durch schönstes Haidhausen. Zunächst geht es die **Wörthstraße** hinunter, eine Straße, die mit ihrem schönen Baumbestand stets an Paris erinnert. Nach einer Rechtskurve schlängelt sich die Straßenbahn weiter durch enge Straßenzüge bis zur **Johanniskirche** 8 und schließlich auf den **Max-Weber-Platz**. Dann geht es bergab durch die **Maximiliansanlagen,** linker Hand liegt das **Maximilianeum** (s. S. 244). Ein besonders schöner Blick öffnet sich anschließend über die Isar und ihre Brücken.

Weiter geht die Fahrt durch die **Maximilianstraße** (s. S. 157), die sich im zweiten Abschnitt nach dem Altstadtring verdichtet und mit Luxusboutiquen, Cafés und Restaurants aufwartet. Linker Hand liegen die **Kammerspiele** (s. S. 159), etwas später sieht man auf der rechten Seite das **Nationaltheater** (s. S. 155), die Oper.

Ab dieser Haltestelle schlängelt sich die Tram mit viel Gebimmel durch die Fußgängerzone. An den **Fünf Höfen** (s. S. 166) vorbei kommt man auf den **Promenadeplatz,** wo das Aluminiumstandbild von Max Joseph Graf von Montgelas grüßt. Rechter Hand liegt der **Bayerische Hof** (s. S. 169). Am Lenbachplatz sieht man links das ockerfarbene **Künstlerhaus** (s. S. 170), eine Art Vereinshaus für Künstler. Über den **Stachus** geht es dann weiter bis zum Hauptbahnhof – Endstation für uns!

nahm sich aber mit den Kosten für sein neobarockes Monumentalschloss und musste zu Beginn der 1920er-Jahre Bankrott anmelden. Das Deutsche Reich finanzierte die Fertigstellung bis 1923.

Sammlung Goetz 7

Oberföhringer Str. 103, www.sammlung-goetz.de, s. S. 58
Eines der spektakulärsten Kunsthäuser steuerte Ingvild Goetz der Münchner Architekturszene 1992 bei. Die Sammlerin und Mäzenatin zeitgenössischer Kunst ließ von den Schweizer Architekten Herzog & de Meuron einen dreigeschossigen Quader errichten, der als Ausstellungsraum der Sammlung Goetz dient. Die Architektur der Kunstgalerie setzt in ihrer Strenge ganz auf Formendiät und stellt allein schon deshalb einen Solitär in München dar. Die **Sammlung** setzt vor allem auf bewegte Bilder und zeitgenössische amerikanische Kunst, darunter Mike Kelly, Matthew Barney, Nan Goldin, Diane Arbus, Richard Prince oder Francis Alys. Die Werke der Kunstkollektion werden der Öffentlichkeit in wechselnden Ausstellungen zugänglich gemacht.

Haidhausen

Haidhausen kam in den 1970er-Jahren in Mode. Bis heute hat sich der Stadtteil eine alternative Szene bewahrt, nur dass die ehemaligen WG-Bewohner jetzt als *nouveaux riches* die schicken Altbauwohnungen bezogen haben, die Bioläden nicht mehr als Kooperative geführt werden und der subversive Philosoph edle Weine verkauft. Haidhausen hat aber auch seinen dörflichen Charakter an vielen Stellen bewahrt. Besonders anschaulich werden die Ursprünge **An der Kreppe** und am **Wiener Platz,** wo man kleine ›Hutzelhäuschen‹ findet. Im 17. Jh. entstanden für die unteren sozialen Schichten sogenannte Herbergen. Ihr Bau wurde vom Adel gefördert, denn so konnten landwirtschaftlich unbrauchbare Grundstücke etwa an steilen Hängen oder in hochwassergefährdeten Gebieten auch noch an den Mann gebracht werden. In diesen schlichten Behausungen, die heute geradezu idyllisch anmuten, lebten Wäscherinnen, Maurer, Ziegelarbeiter, Holzknechte. Die Verhältnisse waren mehr als erbärmlich: Es war dunkel, eng und feucht. Heute haben vor allem Kunsthandwerker diesen Häusern wieder Leben eingehaucht und hier ihre Werkstätten eingerichtet.

Wiener Platz

Am Wiener Platz, dem ›Bauch von Haidhausen‹, gibt es einige kleine Markthäuschen, in denen Blumen, Milchprodukte, Obst und Gemüse verkauft werden. Gegenüber kann man im **Café Wiener Platz** 4 das bunte Treiben beobachten. Hier kann man in ausgesprochen lockerer Atmosphäre die unschlagbare Mischung aus Urbanität und Dörflichkeit einsaugen und genießen.

Johanniskirche 8

Kirchenstr. 37
Hinter dem Wiener Platz wurde Mitte des 19. Jh. die Pfarrkirche St. Johann Baptist ins Weichbild des Viertels geklotzt, eine riesige Backsteinkirche, die in dieser Gegend wie ein Fremdkörper wirkt. Die Architektur der von Matthias Berger errichteten Kirche orientiert sich an der Gotik, die in der ersten Hälfte des 19. Jh. in Süddeutschland groß in Mode kam. Im Falle der Johanniskirche, wie sie die Anwohner nennen, hat man es allerdings mit

Lange Nacht der Musik im Gasteig

einem bloßen Zitat ohne bindende Kraft zu tun. Gegenüber der Kirche liegt das **Johannis Café** 4, eines der wenigen Münchner Cafés, in denen sich in den letzten 50 Jahren nichts geändert hat. Das Publikum fällt dementsprechend aus: Alteingesessene Stammgäste, denen das Café das Wohnzimmer ersetzt, mischen sich mit Szenevolk, das auf die letzten ästhetischen Abenteuer aus ist.

Wörthstraße und Umgebung

Die nahe Wörthstraße erinnert mit ihren ausladenden Baumkronen und den Häusern aus der Gründerzeit an Paris, sie gibt sich multikulturell, die kurdische Taverna liegt gegenüber dem indischen Restaurant, der hippe bayerische Sushi-Laden neben dem volkstümlichen Wirtshaus, dazwischen mischen sich Läden.

Die in rechtem Winkel angelegten Straßen östlich der Wörthstraße tragen alle französische Straßennamen und erinnern an den Krieg gegen das Nachbarland von 1870/1871. In der Lothringerstraße findet man die städtische **Galerie Lothringer 13** 9, die zeitgenössische Künstler präsentiert und das Archiv für Videokunst betreut (www.lothringer-dreizehn.com, Öffnungszeiten je nach Ausstellung).

In der benachbarten **Konditorei Bäckerei Obori** 10 zelebriert eine Japanerin feinste französische Patisseriekunst.

Gasteig 3

Rosenheimer Str. 5, www.gasteig.de; *s. S. 50*

Über die architektonische Ausstrahlung des Münchner Kulturzentrums Gasteig kann man geteilter Meinung

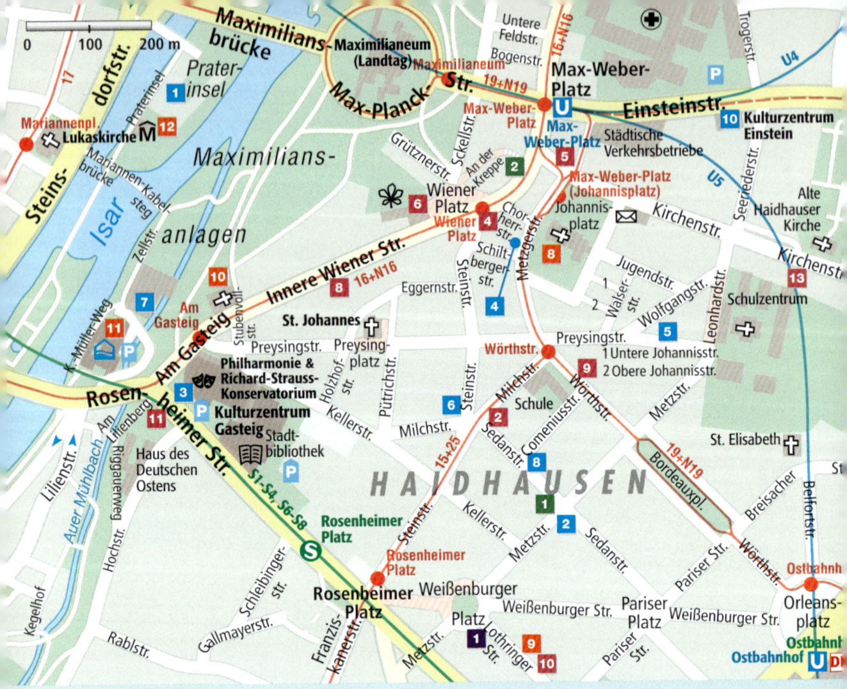

Haidhausen

Sehenswert
- 1 – 7 s. Cityplan S. 250
- 8 Johanniskirche
- 9 Galerie Lothringer 13
- 10 Nikolaikirche
- 11 Müllersches Volksbad mit Café Stöhr
- 12 Alpines Museum

Essen & Trinken
- 1 s. Cityplan S. 250
- 2 Belvivere
- 3 s. Cityplan S. 250
- 4 Café Wiener Platz
- 5 Le Faubourg
- 6 Hofbräukeller
- 7 s. Cityplan S. 250
- 8 MUN Restaurant
- 9 No Mi Ya
- 10 Konditorei Bäckerei Obori
- 11 True & 12
- 12 s. Cityplan S. 250
- 13 Il Padrino

Einkaufen
- 1 Doppler
- 2 Engel & Bengel
- 3 s. Cityplan S. 250

Aktiv
- 1 Float

Abends & Nachts
- 1 Aktionsforum Praterinsel
- 2 Café Fortuna
- 3 Gasteig (Philharmonie)
- 4 Johannis Café
- 5 Zum Kloster
- 6 Maria Passagne
- 7 Muffathalle
- 8 Negroni
- 9 s. Cityplan S. 250
- 10 Unterfahrt

sein, über seine Rolle und Funktion für das Kulturleben in München nicht. Der riesige Ziegelbau mit den großen gläsernen Fronten beherbergt die Münchner Philharmonie auf, das Richard-Strauss-Konservatorium, die Münchner Stadtbibliothek sowie die Zentrale der Volkshochschule. Ferner bietet er Tagungsräume und Vortragssäle.

Die Architektur des kolossartigen Baus, an dessen Konzeption mehrere Verantwortliche mitgewirkt haben, schiebt sich an dieser exponierten Stelle selbstsüchtig in den Vordergrund und zieht alle Blicke auf sich. Doch das, was man dann sieht, fällt nicht gerade ansprechend aus. »Kulturvollzugsanstalt« hatte einmal jemand auf die Mauer geschrieben.

Eine bescheidene **Bodenplatte** erinnert an das heldenhafte Attentat von Georg Elser im Jahr 1939 auf Adolf Hitler: An dieser Stelle stand bis Ende des Zweiten Weltkriegs der Bürgerbräukeller, in dem Hitler 1923 die ›Nationale Revolution‹ ausgerufen hatte. Jedes Jahr hielt der Diktator eine Gedenkrede zum Putsch. Elser hatte eine Zeitbombe installiert, doch Hitler verließ den Raum wenige Minuten vor der Detonation.

Die **elliptische blaue Scheibe** vor dem Gasteig ist eine Arbeit des Künstlers Rupprecht Geiger; der **Musikbrunnen** entsprang der Fantasie des Münchner Künstlers Albert Hien.

Nikolaikirche 10

Innere Wiener Straße

Gegenüber dem Gasteig steht die kleine Nikolaikirche, die im 14. Jh. errichtet, im Jahr 1660 aber barock umgedeutet wurde. Zu dieser Zeit entstand nebenan auch die **Loreto-Wallfahrtskirche,** die die beschwerliche Pilgerreise ins italienische Loreto zur Casa Santa ersetzte.

Muffathalle 7

Zellstr. 4, www.muffathalle.de;
s. S. 47

Geht man den Gasteig, den ›gachen Steig‹, was ins Hochdeutsche übertragen ›steiler Weg‹ bedeutet, hinunter, gelangt man zur Muffathalle. Der im Jahr 1992 zur Kulturhalle umfunktionierte Zweckbau aus dem ausgehenden 19. Jh. diente ursprünglich als Brunnhaus für die Wasserversorgung der Stadt. Mit der Eröffnung der Wasserleitung aus dem Mangfalltal wurde der Bau 1839 zum Kraftwerk ausgebaut. Bei dem neuesten Umbau versuchte man weitgehend den industriellen Charakter zu erhalten, immerhin handelt es sich dabei in München ja um eine Seltenheit. So gelangt man hier denn auch an einen ganz besonderen Ort, der vom Wasserrauschen erfüllt ist und abends sehr stimmungsvoll sein kann.

Seit ihrer Eröffnung ist die Muffathalle ein fester Bestandteil der Münchner Kulturszene, hier finden Konzerte, Theater, Festivals und Diskussionsrunden statt, und an vielen Abenden kommt man einfach nur zum Tanzen oder auf einen Drink im **Café.**

Müllersches Volksbad 11

Rosenheimer Str. 1, Bäder-Hotline 01801 79 62 23, Mo–So 7.30–23 Uhr

Das Müllersche Volksbad war das erste öffentliche Hallenbad der Stadt. Der Bau, ein zeittypisches Potpourri, in dem süddeutscher Barock mit maurischen Elementen sowie Jugendstil und klassische Antike gelungen miteinander korrespondieren, entstand 1897 nach den Plänen von Karl Hocheder.

Bei den Münchnern ist das honiggelbe Bad vor allem als Dampfbad und Sauna beliebt, aber auch die Schwimmhalle in schönstem Jugendstil (s. Foto S. 54) ist ein besonderes Erlebnis.

Anschließend kann man im **Café Stöhr** (s. S. 259) im säulenbestückten Foyer des Schwimmbads einkehren, in dem man auch gut essen und bei schönem Wetter dem leisen Rauschen der Isar im kleinen Biergarten lauschen kann.

Radtour rechts der Isar

Start: Müllersches Volksbad, Länge: fast 4 km, am Startpunkt stehen begrenzt Parkmöglichkeiten zur Verfügung, H Deutsches Museum oder Gasteig

Die Fahrradtour eignet sich auch für einen ausgiebigen Spaziergang. Sie lässt die Stadt im wahrsten Sinne des Wortes links liegen und führt über das Hochufer der Isar bis zum **Kleinhesseloher See**, wo sie nach Wahl bis zum Aumeister (s. S. 37) oder gar in Richtung Freising weitergeführt werden kann.

Am Startpunkt **Müllersches Volksbad** fährt man zunächst ein Stück hinter dem Schwimmbad und der Muffathalle entlang der Isar. Bei gutem Wetter machen es sich Sonnenhungrige am gegenüberliegenden Ufer der **Praterinsel** bequem, und viele schrecken auch vor einem Bad in der Isar nicht zurück. Den erhöht liegenden **Landtag** (Maximilianeum; s. S. 244) umrundet man auf der Verkehrsstraße, bevor der Weg in die kunstvoll gestaltete Ruheoase der **Maximiliansanlagen** einbiegt, in welchen man manch Münchner Prominenten beim Joggen oder Spaziergehen begegnen kann.

Weiter nordwärts lädt die Grünanlage zu Füßen des **Friedensengels** (s. S. 248) zu einer Pause ein. Spektakulärer ist jedoch der Blick vom Friedensengel auf die Stadt. Wer mag, biegt über den unwirtlichen Europaplatz in die Prinzregentenstraße ein und findet an der nächsten Kreuzung rechter Hand die **Villa Stuck** (s. S. 249), das zum Museum ausgebaute Künstlerdomizil des Malerfürsten Franz von Stuck.

Auf der Hauptstrecke geht es über den Wilhelm-Hausenstein-Weg weiter Richtung Max-Josef-Brücke (Tivolibrücke). Man passiert den Hausberg der Münchner Kinder, der im Winter ein steiler Rodelhang ist.

Als Abstecher bietet sich der idyllische **Bogenhauser Friedhof** an, auf dem unter anderen Erich Kästner und Rainer Werner Fassbinder begraben sind.

Hat man erst einmal die vierspurige Ifflandstraße überquert, ist der **Englische Garten** (s. S. 207) nicht mehr weit. Kurz vor dem **Chinesischen Turm** führt der Weg nach rechts zum **Kleinhesseloher See,** der von Mitte Mai bis Mitte Juni einer der Nistplätze von Graugänsen ist, um deren Daseinsberechtigung in der Stadt seit Jahren gestritten wird – unerschrockene Kinder freut es indes, sie zu füttern. Nach einer Einkehr im **Seehaus** (s. S. 214) kann man die Fahrt gen Norden fortführen oder südwärts zum Ausgangspunkt zurückkehren.

Praterinsel

Folgt man dem Flusslauf der Isar, stößt man auf die Praterinsel, zu der vom Uferweg die Kabelstraße führt. 1835 entstand hier ein Zweckbau für die Schnaps-, Essig- und Likörfabrik Anton Riemerschmid, eine der wenigen Fabriken der Stadt. Da das Geschäft florierte, konnte man 1867 expandieren und ließ nebenan einen klassizistischen Bau errichten, dessen elegante Fassade das stolze Selbstverständnis der Riemerschmids spiegelt.

Nachdem die Likörfabrik ihren Sitz 1988 nach Erding verlegte, bezog das **Aktionsforum Praterinsel** 1 die Fabrik und richtete zahlreiche Künstlerateliers ein. Neben dem Künstlerhaus und dem engagierten Kulturprogramm, das vor allem Ausstellungen im Bereich der Bildenden Kunst und im Sommer auch gut besuchte Open-Air-Tanzveranstaltungen präsentiert, ist das ehemalige Fabrikgelände auf der Praterinsel mit drei großen Hallen von gesamt 1500 m² Fläche und dem Innenhof eine der beliebtesten Münchner Locations für Feste und Veranstaltungen.

Alpines Museum 12
Praterinsel 5, www.alpenverein.de, *s. S. 61*
In dem 1888 von Friedrich Löwel errichteten kaisergelben Weinrestaurant hat seit 1908 das Alpine Museum seinen Sitz. Die umfangreiche Sammlung dokumentiert die Geschichte des Alpinismus von seinen halsbrecherischen Anfängen bis zur Politisierung der Berge. Ferner ist im Haus die mit 60 000 Bänden und Karten größte alpine Bibliothek der Welt untergebracht.

Essen & Trinken

Italienische Sterneküche – **Aquarello** 1: Mühlbaurstr. 36, Tel. 089 470 48 48, www.aquarello.com, Mo–Fr 12–14.30, 18.30–23, Sa, So 18.30–22.30 Uhr, 4-Gänge-Menü ab 89 €. Hohe Promidichte bei einem der besten Italiener des Landes: Mit einem Stern und 17 Kochmützen darf sich der Gourmettempel in Bogenhausen schmücken.
Gutes aus dem Holzofen – **Belvivere** 2: Milchstr. 10, Tel. 089 448 49 37, Mo–So 17.30–24 Uhr, Gerichte 10–22 €. Die Holzofenpizza kann man nur empfehlen, aber auch bei Pasta- und Fleischgerichten ist das Belvivere gut – und die Nachbarschaft kommt gerne zum Essen.
Bürgerlich-gediegen – **Bogenhauser Hof** 3: s. S. 35.
Isarrauschen – **Café Stöhr**: Rosenheimerstr. 1, tgl. 11–1 Uhr, Gerichte 7–14 €. Unten an der Isar im Müllerschen Volksbad 11. Innen ein schönes altes

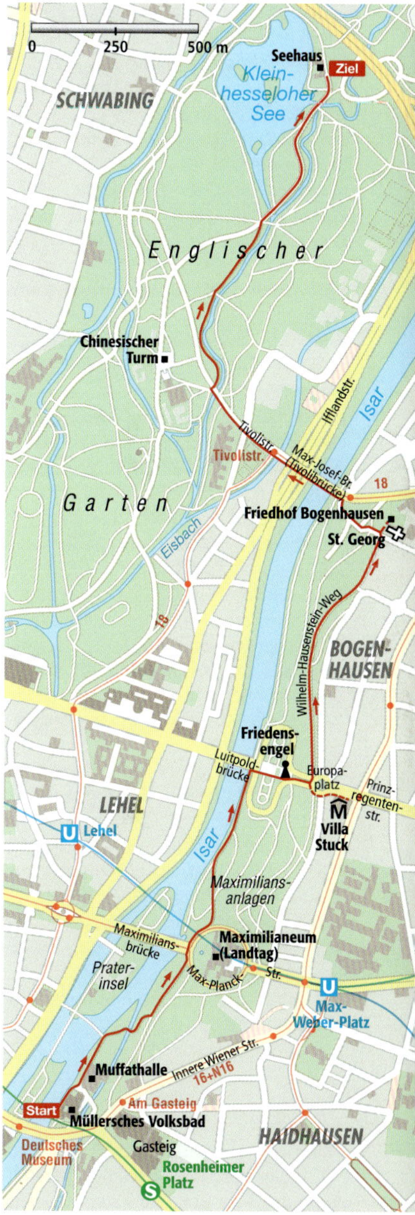

Radtour rechts der Isar bis zum Englischen Garten

Gewölbe mit spartanischer Einrichtung, draußen ein netter kleiner Biergarten. Salate und mehr; s. S. 257.

Haidhausener Institution – **Café Wiener Platz** 4: Innere Wiener Str. 48, tgl. 8–1 Uhr, Gerichte 4–15 €; s. auch S. 254 und S. 253.

Schickes Lokal für Frankophile – **Le Faubourg** 5: s. S. 37.

Bodenständig – **Hofbräukeller** 6: s. S. 36.

Käfer eben – **Käfer Schänke** 7: s. S. 35.

Erlebnis-Gastronomie – **MUN Restaurant** 8: Innere Wiener Str. 18, Tel. 089 62 80 95 20, www.munrestaurant.de, Di–So 17.30–24 Uhr, Gerichte 7–88 €. Der Restaurantgründer und Koch Mun Kim stammt aus Südkorea, wuchs auf Hawai auf, verbrachte einige Jahre als Banker in Los Angeles und an der Wall Street und erfüllte sich schließlich seinen Jugendtraum in München, wo er Koch wurde. Zum Glück für die Stadt, das so ein ausgesprochen interessantes Cross-over-Restaurant hat.

Bayerisch-Japanisch – **No Mi Ya** 9: Wörthstr. 7, tgl 18–1 Uhr, Gerichte 18–22 €. Sushi, Kushiaki und eine ordentliche Maß Bier!

Japanisch-französisch – **Konditorei Bäckerei Obori** 10: Lothringerstr. 15, Tel. 089 44 14 26 66, Mo–Fr 9–18 Uhr. Wunderbare bajuwarisch-japanische Backstube, feinste Kuchen und Torten; s. auch S. 255.

Handgemacht – **True & 12:** 11: Rosenheimerstr. 14, tgl. 12–21 Uhr. Feine Waffeln und köstliche Eiskreationen.

Schick-relaxed – **St. Emmerammsmühle** 12: s. S. 38.

Der Pate – **Il Padrino** 13: s. S. 37.

Einkaufen

Sammelsurium – **Doppler** 1: Metzstr. 15, www.doppler-shop.de, Mi–Fr 12–18, Sa 11–15 Uhr. Taschen, Geschirr, Kissen, Schlafbrille – kurz: eine originelle Fundgrube.

Kinderparadies – **Engel & Bengel** 2: Innere Wiener Str. 61, www.engelundbengel.com, Mo–Fr 10–18, Sa 10–16 Uhr. Schöne Kleidung für die Kleinsten, Spielzeug, Nostalgisches.

Münchnerisch – **Feinkost Käfer** 3: s. S. 42, 249.

Aktiv

Abheben – **Float** 1: Lothringerstr. 2, Tel. 089 62 18 96 78, www.float-haidhausen.de, tgl. 10–22 Uhr, Termine n. V., z. B. Anti-Stress-Paket (30 Min. Massage, 60 Min. Floaten) für 89 €. Ufoartige Tanks, einst für Astronauten entwickelt, stehen in dunkel gefliesten Räumen. In 34,8 °C warmer Sole, entlastet von Außenreizen und Schwerkraft, ver-

schwimmen die Grenzen von Körper und Umgebung. Entspannung pur bei gedämpftem Licht, Stille oder meditativer Musik.

Abends & Nachts

Kultur-Location – **Aktionsforum Praterinsel** 1: Praterinsel 3–4, Hotline: Tel. 089 21 23 83 33, Di–Sa 14–21, So 10–18 Uhr; s. S. 258.

Zum Wohlfühlen – **Café Fortuna** 2: Sedanstr. 18, www.fortuna-cafebar.de, Mo–Fr 8–22, Sa, So 9–18 Uhr. Nette Location im Herzen von Haidhausen. Entspanntes Publikum, am Abend DJanes.

Gemischtes Programm – **Gasteig (Philharmonie)** 3: s. S. 50.

Elvis überm Kristalllüster – **Johannis Café** 4: Johannisplatz 15, Mi–Mo 11–5 Uhr. Ein Café, in dem echte Münchner Geschichten geschrieben werden, Originale und Trendsetter in Omas guter Stube; s. S. 255.

Alltäglich – **Zum Kloster** 5: Preysingstr. 77, Tel. 089 447 05 64, tgl. 10–1 Uhr. Urig wie ein Landgasthof zwischen den alten Haidhausener Herbergshäusern und zugleich sehr urban. Viel Nachbarschaftspublikum, nette Kneipenatmosphäre am Abend.

Skurriles Wohnzimmerflair – **Maria Passagne** 6: s. S. 45.

Eine der schönsten Hallen der Stadt – **Muffathalle** 7: s. S. 47, 257.

Freundliche Bar mit guten Cocktails – **Negroni** 8: s. S. 45.

Herrschaftlich – **Prinzregententheater** 9: s. S. 50, 249.

Münchens bester Jazzklub – **Unterfahrt** 10: s. S. 46.

Beim Isarspaziergang tut sich der Blick auf das Müllersche Volksbad auf

Das Beste auf einen Blick

Neuhausen und Nymphenburg

Highlight!

Schloss Nymphenburg: Eine in ihrer grau-weißen Eleganz bestechende Architektur, die zu jeder Jahreszeit eine eigene Faszination entfaltet. Der angrenzende Schlossgarten beeindruckt mit zahlreichen Bauten und dem Wechselspiel der Perspektiven. 3 S. 265

Kultur & Sehenswertes

Museum Mensch und Natur: Nicht nur bei Kindern ein großer Spaß. Hier erfährt man alles Wissenswerte über die Erde und ihre Bewohner. 5 S. 62, 267

Schloss Blutenburg: Westlich von München wartet ein kleines Idyll auf ›Leseratten‹, das sogenannte Bücherschloss. Viel ›Futter‹ ist in Internationaler Jugendbibliothek und im Michael-Ende-Museum zu finden. Und auch für Lesemuffel hält das Schloss einiges bereit, so die Holzfiguren des Apostelzyklus oder prachtvolle Fenstermalereien. 11 S. 271

Zu Fuß unterwegs

Spaziergang am Kanal entlang zum Schloss: Am schnurgeraden Schlosskanal entlang schlendernd, erreicht man den weitläufigen Park hinter Schloss Nymphenburg mit Wasserspielen und Schlosscafé im Palmenhaus. S. 267

Genießen & Atmosphäre

Botanischer Garten: Selbst im Winter ist Münchens Botanischer Garten einen Ausflug wert! Neben den Gewächshäusern bietet auch der Garten im Schnee mit seinem alten, imposanten Baumbestand großartige Eindrücke. 10 S. 270

Abends & Nachts

Konzerte in der Herz-Jesu-Kirche: Ein wunderbarer Raum der kontemplativen Versenkung und Konzentration in einem ungewöhnlichen Bauwerk, in dem dank der außergewöhnlich guten Akustik meist einmal in der Woche Konzerte stattfinden. Ein Erlebnis! 2 S. 264

Rotkreuzplatz und Nymphenburger Schlossanlage

Neuhausen – ein mit weiten Grünflächen und stattlichem Baumbestand verwöhnter Stadtteil – ist ein ausgesprochen lebendiges Wohnviertel. Am Grundriss lässt sich ablesen, dass es sich um einen zunächst am Reißbrett entstandenen Stadtteil handelt. München verdankt ihn dem Bevölkerungszuwachs im 19. Jh. Bis zu diesem Zeitpunkt bestand in Nymphenburg seit dem 17. Jh. lediglich die Sommerresidenz der bayerischen Könige; zu Beginn des 19. Jh. entstanden zwischen Neuhausen und Nymphenburg großbürgerliche Wohnhäuser. Rechts und links der Nymphenburger Straße siedelten sich Handwerker und Kleinbürger an. Noch heute ist der Stadtteil zweigeteilt. Rund um den Rotkreuzplatz findet man nette Multi-Kulti-Straßenzüge, Richtung Nymphenburg wird dann alles recht vornehm. Neuhausens Kern prägt ein recht urbanes Milieu mit Läden, Cafés und Restaurants.

Infobox

Reisekarte: ▶ E–M 8–11

Verkehrsmittel
Der Rotkreuzplatz ist über die Haltestelle Marienplatz mit der U1 sowie der Tramlinie 12 erreichbar.

Ausgangs- und Endpunkt
Der Rundgang beginnt am Rotkreuzplatz, dem ›Bauch‹ Neuhausens. Von hier aus kann man Schloss Nymphenburg gut zu Fuß erreichen und auf dem Weg Winthir- und Herz-Jesu-Kirche einen Besuch abstatten. Der Botanische Garten schließt sich dem Schlosspark im Nordosten an. Einen gemütlichen Ausklang kann die Tour im beliebten Hirschgarten finden. Zum Wohl!

Rotkreuzplatz und Umgebung

Kern des Stadtteils ist der belebte **Rotkreuzplatz,** den die klotzigen Bauten des gleichnamigen Krankenhauses und des Kaufhofs dominieren. Das umtriebige Leben auf dem Platz, auf dem im Dezember ein **Weihnachtsmarkt** stattfindet, lenkt jedoch von seiner insgesamt bedeutungslosen, gar langweiligen Bebauung ab.

Winthir-Kirche 1

Winthirstr. 15, tgl. 8–19 Uhr

Bei der kleinen Pfarrkirche des ehemaligen Dorfes Neuhausen handelt es sich um eine mittelalterliche Gründung, die wenig vorteilhaft mehrmals umgebaut wurde. Auf dem **Friedhof** der dem Schutzpatron der Säumer geweihten Kirche fanden im Schatten alter Bäume zahlreiche Münchner Persönlichkeiten ihre letzte Ruhe, z. B. Franz Anton Bustelli, der bedeutendste Porzellankünstler des Rokoko.

Herz-Jesu-Kirche 2

Lachnerstr. 8, Konzert-Info: www.herzjesu-muenchen.de, tgl. 8–18 Uhr, Innenbereich ist Di 8–12 Uhr geschl.

Von außen würde man hinter der kühnen Architektur der Herz-Jesu-Kirche wohl eher ein Museum als eine Kirche vermuten. Die jungen Münchner Architekten Allmann, Sattler und Wappner errichteten über dem Grundriss einer klassischen Basilika einen monumentalen Glaskubus, der sich offen und transparent gibt und nur wenig mit dem traditionellen Kirchenbau gemein hat. Hinter der vollverglasten Fassade liegt ein Innenraum, den eine hölzerne Wandschale aus Ahornlamellen umgibt. Sie ist im Bereich des Eingangs und der Empore weitgehend geschlossen und wird zum Altar hin immer durchlässiger. Die Südfassade kann bei feierlichen Anlässen mit einem zweiflügeligen Tor zum Vorplatz hin über die volle Breite und Höhe des Gebäudes geöffnet werden. Musik erhält in der Kirche mit der guten Akustik einen breiten Raum, auch experimentelle oder avantgardistische (oft sonntags).

Schloss Nymphenburg ! 3

www.schloss-nymphenburg.de, tgl. 1. April–15. Okt. 9–18, 16. Okt.–31. März 10–16 Uhr, Gesamtkarte im Winter 8,50 €, im Sommer 11,50 € inkl. Schloss, Marstallmuseum mit Museum Nymphenburger Porzellan, Amalienburg, Badenburg, Pagodenburg und Magdalenenklause (die drei Letztgenannten sind im Winter geschl.) bzw. 6 € (nur Schloss), s. S. 60

Schloss Nymphenburg ist in seiner schlichten Eleganz eines der schönsten Schlösser Europas. Zu jeder Jahreszeit entfaltet es besonderen Charme, am schönsten ist es vielleicht im Winter, wenn das weiß-grau getünchte Schloss mit der Schneedecke zu verschmelzen scheint. Der älteste Teil der weitläufigen Anlage ist der Mitteltrakt, ein fünfgeschossiger Würfelbau, der 1664 nach italienischem Vorbild von Agostino Barelli errichtet wurde. Bauherr war Kurfürst Ferdinand Maria, der seiner Frau aus Freude über die Geburt eines Sohnes das Gelände im Westen der Stadt geschenkt hatte. 1673 fiel die Bauleitung an Enrico Zuccalli, der im Auftrag Max Emanuels das Schloss durch Seitentrakte erweiterte. Als dritter Architekt wurde Antonio Viscardi zu Beginn des 18. Jh. in Nymphenburg tätig; das heutige Erscheinungsbild verdankt sich aber im Wesentlichen Joseph Effner, der die Kanäle und das Rondell anlegte. Ferner errichtete er verschiedene Parkbauten, darunter die Pagodenburg, die Badenburg und die Magdalenenklause. Zu Beginn des 19. Jh. wurde der Barockgarten des Schlosses dem Zeitgeist entsprechend in einen **englischen Landschaftsgarten** verwandelt, der die Handschrift Ludwig von Sckells trägt.

Die Schönheit des Schlosses erschließt sich vor allem auch aus dem Zusammenspiel von Architektur und Wasser: Der **1500 m lange Schlosskanal** (s. auch S. 267) leitet optisch auf den Mittelbau zu und weitet sich vor ihm zu einem Wasserbecken mit Springbrunnen, in dem sich das Schloss spiegelt. In den kleinen Gebäuden des Rondells waren die Schlossangestellten untergebracht; in dem mittleren Pavillon des nördlichen Rondells hat hingegen seit 1761 die berühmte **Porzellan-Manufaktur Nymphenburg** (s. S. 267) ihren Sitz.

Den Zentralbau des Schlosses nimmt nahezu gänzlich der mehrgeschossige **Steinerne Saal** ein, ein Festsaal im Stil des höfischen Rokoko. Das riesige Deckenfresko, das ein Loblied auf die Göttin Flora singt, sowie die üppigen Stuckdekorationen sind ein Werk des Malers Johann Baptist Zimmermann. Der Südflügel beherbergt König Lud-

Lieblingsort

Eine Institution in Neuhausen: das Ruffini 7

Große Bäume, geduckte Reihenhäuser in Dreiergruppen und ein Café mit großen Schaufenstern und angeschlossenem Laden – das ist die Ruffinistraße im Stadtteil Neuhausen. Dass der unaufgeregte Ort große Anziehungskraft auf die Münchner ausübt, liegt am Ruffini, einer Mischung aus Café, italienischer Cantina und Kulturtreff – genossenschaftlich ohne Chef geführt. Man tritt ein und fühlt sich wohl. Das mag an den netten Tischnachbarn liegen, der kleinen Pasta, dem Cappuccino mit dem Mandelkeks oder dem Glas Rosé (Di–So 10–24 Uhr, Gerichte 8–12 €).

wigs I. berühmte **Schönheitengalerie** mit 36 Bildnissen junger Münchnerinnen. Auch die Tänzerin Lola Montez ist darunter, eine von Warschau bis Paris bekannte Femme fatale, der der König auf seine alten Tage verfallen war.

Marstallmuseum mit Museum Nymphenburger Porzellan 4

Öffnungszeiten und Infos s. S. 265, 4,50 € (nur Museum)

Im südlichen Teil des Schlosses ist in den kurfürstlichen Hofstallungen das Marstallmuseum untergebracht. Die Sammlung besteht aus Kutschen, Pferdeschlitten und feinstem Sattelzeug, darunter die prachtvolle Krönungskarosse (1735) Kaiser Karls VII. Im Obergeschoss des Museums kann man die grazile Vielfalt des Nymphenburger Porzellans (s. auch S. 44) bewundern.

Museum Mensch und Natur 5

www.musmn.de, s. S. 62

Im Nordflügel des Schlosses ist das Museum Mensch und Natur untergebracht, das multimedial zeigt, wie unser Planetensystem entstand, und die Artenvielfalt veranschaulicht. Zudem gehört die Geschichte der Erde und des Lebens zu den Ausstellungsschwerpunkten, die Vielfalt der Organismen und der Mensch als Teil und Gestalter der Natur – getreu dem Motto: Wissenschaft zum Anschauen und -fassen.

Spaziergang zum Schloss Nymphenburg

Start: Hubertusbrunnen, Länge: etwa 3 km, Anfahrt: Tram 16 bis Neuhausen, Schlosspark geöffnet: Jan.–Febr., Nov. 6.30–18, März 6–18.30, April, Sept. 6–20.30, Mai–Aug. 6–21.30, Okt. 6–19, Dez. 6.30–17.30 Uhr

Der weitläufige, von einer Mauer umgebene Nymphenburger Park ist ein Paradies für Spaziergänger, Walker und Jogger. Hier lässt es sich königlich flanieren, und im Nordosten schließen sich die Blütenpracht und Baumparade des Botanischen Gartens an.

Als Ouvertüre dieses gleichsam erhebenden Spaziergangs schlendert man vom Start am **Hubertusbrunnen** am 1,5 km langen **Schlosskanal** 1 entlang, im Winter eine Brueghelsche Idylle, wenn sich auf dem Eis Schlittschuhläufer, Hockey- und Eisstockspieler tummeln (s. S. 271). Der Kanal führt mittig auf den Palast zu und markiert den eleganten Übergang vom Stadt- zum Hofleben. Die Auffahrtsalleen mit prächtigen Stadtpalais und alten Bäumen leiten würdevoll zum **Schloss Nymphenburg** 3 (s. S. 265), und die Architektur der Schlossanlage breitet geradezu ihre Arme aus, um den Spaziergänger in Empfang zu nehmen.

Dem Trubel vor dem Schloss entkommt man schnell, indem man durch die nördliche Galerie in den Park entschwindet. Den Anfang aller grünen Pracht bildete ein kleiner **Barockgarten**, dessen Grundzüge in dem englischen Landschaftsgarten erhalten blieben. Die Terrasse hinter dem Schloss öffnet einen guten Blick auf die raffinierten Wasserspiele: Der Nymphenburger Kanal, der das Schloss beidseitig umfließt, ergießt sich über eine Marmorkaskade in den Garten und schießt zu einer **Fontäne** auf.

Gut lässt sich im französischen Garten, dem **Großen Parterre,** zwischen Vasen und Figuren der griechischen und römischen Mythologie lustwandeln. Hält man sich rechts, gelangt man in den lauschigen Teil des Parks mit dem Geranienhaus, einem weiteren Gewächshaus und zum **Palmenhaus** mit dem eleganten **Schlosscafé** 5, das Kaffee, Kuchen und kleine Gerichte in südländischer

Atmosphäre unter Palmen serviert. Südlich der Blumengärten schimmert durch das dichte Laub des an dieser Stelle naturbelassen wirkenden Parks die **Magdalenenklause** 9 (s. S. 269). Ein Tor in der Mauer des Schlossgartens weist den Weg in den **Botanischen Garten** 10 (s. S. 270). Wer hier Eintritt entrichtet, gelangt über den Rhododendronhain in einzigartige Blüten-, Busch- und Baumwelten.

Sehenswertes im und um den Schlosspark

Amalienburg 6

April–15. Okt. tgl. 9–18 Uhr, mit Schloss 10,50 €, alle Parkburgen 4,50 €

Südlich des großen Parterres liegt dieses Jagdschlösschen, ein von einem einzigartigen Schwung getragenes Rokokojuwel, das François Cuvilliés 1734–39 errichtete. Aus der rechteckigen Grundform des Palais schwingt ein kreisrunder, leicht erhöhter Kuppelbau aus; er diente als Hochsitz zur Fasanenjagd. Motive der Jagd bestimmen auch den Innenraum, selbst die Hundekammer ist mit Jagdszenen geschmückt. Ferner tragen Spiegel und Stuckaturen zum festlichen Erscheinungsbild des Rokoko-Schlösschens bei. In unmittelbarer Nachbarschaft zur Amalienburg liegt das **Dörfchen,** eine Gruppe kleiner Parkbauten, wie sie im Barock sehr beliebt waren.

Badenburg 7

April–15. Okt. 9–18 Uhr, mit Schloss 10,50 €, alle Parkburgen 4,50 €

Die Badenburg am **Großen See** wurde für Kurfürst Max Emanuel gebaut – mit einer kleinen, beheizbaren Schwimmhalle, ein Novum im Europa der Neuzeit. Der Kurfürst schwamm zwischen holländischen Kacheln und unter Stuck und ließ dazu nicht selten seine Hofkapelle aufspielen.

Neuhausen und Nymphenburg

Essen & Trinken
1 Broeding
2 Der Hollabusch
3 Königlicher Hirschgarten
4 Löwenbräukeller
5 Schlosscafé im Palmenhaus
6 Romans
7 Ruffini
8 Eiscafé Sarcletti

Einkaufen
1 American Heritage
2 Brauseschwein
3 Himmelblau
4 Wein & Genuss. Pralinenschule

Aktiv
1 Eisstock- und Schlittschuhbahn

Sehenswert
1 Winthir-Kirche
2 Herz-Jesu-Kirche
3 Schloss Nymphenburg
4 Marstallmuseum mit Museum Nymphenburger Porzellan
5 Museum Mensch u. Natur
6 Amalienburg
7 Badenburg
8 Pagodenburg
9 Magdalenenklause
10 Botanischer Garten
11 Schloss Blutenburg

Abends & Nachts
1 Blutenburg-Theater
2 Café Neuhausen

Spaziergang zum Schloss s. S. 267

Pagodenburg 8

April–15. Okt. 9–18 Uhr, mit Schloss 10,50 €, alle Parkburgen 4,50 €

Am romantischen **Kleinen See** ließ Max Emanuel 1717 die Pagodenburg von Joseph Effner errichten, in der er sich nach dem Mailspiel, einem damals beliebten Kugelspiel, erholte und Gäste zu intimen Diners empfing. Der Kurfürst selbst soll die Pläne für den Teepavillon geliefert haben, der als Zentralbau angelegt ist und einen entsprechend kompakten Eindruck macht. In den Innenräumen gab Max Emanuel seiner Vorliebe für Chinoiserien Ausdruck. Zwei Kabinette ließ er mit schwarz-roter Lackmalerei vertäfeln und mit Seidentapeten bespannen.

Magdalenenklause 9

April–15. Okt. 9–18 Uhr, mit Schloss 10,50 €, alle Parkburgen 4,50 €

Die Klause hatte das nostalgische Bedürfnis des 18. Jh. nach romantisch verfallenen Ruinen zu stillen. Einfache, vom Verfall gezeichnete Bauten bildeten einen festen Bestandteil der Gartenarchitektur, gleichsam als Kontrapunkt zum Pomp des höfischen Zeremoniells. In der Architektur dieser Klause, deren zellenartige Räume sich zum meditativen Rückzug anboten,

1664 als Sommerresidenz in Auftrag gegeben: Schloss Nymphenburg

verschmelzen gotische, barocke und maurische Elemente. Der Kapellenraum ist einer Grotte nachempfunden.

Botanischer Garten 10

www.botmuc.de, tgl. Febr., März, Okt. 9–17, April, Sept. 9–18, Mai–Aug. 9–19, Nov., Dez., Jan. 9–16.30 Uhr, Eintritt für die Gewächshäuser 4,50 €
Der Botanische Garten München-Nymphenburg gehört mit einer Fläche von 22 ha zu den größten und bedeutendsten der Welt. Rund 14 000 Pflanzenarten werden hier kultiviert. In den Themengärten hat man die Wahl zwischen dem Alpinium, den Rosenbeeten, den Rhododendron-Wäldern. Die Gewächshäuser hingegen schicken einen auch im Winter auf die Reise in den tropischen Süden, man wandelt durch Kakteenwälder oder unter Bananenstauden, kann den Wasserschildkröten zuschauen und wird von frei fliegenden tropischen Schmetterlingen umflirrt.

Königlicher Hirschgarten 3

Wem der Sinn nun nach Volkstümlichem steht, der kann südlich von Nymphenburg im Hirschgarten einkehren, laut Umfrageergebnissen die Nummer eins auf der Beliebtheitsskala der Münchner Biergärten. Kein Wunder: Obwohl der Hirschgarten mit 8000 Plätzen der größte Biergarten der Welt ist, geht es hier immer noch beschaulich zu, was vor allem an dem ihn umgebenden gleichnamigen Landschaftspark liegt und an den mehr als hundertjährigen Eichen, Buchen und Kastanien, unter denen sich die Gäste verteilen.

Essen & Trinken

Österreichisch – **Broeding** 1: Schulstr. 9, Tel. 089 16 42 38, www.broeding.de, Mo–Sa 19–1 Uhr, 5-Gänge-Menü 76 €, als 6-Gänge-Menü 82 €. Es gibt nur ein einziges, täglich wechselndes Menü. Ein Gaumenschmaus, zu dem österreichische Weine serviert werden.
Stilvoll – **Der Hollabusch** 2: Schulstr. 34, Tel. 089 13 01 16 52, www.derhollabusch.de, Mi–Do, So 10–22, Fr, Sa 10–1 Uhr, Gerichte 6,50–9 €. Sehr sympathisches Tagescafé in einem ehema-

ligen Milchladen, verschiedene kleine Gerichte, Suppen und Salat.
Volkstümlich-bunt – **Königlicher Hirschgarten** 3: s. S. 38, 270.
Fröhlich-laut – **Löwenbräukeller** 4: s. S. 36.
Königlich-südländisch – **Schlosscafé im Palmenhaus** 5: Nymphenburger Park, Tel. 089 17 53 09, www.palmenhaus.de, tgl. 10–18 Uhr. In den hoheitlichen Gewächshäusern im Nymphenburger Park lässt sich elegant rasten und ruhen bei Kaffee und Kuchen sowie kleinen Gerichten.
Italien lässt grüßen – **Romans** 6: Romanstr. 1, Tel. 089 168 98 98, www.romans.meinlieblingsitaliener.de, Mo–So 11–0, warme Küche 11.30–23 Uhr, Gerichte 10–30 €. Vor allem im Sommer im schönen Garten schmeckt unter freiem Himmel gleich alles wie in Italien – und besser.
Zeitgenössisch zeitlos – **Ruffini** 7: s. S. 39, 266. Auch köstliches Brot.
Eine Institution – **Eiscafé Sarcletti** 8: Nymphenburgerstr. 155, www.sarcletti.de, Nov.–Jan. geschl. Das beste Eis der Stadt in ungezählten Geschmacksvariationen. Am frühen Abend muss es dann aber ein Campari-Eis sein ...

Einkaufen

Amerikanisch – **American Heritage** 1: Nymphenburgerstr. 182, Tel. 089 12 59 65 85, Di–Fr 10.30–18, Sa 10.30–16 Uhr. Alles, was der Amerika-Fan begehrt: Tapeten und klassische Schilder, Barbecuesaucen, aber auch Englisches, wie Scones oder Gingerbread.
Bunt – **Brauseschwein** 2: Frundsbergstr. 52, Tel. 089 13 95 81 12, Di–Fr 10–13, 15–18.30, Sa 11–14.30 Uhr. Flitternder, kunterbunter Laden mit allem, was das Leben witziger und abwechslungsreicher macht.
Alles Blau – **Himmelblau** 3: Nymphenburger Str. 179, Mo–Fr 10–13, 15–19, Sa 10–15 Uhr. Himmelblaue Wohnideen, Geschirr, Dosen, Körbe etc.
Süß und herb – **Wein & Genuss. Pralinenschule** 4: Schulstr. 38, Di–Fr 11–20, Sa 10–17 Uhr. Weine aus Österreich, dazu handgemachte Pralinen und andere Feinheiten. Auch Kurse.

Aktiv

Ein frostiger Spaß – **Eisstock- und Schlittschuhbahn** 1: auf dem Schlosskanal, www.eisstockbahnen.de, im Winter tgl. 9–22 Uhr, Verleih von Stöcken, Schlittschuhen, Verkauf von Glühwein, Snacks etc. Auch bei Familien beliebt.

Abends & Nachts

Kriminell – **Blutenburg-Theater** 1: s. S. 49.
Urban – **Café Neuhausen** 2: Blutenburgstr. 106, tgl. 9–1 Uhr, Gerichte 7–18 €. Sehr schöner Gastraum, in dem kleine Gerichte serviert werden.

Unser Tipp

Das ›Bücherschloss‹

Im Westen Münchens liegt das Idyll der **Blutenburg** 11, ein Jagdschlösschen mit einem von Wehrtürmen verstärkten Mauerring und Wassergraben. Die Schlosskapelle ist für ihre spätgotischen Fresken (leider nur Fragmente), die prächtige Fenstermalerei sowie die Holzplastiken der zwölf Apostel berühmt. Schloss Blutenburg dient heute als **Internationale Jugendbibliothek**, ferner ist ein kleines **Michael-Ende-Museum** für den bekannten Kinderbuchautor eingerichtet (Tel. 089 89 12 11-0, www.ijb.de, Bus 56, 160, Museum: Mi–So 14–17 Uhr, Erw. 1 €, Kinder frei).

Das Beste auf einen Blick

Ausflüge nach Oberbayern und ins Allgäu

Auf Entdeckungstour

Bavaria-Filmstadt – wo Fiktion Realität wird: Eine Tour über das weitläufige Gelände der Bavaria Filmstadt führt zu den Originalkulissen namhafter deutscher Produktionen in riesigen Hallen und im Freigelände. Mitmachen ist angesagt: Ein Höhepunkt ist der Dreh eines Kurzfilms. S. 290

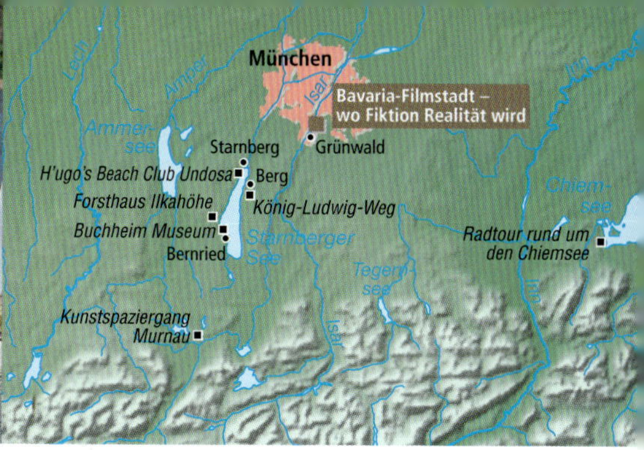

Kultur & Sehenswertes

Buchheim Museum: Wie ein Boot sticht der Museumsbau in den Starnberger See – eine Hommage an seinen Stifter Lothar-Günther Buchheim, den Verfasser des Romans »Das Boot« und umtriebigen Sammler. S. 277

Zu Fuß & mit dem Rad

König-Ludwig-Weg: Von Berg am Starnberger See bis Schwangau bei Füssen erwandert man Stationen im Leben von Ludwig II. mit all seinen Höhen und Tiefen. S. 276

Kunstspaziergang Murnau: Der Rundweg führt durch die einstige Sommerfrische des Künstlerpaars Gabriele Münter und Wassily Kandinsky. S. 280

Radtour rund um den Chiemsee: Das bayerische Meer mit dem Fahrrad zu umrunden garantiert faszinierende Ausblicke auf Landschaft und Natur sowie auf kleine Ortschaften mit gemütlichen Einkehrmöglichkeiten. S. 286

Genießen & Atmosphäre

Forsthaus Ilkahöhe: In der Nähe von Tutzing befindet sich auf dem 728 m hohen Aussichtspunkt Ilkahöhe das gleichnamige Forsthaus, eine der schönsten Gaststätten rund um den Starnberger See mit fantastischer Aussicht auf das Voralpenland. S. 277

Abends & Nachts

Undosa: 1905 als erstes deutsches Wellenbad erbaut, erlebte das an der Uferpromenade in Starnberg gelegene Undosa-Bad in den 1980er-Jahren eine Renaissance als Badeanstalt. Heute befindet sich dort **H'ugo's Beach Club,** ein Restaurant des auf Capri geborenen Gastronomen Ugo Crocamo. S. 274

Unter weiß-blauem Himmel: das bayerische Voralpenland

Mit seinem Naherholungswert ist München als Großstadt nahezu einmalig. Die Umgebung von München lockt mit Natur und Kultur: mit traumhaften Seen, die zu einem Bad einladen, mit Wanderzielen und mit historischen Kirchen, Klöstern und Schlössern von Weltrang. Die Ausflugsziele lassen sich an einem Tag gut von München aus erreichen. Aus der Stadt kommend, taucht man ein in Urlaubslandschaften, wie sie vielfältiger nicht sein könnten.

Rund um den Starnberger See

Starnberg ▸ Karte 5, B 1

In der geschäftigen, verkehrsreichen Kreisstadt Starnberg – einer der reichsten Kommunen Deutschlands – leben heute im Durchschnitt 13 Millionäre pro 10 000 Einwohner. Bis Mitte des 19. Jh. war der 1242 erstmals erwähnte Ort nur ein Fischerdorf. 1851 fuhr das erste Dampfschiff auf dem See, 1854 kam die Eisenbahn – und Starnberg wurde ein bevorzugter Touristenort. Von der Zeit als beliebtem Seebad zeugt noch der historische Komplex des Undosa-Bades. Besonders sehenswert ist außerdem die alte Pfarrkirche St. Joseph, die ein exquisiter Hochaltar des Münchner Hofbildhauers Ignaz Günther ziert.

Regionalmuseum Starnberger See
Possenhofener Str. 5, Tel. 08151 775 70, www.museum-starnberger-see.de, Di–So 10–17 Uhr, 3 €
Das 1914 begründete Heimatmuseum wurde 2008 erweitert und modernisiert neu eröffnet. Die Dauerausstellung zeichnet die einstigen Lebens- und Arbeitsbedingungen der Fischer und Bauern rund um den See nach. Ein weiterer Schwerpunkt ist die touristische Entwicklung, an der das Adelsgeschlecht der Wittelsbacher mit seiner höfischen Schifffahrt großen Anteil hatte. Noch heute liegt in Starnberg ein Hafen der Bayerischen Seenschifffahrt, die eine große Seerundfahrt und Kurzfahrten anbietet (s. S. 275).

Abends & Nachts

Erlebnisgastronomie – **H'ugo's Beach Club:** Seepromenade 1, Tel. 08151 99 89 30, www.hugos-beachclub.de, tgl. 10–1 Uhr, Gerichte ca. 20 €. Das Restaurant einer Franchise-Kette ist in der bis 2011 umfassend renovierten historischen Badeanstalt untergebracht. Mit Veranstaltungsprogramm, u. a. Salsa-Abende und Ü-30-Partys.

Berg ▸ Karte 5, B 2

In Schloss Berg verbrachte Ludwig II. seine Jugend und die letzten Tage seines Lebens. In der Nähe bezeichnet ein einfaches Holzkreuz die Stelle im See, an der er 1886 auf rätselhafte Weise den Tod fand. Auf der Uferböschung oberhalb der Unglücksstelle errichtete man 1896–1900 eine neoromanische Votivkapelle zum Gedenken an das traurige Ende des Märchenkönigs.

Einer, der zeit seines Lebens seinem Geburtsort Berg entfliehen wollte, war der Schriftsteller Oskar Maria Graf (1894–1967), dem schließlich der Sprung von der verhassten elterlichen

Infobox

Reisekarte: ▶ Karte 4 und 5

Information

Starnberg: Tourismusverband Starnberger Fünf-Seen-Land, Wittelsbacher Str. 2c, 82319 Starnberg, Tel. 08151 906 00, www.sta5.de
Herrsching: Tourist-Information Herrsching, Bahnhofsplatz 3, 82211 Herrsching, Tel. 08152 52 27, www.herrsching.de
Murnau: Tourist-Information Murnau, Kohlgruber Str. 1, 82418 Murnau, Tel. 08841 614 10, www.murnau.de
Ettal, Oberammergau und Linderhof: Ammergauer Alpen GmbH, Eugen-Papst-Str. 9a, 82487 Oberammergau, Tel. 08822 92 27 40, www.ammergauer-alpen.de
Neuschwanstein und Hohenschwangau: Allgäu Marketing GmbH, Allgäuer Str. 1, 87435 Kempten, Tel. 08323 802 59 31, www.allgaeu.info
Dachau: Tourist Information, Konrad-Adenauer-Str. 1, 85221 Dachau, Tel. 08131 752 86, www.dachau.de
Chiemsee: Chiemsee Tourismus, Felden 10, 83233 Bernau, Tel. 08051 96 55 50, www.chiemsee-alpenland.de

Verkehr

Bahn/S-Bahn: Mit dem Bayern-Ticket der Deutschen Bahn (DB) kann eine Person an einem Tag beliebig oft mit allen Regionalzügen Bayerns zum Pauschalpreis (23 €) fahren, bis zu vier Mitfahrer zahlen jeweils 5 € (Mo–Fr 9–3 Uhr des Folgetags, Sa, So und Fei ganztägig); das Bayern-Ticket Nacht (23 €, 18–6 Uhr, Sa, So und Fei bis 7 Uhr des Folgetags). Starnberger See, Murnau, Ammersee, Schleißheim und Dachau sind mit der S-Bahn von München aus gut erreichbar.
Starnberger See: S 6 bis Starnberg, Possenhofen, Feldafing, Tutzing; mit der DB Richtung Kochel bis Starnberg, Feldafing, Possenhofen, Tutzing, Bernried, Seeshaupt
Ammersee: DB Richtung Weilheim bis Schondorf, Utting, Holzhausen und Dießen
Andechs: S 5 bis Herrsching, dann zu Fuß ca. 45 Min. den gekennzeichneten Weg entlang
Murnau: DB bis Murnau
Ettal, Oberammergau und Linderhof: DB bis Oberau, Bus 9606 bis Ettal, Bus 9622 bis Linderhof. Busfahrpläne unter www.rvo-bus.de. Diese Ziele erreicht man aber am einfachsten mit dem Auto über die A 95 Richtung Garmisch-Partenkirchen, Ausfahrt Oberau und dann auf der B 23 Richtung Oberammergau der Ausschilderung folgen
Neuschwanstein und Hohenschwangau: DB bis Füssen, Bus 78 bis Hohenschwangau
Chiemsee: DB bis Prien, weiter mit der nostalgischen Chiemseebahn, der weltweit letzten Dampfstraßenbahn (Sommer) bzw. dem Bus (Winter) zur Schiffsanlegestelle Prien/Stock, von der aus die Chiemsee Schifffahrt ganzjährig zu den Inseln sowie nach Übersee, Chieming und Seebruck übersetzt
Dachau: DB und S 2 bis Dachau, Bus 726 vom Bahnhof zur KZ Gedenkstätte
Schleißheim: S 1 bis Oberschleißheim, Bus 292 (nur werktags) bis Mittenheimer Straße oder Schloss Lustheim

Schiff: Ostern–Mitte Okt. Fahrten auf dem Starnberger See, dem Ammer-, Tegern- und Königssee mit der Bayerischen Seenschifffahrt, Tel. 08652 963 60, www.seenschifffahrt.de

Backstube in die Schwabinger Bohème gelang, der aber seine Heimat selbst im New Yorker Exil nie vergessen konnte. Zum Pflichtprogramm gehört die Einkehr im Geburtshaus des ›Provinzschriftstellers‹, wie er sich selbst nannte.

König-Ludwig-Weg

Infos beim Tourismusverband Pfaffenwinkel, www.pfaffen-winkel.de, oder unter www.koenig-ludwig-weg.de
Von Schloss Berg aus markiert ein blaues, gekröntes ›K‹ auf weißem Grund seit 1977 den König-Ludwig-Weg, der auf einer 120 km langen Route bis Schwangau bei Füssen Stationen seines Leben berührt und dabei an zahlreichen Sehenswürdigkeiten wie der Wieskirche oder Andechs am Ammersee vorbeiführt.

Unser Tipp

Franz Marc Museum in Kochel

Wer den deutschen Expressionismus in seiner bayerischen Variante näher kennenlernen möchte, der sollte den Weg zum Franz Marc Museum oberhalb von Kochel auf sich nehmen. Das Wohnhaus des Künstlers (1880–1916), der als Mitglied der Künstlergruppe Blauer Reiter Tiere malte, wie kein anderer, wurde um einen attraktiven Neubau erweitert, in dem die Kunst der Klassischen Moderne präsentiert wird. Fast ein Andachtsraum: Durch ein Panoramafenster genießt man einen phänomenalen Blick über den Walchensee. Exquisite Gastronomie (Franz Marc Park 8–10, Kochel am See, Tel. 08851 92 48 80, www.franz-marc-museum.de, April–Okt. Di–So, Fei 10–18, Nov.–März Di–So, Fei 10–17 Uhr, 8,50 €).

Essen & Trinken

Rustikal – **Oskar-Maria-Graf-Stüberl:** Grafstr. 9, Tel. 08151 516 88, Mo, Mi–So 10–23 Uhr, Gerichte 5–25 €. Hausgemachte Speisen aus sorgfältig ausgewählten Zutaten werden heute im Geburtshaus des Literaten Oskar Maria Graf gereicht.

Ambach ▶ Karte 5, B 2

In Ambach verlockt ein beliebtes öffentliches Badegelände mit flachem Sandstrand zu einem Sprung in den See, der ansonsten größtenteils unzugänglich, weil von Privatbesitz umgeben ist. Ganz in der Nähe liegt das Gasthaus zum Fischmeister, in dem man einen Badetag unter Kastanienbäumen beschließen kann (s. Lieblingsort S. 279). Neben dem Fischmeister lebte in dem auffällig sgraffito-verzierten Haus bis zu seinem Tod Waldemar Bonsels, der Schöpfer der »Biene Maja«. Zahlreiche Bauten rund um Ambach belegen den spleenigen Charakter früherer Ferienhausarchitektur mit Anleihen beim Burgenbau und bei Fachwerkbauten.

Essen & Trinken

Unter Kastanien – **Gasthaus zum Fischmeister:** Seeuferstr. 31, Tel. 08177 533, www.zumfischmeister.com, Mi–Fr ab 16 Uhr, Sa, So, Fei ab 12 Uhr, Gerichte 7–30 €. Der Charme des alten Wirtshauses und die exquisiten Gerichte, darunter insbesondere die frisch zubereiteten Fische aus dem Starnberger See, machen den Fischmeister zu einem beliebten Ausflugsziel von nah und fern. Einziges Manko: Es gibt leider kaum Parkplätze! (s. Lieblingsort S. 279)

Bernried ▶ Karte 5, B 2

Buchheim Museum
Am Hirschgarten 1, Tel. 08158 99 70 20, www.buchheimmuseum.de, April–Okt. Di–So 10–18, Nov.–März 10–17 Uhr, 8,50 €
Zukunftsweisend erwies sich die Entscheidung von Bernried, die Sammlungen des Autors (»Das Boot«), Verlegers, Künstlers und Abenteurers Lothar-Günther Buchheim aufzunehmen. Der von Günther Behnisch entworfene Museumsbau sticht wie ein Schiff in den See vor. Das darin untergebrachte Buchheim Museum ist seit seiner Eröffnung 2001 ein Publikumsmagnet. Buchheims hochrangige Expressionismussammlung, vor allem Werke von Ludwig Kirchner, Max Pechstein, Karl Schmidt-Rottluff, Otto Mueller, Emil Nolde und Erich Heckel, ergänzen völkerkundliche Sammlungen, Kunsthandwerk aus aller Welt, bayerische Volkskunst sowie Erinnerungsstücke des nach dem Fantasieprinzip sammelnden Buchheim – eine aparte Mischung, die die Wurzeln der Moderne im Volkstümlichen wie im Exotischen augenfällig in Szene setzt.

Tutzing und Ilkahöhe

▶ Karte 5, B 2

Das Schloss in Tutzing, einem alten Fischerdorf, beherbergt heute die Evangelische Akademie. Am Hang des am südlichen Ortsende gelegenen, 728 m hohen Aussichtspunkts Ilkahöhe steht das gleichnamige Forsthaus, eine der schönsten Gaststätten rund um den See. Von der Terrasse genießt man bei klarer Sicht einen atemberaubenden Blick auf die Alpenkette. Der Rundweg um die Ilkahöhe bietet sich als Spaziergang durch eine bayerische Bilderbuchlandschaft an.

Essen & Trinken

Mit Panorama – **Forsthaus Ilkahöhe:** Tutzing, Tel. 08158 82 42, www.restaurant-ilkahoehe.de, Mi–So 12–23 Uhr, Gerichte ca. 20 €. Aus dem Wohnhaus des Försters, der bereits ein Schankrecht besaß und Gutsbediensteten und Wanderern kleine Speisen servierte, wurde in den 1950er-Jahren eine reine Gaststätte. Das heutige Restaurant mit Biergarten bietet neben der phänomenalen Aussicht Speisen auf gehobenem Niveau.

Feldafing ▶ Karte 5, B 2

Die Villenkolonie in Feldafing (am Höhenberg, u. a. Villa Walberta, Villa Carl) entstand in der Nachfolge der Sommerfrische der österreichischen Kaiserin Sisi. Ihr direkt am See gelegenes Urlaubsdomizil wurde zu einem Luxushotel ausgebaut, über das Thomas Mann einst befand, es sei »entschieden ein Fund«.

Feldafinger Landschaftspark
Wittelsbacher Park 1, Tel. 08151 69 75, zur Roseninsel setzt ein Fährmann über, www.roseninsel.bayern, 1.–31. Mai, 16. Sept.–15. Okt. 11–18, 1. Juni–15. Sept. 10–18 Uhr, 4 €
Vor dem ab 1853 im Auftrag Maximilians II. von Peter Joseph Lenné und Carl von Effner angelegten Feldafinger Landschaftspark liegt die kleine Roseninsel mit einer Villa (Casino) inmitten eines Rosengartens, einer der Lieblingsorte Ludwigs II. Nur durch einen Zaun kann man einen Blick auf das benachbarte, von einem weitläufigen Garten umgebene Schloss Possenhofen werfen, in dem die österreichische Kaiserin Sisi einen großen Teil ihrer Kindheit verbrachte (in Privatbesitz).

Ammersee

Dießen ▸ Karte 5, A 2

Der 47 km^2 große Ammersee liegt inmitten einer Moorlandschaft. Die bedeutendsten Sehenswürdigkeiten an seinem Ufer gehen auf die Adelsfamilie von Dießen und Andechs-Meranien zurück. Das Grafengeschlecht brachte nicht weniger als 28 Heilige und Selige hervor, denen zu Ehren man 1732–39 in Dießen von Johann Michael Fischer das barocke **Marienmünster** errichten ließ. Im reich stuckierten Innenraum beeindruckt das Kuppelfresko »Dießener Himmel« von Johann Georg Bergmüller (1736), das alle Heiligen und Seligen der Familie versammelt, weiterhin Altäre von François Cuvilliés d. Ä. und Giovanni Battista Tiepolo sowie eine Kanzel von Johann Baptist Straub (Sommer 9–19, Winter 9–16 Uhr).

Am Ufer befinden sich noch viele **traditionelle Fischereien,** die u. a. Renken aus dem See holen, beliebte Süßwasserfische. Dem berühmtesten Sohn des Orts, dem Komponisten der »Carmina Burana«, **Carl Orff** (1895–1982), ist ein **Museum** gewidmet (Tel. 08807 919 81, www.orff-museum.de, März–Dez. So, Fei 14–17 Uhr und nach Vereinbarung).

Kloster Andechs

▸ Karte 5, A 2

Bergstr. 2, Tel. 08152 37 60, www.andechs.de

Die Wiederentdeckung von drei verloren geglaubten heiligen Hostien im Jahr 1388 ließ die Wallfahrt zum 706 m hoch gelegenen Andechs am Ostufer des Ammersees aufblühen. Das 1455 von den Wittelsbachern gestiftete Benediktinerkloster wurde zum ›Heiligen Berg‹, einer der bedeutendsten Wallfahrtsstätten Oberbayerns. Die Andechser Mönche haben sich die Regel des heiligen Benedikt, dass die Glaubensbrüder ihren Unterhalt mit eigener Arbeit verdienen sollen, zu Herzen genommen und sich aufs Bierbrauen spezialisiert. Damit sind sie heute so erfolgreich, dass Andechs als Marke unter dem Motto »Genuss für Leib und Seele« bundesweit bekannt ist und die Mönche jährlich einen Millionenumsatz erwirtschaften. Das seit 1455 gebraute Andechser Bier wird nicht nur auf dem Heiligen Berg ausgeschenkt, schmeckt aber am besten, wenn man, den barocken Kirchturm immer im Blick, von Herrsching aus über das Kiental den Berg erklommen hat.

Klosterkirche St. Nikolaus, Elisabeth und Maria

Das heutige Erscheinungsbild der mehrfach umgebauten Kirche stammt aus dem 18. Jh., als Johann Baptist Zimmermann den gotischen Hallenbau barockisierte. Der Reliquienschatz mit der wertvollen Monstranz für die Heiligen Drei Hostien befindet sich in der Heiligen Kapelle (Schatzkammer), im Wachsgewölbe beeindruckt die reiche Sammlung an Votivkerzen. Im Florian-Stadl finden unter dem Motto »Orff in Andechs« Konzerte zu Ehren des Komponisten Carl Orff statt, der Kindheit und Alter am Ammersee verbrachte und in Andechs begraben ist.

Essen & Trinken

Traditionsreich – **Klostergasthof und Bräustüberl:** Bergstr. 9, Tel. 08152 930 90, www.klostergasthof.de, tgl. 10–22.30 Uhr, im Winter Di Ruhetag, Gerichte 10–27 €. Das süffige Bier und die gebotenen Schmankerl lassen eine Stimmung auf dem Heiligen Berg entstehen, bei der es im Sommer kaum anders zugeht als auf dem Oktoberfest.

Lieblingsort

Unter Kastanien – Fischmeister in Ambach

Nach einer Radltour oder einem Bad im See empfiehlt es sich, den Tag im legendären **Gasthaus zum Fischmeister** (s. S. 276) am Dampfersteg in Ambach ausklingen zu lassen. Das Lokal, das dem Schauspieler und Selbstdarsteller Sepp Bierbichler gehört, bietet ausgesuchte regionale Gerichte und ein zünftiges Bier. Die Atmosphäre ist unverkrampft. Und das, obwohl das Lokal lange als konspiratives Zentrum der literarischen Avantgarde Bayerns galt und man dort auf Münchner Prominenz treffen kann. Besonders traumhaft bei Sonnenuntergang auf der baumbeschatteten Terrasse!

Murnau ▸ Karte 5, A 2

Der 1150 erstmals erwähnte Luftkurort Murnau liegt erhöht zwischen Staffel- und Riegsee im Werdenfelser Land. Im Süden schließt sich das Murnauer Moos an, durch das eine römische Handelsstraße nach Augsburg führte. Seit dem späten 17. Jh. bildete sich in Murnau ein Zentrum der farbenfroh-naiven Hinterglasmalerei heraus, die den Ort überregional bekannt machte. 1879 wurde Murnau an das Eisenbahnnetz angeschlossen, und bald darauf entwickelte sich der Tourismus zur Haupteinnahmequelle. Zu den bekanntesten Sommerfrischlern gehörten Ödön von Horváth, Gabriele Münter und Wassily Kandinsky sowie der Bielefelder Regisseur Friedrich Wilhelm Plumpe (1888–1931), dem es in Murnau so gut gefiel, dass er sich in F. W. Murnau umbenannte.

Unbeschreiblich ist bei gutem Wetter der Blick von der Fußgängerzone auf das Alpenpanorama. Obermarkt und Untermarkt glänzen mit prachtvollen, vom Jugendstilarchitekten Emanuel von Seidl verschönerten Fassaden, eine attraktive Geschäftsstruktur lädt zum Bummeln, urige Wirtshäuser zu einem Besuch ein.

Schlossmuseum

Schlosshof 4–5, Tel. 0884147 62 00, www.schlossmuseum-murnau.de, Di–So, Fei 10–17, Juli–Sept. Di–Fr 10–17, Sa, So 10–18, Okt.–Juni Di–So 10–17, Dez. Di–Fr 13–17, Sa, So 10–17 Uhr, 6 €

Das Schlossmuseum wartet mit der weltweit größten Sammlung von Gemälden der expressionistischen Malerin Gabriele Münter auf, die zusammen mit Bildern ihrer Künstlerfreunde, auch ihres Lebensgefährten Wassily Kandinsky, präsentiert werden. Besonders beeindruckend sind die Motive, die sich heute noch im Ortsbild und in der Landschaft finden lassen (s. u., Kunstspaziergang). Eine eindrucksvoll gestaltete Dokumentation ist dem Leben und Werk des Dramatikers Ödön von Horváth (1901–38) gewidmet, der von 1923 bis 1933 in Murnau lebte, bevor ihn die zunehmende Gegnerschaft zu lokalen Nazi-Größen ins Exil zwang.

Münter-Haus

Kottmüllerallee 6, Tel. 08841 62 88 80, www.muenter-stiftung.de, Di–So 14–17 Uhr, 3 €

Etwas außerhalb liegt das Münter-Haus, ein einfaches Landgut, das die Einheimischen ›Russenhaus‹ getauft haben. Hier verlebte Gabriele Münter (1877–1962) von 1909 bis 1914 mit Wassily Kandinsky (1866–1944) die Sommermonate, hier trafen sich die Mitglieder des Blauen Reiters, darunter Marianne von Werefkin, Alexej Jawlensky und Franz Marc – und schließlich wurde hier der folgenreiche Schritt zur gegenstandslosen Kunst getan. Die liebevoll rekonstruierte Innenausstattung umfasst eine von Kandinsky mit Reitermotiven bemalte Treppenwange. Längst hängen die dort entstandenen Werke nicht nur im Münchner Lenbachhaus, sondern in Museen und Sammlungen auf der ganzen Welt, weshalb im Haus selbst wenige Originale zu besichtigen sind.

Kunstspaziergang Murnau

Länge: ca. 4 km, Dauer: 1,5 Std., Start/Ziel: Tourist-Information Murnau, Kohlgruber Str. 1, Tel. 08841 614 10, www.murnau.de. Dort auch Parkmöglichkeiten und Faltblatt zur Tour

Auf dem Kunstspaziergang zu den Orten, an welchen Kandinsky und Münter ihre Motive eingefangen haben, kann man anhand von an Ort und Stelle montierten Reproduktionen die Art und Weise der künstlerischen

Umsetzung nachvollziehen. Zugleich führt der Spaziergang den Wandel des Ortes innerhalb der letzten 100 Jahre vor Augen.

Vom Neubau der Tourist-Information führt der Weg zunächst durch eine **Kulturpark** genannte, aber eher unansehnliche Grünanlage. Über die Bahngleise hinweg ersteigt man den Weg zum **Münter-Haus** (s. oben), das wie damals außerhalb des eigentlichen Ortskerns liegt. Hier lässt sich die Zeit der unbeschwerten Künstler-Sommerfrische vor dem Ersten Weltkrieg gut nachempfinden. Den Ausblick vom Münter-Haus auf den Ort malte Kandinsky mehr als 30 Mal, auch von Gabriele Münter sind zahlreiche Panorama-Ansichten erhalten – meist dominieren die den Ort überragenden Gebäude des Schlosses und der Kirche.

Über die Kottmüllerallee steigt man hinab, überquert den Burggraben und erreicht schließlich den **Untermarkt.** Am Untermarkt 45 / Ecke Kirchsteig entstand 1911 Münters Gemälde »Spreufuhren im Winter«, mit dem sie sich dem Leben der Einheimischen thematisch wie künstlerisch näherte. Über den Kirchsteig gelangt man zur **St.-Nikolaus-Kirche,** deren Turm aus vielen Gemälden herausleuchtet. Auf dem angrenzenden Friedhof am Bauhoferweg lässt sich vom **Grab Gabriele Münters** ein schöner Blick zurück auf ihr Haus werfen.

Verlässt man den Friedhof über den Mayr-Graz-Weg, durchquert man zunächst einen kleinen Park, bevor man zum **Lindenburgweg** gelangt, der mit einem weiteren Werk Münters illustriert ist. Nochmals steigt der Weg an Richtung Schloss, wo im **Museum** nicht nur Originale Münters, sondern auch Hinterglasmalereien zu besichtigen sind, deren scheinbare Naivität den Expressionisten als Inspirationsquelle diente.

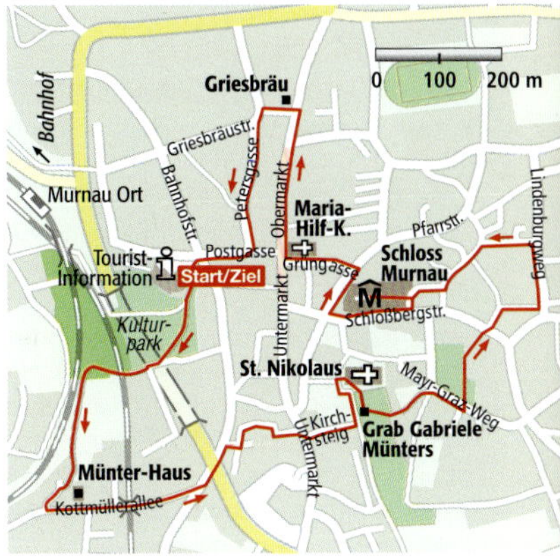

Kunstspaziergang Murnau

Über Pfarrstraße und Grüngasse erreicht man das Maria-Hilf-Kirchlein und folgt rechter Hand der ansteigenden Fußgängerzone Richtung Griesbräu-Garten. Vom **Griesbräu,** in dem Münter und Kandinsky während ihres ersten Murnau-Aufenthalts wohnten, öffnet sich der Blick auf den **Obermarkt,** der markant durch die dahinter aufragenden Berge begrenzt wird – ein Postkartenblick, der auch Kandinsky faszinierte. Durchschreitet man den Hof des Griesbräus und biegt zunächst in die Petersgasse, dann in die Postgasse ein, ist der Ausgangspunkt schnell erreicht.

Essen & Trinken

Bodenständig – **Karg Bräustüberl:** Untermarkt 27, Tel. 08841 82 72, www.karg-murnau.de, Mai–Okt. Di 18–23, Mi–So 10–14, 18–23 Uhr, Nov.–April Di 17–23, Mi–So 10–14, 17–23 Uhr, Gerichte ca. 15 €. Im ehemaligen Bierlokal der Privatbrauerei Karg hat sich inzwischen eine Traditionsgaststätte etabliert, die mit Weißbierspezialitäten und üppigen Portionen lockt.

Unser Tipp

Meditationsweg von der Wieskirche nach Linderhof
Die Gebirgslandschaft als Ort der Inspiration, als geistigen Jungbrunnen zu erleben, dies gelingt bei dem markierten Weg, der bei einer Gesamtstrecke von 85 km über 15 Stationen von der Wieskirche nach Schloss Linderhof führt und auch in Abschnitten abgelaufen werden kann. Weithin bekannte Wallfahrtsorte wie die Wieskirche, Kloster Rottenbuch und Kloster Ettal wechseln mit intimen Zeugnissen tiefverwurzelter Religiosität wie der Fatima- und der Gertrudiskapelle. Vom Menschen in Stein gehauene Würdigungen ihres Glaubens wie die Oberammergauer Kreuzigungsgruppe und das Passionstheater stehen neben Naturschönheiten wie dem Soier See, dem Hörnle und den Ammerquellen. Besonders geschichtsträchtig ist hierbei der Döttenbichl, der bereits zur Zeit der Kelten besiedelt war, wovon archäologische Funde zeugen (www.brennendes-herz.webseiten.cc).

Ammergauer Alpen

Kloster Ettal ▶ Karte 5, A 3

Kaiser-Ludwig-Platz 1, Ettal, Tel. 08822 740, www.kloster-ettal.de, Eintritt frei
Schon von Weitem grüßt die 60 m hohe Kuppel des Benediktinerklosters Ettal. 1330 stiftete Ludwig der Bayer das Doppelkloster für 13 Ritter und ihre Frauen (E-tal für Tal der Ehe, des Gelöbnisses). In der ab 1745 nach Entwürfen von Enrico Zuccalli neu gestalteten Klosterkirche gehen Gotik und Rokoko eine eindrucksvolle Verbindung ein. Der mächtige Zentralraum wird von einem riesigen Kuppelfresko beherrscht (1748). Architekten, Bildhauer, Stuckateure und Freskanten schufen ein Gesamtkunstwerk, wie es für die Kirchen im Gebiet zwischen Lech, Ammer und Loisach typisch ist – seines Kirchenreichtums wegen heißt es seit 1750 ›Pfaffenwinkel‹. In der klostereigenen Brauerei und Destillation werden süffige Biere und feine Liköre erzeugt.

Oberammergau

▶ Karte 5, A 3

Außer für die Lüftlmalerei an zahlreichen Hausfassaden im Ort ist Oberammergau weltberühmt für seine **Passionsspiele**. Sie gehen auf ein Gelübde anno 1633 zurück, mit dem die Oberammergauer hofften, sich vor der grausam wütenden Pestseuche zu schützen. Die sechs Stunden dauernde Nacherzählung des Leidens Christi in lebenden Bildern wird in den Festspieljahren (immer zum vollen Jahrzehnt: 2020, 2030) von Mai bis Oktober über hundertmal im den Ort beherrschenden Passionstheater aufgeführt. Beteiligt sind mehr als 2200 Laiendarsteller, alles waschechte Oberammergauer, teilweise ganze Familien, vom Großvater bis zum Enkel. Aufgrund des Erfolgs der Passion 2010 wird das Theater mittlerweile auch zwischen den Passionsjahren mit Aufführungen und Konzerten bespielt.

Ein Liebling der Oberammergauer war und ist Ludwig II., der 1870/71 die gesamte männliche Bevölkerung des Orts vom Dienst im deutsch-französischen Krieg freistellte, um eine Sonderaufführung der Passionsspiele zu genießen.

Größtenteils im Zeichen der Passion steht die seit dem 12. Jh. nachgewiesene Kunst der **Holzschnitzerei.** Im 18. und 19. Jh. war Oberammergau auch ein Mittelpunkt der Spielzeugherstellung. Markus Wagner hat es sich zur Aufgabe gemacht, die überlieferte Form des Schnürlkasperls wieder zum Leben zu erwecken. Der Schnürlkasperl ist eine Holzfigur, die über Fäden wie ein Hampelmann bewegt werden kann.

Einkaufen

Schnürlkasperl – **Markus Wagner Werkstatt:** In der Breitenau 27, Tel. 08822 13 32, www.schnuerlkasperl.de. In Wagners Werkstatt entstehen die Schnürlkasperl-Figuren nach alten Motiven ebenso wie moderne Neuschöpfungen. Mit etwas Glück kann man Markus Wagner sogar bei der Arbeit über die Schulter sehen. Schnürlkasperl sind in Oberammergau außerdem bei **Monika Lang** (Theaterstr. 2b, Tel. 08822 68 84, www.monika-lang-oberammergau.de) und im **Pilatushaus** erhältlich.

Schloss Linderhof

▶ Karte 5, A 3

Schloss- und Gartenverwaltung Linderhof, Linderhof 12, Ettal, Tel. 08822 920 30, www.linderhof.de, Anfang April–15. Okt. tgl. 9–18, 16. Okt.–März 10–16 Uhr, im Winter bleiben die Gebäude im Park geschlossen, 8,50 €, im Winter 7,50 €. Wegen Restaurierung bleibt die Venusgrotte bis ca. 2021 für Besucher geschlossen

Schloss Linderhof steht ganz im Zeichen von Ludwigs Verehrung für den französischen Sonnenkönig Ludwig XIV. Gegenüber dessen grandiosem Schlossbau in Versailles nimmt sich Linderhof jedoch klein und intim aus. Das 1874–78 gebaute Schloss samt Park liegt malerisch im Ammergebirge inmitten eines Landschaftsgartens, der von fantasievollen Kleinarchitekturen theatralisch aufgeladen wird: Maurischer Kiosk, Marokkanisches Haus, Germanische Hundinghütte. Eine Hauptattraktion ist die von Richard Wagners Oper »Tannhäuser« inspirierte Venusgrotte. Hier ließ sich König Ludwig mit einem Schwanenboot zu den Klängen seines Lieblingskomponisten über den künstlich angelegten See schippern.

Essen & Trinken

Mittendrin – **Hotel-Gasthof Zur Rose:** Dedlerstr. 9, Tel. 08822 47 06, www.hotel-oberammergau.de, Di–So 7–14.30, 17.30–22 Uhr, Gerichte ca. 10 €. Im Elternhaus des Passionsspielleiters Christian Stückl trifft man nicht selten auf die Mitwirkenden aus dem Ort, die sich nach der Aufführung dort zusammensetzen.

Im Allgäu

Schwangau ▶ Karte 5, A 3

Die in Schwangau gelegenen Königsschlösser und Neuschwanstein gelten gemeinhin als Wahrzeichen Bayerns in der Welt. Genau genommen befinden sie sich aber im Ostallgäu, das mit Füssen und Pfronten auch über Städte mit attraktiven Ortsbildern verfügt. Von München aus sind sie mit Auto und Bus gut erreichbar.

Segelparadies Chiemsee – für Groß und Klein

Schloss Hohenschwangau

Alpseestr. 24, Hohenschwangau, Ticketcenter Hohenschwangau, www.ticket-center-hohenschwangau.de, März–15. Okt. tgl. 8–17, 16. Okt.–April tgl. 9–15.30 Uhr, 12 € (Besuch am gleichen Tag). Besichtigung nur im Rahmen einer Führung zu bestimmter Uhrzeit, Reservierung gegen Gebühr möglich

In der Nähe von Füssen, vor der Kulisse der Allgäuer Alpen, überragen die beiden Königsschlösser Hohenschwangau und Neuschwanstein die Pöllatschlucht. In Hohenschwangau, dem von seinem Vater Maximilian II. erbauten Sommersitz, verbrachte Ludwig II. seine Jugend, in Neuschwanstein seine letzten Tage in Freiheit, bevor er 1886 nach Berg am Starnberger See gebracht wurde, wo er dann seinen mysteriösen Tod fand.

Schloss Neuschwanstein

Schlossverwaltung Neuschwanstein, Neuschwansteinstr. 20, Schwangau, Tel. 08362 93 08 30, www.hohenschwangau.de, 12 €, Ticketkauf s. o. Schloss Hohenschwangau

Neuschwanstein ist Ludwigs bekanntestes Schloss. 1869–92 nach seinem Wunsch im romanischen »Styl der alten deutschen Ritterburgen« erbaut, gewinnt hier die Bühnenwelt Richard Wagners noch einmal Realität. In der ›schwäbischen Wartburg‹ vor atemberaubender Felslandschaft sind v. a. der gewaltige Sängersaal mit Wandmalereien zur Parsifalsage und zu Lohengrin und der goldschimmernde, byzantinische Vorbilder zitierende Thronsaal sehenswert. Im neogotisch gehaltenen Schlafzimmer des Königs beeindruckt ein mächtiges, mit Schnitzwerk verziertes Bett und die aufwendig gearbeiteten Eichenholzvertäfelungen.

Museum der bayerischen Könige
Alpseestr. 27, Hohenschwangau, Tel. 08362 926 46 40, www.museumderbayerischenkoenige.de, tgl. 9–17 Uhr, 9,50 €
2011 wurde zum 125. Todestag des Märchenkönigs Ludwig II. zu Füßen der Königsschlösser das Museum der bayerischen Könige eröffnet, das in die Geschichte der Wittelsbacher Dynastie und ihrer bayerischen Könige einführt.

Essen & Trinken

Märchenhaft – **Hotel Müller:** Alpseestr. 16, 87645 Hohenschwangau, Tel. 08362 819 90, www.hotel-mueller.de, in der Saison 11–21 Uhr, Gerichte ca. 10 €. Mit Blick auf die Königsschlösser und in wahrhaft barockem Ambiente ist der Gast König.

Chiemsee

Der 80 km² große Chiemsee ist der größte See Bayerns. Mit dem Schiff gelangt man von Prien oder Gstadt zu den beiden seit prähistorischer Zeit besiedelten Inseln **Herrenchiemsee** und **Frauenchiemesee.**

Auf der kleinen, von gerade einmal 250 Menschen bewohnten Fraueninsel befindet sich die 766 gegründete Benediktinerinnenabtei **Frauenwörth,** eines der ältesten erhaltenen Klöster Deutschlands. In der romanischen Kirche wird seit dem 11. Jh. die 1928 selig gesprochene Irmengard verehrt.

Herrenchiemsee

▶ Karte 5, C/D 2

Schloss Herrenchiemsee
Schloss- und Gartenverwaltung Herrenchiemsee, Tel. 08051 688 70, www.herren-chiemsee.de, April–Ende Okt. tgl. 9–18, letzte Führung ca. 17 Uhr, Anf. Nov.–März tgl. 9.40–16.15, letzte Führung ca. 15.40 Uhr, 8 € (Kombiticket für das Neue Schloss, das Ludwig II. Museum, das Augustiner Chorherrenstift und die Gemäldegalerie Julius Exter)
Die 240 ha große Herreninsel, auf der einst nur ein um 1130 errichtetes Augustiner Chorherrenstift (Altes Schloss) stand, wurde 1873 von Ludwig II. gekauft, der dort mit Schloss Herrenchiemsee seinen Traum von einem ›neuen Versailles‹ verwirklichen wollte. 1885, ein Jahr vor dem Tod des Königs, mussten die Bauarbeiten an dem 1878 nach Entwürfen von Georg Dollmann begonnenen Schloss Herrenchiemsee (Neues Schloss) aus Geldmangel jedoch eingestellt werden. Zu besichtigen sind daher nur 20 von 70 geplanten Prunkräumen, darunter das Paradeschlafzimmer und die Spiegelgalerie, die mit 98 m Länge das Versailler Vorbild noch übertrifft.

In dem mit Statuen geschmückten Schlosspark erwecken Wasserspiele regelmäßig die prächtigen Brunnenanlagen zum Leben (Mai–3. Okt. tgl. zur vollen und halben Stunde).

Königsschlösser-Kombiticket
Das Kombiticket ist sechs Monate gültig und berechtigt zum einmaligen Besuch der König-Ludwig-Schlösser Linderhof, Herrenchiemsee und Neuschwanstein. Es kostet 24 € und ist an den Kassen der Sehenswürdigkeiten erhältlich.

Museen und Galerien im Augustiner Chorherrenstift
April–Mitte Okt. tgl. 9–19, Mitte Okt.–März 10–16.45 Uhr, 4 €

Im Augustiner Chorherrenstift, das sich Ludwig zunächst provisorisch als Schloss eingerichtet hatte, tagte im Jahr 1948 der Verfassungskonvent für das Grundgesetz der Bundesrepublik Deutschland. Den Weg zum deutschen Grundgesetz erläutert das in den barocken Klosterräumen untergebrachte **Museum**. Die angeschlossene **Gemäldegalerie** zeigt über 50 Werke von am Chiemsee tätigen Malern, darunter Leo Putz und Wilhelm Trübner. Im Südflügel des Schlosses dokumentiert das **König Ludwig II. Museum** Leben und Schicksal des ›Märchenkönigs‹ mit Erinnerungsstücken wie Taufkleid und Krönungsornat, Gemälden, Fotografien und Büsten sowie Plänen seiner Bauprojekte. Im Nordflügel des Stifts zeigt eine Gemäldegalerie ca. 80 Werke des Münchner Spätimpressionisten und ›Farbenfürsten‹ Julius Exter (1863–1939), einem Gründungsmitglied der Münchner Secession (April–Mitte Okt. tgl. 9–18 Uhr).

Radtour rund um den Chiemsee

Start, Ziel: Prien, Länge: ca. 57 km, ca. 5 Std., Rückkehr mit dem Schiff ab Chieming möglich. Am besten morgens starten, um Zeit für eine längere Mittags- oder Badepause zu haben. Der Weg ist von März bis Oktober befahrbar, im Juli und August ist mit Andrang rund um den Chiemsee und hoher Sonneneinstrahlung zu rechnen. Achtung: Der Weg ist nicht durchgängig asphaltiert und kann nach Regen teilweise matschig sein. Fahrradverleih in Prien (s. S. 287)

Rund um den Chiemsee führen einige Fahrradtouren unterschiedlichen Schweregrads. Der in beide Richtungen gut ausgeschilderte **Chiemsee Rundweg** (57 km) ist eine familienfreundliche Variante, die nicht durchgängig am Ufer vorbeiführt, dafür aber an zahlreichen Badestellen und Sehenswürdigkeiten – das eindrucksvolle See- und Alpenpanorama ist ein fast ständiger Begleiter.

Über **Prien-Stock** führt der Weg zunächst bis Osternach und dann auf nicht asphaltierten Spazierwegen Richtung **Rimsting**. Bereits bei **Höchstätt** eröffnet sich ein famoser Blick auf die Alpenkette. Wenn Sie ab dem Mühlner Hafen rechts auf den Höhlenweg abbiegen, gelangen Sie zu einem der schönsten Aussichtspunkte auf den Chiemsee, den Aussichtsberg **Gstadt.** Auch in **Seebruck** gibt es einen Aussichtsturm im Kurpark, außerdem das sehenswerte Römermuseum Bedaium (Römerstr. 3, Tel. 08667 75 03, www.roemermuseum-seebruck.de). Ebenso ist von Seebruck die Überfahrt zur **Herren- und Fraueninsel** möglich. Das als Kultur- und Tagungsort des Bezirks Oberbayern genutzte, spektakulär auf einer Halbinsel liegende Kloster Seeon ist einen Abstecher wert, allerdings nur von außen zu besichtigen.

Südwärts erreichen Sie **Chieming,** von wo aus Sie mit der Chiemsee-Schifffahrt auch nach Prien zurückkehren können. Weiter geht es Richtung Hirschau. Nach der **Hirschauer Bucht** führt der Weg entlang eines Naturschutzgebiets. Das **Achendelta** ist ein Eldorado für unterschiedlichste Seevögel. Das aus Funk und Fernsehen bekannte **Übersee** erreichen Sie über den Dammweg. Im Stadtteil Feldwies lockt nicht nur eine Traditionswirtschaft, sondern auch das imposante Künstlerhaus (Blumenweg 5, Tel. 08642 89 50 83) des ›Malerfürsten‹ Julius Exter, dem im Augustiner-Chorherrenstift auf Herrenchiemsee eine Gemäldegalerie gewidmet ist. Ebenso lädt das Strandbad in Übersee zum Baden ein. Über den Westerbuchberg radeln Sie entlang der Bahngleise am Rand einer Hochmoorlandschaft nach Felden. Vorbei am Strandbad Schöllkopf (Dickertsmühlstr. 14, Tel. 08051 653 46) und dem Kletterwald Prien (www.kletterwald-prien.de) wird der Startpunkt **Prien** wieder erreicht. Im Hotel Luitpold am See gibt es zur Belohnung feinste Torten und Kuchen aus der hauseigenen Konditorei (Seestraße 101, Tel. 08051 60 91 00, www.luitpold-am-see.de).

Aktiv

Mit dem ›Radl‹ da – **Radlverleih Chiemsee:** Minigolfplatz am Hafen, Prien-Stock, Tel. 08051 96 47 89, www.radlverleih-chiemsee.de, Mai–Juni und 16. Sept.–3. Okt. tgl. ab 10, Juli –5. Sept. tgl. ab 9 Uhr, 4. Okt.–Ende April witterungsbedingte Öffnungszeiten, Tagespreis ab 10 €.

E-Bike-Verleih – **additive bikes:** Bernauer Str. 77, Prien, Tel. 08051 96 57 60, www.additive-bikes.com, Tagespreis ab 27 €. Der Fahrradhersteller vom Chiemsee ist auf den Verleih von E-Bikes spezialisiert und unterhält ein Netz an Aufladestationen.

Dachau ▸ Karte 4, B 1

Dachau wird heute fast ausschließlich mit dem ersten Konzentrationslager des nationalsozialistischen Deutschland assoziiert – sehr zum Nachteil der pittoresken und kulturell lebendigen Kleinstadt. Im 19. Jh. wirkte dort und im Dachauer Moos eine neben Worpswede bedeutende Künstlerkolonie, die mit Namen wie Wilhelm von Diez und Adolf Hölzel verbunden wird.

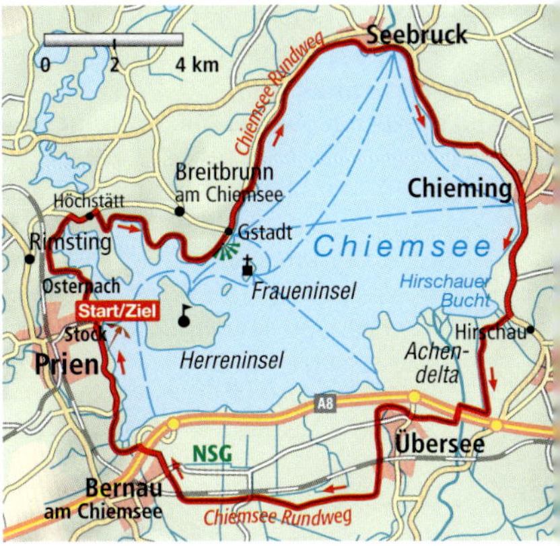

Radtour rund um den Chiemsee

Schloss Dachau

Schloss und Hofgarten Dachau, Schlossstr. 7, Tel. 08131 879 23, April–Sept. Di–So 9–18, Okt.–März Di–So 10–16 Uhr, 2 €, teilweise nur während Ausstellungen zu besichtigen

Hoch über der Amper stehen auf einem Felsplateau die Reste von Schloss Dachau, des Lieblingslandsitzes der Wittelsbacher Herzöge im 16. Jh. Vom erhalten gebliebenen barocken Festsaaltrakt, in dem ein stimmungsvolles Café-Restaurant untergebracht ist, genießt man einen weiten Blick über den Schlossgarten bis zu den Alpengipfeln. Im Festsaal, einem der bedeutendsten Prunksäle der Renaissance, der um 1717 große Rundbogenfenster erhielt, finden unter der eindrucksvollen Holzkassettendecke von Hans Wisreutter klassische Konzerte statt. Der Schlossgarten wurde in seiner heutigen Gestalt von Ludwig Sckell gestaltet.

Dachauer Gemäldegalerie

Konrad-Adenauer-Str. 3, Tel. 08131 567 50, www.dachauer-galerien-mu

seen.de, Di–Fr 11–17, Sa, So, Fei 13–17 Uhr, 6 €, Kombikarte für alle Galerien der Stadt 8 €
Die Ausstellung zeigt einen repräsentativen Überblick über die Malerei des 19. und 20. Jh., darunter Werke der Dachauer Künstlerkolonie, die in ihrer Blüte um 1900 der Entwicklung der Malerei der Moderne entscheidende Impulse lieferte. Überregionale Akzente setzen u. a. die Werke von Carl Spitzweg, Max Liebermann, die ebenfalls in Dachau ihre Motive fanden.

Neue Galerie Dachau

Konrad-Adenauer-Str. 20, Tel. 08131 567 50, www.dachauer-galerien-museen.de, Di–So, Fei 13–17 Uhr, 2 €, Kombikarte für alle Galerien der Stadt 8 €
Im Gegensatz zu den anderen Galerien von Dachau finden in der Neuen Galerie am Fuß des Schlossbergs ausschließlich Sonderausstellungen statt, die aktuelle Tendenzen der Gegenwartskunst zeigen und Besucher aus weiter Ferne anziehen.

KZ-Gedenkstätte

Alte Römerstr. 75, Tel. 08131 66 99 70, www.kz-gedenkstaette-dachau.de, tgl. 9–17 Uhr, Eintritt frei
Über 800 000 Besucher verzeichnet die KZ-Gedenkstätte jedes Jahr, die meisten kommen aus dem Ausland. Mit dem ab 1933 eingerichteten Lager Dachau etablierten die Nationalsozialisten sofort nach ihrer Machtübernahme den Terror, der in der Folge ganz Deutschland und Europa überziehen sollte. Das KZ Dachau wurde in Aufbau und Organisation zum Prototypen aller im In- und Ausland errichteten Lager. Bis 1945 sind weit über 200 000 Häftlinge aus mehr als 30 Staaten in Dachau inhaftiert gewesen. Durch Massenerschießungen, Folter, Sklavenarbeit, Auszehrung, Krankheit, Hunger und medizinische Experimente der SS-Ärzte haben mindestens 30 000 Menschen ihr Leben verloren. Auf dem mit Stacheldraht und Wachtürmen gesicherten Gelände sind noch zwei der ehemaligen Häftlingsbaracken, der Appellplatz und die Verwaltungsgebäude der SS erhalten, die restliche Anlage ist mit Grundrisslinien am Boden markiert.

Am Ende der heute von Pappeln gesäumten Lagerstraße wurden nach dem Krieg Kapellen der verschiedenen Konfessionen zum Gedenken an die Opfer errichtet. Im Wirtschaftsgebäude und den Bunkern dokumentiert eine Ausstellung mit Tonbandeinspielungen, Texten von Überlebenden und Fotografien das Leben und tausendfache Leiden im KZ.

Essen & Trinken

Stilvoll – **Schloss Dachau Café & Restaurant:** Schlossstr. 2, Tel. 08131 260 78 18, www.schlossdachau.com, Mi–Fr ab 14, Sa ab 12, So 11–19 Uhr. Von der Terrasse aus bietet sich bei gutem Wetter ein phänomenaler Ausblick auf die Landeshauptstadt. Eine Spezialität sind die hausgemachten Kuchen.

Schleißheim ▶ Karte 4, C 1

Am Rand des Dachauer Mooses liegt Schleißheim, heute verwaltungstechnisch aufgespalten in **Ober- und Unterschleißheim**. Herzog Wilhelm V. mit dem Beinamen ›der Fromme‹ wollte sich 1597 nach seinem Rückzug von den Regierungsgeschäften als Eremit in die damals unwirtliche Gegend zurückziehen. Auf einem 18 km langen Wanderweg zu insgesamt acht Eremitenklausen kann man Wilhelms Weg der Kontemplation nachvollziehen.

Schlossanlage Schleißheim

Max-Emanuel-Platz 1, Tel. 089 315 87 20, www.schloesser-schleissheim.de, alle Schlösser: April–Sept. Di–So 9–18, Okt.–März Di–So 10–16 Uhr, Gesamtkarte 8 €

Altes Schloss

Das von Wilhelm erbaute Herrenhaus wurde bereits unter seinem Sohn Maximilian ab 1617 zum Schloss ausgebaut, dem heutigen Alten Schloss, in dessen Räumen Zweigmuseen des Bayerischen Nationalmuseums (www.bayerisches-nationalmuseum.de) eingerichtet sind. Neben der Sammlung Gertrud Weinhold, die religiöse Volkskunst aus aller Welt präsentiert, zeigt eine andere Ausstellung Exponate zur Landeskunde Ost- und Westpreußens.

Neues Schloss

Wilhelms von 1679 bis 1726 regierenden Nachfolger Max Emanuel war eher an höfischer Prachtentfaltung gelegen. Die beeindruckende Größe des 1701–19 nach Plänen von Enrico Zuccalli und Joseph Effner erbauten Neuen Schlosses, von dem nur einer von vier geplanten Flügeln realisiert wurde, erklärt sich aus der – vergeblichen – Hoffnung Max Emanuels auf die Kaiserwürde und den damit verbundenen Repräsentationsanspruch. In den prächtigen Innenräumen, an deren Gestaltung u. a. Johann Baptist Zimmermann und Cosmas Damian Asam mitwirkten, beeindruckt die 61 m lange Große Galerie mit einer exquisiten Sammlung barocker Gemälde aller europäischen Malschulen.

Schloss Lustheim

Am Ostrand des ausgedehnten, in seiner Struktur weitgehend erhaltenen Barockgartens steht Schloss Lustheim, das Max Emanuel anlässlich seiner Heirat mit der österreichischen Kaisertochter Maria Antonia 1685 von Enrico Zuccalli errichten ließ. In dem Jagd- und Gartenschlösschen ist die nach Dresden zweitgrößte Sammlung früher Meißener Porzellane ausgestellt.

Flugwerft Schleißheim

Außenstelle des Deutschen Museums, Effnerstr. 18, Tel. 089 315 71 40, www.deutsches-museum.de, tgl. 9– 17 Uhr, 6 €, Kombiticket Deutsches Museum 16 €

Nur rund 500 m vom Alten Schloss entfernt befindet sich die Flugwerft Schleißheim (Fußweg ausgeschildert), einer der ersten Flugplätze Deutschlands. In der 1912 für die königlich bayerische Fliegertruppe errichteten Flugwerft zeigt eine Außenstelle des Deutschen Museums Exponate rund um das Thema Flugzeug und Aviation von den Anfängen bis heute. In der historischen Werfthalle und in einer neuen Ausstellungshalle parken über 60 Flugobjekte, vom Segelflieger über Hubschrauber bis zu Präsentationsobjekten der neuesten ›Ariane‹. Sonderausstellungen und Aktionstage runden das Programm ab.

Essen & Trinken

Einkehr wie anno dazumal – **Schlosswirtschaft:** Maximilianhof 2, Oberschleißheim, Tel. 089 315 15 55, www.schlosswirtschaft-oberschleissheim.de, aufgrund von Sanierung und Ausbau des denkmalgeschützten Ensembles hat das Lokal derzeit ein Ausweichquartier in einem Zelt inmitten des Biergartens, der zu den schönsten Plätzen im Umland von München zählt.

Auf Entdeckungstour: Bavaria-Filmstadt – wo Fiktion Realität wird

Eine Tour über das weitläufige Gelände der Bavaria-Filmstadt führt zu den Originalkulissen namhafter deutscher Produktionen in riesigen Hallen und im Freigelände. Mitmachen ist angesagt: Ein Höhepunkt ist der Dreh eines Kurzfilms.

Zeit: Rundgang ca. 1,5 Std., ca. 3,5 Std. inkl. Bullyversum und 4-D-Erlebniskino.
Planung: Bavaria-Filmstadt, Bavariafilmplatz 7, Grünwald, Tel. 089 64 99 20 00, www.filmstadt.de, Ostern–Okt. tgl. 9–18, letzte Führung 16.30, Nov.–Ostern 10–17, letzte Führung 15.30 Uhr, Erw. 27,50 €, Kinder 21,50 € (Filmstadt komplett mit Filmstadt-Führung, Bullyversum, 4-D-Erlebniskino), Erw. 13 €, Kinder 11 € (nur Führung). Ca. 30 Min. Anfahrt vom Zentrum mit Tram 25, H Bavariafilmplatz, dann ca. 10 Min. zu Fuß; Parkplatz.

Die Münchner Bavaria-Filmstudios sind neben Babelsberg der größte deutsche Filmproduzent. Seit 1919 befindet sich das ›bayerische Hollywood‹ auf einem Gelände bei Grünwald, das mit über 300 000 m^2 etwa so groß ist wie Vatikanstadt. Hier drehten Regisseure wie Alfred Hitchcock, Orson Welles, Billy Wilder, Rainer Werner Fassbinder und Stanley Kubrick, standen Mimen wie Elizabeth Taylor, Romy Schneider und Sophia Loren vor der Kamera. Die Tour führt zu Fuß über das ausgedehnte Gelände, während an anderer Stelle von den Profis weitergedreht wird, weshalb manchmal einige Bereiche kurzfristig nicht zugänglich sind.

Kulissenarchitektur

Waren es zu Beginn große Kinofilme, die den Produktionsstandort Geiselgasteig bekannt machten, so werden heute auch Fernsehfilme und -serien, ja sogar Fernsehshows auf dem Gelände gedreht. Entsprechend vielfältig sind die Kulissen. Während für Kinoproduktionen aufwendige Nachbauten vornehmlich in den großen Studiohallen geschaffen werden, dienen drei Straßenzüge für Außenaufnahmen jeglicher Art. Daneben gibt es Drehvillen: aus Holz gebaute, täuschend echt aussehende Scheinarchitekturen, wo Serien wie »Sturm der Liebe« und »Die Rosenheim Cops« spielen. Sie werden für die jeweilige Produktion oft nur geringfügig verändert. Den Rest der Täuschung erledigt dann der Schnitt.

Interaktiv stellen sich während der Tour die Drehs in den Kulissen dar, bei denen die Besucher in Filmrollen schlüpfen und den Regieanweisungen folgen müssen. Erst am Ende wird dann ein zusammenhängender Kurzfilm präsentiert, der für das Heimkino auf DVD erworben werden kann.

Berühmte ›Requisiten‹

Das U-Boot aus Wolfgang Petersens »Das Boot« (1979/81) gehört zu den Hauptattraktionen. Wer Platzangst hat, sollte sich besser nicht durch die enge Röhre quetschen, in der die Schauspieler, darunter Herbert Grönemeyer und Uwe Ochsenknecht, seinerzeit monatelang ausharren mussten.

Für Kinder interessant ist ein Ritt auf dem Glücksdrachen Fuchur aus der »Unendlichen Geschichte« (1984). In diesem noch ohne digitale Tricktechnik produzierten Fantasy-Film wurde Fuchur mittels Blue-Screen-Technik animiert. Erstaunlich ist auch der Countdown am Ende von »Wilde Kerle: Hinter dem Horizont«. Ein eingespielter Filmausschnitt verdeutlicht den Unterschied zwischen Vorlage und Ergebnis.

Illusion in Perfektion: 4-D-Kino

436 Lautsprecher, in sechs Achsen drehbare Kinositze und eine 3-D-Brille: Mehr braucht es nicht, um die Bodenhaftung zu verlieren. Durch das softwaregesteuerte Soundsystem nimmt man den Ton mit allen Sinnen wahr. Jährlich werden neue Filme produziert, die zumeist über rasante Fahrten Nervenkitzel pur verursachen. Voraussetzungen für den Besuch: Körpergröße 1,22–1,98 m, keine Herz- oder Rückenprobleme.

Selbst aktiv werden im ›Bullyversum‹

Seit 2011 ist dem Comedian, Regisseur und Schauspieler Michael »Bully« Herbig die Filmerlebniswelt Bullyversum (www.bullyversum.de) gewidmet. Neben Originalexponaten aus Herbigs Filmen, darunter »Der Schuh des Manitu« (2001), »(T)Raumschiff Surprise – Periode 1« (2004), »Lissi und der wilde Kaiser« (2007), gibt es Mitmach-Shows und interaktive Spielangebote.

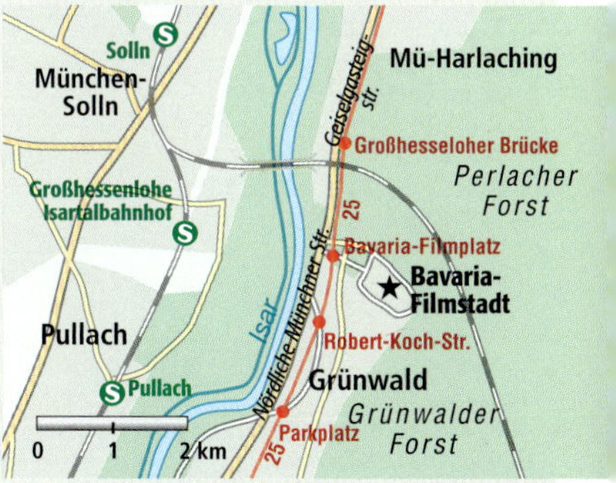

Ackermannbogen 108
Ägyptische Kunst, Staatliches Museum für 59, 204
Ainmillerstraße 221
Akademie der Bildenden Künste 207
Aktiv 54
Allerheiligenkirche am Kreuz 145
Allgäu 283
Allianz Arena 56, 111, 233
Alpines Museum 61, 259
Alte Akademie 129
Alte Pinakothek 57, 199
Alter Botanische Garten 195
Alter Hof 117
Alter Peter 136
Alter Simpl 205, 221
Alter Südlicher Friedhof 188
Altes Rathaus 117
Altes Technisches Rathaus 182
Ambach 276, 279
Ammersee 275, 278
Andechs 275
Andechs, Kloster 278
Angerviertel 116, 136
Anreise 23
Antikensammlungen, Staatliche 198
Apartments 31
Apotheken 62
Archäologische Staatssammlung 59, 239
Architektur 108
Arco-Palais 195
Ärztliche Versorgung 62
Asam, Cosmas Damian 144, 145, 170, 289
Asam, Egid Quirin 137, 144, 243
Asam, Gebrüder 137, 144, 241
Asamhaus 144
Asamkirche 143
Augustinerbräu 128
Augustiner-Brauerei 103
Ausflüge ins Umland 26, 274
Ausgehen 45
Auto 24
Autoverleih 24

Bäder 55
Badestellen 78
Bahn 23
Bamberger Haus 228
Bavaria 189
Bavaria-Filmstadt 290
Bayerisches Nationalmuseum 59, 239
Bayerisches Nationaltheater 155
Bayerische Staatsbibliothek 205
Bayerische Staatsoper 51
Bazargebäude 161
Bed & Breakfast 32
Behinderte 65
Berg 274
Bernried 277
Bevölkerung 69, 98
Bier 36, 94, 103
Biergärten 37
Bier- und Oktoberfestmuseum 61, 124
Blauer Reiter, Künstlergruppe 199, 276, 280
Blutenburg 271
Blutenburg-Theater 49
BMW-Gelände 233
BMW Museum 61, 110, 233, 234
BMW Welt 110
Bogenhausen 248, 252
Boos, Roman Anton 188
Botanischer Garten 268, 270
Brasserie Schwabing 227
Buchheim Museum 277
Bürgersaal mit Museum 129
Bürklein, Friedrich 131, 157, 158, 245
Busbahnhof ZOB 23

Café Altschwabing 205
Café Luitpold 171
Café Ruffini 266
Cafés 39
Café Tambosi 161
Camping 32
Chiemgauer Volkstheater 49
Chieming 286
Chiemsee 275, 285
Chinesischer Turm 212
CityTourCard 26, 57, 63
Cuvilliés, François 117, 153, 167, 268, 278
Cuvilliés-Theater 49, 151

Dachau 91, 211, 275, 287
Daten und Fakten 68
DenkStätte Weiße Rose 209
Deutsches Jagd- und Fischereimuseum 61, 127
Deutsches Museum 61, 177, 178, 253
– Flugwerft Schleißheim 289
Deutsches Patent- und Markenamt 181
Deutsches Theater 49, 188
Deutsches Theatermuseum 61, 162
Dießen 278
Diplomatische Vertretungen 63
Dreifaltigkeitskirche 169

Effner, Carl von 245, 277
Effner, Joseph 161, 269
Eilles-Haus 150
Einkaufen 41
Einreisebestimmungen 23
Eisbach 78, 239
Eisner, Kurt 167
Elisabethplatz 227
Ende, Michael 271
Englischer Garten 26, 54, 207, 241, 258
Erlöserkirche 225
Ermäßigungen 57, 59, 63
Erzbischöfliches Palais 167
Essen, bayerisches 34, 104
Essen und Trinken 33
Ettal, Kloster 282
Europäisches Patentamt 181

Fahrradtouren 26, 258, 286
Fahrradverleih 24
Feiertage 63
Feilitzschplatz 225
Feldafing 277
Feldherrnhalle 160, 208
Feste 52
Festivalkalender 53
Festivals 52
Feuchtwanger, Lion 243
Film 53
Filmmuseum 142
Flaucher 187
Floßfahrt 77
Flughafen 23
Föhn 80
Frauenkirche 125
Fraunhoferstraße 181
Fremdenverkehrsämter 18
Friedensengel 248, 252
Fundbüros 63
Fünf Höfe 108, 166, 253
Fußball 56

Galerie Lothringer 13 255
Galerien 58
Galerie Fred Jahn 159
Gärtner, Friedrich von 205, 206
Gärtnerplatz 181
Gärtnerplatzviertel 177, 253

Gasteig 253, 255
Gasteig (Münchner Philharmonie 50
Geld 63
Georgianum 207
Geschichte 68, 70
Geschwister-Scholl-Platz 209
Glockenbach 78
Glockenbachviertel 45, 184
Glyptothek 57, 198
Gollierplatz 190
GOP. Varieté-Theater 49
Graf, Oskar Maria 171, 221, 274
Graggenau 116
Günther, Ignaz 126, 137, 139

Hackenstraße 144
Hackenviertel 116, 144
Hackerbräuhaus 144
Haidhausen 253, 254
Hauptbahnhof 131
Haus der Kunst 57, 210, 238
Heiliggeistkirche 137
Heine, Heinrich 145
Heinrich der Löwe 119
Hellabrunn, Tierpark 191
Herkomerplatz 252
Herrenchiemsee 285
Herz-Jesu-Kirche 108, 264
Hildebrand-Haus 251
Hirschau 54
Historisches Zentrum 116
Hitler, Adolf 88, 209, 249, 257
Höchstätt 286
Hofbräuhaus 121
Hofgarten 162, 164
Hofstatt 143
Hohenschwangau 275, 284
Hotel Bayerischer Hof 169
Hotels 27
Hotel Vier Jahreszeiten 158
Huber, Kurt 209
Hubertusbrunnen 267

Ignaz-Günther-Haus 139
Ilkahöhe 277
Im Tal 123
Information 18
Inlineskaten 54
Internet 18, 63
Isar 77, 258
Isarhochufer 248, 252
Isarvorstadt 176

Jagd- und Fischereimuseum, Deutsches 61
Japanisches Teehaus 212
Joggen 54
Johanniskirche 253, 254
Joseph-Pschorr-Haus 128
Jüdisches Museum 60, 143
Jüdisches Zentrum 110, 140, 143
Jugendunterkünfte 31
Justizpalast 130

Kabarett 45, 49
Kaisergarten 227
Kandinsky, Wassily 221, 280
Kardinal-Faulhaber-Straße 167
Karlsplatz 130
Karlstor 130
Karl Theodor, Kurfürst 130, 162, 207, 212
Karolinenplatz 195
Kaufinger Straße 124
Kaufinger Tor 125
Kinder 64
Kinder- und Jugendmuseum 61
Kinos 51
Klee, Paul 221, 223
Kleinhesseloher See 212, 258
Klenze, Leo von 84, 154, 158, 160, 162, 188, 195
Klettern 55
Kloster Andechs 278
Kloster Ettal 282
Kochel 276
Komödie im Bayerischen Hof 49
Königlicher Hirschgarten 270
König-Ludwig-Weg 276
Königsplatz 84, 195, 211
Kreuzviertel 116, 150
Kunstakademie 207
Kunstareal München 198
Kunstbau Lenbachhaus 58, 199
Kunsthalle der Hypo-Kulturstiftung 58, 167
Kunsthalle der Stadt München 120
Künstlerhaus Fleischer 251, 252
Künstlerhaus Lenbachplatz 170, 253
Kunstpavillon 195
Kunstverein München 58, 162, 164, 210
Kurt-Eisner-Denkmal 167
Kurt-Eisner-Denkmal am Oberanger 143
Kustermann 139
Kutschfahrten 26
KZ-Gedenkstätte Dachau 288

Lehel 239
Lenbach, Franz von 170, 198, 239
Lenbachhaus 198
Lenbachplatz 170
Lenin, Wladimir Iljitsch 227
Lenné, Peter Joseph 277
Leopoldstraße 221, 223
Lesben 48
Lesetipps 18
Literatur 49
Literaturhaus 49, 171
Löwenturm 136
Ludwig der Bayer, Kaiser 127
Ludwig-Ferdinand-Palais 195
Ludwig II., König 86, 129, 274, 277, 282, 284, 285, 286
Ludwig I., König 84, 169, 265
Ludwig I., Reiterdenkmal 163
Ludwig-Maximilians-Universität 206, 209
Ludwigsbrücke 177
Ludwigskirche 206
Ludwigstraße 84
Ludwigsvorstadt 176
Luitpoldpark 227
Luitpold, Prinzregent 119, 227

Mahnmal für den Widerstand gegen das NS-Regime 163
Mann, Heinrich 221, 222
Mann, Thomas 222, 227
Marc, Franz 276, 280
Maria-Theresia-Straße 251
Marienplatz 116
Märkte 42, 52
Marstall 158
Marstallmuseum 267
Maxburg 170
Max II., Denkmal 244
Maximilianeum 244, 253
Maximilianhöfe 42, 158
Maximilian I., Denkmal 195
Maximilian I., Herzog 153
Maximilian II., König 157, 284
Maximiliansanlagen 245, 251, 253, 258
Maximiliansbrücke 244
Maximiliansforum 160
Maximilianstraße 150, 157, 241, 253
Max-Joseph-Platz 150
Maxvorstadt 84, 194, 221
Messetermine 64
Michael-Ende-Museum 271

Mitwohnzentralen 31
Monopteros 212
Muffathalle 257
Müllersches Volksbad 253, 257
Münchner Freiheit 224
Münchner Kammerspiele 49, 159
Münchner Kindl 68, 119
Münchner Lach- und Schieß-gesellschaft 50, 219
Münchner Lustspielhaus 50
Münchner Marionetten-theater 50, 183
Münchner Stadtmuseum 60, 139
Münchner Volkstheater 50
Münter, Gabriele 280
Murnau 275, 280
Museen 57
Museum Fünf Kontinente 61, 241
Museum Mensch und Natur 62, 267
Museum Nymphenburger Porzellan 267
Museum Reich der Kristalle 62
Museumsbuslinie 161
Museumsinsel 177
Museum zur Kaffeehaus-kultur 171
Musik 50

Nachtleben 45
Nationalsozialismus 88, 142, 208, 288
Nationaltheater (Bayerische Staatsoper) 51
Neue Pinakothek 58, 200
Neues Rathaus 117, 118
Neuhausen 264
Neuhauser Straße 124
Neuschwanstein 87, 284
Nikolaikirche 257
Nikolaiplatz 223
Nördliche Altstadt 150
Notruf 64
NS-Dokumentations-zentrum 60, 91, 211
Nymphenburger Park 267

Oberammergau 282
Oberpollinger 129
Oberst-Jägermeisterbach 78
Odeon 166
Odeonsplatz 160, 208
Öffentliche Verkehrsmittel 23
Öffnungszeiten 64
Oktoberfest 22, 93, 176, 190
Olympiagelände 228
Olympiahalle 228, 232
Olympiapark 56, 228, 230
Olympia-Schwimmhalle 56, 228, 231
Olympiastadion 228, 232
Olympiaturm 231
Olympisches Dorf 232
Olympisches Viertel 218
Omnibusbahnhof ZOB 23
Oper 51
Orff, Carl 278
Ost-West-Kirche 232

Pacellistraße 169
Palais an der Oper 156
Palais Leuchtenberg 163
Palais Preysing 161
Paläontologisches Museum 62
Parken 25
Parkhäuser 25
Paulskirche 190
Pinakothek der Moderne 58, 111, 201, 202
Platz der Opfer des National-sozialismus 195, 211
Platzl 121
Politik 69
Porzellan-Manufaktur Nymphenburg 44, 265
Post 64
Postgebäude 181
Prannerstraße 167
Praterinsel 258
Prien 286
Prinz-Carl-Palais 163
Prinzregentenstraße 238, 248
Prinzregententheater 50, 249
Prinzregent Luitpold, Reiter-standbild 239
Promenadeplatz 169, 253
Propyläen 195

Radfahren 54
Radspielerhaus 145
Rathausgalerie 120
Rauchen 65
Reichenbachplatz 184
Reisezeit 20
Religion 69, 82
Residenz 60, 151
Residenzpost 156
Residenzstraße 160
Residenztheater 50, 156
Restaurants 33
Rikscha-Touren 26
Rindermarkt 139
Rock Museum 231
Rotkreuzplatz 264
Ruffini-Häuser 139
Ruhmeshalle 189

Salvator-Kirche 171
Salvatorplatz 171
Sammlung Brandhorst 57, 111, 204
Sammlung Café Luitpold 171
Sammlung Goetz 58, 254
Sammlung Schack 58, 239
SchauBurg (Theater der Jugend) 50
Schellingstraße 222
Schleißheim 275, 288
Schlossanlage Schleißheim 289
Schloss Dachau 287
Schloss Herrenchiemsee 86, 285
Schloss Hohenschwangau 284
Schloss Linderhof 282, 283
Schloss Neuschwanstein 275, 284
Schloss Nymphenburg 60, 265, 267
Schlosspark Nymphenburg
– Amalienburg 268
– Badenburg 268
– Magdalenenklause 268, 269
– Pagodenburg 269
– Schlosscafé 267
Schloss Suresnes 223
Scholl, Hans und Sophie 91, 209
Schrannenhalle 108, 139
Schumann's 162
Schwabing 205, 218, 219
Schwangau 283
Schwimmen 55
Schwule 48
Sckell, Ludwig von 265, 287
Sea Life Center 231
Seebruck 286
Seehaus im Englischen Gar-ten 212, 214
Segway Tour 26
Seidl-Villa 226
Sendlinger Straße 143
Sendlinger Tor 146, 253
Sicherheit 65
Siegestor 207
Siemens 111
Siemens Konzernzentrale 205
Souvenirs 65
Spielzeugmuseum 61, 117
Spitzweg, Carl 188, 239

Sport 54
Staatliche Antikensammlungen 57, 198
Staatliches Museum für Ägyptische Kunst 59, 204
Staatskanzlei 162
Staatstheater am Gärtnerplatz 51, 181
Stachus 130, 253
Stadtführungen 25
Städtische Galerie im Lenbachhaus 59, 111, 199
Stadtmuseum 60, 139, 140
Stadtschreiberhaus 117
Stadtverwaltung 69
Stadtwappen 68
St.-Anna-Klosterkirche 241, 243
St.-Anna-Pfarrkirche 240, 242
St.-Anna-Platz 242
St. Anna Stiftskirche 145
Starnberg 274
Starnberger See 87, 274
St. Georg 251
St.-Jakobs-Platz 139, 140
St. Matthäus 146
St. Michael 128
St. Peter 136
Straub, Johann Baptist 137, 145, 155, 156, 188, 251, 278
St. Sylvester 223
St. Ursula 227
Süddeutsche Zeitung 106, 143
Surfen 78

TamS (Theater am Sozialamt) 50
Taxis 24
Telefonieren 65
Theater 49
Theatermuseum, Deutsches 61
Theatinerkirche St. Kajetan 166
Theatinerstraße 160
Theatron 230
Theresienhöhe 188
Theresienwiese 93
Ticketvorverkauf 49
Tierpark Hellabrunn 191
Tourismus 69
Trachtenmode 101
Trambahn 252
Trinkgeld 65
Türkenstraße 221
Tutzing 277

Übernachten 27
Übersee 286
Univiertel 205

ValentinKarlstadtMusäum 61, 124
Veranstaltungen 20, 53
Verkehr 69
Verkehrsmittel, öffentliche 23
Verkehrszentrum des Deutschen Museums 189
Viktualienmarkt 136, 137
Villa Bechtolsheim 251
Villa Stuck 59, 249, 253
Viscardigasse 161, 209
Volkssternwarte München 62

Wagner, Richard 249
Walking Man 223
Wedekind, Frank 220
Wedekindplatz 219, 220
Weiße Rose 91, 130, 209
Weißwürste 38, 104
Wellness 54, 55
Werneckschlösschen 223
Westend 190
Wetter 20, 22, 80
Wiener Platz 253, 254
Wieskirche 282
Wiesn s. Oktoberfest
Wilhelm V. 119, 128
Winthir-Kirche 264
Wirtschaft 69
Wittelsbacher 152, 166
Wittelsbacher Platz 195
Wörthstraße 253, 255

Zeitungen 65
Zerwirkgewölbe 122
Zoll 23
Zuccalli, Enrico 166, 167, 265, 282, 289
Zur Hundskugel 144

Die Autorinnen: Andrea Dippel (links) wohnte lange in München und ist heute als Museumsleiterin, Kuratorin und Autorin in Nürnberg tätig. Sie veröffentlichte in der Vergangenheit vornehmlich zur Kunst und Kulturgeschichte des 19. bis 21. Jh. Christine Hamel arbeitet in München als Journalistin für verschiedene Rundfunksender, wie den Bayerischen Rundfunk, und Printmedien. Im DuMont Reiseverlag ist von ihr der Kunstreiseführer »Russland« erschienen.

Abbildungsnachweis
Annette Kradisch, Nürnberg: S. 6 li., 296 li.
DuMont Bildarchiv, Ostfildern: S. 10, 60, 78/79, 85, 90, 92, 96, 98, 103, 110, 134 (2x), 142, 145, 152, 216 li., 217 li., 219, 236 re., 237 li., 244 (Campo); 54, 114 li., 126, 174 re., 189, 246 li. (Kluyver); 72 (Widmann)
f1-online, Frankfurt a. M.: S. 262 li., 270 (RelaXimages)
Glow Images, München: S. 114 re., 118 (Eye Ubiquitous); 220 (ImageBroker/Bail); 246 re., 252 (ImageBroker/Mayall)
Björn Göttlicher, Girona: S. 7
Christine Hamel, München: S. 6 re., 296 re.
Huber-Images, Garmisch-Partenkirchen: S. 100 (Friedel); 12 o. li., 115 li., 124/125, 135 li., 140/141 (Schmid)
iStockphoto, Calgary (Kanada): S. 66/67
laif, Köln: S. 76, 175 li. (Celentano); 95, 112/113 (GAFF / Adenis); 21, 148 li., 168, 192 li., 206 (Haenel); 260/261 (Heuer); 44, 263 li. (Hohenberg); 35 (Huber); 88/89 (Keystone France); 192 re., 200/201 (Linke); 109 (Riehle); 40 (Rigaud); 46/47 (Schwarz); 28 (Wernet)
Look, München: S. 12 o. re., 148 re., 164/165 (Firmhofer, 11, 24/25, 193 li. (Frei); 16/17 (Kupka)
Mauritius Images, Mittenwald: S. 149 li., 158/159, 173, 247 li., 255 (imagebroker/ Siepmann)
picture-alliance, Frankfurt a. M.: S. 106 (Hase); 102 (Hörhager); 80 (Kneffel); 68 (Helga Lade Fotoagentur); 86 (Leonhardt); 83 (Weigel); 273 li., 284 (Widman)
Michael Riehle, München: S. 8, 12 u. re., 12 u. li., 13 (4x), 174 li., 178, 184, 186/187, 202/203, 208, 213, 216 re., 222, 226, 230, 236 li., 242, 262 re., 266, 272 (2x), 279, 290
Schapowalow, Hamburg: Titelbild (Cezzi)

Kartografie
DuMont Reisekartografie,Fürstenfeldbruck
© DuMont Reiseverlag, Ostfildern

Titelbild: Blick von der Peterskirche auf Rathaus und Frauenkirche

Hinweis: Autorinnen und Verlag haben alle Informationen mit größtmöglicher Sorgfalt geprüft. Gleichwohl erfolgen alle Angaben ohne Gewähr. Bitte schreiben Sie uns! Über Ihre Rückmeldung und Ihre Verbesserungsvorschläge freuen wir uns: **DuMont Reiseverlag,** Postfach 3151, 73751 Ostfildern, info@dumontreise.de, www.dumontreise.de

5., aktualisierte Auflage 2017

Redaktion/Lektorat: Susanne Völler, Ulrike von Düring
Grafisches Konzept: Groschwitz/Blachnierek, Hamburg
Printed in China

FSC www.fsc.org MIX Papier aus verantwortungsvollen Quellen FSC® C124385